The Neoliberal Imagination

Politics, Aesthetics, and
Economics in the Evolution of
Hyper-Industrial Capitalism

신자유주의적 상상
계몽주의에서 포스트휴머니즘까지

로스 아비넷 지음 | 김정환·김해원·전경모 옮김

2026년 2월 23일 초판 1쇄 발행

펴낸이	한철희
펴낸곳	돌베개
등록	1979년 8월 25일 제406-2003-000018호
주소	(10881) 경기도 파주시 회동길 77-20 (문발동)
전화	(031) 955-5020
팩스	(031) 955-5050
홈페이지	www.dolbegae.co.kr
전자우편	book@dolbegae.co.kr
블로그	blog.naver.com/imdol79
인스타그램	@Dolbegae79
페이스북	/dolbegae

편집	하명성
표지디자인	김민해
본문디자인	이은정·이연경
마케팅	고운성·김영수·정지연
제작·관리	윤국중·이수민·한누리
인쇄·제본	상지사P&B

ISBN   979-11-94442-85-1 (93300)

• 책값은 뒤표지에 있습니다.
• 이 책의 내용 일부라도 재사용하려면 출판사와 저자 양측의 동의를 받아야 합니다.

신자유주의적 상상

계몽주의에서
포스트휴머니즘까지

로스 아비넷
지음

김정환
김해원
전경모
옮김

돌베
개

신자유주의는 더 이상 경제학 교과서나 자기계발서, 혹은 정치인의 연설 속에만 머물지 않는다. 그것은 디지털 기술이 정교하게 직조해낸 우리의 감각과 시간 속에, 즉 우리가 매일 마주하는 유튜브 화면과 스마트폰 알고리즘 속에 삶의 양식 그 자체로 존재한다. 이 책은 바로 그 서늘한 진실에서 출발한다. 프레드릭 제임슨이 아날로그 미디어의 황혼 속에서 자본과 미학의 공모를 예지적으로 포착했다면, 저자 로스 아비넷은 그 분석틀만으로는 디지털 이후의 세계를 온전히 설명할 수 없음을 날카롭게 지적한다. 그러면서 알고리즘과 플랫폼이 지배하는 현재의 자본주의 미학에 대한 비판으로 한 걸음 더 나아간다.

오늘날의 자본주의는 단지 이미지를 복제하는 수준을 넘어, 가상-미학적 프로그램을 통해 우리의 주의와 기억, 나아가 미래를 향한 상상력의 회로 자체를 재설계하고 있다. 이 책이 말하는 '신자유주의적 상상'은, 그런즉 관념이 아니라 실재다. 그것은 세계를 하나의 거대한 기술적 미래주의로 재조직하고 우리의 인생을 부단한 자기 극복의 과정으로 몰아넣는 초산업주의의 미학적 지배 체제다. 아날로그 미디어 기술이 이미지 과잉으로 우리를 방향 상실에 빠뜨렸다면, 디지털 네트워크는 우리의 노에시스적 시간을 탐욕스럽게 소진하면서 삶의 무한한 가능성을 계산 가능한 확률 안으로 가두어버린다.

이와 같은 진단은 필연적으로 읽기의 노력을 요구한다. 이 책이 쉽게 읽히지 않는 이유가 여기에 있다. 저자는 신자유주의를 비판하기 위해, 마치 프레드릭 제임슨이 그러했듯이, 그 체제가 길들여온 사고의 속도와 인식의 방식을 그대로 따르지 않는다. 쉬운 언어, 즉각적인 해답, 간명한 대안 제시는 오히려 신자유주의적 상상의 일부라는 점을 이 책은 암묵적으로 전제한다. 따라서 이 책의 이론적 밀도는 하나의 선택이며, 동시에 저항이다. 천천히 곱씹고 질문하고 저자와 겨루면서 복잡한 분석의 층위를 따라갈 때, 우리는 비로소 자본-기술-미학이 재구성한 이 현실을 하나의 프로그램으로 인식하게 된다. 그리고 그 작동 원리를 읽어낼 때, 그것을 다시 쓸 수 있는 가능성 또한 마주하게 된다. 상상은 다른 상상으로만 극복될 수 있다. 이 책을 통해 다른 상상을 상상해보길.

박승일
(『기계, 권력, 사회』『기술은 우리를 구원하지 않는다』 저자,
기술문화연구자, 캣츠랩 소장)

신자유주의가 절정에 이른 21세기의 시작점을 전후해, 전 세계 인문사회과학계에서는 이를 분석하는 놀라운 저작들이 다수 출간되었다. 가장 대표적으로는 역사학적이고 지리학적인 견지에서 신자유주의를 분석하는 훌륭한 입문서인 데이비드 하비의 『신자유주의: 간략한 역사』, 또한 비판적 경제학의 견지에서 신자유주의를 분석하는 탁월한 연구서인 제라르 뒤메닐과 도미니크 레비의 『자본의 반격』, 그리고 푸코적인 통치합리성의 견지에서 신자유주의를 분석하는 빼어난 연구서인 피에르 다르도와 크리스티앙 라발의 『새로운 세계합리성』, 마지막으로 한국에서는 강상구의 경탄스러운 입문서 『신자유주의의 역사와 진실』까지.

그런데 2020년 코로나19와 트럼피즘의 대두를 기점으로, 아니 실은 2001년 9/11 테러로 상징되는 미국 헤게모니의 위기 이후 신자유주의 위기론이 운위되기 시작한다. 물론 섣부른 예측과 달리 신자유주의는 오늘날의 자본주의가 곧 신자유주의이며 이 둘이 별개의 실체가 아니라는 점에서 자본주의가 그러하듯 절대로 쉬이 무너지지 않을 것이지만, 신자유주의가 위기에 처했다는 것, 그리고 그 위기 속에서 그것이 도착적이고 충격적인 방식으로 변형될 것이라는 점은 명확하다. 그렇기에 오히려 우리에게는 바로 이러한 시기에 다시 한 번 신자유주의에 대해 질문해볼 필요가 있는 것 아닐까?

『신자유주의적 상상』에서 저자 로스 아비넷은 신자유주의 전체를 일이관지하는 바를 '상상'이라는 관념으로 설정함으로써 신자유주의의 계보학을 수행한다. 신자유주의에 관한 지금까지의 논의가 각 분과학문 또는 방법론에 갇혀 신자유주의의 파노라마를 제시하는데 실패했다면, 이 저서에서 아비넷은 놀랍게도 그리고 설득력 있게도 계몽주의에서 출발해 오늘날의 포스트휴머니즘 논의에 당도하면서 상상이라는 관념을 중핵으로 신자유주의의 계보를 재구성한다. 아비넷은 정치철학에서부터 역사학을 거쳐 미학과 기술철학에 이르기까지, 경탄스러운 박학을 수단으로 신자유주의의 역사적 범위를 기존의 논의보다 훨씬 더 길게 잡으며 그 영향력의 범위 또한 훨씬 더 넓게 잡는다. 단순한 경제학적 독트린을 넘어, 단순한 자유지상주의적 정치철학을 넘어, 신자유주의는 우리의 상상 그 자체를, 결국 '세계 그 자체'를 재구성하려는 미학적-기술적 기획이다. 아비넷은 이 테제를 각 분야의 관련 논의들을 정교한 발걸음으로 종횡무진 가로지르며 설득력 있게 입증한다. 이 저서는 신자유주의가 종언을 고하고 있는 것처럼 보이는 오늘날, 인문사회과학계가 그리고 교양대중이 신자유주의에 대해 다시 한 번 성찰해볼 수 있는 기회를 제공하는 노작일 뿐만 아니라, 신자유주의의 '황혼'에 이를 전체적으로 정리하고 새로운 방식으로 규정할 수 있게 해주는 '교과서'이기도 하다.

　신자유주의를 오랫동안 성찰의 대상으로 삼아온 나에게 이 책은 앞서 언급한 이유에서 너무나 반가운 책이었다. 하지만 특히나 비판이론 연구자이자 정치철학자로서의 내가 가장 주목했던 점은 저자가 현대 프랑스철학부터 독일 비판이론을 거쳐 미국의 대문자 '이론'Theory에 이르기까지, 비판이론 또는 정치철학의 주요 논의들을 적절한 방식으로 이해하고 요약함으로써 이를 내가 여전히 따라가기를 버거워하고 있는 최신의 미학적-기술적 논의와 솜씨 좋게 결합한다는 점이었다. 만일 신자유주의가 우리의 상상이 아니라 단순한 경제학적 독트린에 불과하다면, 또는 나 또한 속해 있는 푸코주의자들의 주장처럼 단순한 통치합리성에 불과하다면, 신자유주의를 이해함에서 정치철학은, 더 나아가 미학적-기술적 논의는 불필요할 것이다. 하지만 미학이 곧 감각학이듯, 그리고 오늘날 너무나도 명확해졌듯 이 감각을 이해함에서 기술의 구성적 역할을 무시할 수 없다면, 그리고 신자유주의가 역시 오늘날 너무나도 명확해졌듯 상상, 그러니까 세계 그 자체가 되었다면, 이 상상의 계보를 재구성하는 작업은 필수불가결한 것이다. 더 이상 각자의 분과학문에 머물러서는, '장님 코끼리 만지기'로는 그 무엇도 학술적으로 정교하게 인식할 수 없는 이 위기와 격동의 시기에, 아비넷은 상상을 분석하는 수단이 될 수 있다는 점에서 정치철학의 중요성을, 더 나아가 그것을 미학적-기술적 사유와 결합해야 할 필요성을 설득력 있게 보여주었다. 가장 적절한 시기에 가장 필요한 '정치철학' 저서를 집필해준 저자에게, 그리고 이를 학술적으로 엄밀하면서도 유려한 한국어로 번역해준 번역자들에게 심심한 감사를 표한다.

배세진

(『금붕어의 철학』 저자, 정치철학자)

차 례

우선, 번역이라는 고된 노동을 떠맡아 준 옮긴이들에게 감사의 인사를 드린다. 모든 저자는 가급적 많은 독자와 닿기를 원하니 나로서는 진심으로 감사할 따름이다.

『신자유주의적 상상』은 자유민주주의 사회에서의 삶에 대한 정상적 기대의 계보학을 구축하려는 시도로서 집필되었다. 개인의 욕망과 기대의 정상적 구성, 도덕적 감수성의 정상적 수준, 정상적인 스트레스 수준, 정상적인 감시의 수준, 정치적 참여의 정상적 수준 등. 이러한 문제의식은 자유민주주의에서 지배적인 것이 된 통치 합리성과, 이러한 '정상성'의 재구성이 가지는 윤리적·정치적 함의에 대한 학문적 성찰이 제기하는 노동, 만족, 욕망에 관한 심층적 질문 사이의 괴리가 점차 커지고 있다고 여기면서 촉발되었다.

몇 년 전 생산성 문제에 관한 BBC 다큐멘터리를 본 기억이 난다. 이는 특히 영국의 노동자들이 프랑스와 독일의 노동자에 비해 뒤처지는 이유가 무엇인지, 영국 노동자들의 동기와 헌신을 높이기 위해서 무엇을 할 수 있는지 다루었다. 토론은 매우 진지한 분위기에서 진행되었는데, 영국 재정연구소Institute of Fiscal Studies, 런던정경대학London School of Economics, 국제통화기금International Monetary Fund의 전문가들이 참여했다. 이들은 모두 엄격한 경제적 실증주의의 방식으로 규정된 객관적 용어로 상황을 제시했다. 세금을 인하하고, 기술 인프라를 개선하며, 인센티브를 확대하고, 1970년대 복지

자본주의에서 이어진 비효율적 관행들을 최종적으로 솎아내는 것이 필요하다는 것이다. 그런데 중간에 몇 번씩 그들의 토론으로부터 윤리적 궁극에 대한 질문이 떠올랐다. 계속해서 생산성을 높이는 것의 목적이 무엇일까? 더 생산적인 노동 인력이 더 행복한 노동 인력일까? 성장에 대한 계속적인 요구가 더 높은 스트레스, 불안, 고통으로 이어지지 않을까?

물론 이러한 질문들은 자유주의의 원천에 깊게 내장되어 있다. 예를 들어 자유시장에서의 호혜적 이기심에 대한『국부론』의 설명은 애덤 스미스의 초기작인『도덕감정론』을 전제로 한 것인데, 여기서 그는 신의 손길에 의해 공감이라는 미적 감각이 인간에게 분배되었다고 주장한다(Smith, 1976). 시장의 보이지 않는 손이 혁신과 성장 그리고 공감과 질서 모두를 산출해낼 수 있다는 사실은 추가적인 무언가, 즉 신의 권능이 이미 존재하기 때문인데, 그것은 경제와 사회의 세속적 질서가 인간이라는 존재의 궁극적 목표와의 관계를 유지할 수 있게 해준다. 1970년대에 일어난 신자유주의 혁명이 만들어낸 술수는, 고전적 자유주의의 이 두 요소 사이의 틈을 파고드는 것이었다. 하이에크, 프리드먼 그리고 몽펠르랭 소사이어티의 추종자들이 선언한 것처럼 자유시장의 기적은 외부의 도덕적 전제가 필요하지 않다는 것이었고, 계약의 공정성만으로도 평화와 번영 그리고 계몽된 자기 이익의 원칙을 통한 세계의 통치를 보장할 수 있다는 것이었다. 유일한 신성불가침의 원칙은 정부의 개입으로 인한 왜곡으로부터 시장의 자유가 보호되어야 한다는 것이었다. 즉 과도한 복지 지출, 경제 계획, 높은 세금, 그리고 최악으로는 도덕적 기준을 시장에 개입하는 이유로 활용하는 것 등으로부터 말이다.

그래서, 다큐멘터리와 그 출연자들에게 돌아가자면, 국가 개입,

도덕적 간섭, 그리고 복지주의에 대한 처방은 경제적 객관성에 대한 그들의 주장 속에 확고히 내장되어 있다는 점이 분명히 느껴졌다. 낮은 생산성 문제에 대한 가능한 해법으로는 시장 주권의 원칙에 의해 이미 인가를 받은 일련의 개입들이 제시되었다. 이들 각각을 '좌파'와 '우파' 또는 '강경'과 '온건'으로 지정하는 것은 고전적인 자유주의 사상 전통 내에서 형성된 정치경제의 문제와는 거의 관련이 없었다. 스미스, 로크, 밀에게는 후속 세대가 논의해야 할 문제로 남아야 했던 문화, 행복, 성취 그리고 의미 있는 고용이라는 이상이, 신자유주의 체제하에서 완성된 합리적 동기 모델에 의해 해소된 것으로 여겨졌기 때문이다. 민주주의의 자유주의적 이상을 뒷받침해온 윤리적 궁극의 마지막 흔적은 '저세율 고소득 사회'의 출현과 기업가 및 투자자 사회의 형성에 대한 언급들 속에 포섭되었다.

이처럼 고도로 물화된 형태의 정치경제에 대한 정당성은 갑자기 생겨난 것이 아니다. 나는 이것이 특히 서구에서 자유민주주의가 시민사회를 과잉합리화된 노동과 강박적인 소비의 영역으로 환원시키고 인간의 삶에 대한 근본적인 질문을 몰아낸 역사적 과정의 반영이라 주장하였다. 스미스, 세이, 리카도가 제기한 추상적 개인주의가 존립 가능한 인륜적 공동체의 토대를 제공할 수 없다는 헤겔의 독창적 통찰은 여전히 유효하다. 그들이 말하는 호모이코노미쿠스는 시장의 우연성에 계속해서 대응해야 하기 때문이다. 다시 말해 시민사회는 국가라는 실현된 선善으로부터 벗어나기 시작한 우연성의 영역으로 진화하였다(Hegel, 1967b). 마르크스의 통찰은 새로운 형태의 노동, 열망, 문화, 미학, 욕망을 끊임없이 자극하는 이 영역의 변동성이 산업경제의 기술적 진화에 의해 가속화된 자본화 과정에 필수적이었다는 것이다. 부르주아 경제학자들이 생각한 합리적 개인은 상품형태의 착취적 메커니즘과 '시장'이 희망과 기회의 제공자로 나타나게 하는 신화적 요소를 모두 배제한 추상물이었다(Marx, 1977a). 물론 마르크스는 자본가 계급이 생산수단에 대한 통제를 영속화하는 데 활용한 이데올로기적 형상들이 현실의 변증법적 일부여서, 세계에 대한 그들의 '카메라 옵스큐라'식 묘사가 프롤레타리아의 몸에 축적된 가난, 고통, 소외의 무게에 의해 전복될 것이라고 주장하였다. 다시 말해 자본주의는 자기 자신의 무덤을 파고 있는 것인데, 그 경제 체제의 야만성을 나타내는 이데올로기적 형태들이 사회의 노동에 종사하는 이들이 감당해온 도덕적·육체적 쇠퇴에 의해 결국엔 파열될 것이기 때문이다(Marx, 1998).

데리다가 『마르크스의 유령들』에서 지적한 것처럼 마르크스주의가 정치적 교리로서나 이론적 관점으로서도 지속되는 것은 자본주의가 그것의 야만적 진실을 드러내는 궁극적 위기의 순간을 연기하고 지연시키고 미루는 능력 덕분이다(Derrida, 1994). 기술적 수단의 조작을 통해 반복되는 위기를 관리하는 자본의 능력은 내가 제기한 신자유주의적 상상이라는 발상에서 핵심적인 문제이다. 따라서 나는 프랑크푸르트학파 비판이론의 발전과 그것이 경제학, 정치학, 대중 미학을 통합하는 접근에 대해 간략히 언급하고자 한다.

자유주의 자본주의적 상상이라는 개념은 1923년 사회연구소 Institut für Sozialforschung 혹은 프랑크푸르트학파의 설립으로 거슬러 올라가는 오랜 역사를 가지고 있다. 당시 유럽 자본주의는 제국주의 단계의 가장 극단적인 갈등을 겪고 있었고, 마르크스라면 임박한 사회주의 혁명의 분명한 징후로 보았을 사회적·경제적·정치적 위기로 분열되어 있었다. 물론 이 연구소는 유럽 위기의 진원, 즉 초인플레이션과 대량실업, 그리고 상처 입은 국가 정체성에 시달리던 바이마르 공화국에서 설립되었다. 따라서 자본화 과정, 공동체적 삶의 미적 재형성, 그리고 대중 소비패턴을 형성하는 데 미디어가 수행하는 역할 사이의 관계에 대한 이들의 초기 통찰은 국가와 그 제도가 가진 정치적 합리성을 위협할 수도 있는 신화적 표상에 의해 공적 영역이 어느 정도까지나 식민화될 수 있는가 하는 우려에 사로잡혀 있었다. 막스 호르크하이머와 발터 벤야민 그리고 아도르노에게 있어서 1920년대와 1930년대에 펼쳐진 일은 시민사회의 정서적 애착을 근본적으로 변형시키고 소속감과 공동체 경험의 상상적 형태를 조작하는 미디어 기술의 힘을 보여주는 것이었다. 다시 말해 나치의 정치의 미학화와 그것으로 대중을 몰아넣었던 메시아적 시대는, 임박한 혁명을 마주했을 때 부르주아 자본주의가 자폭을 선호한다는 관점에서 설명될 수 있을 것이다.

아도르노가 아우슈비츠 이후 인간의 삶에 대한 에세이에서 지적한 것처럼(Adorno, 2002), 전후 유럽 자본주의의 복구는 단순히 경제적 하부구조의 재건에 관한 것이 아니었다. 이것은 역사적 기억 그리고 탈나치화 과정에 관한 것이기도 했다. 아도르노의 요점은, 히틀러 정권의 파국에 대한 연합국의 대응은 파시즘으로의 전락을 초래한 전체주의적 경향을 해소하기 위하여 자유주의적 자본주의의 힘에 의존하는 것이었다는 점이다. 유럽 경제에 130억 달러 이상의 원조를 제공한 마셜 플랜은 폐허가 된 유럽 경제의 힘을 다시 세계적인 자유시장으로 되돌리기 위해 설계되었다. 경제적 개인주의와 도덕적 개인주의의 오래된 시너지는 다시는 파시즘적 흥정이 경제와 사회의 파국적 붕괴에 대한 유일한 해결책으로 등장하지 않도록 보장하는 유일한 방법으로 주장되었다. 그러나 아도르노에 따르면 '자유주의적 자본주의'의 재건은 그것의 가장 끈질긴 환상, 즉 국가자본주의에 관한 프리드리히 폴록의 1940년대 에세이가 이미 그 허구를 폭로했던, 기적과도 같은 시장의 해방적이고 혁신적이고 분배적인 힘에 대한 소중한 이상을 재건하는 것이기도 했다(Pollock, 1941). 1950년대 중반부터의 재건 노력을 돌아보며 아도르노는 자유주의적 자본주의가 파시즘이라는 파국으로부터 살아남은 유일한 방법은, 첫째 비합리성의 유혹에 관한 교훈이 과거로 흘러가도록 내버려두는 것, 그리고 둘째로는 인간의 삶을 기술과학적 생산과 소비의 체계 속에 물화시키는 프로젝트를 밀어붙이는 것이었다고 주장했다. 인간의 자유와 개성을 점점 망가트리는 이 프로젝트는 영화와 텔레비전 산업이 만들어낸 저급한 문화와 대중 사이의 체계적인 맞물림 없이는 지속될 수 없다. 따라서 서구 전체로 퍼져나가 다양한 수준의 열광을 받았던 소비와 좋은 삶에 대한 미국식 꿈의 전 세계적 확산이 아도르노에게는 실망과 혐오감을 불러일으켰다.

　『신자유주의적 상상』의 역사적 구조는 미디어 기술의 힘과 인간 경험의 즉각성을 변형시키는 그것의 능력에 대한 프랑크푸르트 학파의 독창적인 통찰로부터 출발한다. 가짜 개인주의, 정치의 미학화, 주체성의 물화, 정치적 이성의 타락 등 내가 사용한 기본 개념들은 모두 프랑크푸르트학파 비판이론에서 연원한 것이다. 하지만 문화의 기술적 복제가능성에 대한 프랑크푸르트학파의 접근은 이미 규정되어 있는 것이라기보다는 오히려 개방적이다. 『부정변증법』 어딘가에서 아도르노는 어쩌면 자본주의가 불멸할 것이라고 말하는데, 그것이 기술을 혁신하고 인간의 삶을 재차 동원하는 능력에는 아마도 제한이 없기 때문이다. 이처럼 체계적인 자본의 체제 속으로 인간이 통합될 수 있는 한계를 계속해서 늘려온 것이 1980년대와 1990년대의 '포스트모던적 순간'을 생겨나게 했다고 나는 주장한다.

따라서 4장은 자본주의의 기술적 진화, 특히 상품화 과정의 양상으로서 디지털 형식의 재현, 커뮤니케이션, 기억의 출현이 장 프랑수아 리오타르, 장 보드리야르, 자크 데리다의 작업에 나타난 비판적 제스처에 예견되어 있음을 보여주려는 시도이다.

1980년대와 1990년대에 벌어진 근대성이냐 탈근대성이냐 하는 논쟁은 평판이 나쁜 이들 프랑스 유미주의자들이 자본주의의 진화에 대해 뭐라도 비판적으로 말할 수 있다는 것을 마르크스주의 지식인들이 인정하지 않으려 해서 발생하였으며, 이 프랑스 지식인들의 차이에 대한 물신화는 결국 신자유주의적 개인주의와의 공모였는데, 내게는 이 두 가지가 항상 중요하게 다가왔다. 프레드릭 제임슨과 데이비드 하비는 후기 자본주의에 대한 문화적 비판이 세계 자본주의의 추상적 체계 내에서의 프롤레타리아적 경험에 대한 공동성의 감각을 유지하지 않는다면, 남는 것은 다중, 집단, 그리고 혁명적 조직의 형성을 계속해서 저해할 차이에 대한 열정뿐일 것임을 각기 다른 방식으로 주장한다. 하지만 나의 요지는 1980년대 초 이래로 생겨난 소비문화의 변형은 세계 자본주의의 기술적 패러다임의 급격한 발전이 초래한 인간 삶의 근본적 변화의 결과라는 것이다. 자본이 순환하는 형태는 점점 더 추상적으로 되어가는데(과학 연구의 자산화, 약리학적 미래에 대한 투자, 실험 기술의 완벽성에 대한 투기 등), 포스트모더니스트들이 처음 기술했던 시뮬레이션, 가상성, 지연, 파열의 효과는 이처럼 점점 더 추상적으로 되어가는 사회적·경제적 관계의 경제 속에서 급격히 심화되었다. 따라서 마르크스주의자와 포스트모더니스트 사이의 쟁점은 객관성과 재현, 인간성과 기술적 보충 간의 관계에 대한 데리다, 보드리야르, 리오타르 각각의 이론이 과연 어떤 유의미한 윤리감각이나 정치감각도 구해낼 수 없는 신자유주의적 문화 침공의 일부로서 복무했는가 하는 점이다.

이 문제에 대해 내가 개진해온 입장은 이러하다. 오늘날 우리가 알고 있는 신자유주의적 상상은, 착근된 자유주의의 관습적 형태가 1980년대 신자유주의 혁명 이래로 사라졌음을 혹은 적어도 극도로 저하되었음을 반영한다는 것이다. 다시 말해 그것은 노동이 경제적으로 합리적인 개인을 형성하는 사회적·경제적·성적·미학적·정치적 성향의 중핵이 된 삶의 양식에 대한 문화적 표현이다. 이러한 삶의 양식에서는 개인적 숙련을 향상하고, 소수의 정서적이고 가족적인 관계를 보호하며, 물질적 보상을 위한 경쟁에서 상향 궤적을 유지하는 것이 관건이다. 이처럼 고립된 실존의 윤리적 함의는 사회의 신자유주의화와 변증법적으로 연관되어 있는데, 모든 외부적 제약을 극복하려는 분투에 의해 조장되는 내향적이고 도구적인 주체성은 즉각적인 자기 이해의 범주 바깥에 있는 이들에 대한 필연적인 무관심을 통해 형성되기 때문이다. 나에게 여기서 제기되는 질문은, 이러한 과정에서 인간의 내재된 공동체성을 무시하는 것이나, 인간 노동의 총체성에 기초가 되는 본래적인 자기창조적 충동으로 돌아가려는 것이 아니다. 오히려 그것은 자본의 기술 체제로부터 그러한 이상들이 사라지고서 남은 흔적들에 관한 것이다. 신자유주의적 상상은 노동, 정치, 문화의 영역을 가로지르는 반동적 요구를 지닌 영웅적 삶의 상상적 형태 속으로 비물질 노동의 긴장, 트라우마, 불안정성precarity을 통합하는 하나의 방식이다. 만약 후기 자본주의 국가의 정치적 삶에 대한 윤리적 책임이 회복될 희망이 있다면 그것은 신자유주의 자체의 제한 경제로부터, 즉 생산적 삶에 대한 신자유주의의 미학적 형상화 과정에서 종교적·인종적·성적 괴물들을 끊임없이 재생해내는 것으로부터 나타날 것이다.

5장은 신자유주의적 세계관이 무한한 성장 요구의 한계라는 문제를 다루지 못한다는 점에 관한 것이다. 기후과학은 인간 활동이 지구 평균 기온의 상승을 초래하고 있으며, 사회적·경제적 관계를 조직하는 기술 체제가 급속히 전환되지 않는다면 이 행성은 생물권이 파국적 붕괴라는 결말로 이어지는 경로에 놓이게 될 것임을 더는 의심할 여지없이 보여주고 있다. 이미 오래전부터 티머시 모턴과 같은 생태철학자들은 지속적인 환경 파괴와 지구온난화의 원인이 되는 것이 정확히 신자유주의적 상상이 장려하는 집중적 추출 활동 같은 것이라고 경고해왔다(Morton, 2013). 기후변화의 현실을 부정하는 것은 물론 신자유주의의 주요한 이데올로기적 공세 중 하나였으며, 오늘날에도 여전히 지상 최대의 경제 규모를 가진 국가의 대통령이 기후변화를 마르크스주의자들의 '사기극'이라 부를 정도이다. 그러나 임박한 파국의 정치에 대한 신자유주의적 접근은 더 이상 단순한 부정에, 또는 지구온난화로 인한 최악의 결과를 완화할 가능성이 전혀 없다는 유독한 운명론에 의존하지 않는다. 변형된 신자유주의적 접근은 인간 활동이 지구의 기후와 지질 조건을 변화시키는 주요 요인으로 여겨지는 시대를 가리키는 인류세에 대한 특정한 해석을 중심으로 한다. 여기서 핵심 아이디어는 신자유주의적 자본주의가 기반을 두고 있는 과잉 소비와 복합 성장 모델을 근본적으로 재고하자는 생태적 접근은 기후변화의 최악의 결과를 막는 데 성공할 수 없다는 것이다. 따라서 요구되는 것은 인간이 새로운 기후 조건에 적응하도록 만들고 지구 평균 온도를 상승시키는 원인을 완화할지도 모르는 기술 시스템을 급진적으로 가속하는 일이다. 이러한 접근은 기술적 변화의 필요성을 인식한 천재 기업가 세대의 부상과 연관된다. 이는 일론 머스크의 테슬라 자동차와 같은 엘리트 소비재를 추출 자본주의의 위기에 대한 녹색 해결책으로 리브랜딩하는 방식으로 나타났다.

여기서 요점은 임박한 생태 파국에 대한 가속주의적 해결책이라는 것이 결국은 신자유주의적 상상의 핵심에 늘 자리해온 복합 성장 이데올로기와 대담한 기업가적 혁신을 단순히 강화하는 것에 불과하다는 점이다. 시장경제에 위험하고 억압적이며, 잠재적으로 전체주의적일 수 있는 규제를 가하는 것은 필요치 않다. 오히려 요구되는 것은 인간 대상 실험에 자신의 생명을 걸겠다는 사람은 그렇게 할 권리를 가질 수 있을 정도까지, 기술-과학적 혁신에 대한 현행의 법적 제약을 제거하는 것이다. 인류의 포스트휴먼적 미래를 전개시키기 위해 필요한 것은 바로 그와 같은 영웅적 희생이다.

그러나 이처럼 혁명적으로 보이는 제스처들은 실제로는 훨씬 더 반동적인 프로젝트의 일부이다. 모턴이 지적했듯이, 기후변화의 문제는 지구 시스템의 규모 자체가 너무 거대하기 때문에 초거대 기술을 통한 해결책이 전적으로 실행 불가능하다는 데 있다. 가속화된 기술 혁신에 운명을 건 인류의 도박은 시작부터 승산이 없는 것이다. 그렇다면 우리는 신자유주의적 세계관과 과학 연구 및 기술 개발의 자본화 확대를 요구하는 가속주의 사이의 공모에서 실제로 관건이 되고 있는 것이 무엇인지를 물어야 한다. 신자유주의의 역사는 두 가지 근본적인 이상 사이에서 전개되어 왔다. 하나는 끊임없는 혁신과 경제 성장을 추구하는 급진적 기업가정신을 장려하는 것이고, 다른 하나는 가계의 연속성과 영토적 안정성, 지속 가능한 도덕 문화를 기반으로 하는 국민적 삶을 보존하는 것이다. 신자유주의적 세계관의 기술적 메시아주의는 포스트휴먼적 미래의 급진적 함의를 수용하는 듯 보이지만, 실제로는 경제적 자유주의의 보수적 요소들과의 불안한 타협에 불과하다. 시장에 등장한 친환경 기술은 생태적 이상이나 글로벌 경제에 내장된 강박적 소비를 변화시키는 것과는 거의 관련이 없다. 오히려 생태적 책임에 대한 대중의 인식은 '녹색 소비'의 영역을 구성하는 기호의 경제('윤리적 조달', '탄소 제로', '생분해 가능' 등)에 의해 식민화되었다. 그와 같은 노력들이 무가치하다고 말하려는 것이 아니다. 그런 노력들이 앞서 보았던 자본화의 신자유주의적 경제(최대한의 추출, 착취, 생산성 등) 내에서 기획됨으로써 고통받는다는 점을 지적하고자 하는 것이다. 따라서 베르나르 스티글레르가 부인류세neg-anthropocene에 관한 에세이들에서 보여준 바와 같이, 이러한 체제는 비생태적이다. 그것은 신자유주의적 상상과 짝을 이루는 생산과 소비의 근본 원리를 결코 문제 삼지 않기 때문이다(Stiegler, 2018).

이 책의 결론 부분에서는 권력, 주권, 그리고 억압된 것의 귀환에 관해 몇 가지 논평을 제시했다. 최종 장에서 제기된 핵심 쟁점은 신자유주의의 근본 원칙에서 비롯된 정치 통치 체제의 본질에 관한 것이다. 데이비드 하비가 지적했듯, 신자유주의가 정치적·이데올로기적 전략으로 처음 부상한 곳은 미국이었다(Harvey, 2005). 레이건 행정부는 밀턴 프리드먼 버전의 자유시장경제 이론을 명시적으로 수용했으며, 공공복지가 개인의 생산성 및 자립심에 미치는 부정적 영향에 대한 지속적인 비판 역시 받아들였다. 1980년대에 들어서면서 전후 서유럽 국가들이 채택했던 구식 복지 자본주의는 미국식 최소 국가 모델로 대체되기 시작했다. 이 모델은 공공 지출을 억제하고, 낮은 세율을 유지하며, 시장이 최대 효율로 작동하도록 보장하는 것을 목표로 했다. 이러한 전환은 그 속도와 열의에서 국가마다 차이를 보였지만, 스칸디나비아에서 등장하여 공공복지 제도에 대한 강조를 유지하고자 했던 북유럽식 자본주의조차 신자유주의적 경제 합리성과 효율성 원칙을 근본적으로 채택했다는 점은 부인할 수 없다. 자유, 민주주의, 민족주의로 구성된 신자유주의적 구도가 결국 반동적 이데올로기라는 통찰은 결코 최근의 것이 아니다. 스튜어트 홀, 데이비드 하비, 프레드릭 제임슨은 모두 1970년대 후반부터 신자유주의 혁명의 이념적 지형을 추적하기 시작했다. 그러나 나는 신자유주의 정치경제학의 핵심인 형식적·법적 자유 개념과, 인종, 성별, 성적 지향, 종교적 신념에 대한 반동적 이상이 지속되는 현상 사이의 관계가 현재 세계 자본주의의 조건 속에서 극도로 불안정하고 새로운 정치적 상상력으로 진화했음을 보여주고자 했다.

오늘날 우리는 정치적·경제적·생태적 위기가 독특하게 결합된 상황에 직면해 있다. 추출 자본주의의 세계 체제는 복합 성장과 인간·자연 자원의 착취 한계에 다다르고 있다. 바로 이러한 한계로 수렴하는 자본화 과정이 신자유주의 국가들의 반동적 전환을 특징짓는 통치 위기를 초래했다. 트럼프 행정부는 미국 주요 도시의 흑인 공공주택 단지에 대한 군사적 경찰 통제를 강화했으며, 미국 경제에 지속되는 인종적 분업 체계를 묵인해왔고, 건국에 대한 백색 신화에 계속해서 호소해왔다. 이러한 호소들은 또한 미국이 현재 추진 중인 혼란스럽고 불법적인 팽창주의를 부추긴다. 유럽에서는 극우 정당들이 정치 주류로 복귀하는 시점에 이르렀는데, 이는 민족 공동체와 국가적 삶의 정치적 구축에 핵심이었던 국가 주권이 예측 불가능한 글로벌 자본의 흐름으로부터 위협받는 상황과 맞물려 있다. 알베르토 토스카노가 지적했듯이, 신자유주의적 상상은 경제적 자유freedom, 정치적 자유liberty, 그리고 공동체라는 원칙을 민족 공동체의 권리로 표상하는 형태의 민족주의를 양산했으며, 이 민족 공동체의 역사적 정체성이 민주주의의 절대적 한계를 규정해야 한다고 주장한다(Toscano, 2023). 유럽에서 등장한 후기 파시스트 정당들과 신자유주의적 상상 사이의 공모를 설명하는 이 관점은 중요하다. 자기-결정, 역량 강화, 실용적 현실주의를 강조하는 자유시장 경제의 이념이 생명정치적 인종주의의 대중적 재-상상과 완벽히 양립 가능하다는 것을 지적하기 때문이다. 따라서 우리는 임박한 재앙의 시대에 이 공모 관계가 취할 방향에 주의를 기울여야 한다. 신자유주의적 상상의 결정적 특징 중 하나가 가장 강력하고 번영한 국가들에서 적대성, 이기심, 열망, 공동체 의식의 연출을 조율하는 데 성공해왔다는 것이라는 점에서, 우리는 심각하게 우려해야 한다. 인류의 운명이 어느 때보다도 민주주의의 보존에 크게 달려 있는 바로 이 시기에 이 신자유주의적 상상이 민주주의에 대한 헌신을 훼손하는 데 어떤 역할을 할지 말이다.

일러두기

1. 단행본·정기간행물·신문에는 겹낫표(『』)를, 시·소논문·신문기사에는 홑낫표(「」)를, 노래, 미술 작품, 영화, 드라마에는 홑화살괄호(〈 〉)를 표기했다.
2. 저자가 직접 인용을 한 문헌들 가운데 한국어 번역본이 있는 경우엔 가급적 이를 참조하고 전거를 표시하였다. 다만 번역은 저자의 영문 텍스트를 기준으로 하여 역자들이 적절히 수정하였다.
3. 원서의 주는 ◆로, 옮긴이 주는 *로 표기했다.

미학은
시간에 대해 별로 신경 쓰지 않기에,
장난스럽든 진지하든
시간은 재빨리 지나가 버린다.

쇠렌 키르케고르,
『두려움과 떨림』

신자유주의적 상상이란 무엇인가?

프레드릭 제임슨과 문화 비평

프레드릭 제임슨의 『포스트모더니즘, 혹은 후기자본주의의 문화적 논리』가 출간된 지 이제 30년이 넘었다. 잘 알려진 것처럼 그는 (데리다, 보드리야르 그리고 리오타르의 작업에 구현된) 비판적 사유의 프랑스적 전통이 본질적으로 자본화 과정에 대한 미디어 및 커뮤니케이션 기술의 영향으로부터 발생한 과열된 이미지 놀음의 반영이라고 주장했다. 제임슨의 분석에서 사회적 관계에 만연한 우발성, 자아의 균열, 집단적 삶의 파괴 등은 글로벌 경제의 미디어-기술적 확장에 따른 실제적 결과로 여겨진다. 이러한 결과를 해체, 시뮬라시옹, 리비도 경제 등의 언어로 제시하는 것은 인간의 문화와 욕망에 대한 영향을 지속적으로 확장하는 고도로 유연한 자본화 양식의 '이데올로기적 반영'으로 인식된다(Jameson, 1995: xii). 제임슨에 따르면 자본과 대중적 미학 사이의 이러한 관계는 포스트모더니즘 운동의 핵심에 놓여 있다. 왜냐하면 꾸준한 시장의 확대와 경제성장은 분열적 소비자의 삶이 미적 자기발명의 이데올로기에 의해 인준되는 한에서만 진전될 수 있기 때문이다(Jameson, 1995: x). 자본과 미학은 너무나 밀접하게 얽혀 있어서, 문화의 미디어-기술적 상연을 참조하지 않고 글로벌 경제를 연구하는 것은 상품 형태 자체의 심적 재생산에 관하여 무언가 근본적인 것을 놓치는 것이다. 다시 말해 '포스트모던 자본주의'는 국가와 유력한 경제 기업이 획책해온 돈, 미학, 욕망 간의 상호 꼬드김이며, 모든 것이 가능한 것처럼 보이고 삶의 물질적 한계가 시뮬레이션의 영역 속으로 녹아 사라져버리는 세계관으로 개인들을 끊임없이 재차 끌어들이는 방식이다. 글로벌 자본주의의 경제적 우발성을 매개하는, 모든 것을 포괄하는 이데올로기 내지는 세계관이라는 발상은 신자유주의적 상상에 대한 내 설명의 출발점이다. 사실 『포스트모더니즘, 혹은 후기자본주의의 문화적 논리』에서 제임슨이 제시하는 것은 원자론적 개인의 욕망을 재배열하는 문화적-미적 형식에 대한 일관된 설명을 제공하지 않은 채 신자유주의의 모순적 현실을 (그것의 정체停滯와 유동, 진보와 반동, 삶과 죽음, 과거와 미래 사이의 경제를) 이해하는 것의 불가능성이기 때문이다(Jameson, 1995: 1-6).

제임슨의 분석에서 전개되는 주제들(상징적 삶의 상실, 분열적 소비자의 출현, 증대되는 시뮬레이션의 힘, 문화와 자본의 사실상의 동일성)은 아날로그 형태 미디어의 최종 단계와 재현 및 커뮤니케이션의 새로운 디지털 양식의 출현 사이의 관계를 보여준다는 점에서 대단히 예지적이다. 그러나 영화, 텔레비전, 비디오의 발전 궤적 및 이들이 대중의 심적·경제적 구성에 어떤 영향을 미쳤는지에 대한 그의 설명의 포괄성은 그가 서술하고 있는 것이 실은 자본과 문화산업의 관계에서 이행적 국면이라는 사실을 보여준다. 1980년대 말 무렵 새로운 디지털 커뮤니케이션 패러다임의 윤곽이 나타나기 시작했으며, 1990년대 중반에 이르러서는 최초의 디지털 웹 브라우징 시스템이 시판되면서 사회적·상업적 교류의 급속한 변화가 시작되었다. 앞서 말했듯 탈근대 문화에 대한 제임슨의 분석, 특히 미디어 기술이 사회적·심리적 정체성의 상징적 조직에 미치는 방향상실 효과에 대한 설명에는 어떤 선견지명이 있다. 그러나 제임슨은 그가 분석하는 아날로그 기술의 미적 효과가 인간 삶과 경험의 자본화에 대하여 변형되지 않는 한계를 드러낸다고 가정한다. 글로벌 경제의 네트워크를 가로지르는 계급 갈등에 대한 그의 재서술은 자본주의 이후에 도래할 인간 세계의 윤곽을 엿볼 수 있게 하는 재현적 파라미터를 가진 미디어-기술적 '단계'stage 속에 틀이 잡혀 있다(Jameson, 1995: 399). 하지만『포스트모더니즘, 혹은 후기자본주의의 문화적 논리』의 출간 이후 사회의 기술적 조직에는 패러다임의 전환이 있었다. 자본주의의 사회적·경제적·정치적 관계들은 더 이상 제임슨의 책에서 그것의 최종적이면서도 가장 정교한 형태가 분석된 아날로그 시스템을 통해 무대화되지staged 않는다. 디지털 패러다임은 재현과 커뮤니케이션의 새로운 양상(인터넷, 소셜 네트워킹 사이트, 가상현실 시스템 등)을 부상시켰고, 이들은 인간 경험의 정치적 역학을 근본적으로 변화시켰다. 이를 약간 다르게 말하자면 디지털 기술은 커뮤니케이션 과정을 근본적으로 가속화시켰으며, 더 이상 아날로그적 양식의 커뮤니케이션을 통해 스스로를 재생산하지 않는 '사회'를 부상시켰다. 그리하여 내가 신자유주의적 상상이라고 일컫은 것의 맥락은 바로 이것이다. '각자'가 점점 가상-미학적 체계의 자극에 민감해지는 원자론적이고 탈사회화된 개인주의의 출현.

　나의 논의는 아날로그 패러다임의 감각-정동 경제의 소실과, 디지털 미디어 네트워크의 출현이 어떻게 사회적·경제적 교환의 근간을 발본적으로 바꾸었는지 설명할 것이다. 인터넷, 가상현실 프로그램, 햅틱 시스템, 그리고 소셜 네트워킹 사이트는 그저 효율적인 정보 교환만을 촉진하는 채널이 아니다. 그것이 기능의 중요한 일부이긴 하지만 말이다. 오히려 이러한 시스템의 얼개는 사용자/주체에게서 특정한 유형의 공간적·시간적 지향을 생산해내도록, 그리고 그 또는 그녀가 사회적·문화적·정치적·경제적 환경에 관여하는 방식을 바꾸도록 고안되었다. 그리하여 어떤 의미에서는 제임슨의 분석 주위를 떠도는 하이퍼리얼리티의 유령이 그의 정치적 미학을 대단히 불안정하게 만든다. 사회적 삶의 상징적 경제가 디지털 미디어 프로그램에 의해 재편되면, 문화와 자본 사이의 관계는 무한한 혁신과 재발명의 관계가 되기 때문이다. 나는 '삶'이 끊임없는 자기 극복으로 표상되는 이 새로운 사회적 상상이 일, 과학, 교육, 그리고 문화의 모든 장치에 깃들게 되었다고 주장할 것이다. 물론 이것은 1970년대 이래로 신자유주의와 관련된 구체적인 사회적·정치적·경제적 전략이 내가 다음 장에서 윤곽을 제시할 '세계상'으로부터 연역될 수 있다고 말하려는 것은 아니다. 국가, 기업, 그리고 경제 엘리트가 추구하는 전략은 언제나 민주적 문화, 노동자의 저항, 경제적 번영 등의 경험적 요소에 의존하며, 이 요소들은 급진적 개인주의의 역학이 펼쳐지는 방식에 영향을 미치기 때문이다. 오히려 나의 요점은 이러한 요소들의 영향이, 자유주의적-자본주의 국가에서 공적 영역을 지배하게 된 수행실적performance의 공리와 미적 완전성의 이상을 가진 이데올로기의 맥락에서 발생한다는 점이다. 실제로 신자유주의적 경제학에 포박되는 것 외에 '대안은 없다'TINA는 주장이 가지는 힘은 그것이 역사적으로 서구 개인주의 문화에서 형성되었다는 점, 그리고 그러한 문화가 현재의 미디어 및 프로그래밍 산업에 의해 심화되었다는 점에 기초한다.

미학과 자본화 사이의 관계에 대한 제임슨의 접근을 이렇게 수정하는 것은 내가 신자유주의적 상상과 그것의 영향에 대한 분석에 착수하기 전에 다루어질 필요가 있는 네 가지의 쟁점을 제기한다. 첫 번째 쟁점은 공리주의가 자신을 순수 직관의 철학으로 나타내면서, 사회적 삶의 경제에서 상상의 기능을 주변화하려 시도했던 방식과 관련된다. 이것은 분명히 신자유주의적 사상, 특히 동료 인간에게 느껴야 하는 동정심의 한계 및 이와 관련된 실천적 자조self-help의 윤리와 중요한 관계가 있다. 두 번째 쟁점은 마르크스주의가 미적인 것의 변형적 힘을 경시하는 이러한 경향을 물려받은 방식에 관한 것이다. 물론 1970년대의 스태그플레이션 이후 계급지배 및 기업지배를 재확립하기 위해 고안된 정치적 전략으로서의 신자유주의에 대한 정통 마르크스주의의 비판에는 상당한 가치가 있다(Harvey, 2005; Callinicos, 2009). 하지만 나는 이런 종류의 분석이 상상력의 중대한 결손, 즉 미디어-미학적 영역의 발전으로 인한 자본화 과정에서의 근본적인 변화의 기원을 설명하지 못한다는 사실로 곤경에 처한다고 주장할 것이다. 세 번째 쟁점은 지난 30년간 자본주의가 확장되도록 한 미디어와 생명공학 네트워크의 발전에 관한 것이다. 내가 이해하는 한 신자유주의적 상상은 인간 주체로서 우리가 현실이라 생각하는 것과 긴밀하게 결속된 시뮬레이션의 한 양상으로 출현했다. 베르나르 스티글레르와 티머시 모턴의 작업을 따라서 나는 개인의 욕망이 식민화되는 곳이자, 그것을 통해 자본화 과정이 계속해서 확장되고 있는 가상-미학적 기술의 체계가 현재 존재한다고 주장할 것이다. 마지막으로 비판이론의 변형적 잠재성의 문제, 즉 합법성, 경제 그리고 상상력의 신자유주의적 형식이 가차 없이 확장되는 것에 대안을 제시함에 있어 비판이론이 할 수 있는 역할의 문제가 있다. 나는 신자유주의적 경제학이 의존하는 미적 시뮬레이션의 논리가, 사회적·경제적 삶의 근본적 변형의 가능성을 설정하는 심적 정체성, 신체적 적응성 및 자원 추출의 절대적 한계에 마주친다는 생각을 진전시킬 것이다.

내가 보기에 인간의 상상에 대한 질문은 공리주의적·자유주의적·그리고 신자유주의적 철학의 진화 전반에 걸친 쟁점이다. 예를 들어 홉스의 정치철학에서는 지성intellect과 정동affect 사이에 근본적인 구별이 이루어져서, 지성의 계산 능력은 일군의 특정한 욕망(음식, 성, 안전, 교제 등) 중 최선을 선택하는 데에만 작동할 수 있을 뿐이지만, 절대적 폭력의 상태인 '자연상태'에 대한 홉스의 추론으로부터 유래한 합리적 선택이라는 엄격한 원리를 알아차리는 것이 가능하다. 다시 말해 평화, 복종, 안전을 위하여 우리가 발휘해야 하는 선호는 개인이 즉각적 욕망을 위하여 법을 위반하도록 자극하는 정동적 인상에 대한 의지의 특정한 주권으로부터 유래한다(Hobbes, 1885: 223-229). 장-자크 루소의 철학에서 인간 사회에 만연한 시기, 탐욕, 성적 방종에 대한 그의 비판을 이끄는 것은 이성, 정동, 자유가 긴밀하게 연관된 하나의 총체로서 존재하는 아름다운 충만함으로서의 자연에 대한 상상이다(Rousseau, 1988: 81-117). 또한 자유주의에 대한 로크의 설명에서 정부 권력의 분할, 국가 주권의 필연적 한계, 인간의 자연적 권리에 대한 그의 발상을 형성한 것은 신성하게 창조된, 동등한 자들의 공동체로서의 자연상태이다(Locke, 1988: 117-141). 따라서 자유주의-공리주의적 전통의 맨 처음부터 정동-상상(자연)의 발동과, 인간 사회의 실제적 사안에 활용되어야 하는 경험적 이성의 명석함 사이의 모호하면서도 변화하는 경계를 더듬어볼 수 있다. 계

약론적 전통에 대한 독해에서 데리다가 일관되게 지적하듯이 이 경
계선을 확정하는 것은 분석적으로든 경험적으로든 불가능하다. 홉
스, 루소, 로크의 작업에서 면면히 이어지는 이성의 헤게모니가, 좋
든 나쁘든 인간성에 대한 영향으로서의 자연에 대한 그들의 재구성
에 의존하는 한 실천적 자유(권리, 임무, 의무)의 문제는 결코 미적
재현의 영향으로부터 벗어날 수 없기 때문이다(Derrida, 1994; 2011).

　　이어지는 장에서 나는 자유주의-계약론적 전통과 그것이 근대
성의 윤리적 지향에 대해 가지는 의의로 돌아갈 것이다. 하지만 일
단은 신자유주의의 진화에 대한 나의 설명의 골자를 이루는 재현,
상상, 정치경제 사이의 관계를 개괄하는 데 집중하고자 한다. 「세계
상의 시대」라는 글의 서두에서 마르틴 하이데거는 그가 근대성의
정수라 여기는 것의 실천적·미적 도식을 그려 보인다. 그의 논지는
'근대성의 본질적 현상'은 자연과학 및 그것이 일으킨 기계 기술의
혁신이라는 것이다(Heidegger, 2002: 57). 하이데거의 분석에 따르면 인
간의 삶과 사회의 기술적 조직화를 향한 이러한 변화의 토대는 로
고스 중심적 지향의 출현으로, 여기서 존재Being의 압도적인 현전은
세계를 별개이면서도 조작가능한 실체들 또는 '존재자'being의 양상
들로 나누는 추상적 범주에 포획된다. 이러한 과정은 소크라테스 및
플라톤과 함께 본격적으로 시작하는데, 이들의 대화는 미적 정동의
혼란을 넘어 존재의 이성적 본질을 밝히고 철학, 정치, 윤리를 확고
한 이성의 토대 위에 두고자 했다. 하이데거의 시각에서 로고스 중
심적 접근의 진화는 탈은폐revealing의 한 양상인 기술의 암묵적 '본
질'이다. '손-안에-있음'ready-to-hand 또는 '상비품'standing reserve으
로서의 세계라는 포괄적 전망이 없이는 서구 근대성의 구성요소인
수학이나 기술적 혁신의 상보적 진화는 불가능했을 것이기 때문이

다. 그러나 하이데거가 자신의 글에서 방점을 찍는 것은 현존재Das-ein가 그 자신을 세계 속에 재정향할 수 있도록 하는 미적 체제의 출현 없이는 전통적 사회에서 기술적 사회로의 이행을 생각할 수 없다는 것이다. 하이데거는 다음과 같이 말한다.

> 세 번째로, 마찬가지로 중요한 근대의 현상은 예술이 미학의 시야 속으로 들어오는 과정에 놓여 있다. 이는 예술작품이 체험Erlebens의 대상이 되고 이로 말미암아 인간 삶의 표현으로 간주된다는 것을 의미한다(Heidegger, 2002: 57).*

다시 말해 근대성의 특징인 탈주술화의 상태는, 하이데거에게 진리/탈은폐의 환경으로서 인간 문화의 기원에 놓여 있는 현존재Dasein와 존재Being 사이의 상징적 대립을 조작하거나 대신하는 기술적으로 재생산가능한 이미지의 영역 내에서 발생한다.

하이데거에 대해 쓸 때 채택되어야 하는 어떤 주의사항, 그의 근본적인 존재론의 보편 구조에 감춰져 있는 ('탈은폐를-위한-존재'로서의) 현존재의 위계적 분화로부터 파생되는 주의사항이 분명히 있다. 하이데거가 자신의 철학에 따라 파렴치한 가담에 이르긴 했지만 나는 그가 합리적-기술적 산업주의의 진보와, 인간이 그들 실존의 궁극적 목표를 설정하고, 인지하고, 표현하는 영역인 '미적인 것' 사이에 만들어낸 연결 속에서 중요한 무언가를 포착하는 것이 여전히 가능하다고 생각한다. 하이데거에 따르면 기술과학적 세계상의 지배에 따라 나타나는 세계의 탈주술화는 신들이 세계 내에 자리를

---

* 마르틴 하이데거, 『숲길』, 신상희 옮김, 나남, 2020, 118쪽.

상실하고 신화의 영속화를 통해 지속되는 특정한 종류의 '종교성'이 출현한 결과이다(Heidegger, 2002: 58). 이러한 분석에서 주목할 만한 것이 세 가지가 있다. 첫째, 만약 과학과 기술이 서양 근대성의 본질로 생각되며, 이들이 현존재의 세계에 대한 지향을 변형시키는 방식에 대단히 특별한 무언가가 있다면, 우리는 '미적인 것'을 근대의 세계상에서 본질적인 부분으로 이해해야 할 것이다. 다시 말해 미적 경험은 우리가 인간의 운명이라 부를 수 있는 것들, 그리고 인간의 실존을 규정하는 염려들로부터 결코 떼어놓을 수 없다. 둘째, 근대의 세계상을 구성하는 상징적·인과적·정동적 관계들에 대한 이러한 미적 형상화의 효과는 '이데올로기'로 명확하게 수량화될 수 있는 모든 것을 넘어서 확장된다는 점이다. 자본주의, 기술, 혁명적 변화 사이의 관계에 대한 마르크스의 설명은 결국 인간에 관한, 그리고 '자연이라는 비유기적 신체'에 대한 인간의 변증법적 관계에 관한 공리주의적 낙관주의의 반영이다(Marx, 1977b: 77-87). 그리하여 마르크스가 자본주의의 종말과 소외의 경험을 예표하는 것으로서 간주했던 범주들(추상적 자유, 노동력, 법적 권리 등)의 윤리적이고 정치적인 의의는 인간이 자신을 세계 속에 정향하도록 한 실존적-현상학적 역사의 일부로서 더욱 잘 이해될 수 있다. 셋째, 이처럼 인간 경험의 문화적-미적 요소를 자본주의적 생산양식에 대한 마르크스의 분석을 넘어서 확장한다는 것은, 산업적 근대성의 기술적 과정에 '구제하는 힘'saving power이 내재해 있다고 할 때 그것은 기술 사회의 미래에 관하여 근본적으로 예측 불가능한 무언가와의 관계 속에서만 제시될 수 있음을 의미한다.

　신자유주의적 상상이 무엇인지 이해하기 위해서는 자본주의의 진화하는 역학을 먼저 이해할 필요가 있다. 그리고 이러한 역학을 이해하기 위해서는 마르크스를 이해할 필요가 있다. 그러나 데리다가『입장들』이래로 줄곧 주장한 바이기도 하지만, 부르주아의 모든 이데올로기적 망령을 쫓아내는 것이 의도였던 마르크스의 작업은 역사유물론의 정전인 텍스트 주위를 떠도는 복수의 '유령들'을 생겨나게 했다(Derrida, 1981). 그렇다면 어떤 의미에서는 나의 기획이 '마르크스주의적'이라고 할 수도 있을 텐데, 나의 의도는 어떻게 산업 자본의 착취 효과가 미래를 기술-유토피아로 설정하려는 목적을 가진 미적 양상에 의해 심화되는지 보여주는 것이기 때문이다. 그러나 우리가 보게 될 것처럼 상품 형태의 네트워크 내에서 형체를 갖춘 기술적 상상의 진화를 구체화하려는 시도는 종래의 계급 역학을 고수하고자 하는 모종의 마르크스주의적 정통과의 단절을 나타내기도 한다. 나는 초-산업자본주의의 진화에 관한 티머시 모턴과 베르나르 스티글레르의 작업을 살펴볼 때 이러한 단절의 성격을 설명할 것이다. 하지만 우선은 신자유주의에 대한 전통적인 마르크스주의적 비판의 언어 및 그것이 전 지구적 자본의 정치경제에 대한 우리의 이해에 기여한 바를 구체적으로 명시할 필요가 있다.

마르크스주의와 자본주의

신자유주의의 기본 원칙을 살펴보는 것으로부터 시작하도록 하자. '옹호자'와 '비판자' 사이의 차이는 본질적으로 형식적 자유, 개인주의, 그리고 개인적 책임personal responsibility이라는 신자유주의의 이상 속에 설정된 삶의 도덕경제와 밀접한 관련이 있으니 말이다. 신자유주의를 규정하는 기본 원칙은 제2차 세계대전 직후 몽펠르랭 소사이어티를 사로잡았던 논쟁으로 소급될 수 있다. 프리드리히 하이에크, 밀턴 프리드먼, 칼 포퍼, 프랭크 나이트 등 가장 잘 알려져 있는 초기의 멤버들은 자본주의의 도덕경제 및 정치경제에 대하여 포퍼의 반증주의 인식론의 정신에 가까운 접근을 취하였다. 다른 이해의 형식(유신론, 애니미즘, 운명론, 미학 등)에 비해 과학이 우월성을 지닌다는 포퍼의 설명은, 사물의 객관적 실재에 대한 우리의 이해에서 이루어진 모든 진보는 기존의 진리 및 지식의 체제를 끊임없이 반증하고자 하는 방법론적 회의주의로부터 나왔음을 주장한다(Popper, 1979b: 1-31). 이러한 체제에 대한 근본적인 비판 두 가지는 어떠한 지식의 체제도 반증이 면제될 수 없다는 것, 그리고 과학공동체는 끊임없이 실재의 본성에 대한 새로운 가설을 고안해내야 한다는 것이다. 과학의 비판적 합리성에 대한 이러한 설명에는 민주주의의 본질에 대한 일련의 처방이 수반된다. 첫째, 공동체의 이상적인 형태는 감정적이거나 정동적인 애착보다는 이성과 성찰성에 기반을 둔다는 것으로, 여기서 전자는 정치적 비합리주의의 대응물로 여겨진다(Popper, 1979a: 158-161). 둘째, 민주주의의 본질은 가설적 신념의 문화에 놓여 있다는 것이다. 민주적인 상태라는 것은 개인들 각자가 자신의 특정한 신념을, 비판에 개방되어 있고 수정 대상이 되는 방식으로 가지는 한에서만 존재한다고 말해질 수 있기 때문이다. 마지막으로 포퍼의 철학에서는 인간 사회의 진화를 지배하는 역사적 법칙을 제시하려는 사회과학의 허세와, 성찰적 개인주의의 문화를 파괴하려고 하는 전체주의 국가의 본질이 연결된다(Popper, 1979a: 35-54). 자유민주주의는 자유로운 개인주의의 원리가 단지 시민사회의 담론적 교환에서뿐만 아니라 업무와 노동의 조직에서도, 그리고 정부 권력을 합리적 합의의 세심한 편성으로부터 도출되는 단편적인 프로젝트로 제한함에 있어서도 확실히 고수될 수 있도록 해야 한다(Popper, 1979a: 152-159).

나치즘과 파시즘의 인종적 이데올로기, 그리고 소련에서 '부르주아적 개인주의'의 모든 흔적을 파괴하려는 레닌과 스탈린의 시도 이후, 몽펠르랭 소사이어티의 회원들은 좌우 모두의 폭정으로부터 개인을 보호하는 최선의 기회를 제공할 경제적·정치적 원칙을 세우려 했다. 1947년 이 모임의 목표에 대한 최초의 성명은 신자유주의 선언이라 할 법한 것을 제시한다. 법의 지배에 대한 존중, 개인의 자기결정권 보호, (자본, 사상, 문화 등의) 자유로운 교환 장소로서 시민사회의 재창조, 그리고 정부 권력의 제한이 평화롭고 번영하는 세계질서를 위한 필수적 조건으로 제시되었다(www.montpelerin.org). 몽펠르랭 소사이어티를 설립한 시장 자유의 옹호자들에 따르면 이러한 원칙들을 적극적으로 추구하는 것은 진정한 민주주의의 정수인 자발적 교류의 문화를 회생시키는 것을 삶의 지향으로 하는 고도로 성찰적이고, 고도로 의욕적이며, 고도로 생산적인 개인들의 공동체를 산출하리라는 것이다. 예를 들어 하이에크의 유명한 에세이인 「사회에서 지식의 용도」는, 자발적 혁신의 원칙에 따르면 중앙의 계획 당국에 의해서는 결코 성취될 수 없는 사업상의 적응을 산출하는 자유 가격 시스템의 '경이'를 찬양한다(Hayek, 1945: 9). 시장이 개인의 노력에 대한 자극제로 기능하려면 무엇보다도 이러한 우연의 정신 혹은 예상치 못한 가능성이 유지되는 것이 중요하다. 이것 없이는 개인은 사회 전체를 통제하려는 정치적·경제적 권력에 좌지우지되곤 하며 그리하여 자발적인 자아실현의 힘을 잃게 된다. 따라서 새롭게 출현하는 신자유주의 이데올로기의 형태에서 '시민사회'는 자신의 기회를 포착하려는 개인에게 항상 열려 있는 성공 가능성을 표현한다는 근거로 정당화되는justified 정당한legitimate 불평등의 영역으로 여겨진다(Friedman, 1962: 162; Hayek, 1945: 14).

　　내가 생각하기에 무엇이 신자유주의의 새로운 점인가 하는 질문은 제2차 세계대전 이전 유럽에서 발생한 파시스트 전체주의 및 공산주의적 전체주의의 원인을 찾기 위한 결의로 거슬러 올라갈 수 있다. 이 시기에 몽펠르랭 소사이어티는 독특한 이념적 입장을 표명했는데, 그것은 바이마르 공화국 초기 사회주의로의 표류 및 그에 따른 자유시장 경제의 퇴화가 독일에서 나치즘의 부상을 초래했다는 것이다. 이는 경제성장을 위태롭게 하고 1930년대의 대공황으로 이어지게 한 유럽의 정치적 위기(특히 파시스트 국가축의 형성)를 촉발하는 효과를 가져왔다. 하이에크는 파시즘으로의 전환이 가장 극단적인 조건에서 경제적·정치적 자유의 보호에 관하여 합리적 사고를 요구하는 위기에 대한 감정적 대응이라고 보았다(Hayek, 1945: 3). 그리하여 하이에크의 테제에 따르면, 제2차 세계대전 이후 선진 산업국가의 우선적인 책임은 뉴딜과 복지국가 프로그램이라는 초기 사회주의가 그들을 '노예의 길'로 끌어내리는 것이 허용되지 않았음을 확실히 하는 것이었다. 달리 말하여 1945년까지 20세기 역사의 교훈은, 자유로운 경제적 교류의 영역이 생겨날 수 있는 조건을 명확히 하는 합리적이고 실존적인 추상화의 과정을 통해서만 집단적 삶에 대한 미적 환상이 낳는 광기에 맞서 민주주의를 수호하는 것이 가능하다는 것이다(Hayek, 1945: 7). 물론 제2차 세계대전이라는 파국적 사건에 대하여 프랑크푸르트학파로부터 나온 다른 반응도 있었다. 이들은 시장경제 내에서 전개되는 합리화와 자본화의 동력은 신자유주의적 세계관의 기초를 이루는 자유로운 개체화individuation의 원칙을 언제나 약화시킬 것이라고 주장하였다. 예를 들어 아도르노는 자유주의 국가들은 재활성화된 시장경제가 나치즘의 재출현 또는 그러한 인종 정치의 어떤 새로운 변종을 방지하기에 충분한 내구성을 지닌 도덕적 환경을 제공하리라고 간단히 가정할 수 없다고 단언했다(Adorno, 2005: 191-204). 실제로 '자유로운 시장'의 발전을 수반한 추상화의 과정은 정확하게 개인의 자유와 욕망을 마모시키는 것으로 이어진 과정이다. 따라서 한편으로 프랑크푸르트학파의 입장은 인간의 자발성, 도덕적 문화, 미적 표현 등의 기능적 축소가 후기 자본주의적 근대성의 불가피한 사실이라고 주장했고, 다른 한편으로 몽펠르랭 소사이어티는 그런 입장을 취하는 것은 지도적 이상이 진보하도록 지탱하고 인간의 역사를 '인간적'으로 만들었던 바로 그것들(실천이성의 자발성, 개인적 욕망의 고유성 등)을 저버림으로써 시작된다고 주장하였다.

따라서 하이에크와 프리드먼 그리고 여타의 몽펠르랭 소사이어티 인사들이 설명한 자유주의 철학에서 근본적으로 새로운 것은, 사회적 삶의 '객관적' 형식(과학, 기술, 법, 종교 등)이 사적 개인들의 합리적 의지가 자신의 변형적 자발성을 계속해서 재확인하는 경합의 장으로 여겨져야 한다는 발상을 이들이 지켜내고자 했다는 점이다. 인간이 자신의 노동, 신체, 지적 재능, 예술적 소질을 처분할 수 있는 형식적이고 비조건적인 권리는, 새로운 기업가적 전략을 수용하기 위해 계속해서 확장하고 모든 형태의 집단주의적 이상주의와 전체주의적 정부에 반대하는 자유시장의 제일 원칙이다(Heyek, 2001; Friedman, 1962).

이러한 관점에서 볼 때, 기술적으로 복제 가능한 문화산업의 이미지는 프랑크푸르트학파가 그것에 관해 주장한 것처럼 기술관료적 통치로의 불가피한 표류 및 개인적 자율성의 상실에 대한 대응물이 될 수 없다. 이러한 이미지가 언제나 개별 소비자의 계산적 합리성에 대한 구애인 한, 그것은 제대로만 조직된다면 경제성장과 개인적 자유의 잠재력을 확장할 수 있는 기업 활동의 영역을 구성하기 때문이다. 물론 자본, 미디어, 표현의 자유 사이의 관계에 대한 이러한 토론은 오늘날에도 계속해서 벌어지고 있다. 한편으로는 디지털 커뮤니케이션 네트워크의 진화가 새로운 형태의 문화 교류와 경제적 기업가정신을 불러일으킨다고 주장하는 사람들이 있다. 다른 한편으로는 인터넷과 소셜 네트워킹 사이트가 단지 문화산업의 힘을 강화하여 사회적 개체화의 과정을 균질화하였다고 주장하는 이들도 있다. 이러한 분열에는 신자유주의적 상상의 특질에 대한 단서를 제공하는 중요한 무언가가 있다. 신자유주의자들은 처음부터 자신들의 세계관이 '자연'과 '인간성'에 대한 미적 호소를 피하고 산출량 및 경제적 효용에 대한 측정 가능한 기준을 선호하는 냉철하고 간결한 설명에 기초를 두고 있다고 주장해왔다. 하지만 서두에 말했듯 현실에 대한 분석적 기술과 그것의 미적 재현 사이의 분리란 불가능하다. 자유와 사회에 관한 순수하고 비은유적 이론 같은 것은 없다. 따라서 '신자유주의적 상상'은 형식적 자유라는 독트린에 대한 '분석적' 호소와, 본질적으로 자본주의의 기술적 발전 및 문화산업과 관계된 유토피아적 상상계 사이의 첨예한 긴장이 펼쳐지는 이데올로기적 형식으로 이해되어야 한다. 그런데 신자유주의적 상상의 진화를 어떻게 이론화할 것인지 살펴보기 전에, 마르크스주의가 신자유주의의 경제적·정치적 우위에 개입해온 방식을 간략히 훑어볼 필요가 있다.

　데이비드 하비는 자신의 책 『신자유주의의 간략한 역사』 서두에서 경제적·정치적 이데올로기로서 신자유주의의 발전에 영향을 미친 지도적 원칙들에 대하여 간결하게 설명한다. 중요성과 무관한 순서로 다음과 같은 것들이다.

- 사유재산권 및 법 앞의 형식적 평등에 대한 강력한 의지
- 사회복지나 불평등 축소와 같은 정치적 고려를 경제의 기능으로부터 배제하는 것에 절대적으로 헌신함
- 시장의 도덕성, 즉 근면, 검약, 자립, 자선, 관대함, 기업가정신과 같은 실천적 덕목에 대한 강력한 믿음
- 개별 시민들의 사적인 일, 나아가 민간의 사업체 및 기업의 사안에 대한 정부의 간섭을 최소화하겠다는 강력한 의지
- 낡고 비효율적이며 비경제적인 사업을 파기함으로써, 개인과 기업의 혁신과 적응을 독려함에 있어 시장의 다원주의적 효율성을 보존하려는 노력
- 전후의 '착근된 자유주의'embedded liberalism 체제 아래에서 확립된 국가책임의 영역(공중보건, 교육, 주택 등)으로 '시장'을 확장하겠다는 약속
- 인간의 행복은 자신의 독립성과 개인적 책임을 주장하기 위해 끊임없이 도전받는 것, 그리고 자신의 특정한 욕구를 충족시킬 수 있는 것에 달려 있다는 믿음

하비의 입장은 마르크스가 『독일 이데올로기』에서 제시한 자유주의적 이상주의에 대한 비판을 거듭하는 것이다(Marx, 1977: 64-68). 합리적-자율적 개인으로서 우리 모두는 근본적 권리의 담지자로 여겨지기를, 개인적 자유를 행사하기를, 국가의 압제로부터 자유로운 채로 남아 있기를 원할 것이다. 하지만 중요한 점은, 이러한 종류의

형식적 권리가 저절로 실현되지 않는다는 것이다. 이러한 권리들이 법률, 시민사회의 계약관계, 국가의 정치 이데올로기 속에 가정되어 있다는 사실은, 이들이 규제하게 되어 있는 경제적 관계가 고전적 자유주의가 강조하는 근본적 권리를 떠받칠 것이라 보장하지 않는다. 실제로 20세기 자유주의의 역사는 형식적 자유의 담론이 자본화 과정에 내재한 물질적 불평등을 크게 증가시킨 다양한 경제적·정치적 전략을 정당화하는 데 사용되었음을 보여주었다(Harvey, 2005: 9-19). 따라서 하비의 입장은 1970년대 말과 1980년대 초의 전 지구적 스태그플레이션에 대한 대응으로 일어난 신자유주의로의 전환이란, '자유'가 공공 부문의 모든 영역(교육, 주택, 보건 등)으로 시장을 확장할 수 있는 기업의 권리로, 그리고 착근된 자유주의와 관계된 '제한적 관행'(노동법, 법인세, 노조 권리 등)을 철회하는 것으로 동일시되는 자유주의적 이념의 강력한 이데올로기적 배치였다는 것이다. 이러한 대응에는 전후 체제의 일부였던 시민적 책임이라는 헤게모니적 이념을 변환하는 것도 포함되었다. 예를 들어 영국에서는 마거릿 대처 정부가 1984/1985년의 광부 파업을 분쇄하고 중소기업인small businessman과 재산을 가진 시민을 위한 횃불을 들었다. 또한 미국에서는 로널드 레이건 행정부가 항공 관제사 노조인 PATCO의 파업 조합원 11,000명을 해고함으로써 '도덕적 다수'의 보수주의에 대한 의지를 확실히 했다.

그러나 신자유주의 혁명의 초기부터 국가 권력에 대한 급진적 제한, 복지 예산의 삭감, 자유시장의 무제한적 확대 등의 이데올로기적 요구에 관한 질문 하나가 줄곧 따라다녔다. 하비가 제대로 지적한 것처럼 이 질문은 신자유주의의 전략적 목표에 관한 것이다. 그것은 "국제 자본주의의 재조직을 위한 이론적 설계를 실현시키려는 유토피아적 기획"인가, 아니면 "자본 축적의 조건을 재확립하고 경제 엘리트의 권력을 회복하기 위한 **정치적** 기획"인가(Harvey, 2005: 19)? 하비의 주장은 후자라는 것이고, 온갖 기업과 국가가 윤리적으로는 미심쩍어도 수익성은 높은 행태를 정당화하기 위하여 신자유주의 이데올로기를 이용해왔다는 것이다. 그 이유는 분명하다. 전 지구적 자본주의가 점점 더 '금융화된' (다시 말해 투자, 유동화 대출, 헤지 펀드 등으로 다양화된) 방식으로 작동하는 초국적 기업을 만들어내는 한, 상품 생산에 대한 투자는 가장 엄격한 기준을 따르게 되기 때문이다. 임금은 최저생활 수준에 근접하거나 심지어는 그 이하로 강제되고, 노동 조건은 악화되며, 노동력에 대한 법적 보호가 사라진다. 확실히 이러한 금융화된 체제의 성격이나 심각성은 지리적 위치에 따라 다르다. 현재 제3세계 경제의 구조적 일부인 고도로 착취적인 '수출가공지대'export processing zones는 아마도 서구 경제에 존재하는 그 어떤 것보다도 훨씬 더 심할 것이다(Klein, 2000: 204-229). 하지만 하비의 요점은 신자유주의 이데올로기가 확장되는 전 지구적 계급 갈등에 연루되어 있다는 것인데, 여기서 (자본가, 기업가, 기술관료, 과학자 등의 느슨한 연합으로 간주되는) '부르주아 계급'은 자신의 경제적 자산과 정치적 지배력을 상실하느니 인간 사회의 파괴를 선호할 것이다. 그러므로 신자유주의 이데올로기의 본질은 금융화된 자본주의에 대한 제약을 개인적 자유와 도덕적 삶의 양식으로 재설정하고 국가의 복지제도 및 공적 영역 전체의 시장화를 정당화하는 능력으로 등장한 것이다(Harvey, 2005: 31-36).

자유방임 자본주의를 지지하는 많은 이들은 하비가 주장하는 바에 동의하지 않을 것이다. 복지 제공을 철회하는 것은 신자유주의 정부의 주요 목표 중 하나이고, 강력한, 또는 권위주의적이기까지한 법의 지배를 부과하는 것은 자유로운 시민사회에 필수적으로 상응하는 것이며, 금융화와 다각화를 통해 노동 비용을 낮게 억누르는 것은 지속적인 경제성장을 위한 핵심적인 경제전략이라는 것이다. 그런데 좌파와 우파는 신자유주의의 사회적·경제적·정치적 귀결에 대한 평가에서부터 갈라진다. 경기 침체기에 우파가 습관적으로 반복해온 구호는 신자유주의적 경제원칙이 요구하는 긴축에 '대안은 없다'는 것이었다. 이러한 전략의 가장 분석적인 정당화에서도 이 구호에 수반되는 것은, 현재의 위기가 품고 있는 미래가 단지 위기 이전의 임금, 소비력, 번영의 회복이 아니리라는 점이다. 오히려 앞에 펼쳐져 있는 것은, 기술적 실현을 통해 이전에 가능했던 것보다 헤아릴 수 없을 만큼 나은 삶을 인간에게 제공하는 다른 종류의 번영이다. 그러나 이러한 미래를 실현할 가능성은, 더 나은 인간 사회를 만들기 위한 기술적 수단에 대한 투자를 보장하는 장기적으로는 유일한 방법인 과도한 긴축hyper-austerity과 과도한 착취hyper-exploitation를 고수하는 것에 달려 있다. 하비의 입장은 이런 종류의 유토피아주의는 전 세계 다양한 나라에서 40년에 가깝게 지속된 신자유주의 헤게모니의 결과가 생산량을 늘리거나 기본적 인권 및 자유를 보장하는 것이 아니라 경제적 불평등과 엘리트의 지배를 강화하는 것이었다는 사실을 무시하는 냉소적 결단이라는 것이다(Harvey, 2005: 9-19). 자본화 과정의 우발성, 그리고 특히 가장 발전된 기술에 대한 투자와 함께 그것이 취하는 관성적 형태는 우연한 것이 아니다. 지식정보경제는 제1, 제2, 제3세계의 불평등 및 글로벌 노동시장의 인종적·종족적·성적 착취의 양상을 재배열한다. 따라서 하비가 보기에 신자유주의자들의 유토피아주의는 냉소주의의 한 형태이다. 그것의 옹호자들은 기술적 인간technological humanity에 대한 밝은 미래는 상품 형태에 내재하는 관성적 경향에서 벗어날 수 있는 충분한 탈출속도를 달성할 수 없다는 것을 항상 알고 있었다(Harvey, 2005: 167).

『포스트모더니티의 조건』에서 하비는 새로운 커뮤니케이션 기술이 어떻게 시간과 공간을 압축하였는지, 어떻게 새로운 양상의 가상적 경험과 가상 자본을 출현케 하는 정보경제가 등장하도록 하였는지 명료한 설명을 제공한다. 이러한 커뮤니케이션 네트워크는 (공간이 사실상 시간 속으로 함몰되어 자본화 과정이 방대하게 확장되고 급진적으로 가속화되도록 하는) 진정한 글로벌 경제의 조건인 동시에 공동의 삶에 대한 현장 감각 경험의 저하이기도 하다(Harvey, 1990: 305-308). 따라서 하비가 포스트모더니즘이라고 말하는 것은 실제로는 신자유주의의 미학적 이데올로기이다. 그것은 문화적 다양성, 차이의 수용, 경제적 유연성, 개인의 선택의 자유 등에 대한 요구로서, 프랑스 학계로부터 거대 자본의 기업 철학으로 확산되었고 모든 것의 상품화를 향한 글로벌 자본주의의 진전의 기저를 이룬다(Harvey, 1990: 339). 이러한 논지는 하비의 신자유주의에 관한 저서에서 반복되는데, 여기서 그는 신자유주의 경제학을 규정하는 하나의 특성이 경제의 금융화가 증대되는 것이라고 주장한다. 기업들은 점점 더 많은 자본을 상품 생산에서 유동화 대출, 헤지 펀드, 투기적 투자 등으로 옮긴다. 서비스, 헬스클럽, 투자 기회 등의 현실은 '현실적인 것'에 발본적 변형을 부과하는 경험의 미학화에 달려 있다. 우리는 "성, 문화, 역사, 유산 그리고 자연"이 그것의 시뮬레이션이 되어버린 세계로 이끌리고, 화폐화의 과정이 인간의 실존을 포함하여 현실적인 것에 대한 현상학을 관장한다(Harvey, 2005: 166). 하비의 작업에서 이러한 경제의 발전은 보드리야르, 리오타르, 데리다 등의 작업에서 정당성을 부여받은 후기 자본주의의 '적응 전략'으로 묘사되며, 그것의 진짜 준거점은 지구화 과정에 내재한 총체적 착취의 경험이다. 다시 말해 자본주의적 추상의 논리는 그것이 항상 발생시켜왔던 계급정치의 다양하고도 특화된 표현으로부터 벗어날 수 없다(Harvey, 2005: 183-188).

『포스트모더니티의 조건』의 끝으로 향해가면서 하비는 전 지구적 시공간 압축이 카리스마에 기초한 정치라는 "하이데거적 함정"으로 회귀할 조짐을 보이는 고질적인 환멸 상태를 낳았다고 주장한다. 다시 말해 신자유주의적 자유와 탈근대적 탐미주의라는 환상은 합리적 동의보다는 인격 숭배와 원초적 애착에 기초한 새로운 권위주의를 산출했다(Harvey, 1990: 304). 글로벌 금융 위기의 시대에 파시즘과 민족주의가 반복되는 것이 억압된 형태의 정동적 삶이 복귀하는 것과 밀접하게 연결되어 있음은 의심의 여지가 없다. 하지만 나는 이러한 종류의 정동 정치와 신자유주의적 자본주의 체제 사이의 관계는 하비의 분석이 인정하는 것보다 훨씬 더 복잡하다고 생각한다. 티머시 모턴과 베르나르 스티글레르는 둘 다 고도로 변형된 의미에서 하이데거주의자들이다. 그들은 모두 우리가 진리와 탈은폐의 원래 장소인 현존재의 공리를 포기한다면 기술과학적 자본주의가 열어놓은 경제적·정치적·미적·생태적 **가능성들**의 복수성plurality에 열려 있는 인간의 '세계 내 존재'라는 발상에 살을 붙여 구체화하는 것이 가능하다는 견해를 제시한다. 이들은 모두 자본화의 논리를 현대성의 진화와 그것이 사회적 삶과 개인적 삶에 미친 영향에 대단히 중요한 요소로 제시한다. 하지만 추상화의 과정으로서 그것은 언제나 하이데거적 의미에서 '세계상'과 같은 것에 해당하는 기술적·미적·정치적 요인들, 즉 상품 형태의 계량적 네트워크에서 자연과 인간의 특정한 조직에 의존해왔다. 이는 현대의 세계상에 특유한 '탈은폐'의 체제가 자본화의 과정이 문화의 상징적 질서와 그 안에 존속하는 공통의 삶의 준거점을 급속히 대체함으로써 작동한다는 것을 의미한다. 언제나 인간을 그들의 '자연적'이고 '기술적인' 환경 milieu에 미적으로 통합함으로써 진행되어온 이러한 과정의 방향감 각 상실 효과는 전 지구적인 자본화의 체제 속에서 급진적으로 심화 되었다. 그래서 다음 절에서 나는 후기 근대의 '세계상'에 대한 모턴 과 스티글레르 각각의 설명, 즉 자본주의의 경제적 또는 정치적 체 제에 대한 그것의 영향과 그것이 열어젖히는 대안적 형태의 정치에 대해 살펴볼 것이다.

스티글레르와 기술

내 분석의 주된 목표 중 하나는 신자유주의적 상상의 형성이 초-산 업사회에 존재하는 전반적인 긴장과 본질적으로 연관되어 있다는 사실을 보여주는 것이다. 이러한 긴장은 자본주의 근대성의 진화 과 정에 언제나 잠재해 있었으며, 육화된 감각적 물질의 조각들로 여겨 지는 인간을 자본의 네트워크에 통합하려는 시도와, 인간종을 권리 와 자유, 책임을 지닌 자율적 존재로 바라보는 윤리적-미적 이상 사 이에서 전개되어왔다. 앞서 하비의 신자유주의 역사에 대한 논의에 서 나는 그가 자본과 계급, 신자유주의 이데올로기 사이의 관계에 대해 중요한 주장을 하고 있음에도 불구하고 이러한 긴장의 진화 과 정을, 특히 기술과학 자본주의의 네트워크 속에서 이러한 긴장이 취 하고 있는 첨예한 형식을 적절히 개념화하는 데는 실패하였다고 지적했다. 하비는 인류 문명의 상징적 관계의 파괴, 자연과 인간의 보편적인 상품화, 환경 파괴 등 기술 시스템이 전 세계적으로 미친 영향에 대해 간략하게 언급하지만, 자본화 과정을 유기적 측면과 이데올로기적 측면으로 구분한 마르크스의 논리에 대해서는 결코 의문을 제기하지 않는다. 『정치경제학 비판 요강』의 잘 알려진 장, '노동의 힘에서 자본의 힘으로의 전화'에서 마르크스는 "기계 속에서 대상화된 노동은 살아 있는 노동과 대립하며, 지배적인 권력으로서 살아 있는 노동을 적극적으로 포섭하는 힘"이라 주장했다. 하비는 자본화가 경제 활동의 지배적 양식으로서 폐기될 가능성이 거의 없다고 주장하지만, 그의 저서에서 묘사된 자본의 정치적 목적은 여전히 이러한 대립 구도 안에 갇혀 있다. 기계는 본질적으로 유기적 노동의 자기창조성을 저해하는 장애물이고, 따라서 주로 착취의 도구로서 작동하며 생산의 사회적 측면을 대상화하는 경향이 있다. 하비의 작업에서 여전히 새로운 급진적 정치에 대한 희망을 지탱하는 것은, 일상적 삶의 기술적 추상화로부터 생겨나는 혁명적 의식의 번뜩임과, 이로 인해 이따금 발생하는 신자유주의 헤게모니의 균열이다(Harvey, 2005: 183-206). 그러나 내가 주장하는 바는 기계가 언제나 상품 형식에 내포된 조건이었으며, 신자유주의의 미래 지향성을 이해하기 위해서는 기술이 자본화 과정을 추진시키는 힘, 즉 추상화와 재현, 생산적 효용이라는 힘들의 동시성을 파악해야 한다는 것이다. 내가 보기에 이것이야말로 베르나르 스티글레르의 원초적 기술성 개념에서 핵심적인 문제이다.

스티글레르의 철학은 그가 인류의 후천성 계통발생적epiphylogenetic 진화라 칭하는, 인간종의 사회적·문화적·정치적 역사 속에서 기술과 생물학적 유전 사이의 상호 엮임에 대한 확장된 성찰이다.

『기술과 시간』 1권에서 스티글레르는 '기술'technics을 인류의 지속적인 발전 과정을 종 차원에서 추적할 수 있게 해주는 사물들의 집합이라 개념화한다(Stiegler, 1998). 이 집합에 속하는 최초의 사물은 우리 호모 사피엔스의 조상 선행인류pre-hominid들이 사용했던 날카로운 부싯돌이다. 1958년 우리의 가장 오래된 조상(진잔트로푸스 보이세이Zinjanthropus Boisei)이 발견된 탄자니아의 올두바이 협곡 주변에 흩어져 있던 이 최초의 도구는 인간 존재의 기술적 역사를 이해하는 데 있어 결정적인 의미를 지닌다. '손 안에 있는'ready to hand 부싯돌의 날카로운 모서리는 돌을 의도적으로 쪼개 얻어진 것이 분명한 만큼, 이 돌들은 선행인류 사이에서 도구가 사용되었다는 명백한 증거가 되기 때문이다. 스티글레르에 따르면 이것이 인류의 후천성 계통발생적 역사가 시작되는 지점이다. 선행인류가 사용하는 도구가 정교해짐에 따라 기술적 보완 과정이 열어주는 예측할 수 없는 가능성에 대응하여 인간의 인지적·신경학적·생리적 특성이 발달하기 때문이다. 요컨대 기술과 유전이 인간의 진화를 공동으로 결정하고, 이러한 후천성 계통발생적 관계가 인간을 속박하는 일종의 운명을 결정하며, 우리가 알고 있는 기술의 진화(즉 어느 정도 자율적으로 기능하는 복잡한 보철 시스템)는 인간의 문화와 사회성이 진화해온 기술의 기원적 양식에 뿌리를 두고 있다는 생각이 스티글레르의 원초적 기술성 논지가 갖는 의의이다(Stiegler, 1998: 29-81).

스티글레르에 따르면 도구란 그 기원적 형태에 있어서 인간종의 삶이 사회적으로 조직화된 특정 시점에 등장한 장치이다. 그런 의미에서 도구는 생존 구조 내에서 변화의 동력으로서 잠재력을 발휘할 수 있는 대상이다. 도구는 언제나 사회적으로 구성된 의도와 개인적으로 구성된 욕망의 표현이었기 때문이다. 날카롭게 간 부싯돌은 의도적인 자의식의 기원적 표현이며, 따라서 이 부싯돌은 기술적 보완이 지닌 거대한 변혁의 잠재력을 최초로 실현한다. 신체의 수준에서 부싯돌은 손과 발에 생리학적 변형을 일으켜 직립보행으로의 이행을 완성하며, 명료한 언어의 구성을 가능하게 하는 '전방 영역'을 형성할 수 있게 한다. 활용성의 수준에서 의도적으로 날카롭게 다듬어진 부싯돌은 새로운 사냥 방식과 동물 사체의 가죽을 벗기고 처리하는 방법, 새로운 건축 기술을 가능하게 한다. 신경학적 수준에서 신체적 부분들의 특화와 점차 더 복잡해지는 도구들의 활용 사이의 관계는 대뇌 피질의 확장으로 이어지고, 마침내 후기 인류(네안데르탈인과 호모 사피엔스)에게 특징적인 상징적 사고 능력의 발달로 나아가게 한다(Stiegler, 1998: 131-133). 그러므로 스티글레르가 『기술과 시간』 1권에서 프로메테우스 신화를 언급하는 것은 프로메테우스가 불을 만드는 기술을 훔친 이후 인간에게 닥친 비극적 운명에 대한 감각을 불러일으키기 위해서이다. 프로메테우스가 신들에게서 훔쳐 나약하고 고통받는 인류에게 전달해준 지식은 향후 인류의 존재 조건을 도입한다. 사회성과 정치, 윤리와 같은 인간 삶의 미래는 오직 불이 촉발한 기원적 '기술들'(무기, 연장, 농기구 등)을 통해서만 비로소 펼쳐지기 시작할 수 있기 때문이다. 따라서 기술을 통한 보완은 인간에게 고유한 추상적 감각의 원인이다. 기술의 기원적 양식이 제의적 예술과 원형 문자(상형문자, 픽토그램 등), 계산 표기법 등의 조건으로 진화함에 따라, 현실에 대한 실천적 경험과 그것을 재-현하는 추상적 형식 사이에 '간극'이 생겨난다. 그리하여 사회적·경제적 재생산의 조건을 변화시키는 기술 프로그램의 진화에 의해 끊임없이 위협받으면서, 자신을 사회의 상징적 질서 안에 위치시키는 윤리적이고 정치적인 개체화를 경험하는 것이 '기술적 현존재'로서 인류의 운명이다(Stiegler, 1998: 206-210).

　인류의 원초적 기술성에 대한 이와 같은 추론은 신자유주의적 상상의 개념과 어떤 관련이 있는가? 앞서 말했듯이 나는 마르크스가 화폐-상품-화폐(M-C-M)로 도식화한 자본화 과정이 본질적으로 기술적인 과정이며 마르크스의 이데올로기 논제가 암시적으로 기호화하는 경제를 넘어선 변혁적 힘을 지닌 미적 요소를 언제나 포함해왔다는 생각에 관심이 있다. 프레드릭 제임슨의 작업은 정동적 개체화affective individuation('정신분열적 소비자'의 형태)와 아날로그 매체(영화, 텔레비전, 비디오), 그리고 생산, 소비, 교환의 글로벌 네트워크로서 자본주의의 지속적 팽창 사이의 진화하는 공모 관계에 대한 아이디어를 발전시켰다(Jameson, 1995: 354-356). 제임슨의 분석은 대중사회의 출현에 핵심적인 역할을 한 영화의 운동감각kinaesthetic 기술에 대한 호르크하이머와 아도르노의 논의를 광범위하게 참조한다. 그러나 제임슨 버전의 문화산업론은 미적 기술이 어떻게 자연과 인간의 전 세계적 자본화를 급진적으로 가속화하는 환경이 되었는지에 대해 갱신된 설명을 제시한다(Jameson, 1995: 260-278). 그가 설명하는 '후기 자본주의의 문화 논리'는 아날로그 기술의 최후의 효과들을, 더 정확히 말하면 아날로그 재현의 패러다임 내에서 경제와 기술, 정신적 욕망이 새로운 방식으로 결합되기 시작한 지점을 표현한 것이다. 이러한 맥락에서 볼 때 제임슨이 '포스트모던'을 불가능한 욕망 충족의 영역으로 설명한 것은 신자유주의적 상상의 원형이라 할 수 있다. 포스트모더니즘의 문화적 이데올로기는 무엇이든 손에 넣을 수 있고, 무엇이든 가능하며, 세계란 그저 미적 형식을 덧씌울 수 있는 '물질'에 불과하다는 인상을 준다(Jameson, 1995: 45-54). 그러나 이 장의 서두에서 말했듯이 탈근대적 미학에 대한 제임슨의 비판은 이제는 문화산업을 형성했던 아날로그 기술들에 대한 부고 기사처럼 보인다. 그가 글로벌 자본주의의 본질로 제시했던 흔적의 경제, 왜곡된 재현, 정신적 카섹시스, 허위 욕망은 디지털 패러다임의 가속화된 시간적 과정을 통해 근본적으로 변형되었다. 따라서 스티글레르에 따르면 글로벌 경제의 네트워크 내에서 정치적으로 변혁적인 행위가 가능하려면 그것은 삶과 자본화의 과정을 변형시킨 가상 기술을 통해 표현되어야 할 것이다.

스티글레르의 작업이 개념화하고자 하는 근본적 문제 중 하나는 자본주의와 실재의 가상화 사이의 관계이다. 2000년대에 들어 등장한 미디어 시스템은 우리가 살아가는 사회적 환경이 끊임없이 연출되고 재연출되며, 형성되고 재형성되도록 한다. 이는 주의와 욕망의 알고리즘적 모델에서 좌표를 얻는 디지털 미학을 통해 이루어진다. 따라서 『기술과 시간』 3권에서 스티글레르는 (하이데거가 말한 근대 세계상의 도구성에 가까운) '기술과학'과, 이미지가 사회적 삶의 상징적 질서와의 관계를 상실한 '시네마'의 미적 시간이 수렴하는 것에 대해 설명한다(Stiegler, 2011a: 8-34). 모든 인간 존재의 내면 깊숙이 자리한 개체화의 '숨겨진 예술'을 통제하는 것을 궁극적인 목적으로 삼는 이러한 수렴 속에서, 신체는 건강이나 질병, 기량이나 장애를 진정한 실재에 수렴한다고 여겨지는 방식으로 나타낼 수 있는 이미지 기술 앞에 투명하게 된다. 우리가 누구인지는, 더불어 우리가 스스로에 대해 가지는 자아 정체성의 감각은, 인류 문화에서 확립되어온 자기 인식의 상징적 형식과는 본질적으로 구별되는 드러냄과 조작의 양식들에 종속되어 있다. 스티글레르에 따르면 가상 모델링과 나노기술적 조작이라는 두 체제의 결합은 초산업사회에서 생명정치적 조직화를 가속화했으며, 인간을 기술을 통해 완전해질 수 있는 존재로 보는 새로운 미학의 등장을 초래했다(Stiegler, 2011a: 187-192). 이것이 바로 제임슨이 탈근대적 문화의 본질로 지목했던 욕망 충족의 환상적인 형식들과 시장의 유혹이 수렴되는 자본화의 새로운 환경이다. 유전학과 생의학은 이제 '노화 문제'를 해결하는 데 적극적으로 관여하고 있고, 새로운 형태의 의료적 미용술은 불멸의 아름다움에 대한 꿈을 실현하고 있다. 예방 의학은 유전적이고 선천적인 장애의 종식을 좇고 있으며, 초산업사회의 문화는 이러한 이상들을 미디어와 프로그래밍 산업의 기술적 미학에서 강박적으로 반복한다(Stiegler, 2011a: 202-207).

이것이 바로 원초적 기술성에 대한 스티글레르의 작업과, 초산업사회에서 자본화 과정을 추동하는, 독특한 신자유주의적 상상이라는 개념 사이의 연결점이다. 스티글레르가 『불신과 불신용』Disbelief and Discredit 1권에서 제시하는 논지는 문화적 애착(또는 카섹시스)이 형성되는 '시냅스 생성synaptogenetic 과정'이 이미지를 생산하고 확산시키는 디지털 네트워크에 의해 근본적으로 변화되었다는 것이다. 스티글레르는 디지털 미디어 기술을 '기술적 현존재'로서 인간이 진화해온 과정에서 언제나 인지와 기억을 뒷받침한 '3차 보조장치'tertiary support*의 최신 버전으로 여긴다. 하지만 문자-

---

* 여기에서 사용된 3차 보조장치(tertiary support)란, '3차 파지'(tertiary retention)를 생산하는 기억보조장치 일반을 지칭하는 것으로서 쓰였다. 스티글레르가 사용한 3차 파지 개념은, 인간의 시간적 경험을 기억보조장치를 통해 공간화함으로써 생겨나는 외부화된 기록을 뜻한다. 이는 스티글레르가 후설 철학에서 시간 의식의 핵심을 이루는 파지 개념을 확장한 것이다. 후설은 파지 개념을 1차 파지와 2차 파지로 구분하는데, 1차 파지는 현재 경험에 대한 직접적이고 감각적인 지각을 뜻하며, 2차 파지는 현재 경험을 이전 경험과 비교하여 인식할 수 있게 하는 기억을 뜻한다. 스티글레르는 3차 파지 개념을 도입함으로써, 1차 파지와 2차 파지를 매개하는 외부화된 기억에 주목한다. 앞서 보았듯, 스티글레르는 후천성 계통발생

54

정서적orthographic 기술과 아날로그 기술과 달리 디지털 네트워크와 개인 사이의 인터페이스는 유기적 자의식이 지닌 성찰적 잠재력을 지속적으로 감소시킬 가능성을 가지고 있다. 테크노사이언스의 사회체제하에서 발전한 가상-미학적 프로그램은 지성의 성찰적이고 상징적인 능력보다는 '충동'(육체적 욕망)에 직접적으로 호소하도록 설계된 방식으로 실재를 코드화한다(Stiegler, 2011b: 107-111). 스티글레르에 의하면 디지털 기술의 모호함을 규정하는 것은 바로 다음과 같은 사실, 즉 24시간 뉴스의 끊임없는 산출과 상품 생산 영역에서 일어나는 반복적인 혁신에 대응할 수 있는 형식적 가능성이 존재한다 하더라도, 사회적 개체화가 프로그래밍 산업의 가상-미학적 프로그램들에 의해 통제되는 한 그 가능성은 전적으로 형식적인 수준에 머무를 수밖에 없다는 사실이다. 그렇다고 해서 디지털 체제를 단순히 문자-정서적 아날로그 미디어와의 관계 속에서 구조를 형성해온 사회적 삶의 상징적 형식들에 대한 위협으로만 간주해야 한다는 뜻은 아니다. 오히려 중요한 것은 스티글레르가 그의 전 작업에 걸쳐 '노에시스'noesis라 지칭한 공적 이성을 자유롭고 독립적으로 사용할 가능성이 기술적으로 생산된 신화들, 예컨대 무한히 연장된 수명, 완벽한 소통, 부패하지 않는 아름다움 등에 의해 필연적이지는 않지만 지속적으로 가로막힌다는 것이다. 이러한 관점에서 신자유주의가 경제적 자립이라는 엄격한 교리로부터 '긴축 이후'에 대

적 진화 개념을 통해, 3차 파지를 생산하는 기억보조장치의 발전 경로와 '기술적 현존재'로서의 인류의 운명을 결부시킨다. 스티글레르는 디지털 미디어 기술의 발달이 인간의 인지적·정동적 능력을 발전시키는 대신 그것을 자본화 과정의 동력으로 포획함으로써 인간의 성찰적 잠재력을 감소시킬 가능성에 대해 경고한다. 베르나르 스티글레르, 김지현·박성우·조형준 옮김, 『자동화 사회 1』, 새물결, 2019, 128~149쪽 참조.

한 미적 상상으로 탈바꿈한 것은 아마도 후기 자본주의 사회의 기술적 지평이 급진적으로 변화한 결과라 볼 수 있을 것이다. 신자유주의의 상상적 공간을 전개시킨 비유와 은유들은 자유주의적 자본주의의 토대인 자유의 이상을 재구성하는 하나의 방식이다. 이어지는 논의에서 나는 신자유주의 이데올로기가 일종의 기술적 미래주의로 진화한 것은 자본이 추상적-보철적 개인주의로서 끊임없이 확장하는 시스템으로 작동하기 위해 필수적이었던 것으로 이해되어야 한다고 주장할 것이다(Abbinett, 2017: 43-50).

앞서 말했듯이 스티글레르의 『기술과 시간』은 원초적 기술성과 인간의 자의식을 구성하는 시간의 경험 사이에 강한 개념적 연관성을 형성한다. 이 책의 1권에서 스티글레르는 하이데거의 현존재 Dasein 개념을 수정함으로써, 세계-내-존재로서 우리 존재의 근본 구조인 '염려'care의 경험이 어떻게 도구의 사용이라는 의도적-협력적 실천으로부터 비롯하는지 설명한다(Stiegler, 1998: 82-88). 따라서 '인간성'의 문화적이고 역사적인 진화는 특정한 기술적 환경 내에서 이루어진다. 개인의 삶이 단순한 생물학적 기능성zoë을 넘어설 수 있게 하는 상징적 형식들은 궁극적으로 기술 발전의 총체적인 수준에 의해 가능해지는 것이다. 하지만 이 두 영역 사이의 관계는 결정론적이라기보다는 기관론적organological*이다. 기술 혁신의 가능성이 그 자체로 상징 문화의 매개 효과에 의존하는 한, 상징 문화는 인류 역사 속 기술의 역동성에 필수적인 기능을 계속해서 수행하기 때문이다. 다시 말해 기술 변화에 수반되는 '트라우마'는 인류 사회의 집합적 문화를 구성하는 미적이고 문자-정서적인 상징들을 재생산함

---

*   이에 대해서는 291쪽의 옮긴이주를 참고.

으로써만 비로소 방향을 부여받고, 승화되며, 전환될 수 있다. 이러한 문화 형성 과정이 중요한 이유는 이것이 기술 혁신의 효과들이 나타나는 '세계상'을 구성하기 때문이다. 이는 자연과 인간이 점점 더 기능화된 네트워크 속에 배치되는 데 대한 미적 대응물인 것이다(Stiegler, 1998: 58). 따라서 '인류세'라는 개념은 본질적으로 미학적이다. 이 개념은 유기적 생명체와 그것의 기술적 보완물이 서로를 완성하는 '특이점'으로서 미래를 나타내는 비전을 통해 지구, 생물권, 인류를 구성하는 것이다. 물론 스티글레르에게 이러한 미래의 미적 구성은 파르마콘적이다. 문화산업과 프로그래밍 산업이 트랜스휴먼적인 미래의 도래를 요청하기 위해 내세우는 이미지가 강렬해질수록, 그만큼 저항의 계기들이, 즉 기술적이면서 동시에 노에시스적이고 미적인 운동들이 출현할 수 있는 여지도 커지기 때문이다(Stiegler, 2015: 33-34). 그러나 스티글레르식 정치 미학 구상의 문제점은 신자유주의적 상상을 구성하는 가상 프로그램들이 문화와 상징적 인식의 노에시스적 시간을 탐욕스럽게 소진해버리는 것처럼 보인다는 점이다. 이러한 점을 염두에 두고 이제 티머시 모턴의 생태 미학에 대한 논의와 함께 하이퍼객체hyperobjects가 인간 사회와 인식의 영역 안으로 점진적으로 등장하는 과정을 살펴보고자 한다.

모턴과 하이퍼객체

티머시 모턴이 하이퍼객체라는 말로 의미한 바는 무엇이었으며, 그것은 왜 신자유주의적 상상의 구성에 중요할까? 어떤 면에서는 모턴과 스티글레르 모두 계몽주의 이후 발생한 기술 체계의 대규모 확장과, 20세기 후반과 21세기 초반에 나타난 기술과학적 효과들의 급속한 집중에 관심을 가졌다. 앞서 살펴본 바와 같이, 스티글레르는 근대성의 '초-산업적' 단계를 이야기한다. 이는 상품화의 형식과 실체가 잉여가치 생산에 과학적 원리를 적용함으로써 변형된 단계를 말한다. 모든 것은 미학, 욕망, 소비의 기술과학적 질서에 종속되고, 각각의 체제는 다른 체제의 추상화를 강화한다. 산업적 근대성이라는 체제의 '객관성'이 공간, 시간, 로컬리티라는 전통적인 경험주의의 틀로는 파악될 수 없으며, 인간 경험의 안팎을 오가며 간접적으로만 파악될 수 있다고 보는 이 관념은, 모턴의 자본주의와 생태학 연구의 핵심이다. 그의 저서 『하이퍼객체』Hyperobjects: Philosophy and Ecology after the End of the World의 서두에서, 그는 다음과 같은 잠정적 설명을 제시한다. "하이퍼객체는 (…) 인간에 비해 시공간에 광범위하게 분포한 사물을 가리킨다. (…) 하이퍼객체는 인간이 직접 만든 것이든 그렇지 않든 간에 다른 개체에 비해 '하이퍼'hyper하다(Morton, 2013: 1)."* 다시 말해 하이퍼객체는 인간의 운명이 항상 인간의 직접적 인지 범위를 넘어서는 공간적·시간적 차원을 가진 실체들과 얽혀 있었다는 사유로 우리를 이끈다. 하이퍼객체와의 광대한 상호작용은 인간이 관습적으로 '세계'를 이해해온 방식에 균열을 내기 시작한다. 이는 마르크스의 헤겔 관념론 비판에 담긴 기초적 진실과도 이어진다. 즉 자본의 기술과학적 발전이 인류의 신성한 기원과 인류 역사의 섭리적 전개라는 환상을 파괴했다는 것이다(Marx, 1977b: 26-27). 자본주의의 부상은 계몽주의적 과학과 수학의 활용을 통해 이루어졌기 때문에, 자본주의가 생산의 기술적 체제로

---

* 티머시 모턴, 『하이퍼객체』, 김지연 옮김, 현실문화, 2022, 9~10쪽. 번역 일부 수정.

서 발전한 것 또한 정신적·종교적 탈주술화 과정과 동시에 이루어졌다. 이제 정신Geist의 표현으로서 세계라는 관념은 종말에 이르렀다. 그리고 정신적·미적·경제적 영향이 너무 커서 이 행성에서 생명이 살아남을 희망을 대부분 앗아간 기술 체계의 파괴적 영향을 완화해야 하는 과제가 우리에게 남겨져 있다(Morton, 2013: 7; Morton, 2010: 69-81).

지구, 기후, 생물권biosphere, 자본주의 등의 하이퍼객체가 인간의 자기의식self-consciousness에 출현하는 과정에 대한 모턴의 설명은 현상학의 형식을 취한다. 하이퍼객체라는 '실재'reality가 실제적 인간 경험의 영역으로 침투한다는 것이다. 이 과정은 표상 수준, 혹은 감각 수준aisthesis에서 일어난다. 모턴은 이 과정을 초산업사회의 네트워크 내에서 하이퍼객체의 점성viscosity, 비국소성nonlocality, 물결치는 시간성temporal undulation, 위상 조정phasing, 그리고 상호객체성interobjectivity이라는 다섯 가지 근본적 효과가 수렴하는 과정으로 그려낸다. 인간의 의식이 항상 인간 의식으로부터 물러나는 객체들에 의해 생성되는 '미적 정동'이라는 점에서, 하이퍼객체의 '현존'presence은 다음과 같은 방식으로 주어진다. (a) 우리의 유기적 존재에 '들러붙는' 경향, (b) 비근접적인 다양한 효과에 걸쳐 분포하는 특성, (c) 언제나 결정되지 않은 채로 남아 있는 본질이 계속해서 펼쳐지는 양상, (d) 재앙적 사건의 생산을 통해 존재가 '위상 조정'하는 방식, 그리고 (e) 인간 존재가 얽혀 있는 고차원적 객체들에 효과를 분산시키는 방식이다. 여기서의 중요한 통찰은 다음과 같다. 의식이 자연과 역사의 목적론적 형태로 간주되던 기존의 윤리-종교적 세계관이 붕괴된 이후, 인간 문화는 지구와 생물권, 그리고 인간종의 미래가 달려 있는 미적 실험의 영역으로 나타난다는 것이다.

하이퍼객체의 현실이 존재론적으로 불안정하다는 것과, 하이퍼객체들이 발휘하는 영향의 규모가 재앙적일 것이라는 가능성을 받아들인다면, 미적 영역, 즉 '문화'가 인간들 사이에서 실험적 감수성을 유지할 수 있는 한, 우리에게는 (인간)종의 삶을 다르게 조직할 수 있는 희망이 있다(Morton, 2013: 71-73). 모턴에 따르면 현재 우리에게 주어진 것은 자연이 고갈되지 않는 저장소라는 신화 위에 서 있는 소비주의 사회다. 여기에서 지구, 비-인간 생명체, 그리고 생물권은 무한한 자원으로 간주되는 동시에 산업화된 생산 과정에서 발생하는 독성을 흡수해낼 수 있는 환경으로 여겨진다(Morton, 2013: 105-107). 이러한 맥락에서 모턴의 현상학이 제기하는 중요한 질문은 생태학적 정치와 미학의 새로운 가능성에 관한 것이다. 이 질문은 자연이 자본의 지치지 않는 조건으로도, 또는 인간이 자신의 활동을 재정향해야 하는 조화로운 성장원physis으로도 구성되지 않을 수 있는 가능성을 모색한다(Morton 2013 115-116; Morton 2010: 125-135).

인류 문명을 괴롭히는 고질적인 환멸의 감각에 대해 설명하며, 스티글레르는 자연과 인류의 운명을 통제하게 된 기술 시스템이 이제 그 추출 능력의 절대적 한계에 도달했다고 주장한다. 미디어 기술을 통한 욕망 조작으로 '대중'the masses을 자본화하는 현상은 이제 특정 지점에 도달했다. 네트워크로 연결된 모든 개인이 자신들의 관심을 끌고자 하는 기업들에게 잠재적으로 제공할 수 있는 인지적 시간의 총합이, 기업들의 경제성장 전망에 반영된 성장 수준을 유지하는 데 필요한 양보다 현저히 부족한 것이다. 스티글레르에게 이 사실은 이미 산업사회의 상징적 질서에 위기를 초래하고 있다. 인간의 의식과 자아 정체성을 구성하는 미디어 기술 체제가 상품의 생산과 소비 사이의 연결 고리를 단축하려는 수요를 중심으로 형성되었기 때문이다. 그 결과 소비는 상징적 의미가 결여되고 상실과 환멸의 감각만을 강화하는 강박적 행동으로 변형되었다(Stiegler, 2013: 6). 프로그래밍 산업, 소프트웨어 디자이너, 라이프스타일 컨설턴트들이 개인의 욕망을 끊임없이 자극하는 것이 바로 신자유주의적 상상이 진화해온 기술적 환경이며, 신자유주의적 상상의 미적 형식을 끊임없이 변형시키는 원동력이다. 이 체제의 다른 한쪽에는 초-산업화된 생산 체제에 통합된, 자연 시스템에 대한 과도한 착취가 있다. 따라서 프로그래밍 산업의 운영 목표가 개체화individuation의 과정과 경험을 끊임없이 혁신하는 것이며, 과학의 지향점이 확장하는 기술 네트워크 내부로 자연과 인간을 동화시키는 것이라면, 미학적 개인주의와 순수 자원으로서의 자연 착취 사이에는 상호 관계가 존재한다. 바꿔 말해 신자유주의적 상상은 개인의 심적/정신적psychical 삶이 소비와 결부되고, 자연의 유기적 시스템은 돌이킬 수 없는 파국적 고갈로 내몰리게 되는 이중 과정의 일부이다.

신자유주의 체제에서 이미지가 갖는 변혁적 힘을 탐구하기 위해서는 자본주의, 미학, 그리고 사회적 삶의 상징적 관계를 상연하게 된 디지털 미디어 간의 관계를 간략히 설명할 필요가 있다. 모턴과 스티글레르는 자본주의가 본질적으로 서로 다른 시스템 간의 에너지, 정보, 지식의 흐름을 가속화하기 위해 고안된 기술적 배치assemblage이며, 이질적인 자본화 단계 간의 교환을 완료하는 데 걸리는 시간을 단축하는 것을 목적으로 하는 추상화 과정이라고 주장한다. 따라서 모턴과 스티글레르가 사회적 삶의 자율적 변형 가능성을 지탱하는 것으로 여기는 인간 문화의 영역은, 언제나 신자유주의적 상상의 미적 형태로 흡수될 위기에 직면해 있다. 그러나 그들이 현존하는 문화와 정체성 형성의 위기에 접근하는 방식의 결정적 차

이는 원초적 기술성이라는 개념에 관한 것이다. 모턴이 그의 책『하이퍼객체』에서 제시하는 현상학은 산업적 근대성의 기술적 진화를 전제한다. 인간이 고차원적 사물들의 그물망 안에서 자신의 취약성을 깨닫게 되는 점성, 비국소성, 물결치는 시간성, 위상 조정, 그리고 상호객체성의 과정은 오직 사물들이 기술적으로 보완된 표상과 교환의 네트워크 안에서 생산될 때만 모턴이 설명하는 방식으로 작동할 수 있다. 따라서 확장된 디지털 기술과 생의학 기술에 대응하는 것으로 스티글레르가 상정하는 방향 감각 상실disorientation이라는 경험에는, 상징 문화의 상실을 동반하는 죽음, 우연성, 그리고 집합적 운명이라는 기이한 감각이 계속해서 출몰한다(Morton, 2013: 16-19; Morton, 2010: 50-58). 다시 말해 미적 자본화 과정에 기반하고 있는 기술 체제의 핵심에는 한계 경험이 존재한다. 이는 소비주의적 행복 체제 내에서 갖는 파멸의 감각이다. 여기에는 또한 새로운 형식의 자기 표현과 생태적 책임의 가능성이 존재한다. 모턴 식의 객체지향 존재론이 중요한 이유는, 만약 신자유주의적 상상의 미적 경로가 확장되는 것을 약화시키는 동시에 하이퍼객체들과 교차하는 영역에서 인간과 비인간의 생태적 비전을 (새롭게) 구성하는 기술적으로 실행된 예술의 사례를 짚어낼 수 없다면, 원초적 기술성의 중력은 글로벌 경제에서 영향력을 확대하고 있는 기업주도형 트랜스휴머니즘으로 이끌릴 것이기 때문이다(Morton, 2013: 159-201).

이러한 관점에서 볼 때, '인류세 시대'의 진정한 의의는 나노, 디지털, 인공지능AI, 생명공학 기술을 적용하여 그것의 시스템을 개선해야 하는 우주선spacecraft으로서의 지구라는 관념에 있는 것이 아니다. 실제로 이렇게 재구성된 미래주의는 정확히 신자유주의적 상상의 핵심을 구성한다. 이 상상은 가장 기초적인 수준에서 자본과 기술, 그리고 자연 사이의 관계가 무한히 개선될 수 있다고 보는 비전이기도 하다(Morton, 2013: 183-184). 기술과학 시대의 정치에 대한 비판적 재구성으로서, 인류세는 인간과 비인간이 살아갈 미래 존립이 걸린 위기의 순간으로 간주되어야 한다. 인류세는 인류가 발생시킨 생물권의 파괴를 제한하기 위해 우리가 채택해야 할 전략에 대해 창의적으로 생각하도록 강제하는 사건들의 결합이다. 그러나 모턴의 연구가 마주하는 근본적인 문제가 있다. 사회적 삶의 기술과학적 조직으로 인해 발생한 문화의 결핍으로 인해, 공적 성찰public reflection이 신자유주의 시장 이론에서 주장하는 형식적-법적 모델의 잔여물로 축소되었다는 점이다. 원자론적 개인으로서, 우리의 성찰 범위는 끊임없는 경쟁적 소비를 통해 어떻게 개인의 행복을 극대화할 것인지에 집중하는 수단-목적 합리성에 국한되는 경향이 있다. 스티글레르의 용어로 이 문제를 표현하자면, 계속해서 정교해지는 자본과 가상 미디어 간의 관계는 '정신'의 활동(사고, 노에시스, 반성 등)이 삶의 미적 연출에 종속되도록 만든다. 그리고 그 연출은 언제나 인간의 정신 활동이 빚어내는 차이와 리비도적 과잉을 계산적으로 축소한 것이다(Stiegler, 2013: 86).

조르주 바타유가 주장한 것처럼, '삶'이란 섹스, 배설, 월경, 부패 등의 원초적 요소들이 언제나 그것들이 재현되는 법적·경제적·미적 형태를 초과하는 무위의 공동체inoperative community를 구성하는 과정이다. 따라서 공리주의적 가치의 순수한 재생산으로서 '사회적인 것'의 완성은 불가능하다. 인간에게 자유를 부여하고 인간 사회를 단순한 욕망의 생산적 통합 이상으로 만드는 죽음에 대한 통합적이면서도 분화적인 인식은 법과 정의의 구성이라는 문제를 계속해서 따라다니기 때문이다. 이러한 인식은 형식적 틀에 통합될 수 없는,

'저주받은 몫'part maudit으로 남는다(Bataille, 2013: 27-41). 인간 존재의 원초적 기술성을 따라다니는 위험은 인간을 '자동화 사회'와 연결시키는 기술 시스템들(가상-미학, 생명기술, 커뮤니케이션 프로그램)이 공동체의 유기적 토대를 지우고, 인간의 자유와 문화가 의존하고 있는 삶의 위험한 과잉을 남김없이 흡수할 수 있다는 것이다(Stiegler, 2016: 19-40). 모턴과 스티글레르 모두 이러한 위험의 존재를 인정한다. 기여contribution의 새로운 정치경제학에 대한 스티글레르의 연구와 하이퍼객체 시대의 삶의 미적 형상화에 대한 모턴의 설명은 기술자본주의의 가공적fictive 궤적이 제기하는 위협을 중심으로 구성된다. 나의 분석은 조금 다르다. 내게 있어서 중요한 것은, 기술과 자본의 관계에 대한 이러한 미적 형상화가 바타유의 '저주받은 몫' 개념에서 구상된 것처럼 심적 정체성과 유기적 삶 사이의 연결을 파열시킬 수 있다는 가능성이다. 이것이 신자유주의적 상상의 변형적 힘을 이해하는 우리의 지침이 되어야 한다. 본질적으로 이 문제의식은 신자유주의의 점근적asymtotic 발전, 다시 말해 현실을 매개하는 기술은 인간과 자연의 완전한 통합을 지향하지만, 결코 그 완결에는 도달하지 못한다는 사실에 대한 반응이다. 이 과정의 한계를 규정하기는 어렵다. 글로벌 자본주의 시스템을 만들어낸 기술적 과정이 그 한계를 은폐하는 경향이 있기 때문이다. 따라서 필요한 것은, 자유주의 이데올로기가 진화해온 역사적 형태들(자유방임적 개인주의, 공급 측면 경제학, 소유적 개인주의, 이해관계자로서의 시민 등)과 이러한 형태들을 신자유주의적 개인주의의 가상 공간으로 발전시킨 미적 매체 사이를 넘나드는 계보학적 접근이다.

우리의 프로젝트는 제임슨의 비판이론으로부터 이미 한참 멀어진 것처럼 보일 수 있다. 또한 '신자유주의적 상상'의 진화를 설명하는 이 작업이 제임슨이 프랑스 포스트구조주의 사상에서 '미학적 전환'이라 비판했던 것과 공모하는 것처럼 보일 수도 있다. 나는 이에 대해 이의를 제기하고 싶다. 나는 후기 자본주의 사회의 기술 네트워크 내에서 문화, 경제, 그리고 정체성 사이에 발달한 관계를 설명하려 한다. 물론 이러한 기획은 제임슨의 '후기 자본주의의 문화 논리'의 설명에 대해 의문을 제기하고 그러한 설명이 생산해낸 세계에 대한 새로운 지도 그리기를 포함할 것이다. 그러나 내가 채택하려고 하는 기술-계보학적 접근은, 제임슨의 이미지의 정치경제학 분석의 초점이 되었던 아날로그 미디어가 대체된 이후 신자유주의 이데올로기가 어떻게 발전해왔는지를 보여주기 위한 것이다. 따라서 내 분석의 일반 구조는 제임슨의 프로젝트의 연장선상에 있다. 나의 설명이 아날로그 기술의 스위치가 꺼진 후 일어난 개인주의의 미적 변형에 초점을 맞춘다는 점에서 그렇다. 1부에서는 신자유주의의 발전 과정을 계몽주의 과학, 산업자본주의, 기술 생산, 대중사회의 문화와 미학이라는 20세기 서구 근대성의 핵심 요소들과 함께 진화해온 하나의 세계관으로서 제시한다. 2부에서는 1980년대의 '포스트모던적 순간' 이후 신자유주의적 상상이 형성된 구체적인 쟁점들에 대해 설명한다. 나는 네트워크화된 소통, 인간 생명의 생명기술적 조작, '글로벌 문화'의 확산, 그리고 지구적 생태 위기의 도래로부터 나타난 개인주의의 미적 형상화를 살펴볼 것이다. 나는 또한 신자유주의 세계관이 초래한 정치적 효과들도 다루려 한다. 특히 신자유주의적 상상이 어떻게 국민국가의 상징적 질서의 쇠퇴로부터 야기되는 방향 감각 상실을 심화시켰는지도 다룰 것이다. 왜냐하면 9/11 이후 등장한 네오-파시스트, 초민족주의, 그리고 근본주의 운동들은 적어도 일부는 신자유주의 세계관의 추상적 개인주의에 대한 반작용이라는 것이 분명해 보이기 때문이다. 결론에서는 기술과학적 자본주의의 한계에서 출현한 새로운 '기여 경제' 개념을 중심으로, 신자유주의 헤게모니의 동시대적 위기 속에서 등장한 대안적 상상계들을 살펴볼 것이다.

자유주의와 근대성

1부

[1]　자유주의, 계몽, 그리고 부르주아 사회

서론에서 말했듯이 나의 목표는 오늘날의 자유민주주의에서 정체성과 자유, 진보에 대한 집단적 관념을 표현하고 있는 미적 형식의 계보를 구축하고, 이러한 관념이 우리의 문화와 자기 이해를 식민화해온 삶의 기술과학적 조직 속에 어떻게 얽혀 있는지를 명료하게 설명하는 것이다. 이러한 계보학은 서구 근대성의 진화를 형성해온 사상과 예술적 관습, 기술 혁신이 매끄러운 변증법적 이행을 거쳐왔다고 제시하려는 것이 아니다. 그보다는 신자유주의 세계관을 탄생시킨 핵심적인 모순과 갈등, 동맹, 공모의 지도를 그리고, 이를 언제나 그 미래의 방향이 불확실한 사회경제적 역사의 내적 메커니즘으로 재-현하는 데 목적이 있다. 이어지는 논의에서 나는 자본주의 국가가 등장한 이래로 그 문화적·미적 삶을 끊임없이 괴롭혀온 이성 대 욕망, 자본화 대 노동, 기술 대 지성, 종교 대 과학 사이의 적대라는 문제로 계속해서 되돌아올 것이다. 나는 지금 우리가 신자유주의의 문화적·경제적·정치적 헤게모니 속에서 보고 있는 것이 근대화 과정에서 발생한 심원한 긴장들과의 관계 속에서 진화해온 하나의 미학의 표현이라고 주장하고자 한다. 이 미학은 '미래'가 프로그램의 방식으로 구성되는 형식이 되었다. 재현의 영역이 옮겨간 가상 미디어가 이제 일상생활에 완전히 스며들어 있는 한, 신자유주의적 상상은 인간 삶의 목적이 끊임없이 변형되는 미학적 장르가 되었기 때문이다. 그러나 신자유주의적 세계상에 대해 이렇게 서술하는 것이 그것을 합리적-과학적 자본주의의 갈등적인 전개 속에서 언젠가 등장하기를 기다리고 있던 일종의 문화적·미적·경제적 상호작용의 패러다임으로 간주하는 것이어서는 안 된다. 다시 말해 신자유주의적 세계상은 우리가 지향해야 할 어떤 기능적 이상의 조건이 아니다. 오히려 그 세계상은 자신이 전유해온 정신적·리비도적·문화적·종교적 흔적들로 관통되어 있으며 그것들을 끊임없이 변형시키는 하나의 기술적 재현 양식이다.

이 장에서는 자유주의 세계관의 기원에 대해, 더 정확히 말하자면 봉건 체제의 본질을 이루었던 종교와 도덕, 정치, 경제의 상징적 질서에 유럽 계몽주의가 미친 영향에 대해 자세히 설명하는 데 초점을 맞출 것이다. 이는 '계몽주의'라는 이름 아래 함께 묶인 철학 운동, 학파, 사상과 계몽주의 사상이 근대성의 진화에 미친 실제 영향 사이의 관계에 대한 질문을 제기하게 한다. 물론 이 질문은 계몽주의 철학의 보편주의적 이상을 저해하거나 발전시킨 데 책임이 있는 집단, 사회적 과정, 제도를 설명하는 역사의 영역으로 우리를 이끈다. 조너선 이즈리얼이 『계몽주의 논쟁』Enlightenment Contested에서 말한 것처럼, 16세기 중반부터 유럽 지식인들이 제시한 새로운 사상의 혁명적인 의미를 이해하기 위해서는 문화적 변화와 정치적 변혁, 철학적 분석의 상호 영향을 가변적이고 논쟁적인 과정으로 인식하

   1부 자유주의와 근대성

는 '문화 사회학'을 추구해야 한다(Israel, 2008: 20-21). 다시 말해 '미신에 맞선 계몽의 투쟁'이 벌어진 구체적인 사회적·경제적·정치적 형식들은 역사적 우발성의 문제였으며, 그러한 형식들이 '계몽주의'의 해방적 의도와 어떤 관련을 맺고 있었는지는 언제나 사후 재구성의 문제이다. 조르주 르페브르는 프랑스혁명의 기원과 결과에 대한 설명에서 유사한 논점을 제기한다. 르페브르는 이성적 자기결정권과 민중 주권, 경제적 자유라는 철학적 이상이 왕의 개혁 의도에 맞선 귀족의 투쟁을 제2신분(귀족 계급)이 가진 경제적 특권에 대한 부르주아지의 전면적인 투쟁으로 변형시킨 방식에 대해 복잡한 설명을 제시한다(Lefebvre, 2001: 98-111). 더 나아가 르페브르는 자유에 대한 계몽주의의 이상을 둘러싼 파벌적 해석이 자코뱅파와 지롱드파의 분열, 1792년 자코뱅파의 공포정치, 프랑스혁명이 서유럽 국가들과 그 식민지에 미친 영향에서 중추적인 역할을 했음을 보여준다. 여기서 중요한 것은 '사상의 역사'가 언제나 삶의 사회적·기술적·경제적·정치적 조건들과 얽혀 있으며, 개인의 자유가 표현되는 정신적·생물학적·리비도적 방식들 또한 항상 사상의 재생산과 확산에 의해 영향받는다는 근본적인 통찰일 것이다.

(스피노자 사상이 초기 부르주아 급진주의에 미친 영향력에 대해 이즈리얼이 다소 편향된 주장을 하고 있긴 하지만) 이즈리얼과 르페브르의 분석은 모두 한편으로 여러 국가에서 계몽주의 이상을 수용하고 실천적으로 해석한 것에 대한 경험적 분석과, 다른 한편으로 '계몽주의'를 인류 역사의 방향에 영구적이고 진보적인 변화를 가져온 사건으로 간주하는 섭리주의 전통 사이에 엄격한 경계를 설정하고자 한다. 예를 들어 임마누엘 칸트는 『학부들의 논쟁』에서, 비록 자코뱅 공포정치의 폭력으로 전락했을지라도, 프랑스혁명은

형식적-법적 평등에 대한 부르주아 계급의 요청이 지닌 보편적 의의가 프랑스 밖에서 혁명을 지켜본 유럽인들의 공감 속에 새겨진 세계사적 사건Begebenheit이라 주장했다. 즉 칸트의 철학적 인간학의 관점에서 보면 계몽주의 사상의 핵심을 이루는 이성적 인간의 주권적 권리는 실제 혁명이 빠져든 분파주의 속에서도 빛을 발했고, 다가올 인간 삶과 문화의 보편성에 감응했던 국가와 개인들에게서 무조건적인 열광을 불러일으켰다(Kant, 1991: 182-183). 여기서 유념해야 할 점은 이성적 통찰과 과학적 설명, 성찰적 자기-결정, 형식적-법적 권리라는 계몽주의적 이상들의 전개가, 이성적 지성의 자유가 핵심 쟁점이 되는, 총체적인 도덕적 목적론의 일부로 간주된다는 것이다. 물론 근대성의 진화 과정을 고려할 때, 이런 종류의 철학적 섭리주의를 (하버마스와 벡 버전의 비판이론과 같이) 공론장의 규범적 힘을 지나치게 낙관적으로 해석하게 한다거나, (몽펠르랭 버전의 자유방임적 개인주의와 같이) 자본의 독점 효과를 인식하지 못한 채 형식적-법적 자유에 무조건적인 특권을 부여하게 만든다는 비판으로부터 옹호하기는 어렵다. 목적론적이긴 하지만 섭리주의적이지는 않은 내 입장은, 막스 베버의 사회학에서 비롯된 생각, 즉 계몽주의의 전반적인 효과와 그로부터 나타난 관료적 통제 모델은 자본주의가 합리적-기술적 체제로 발전하는 과정에 수반된 종교적이고 상징적인 탈주술화 과정이었다는 생각에서 출발한다(Weber, 1978: 47-78). 따라서 계몽주의 철학의 영향력이 처음부터 각기 다른 국가적 맥락에서 다양한 종교적·정치적·도덕적·미적 운동들 사이에 분산되어 있었다는 사실은, 그 이념들이 자유주의 철학의 특정한 보편적 요소들(합리적 이기심, 계산 가능한 효용, 형식적 자유, 법적 승인 등)을 낳았으며, 이러한 요소들이 신자유주의적 상상의 진화에 본질적이

                                             1부 자유주의와 근대성

었다는 주장을 무효화하지 못한다.

　서론에서 살펴본 것처럼, 세계관이라는 개념이 중요한 것은 무엇보다 하이데거가 인간 경험의 문화적·상징적·분석적 요소들을 '탈은폐'의 영역, 즉 우리 인간에게 '실재'가 구성되는 지배적인 재현 양식에 통합하는 방식 때문이다. 따라서 유럽의 봉건 질서와 결부된 전통적 종교 형식으로부터의 전환은 분명히 내부 경제의 본질적인 부분임에도 불구하고 단순히 세계를 이해하는 분석 패러다임의 변화를 의미하는 것만은 아니다. 오히려 물질세계의 작동을 이해하는 표준 과학 체계로서 뉴턴 역학이 등장한 것과 이 체계가 유럽 계몽주의에 미친 영향은 자연 개념에 심원한 변화를 가져왔다. 기술적 조작이 가능한 추상적이고 보편적인 양률으로서 '물질'이라는 관념은 그리스의 퓌시스physis 관념에서 핵심이었던 유기적 총체성의 관념을 대체하게 되었다. 하이데거가 '손 안에 있음'ready to hand이라 불렀던 자연으로의 이와 같은 전환이 중요한 것은 우리 인간이 속해 있는 상징 질서의 급진적 세속화를 나타내기 때문이다. 인간 활동의 방향성은 더 이상 종교적으로 통합된 노동, 만족, 욕망의 양식에 지배되지 않으며, 따라서 봉건-군주제에서 부르주아 사회의 추상적-공리주의적 관계로의 전환은 신의 현존이 인간 사회의 일상으로부터 떠나기 시작하는 지점을 나타낸다. 프로테스탄트 신학이 유럽에서 자본주의가 발흥하는 데 필수적이었고, 신에 대한 책무의 교리가 세속적 부의 추구를 정당화하는 실천적-공리주의적 윤리의 기원이라는 베버의 주장은 서유럽 사회의 삶의 상징 질서에서 일어난 결정적 변화로 읽어야 한다. 봉건 사회에서 근대 사회로의 이행에서 본질적인 부분은 세속적 세계관의 출현으로, 이 세계관에서 신의 존재에 대한 물음은 자연과 인간을 과학의 분석적 시선 앞에 노출시킨 담론적 실천들과 신이 양립할 수 있는지의 문제로 전환되었다. 따라서 우리는 인간 삶의 이와 같은 방향 전환에서 어떤 목적론적 의미를 추론할 수 있는데, 유럽 근대성의 진화에서 공리주의 철학의 역할은 단순히 더 빠르고 더 합리화된 생산·소비 관계를 요구하는 것을 넘어 훨씬 더 중요한 의미를 지니고 있다고 보아야 한다. 하이데거적 세계관의 관점에서 볼 때, 이는 사회의 윤리적 삶과 각 개인이 사회적 총체성과의 관계를 경험하는 방식에 일어난 근본적인 변화를 나타낸다. 곧 이 문제로 다시 돌아오겠다.

베버가 지적했듯이 유럽 사회의 봉건 질서가 자본주의적 생산양식으로 이행했다는 문제를 다루기 위해서는 봉건 질서의 정동적·종교적·미적 관계가, 첫째로 새로운 유물론적 과학의 출현에 의해, 둘째로 프로테스탄트 신학의 확산을 통해 일어난 종교적 신앙의 개혁에 의해 어떻게 변화했는지 설명해야 한다(Weber, 1978: 95-154). 이 질문은 독일 계몽주의, 특히 점점 세속화되는 사회와 경제의 질서 내에서 신의 자리에 대한 물음을 제기하려는 칸트와 헤겔의 시도를 통해 울려 퍼진다. 칸트의 체계는 아마도 계몽주의 철학에서 나타난 신앙과 지식의 적대, 그리고 각자가 정당성을 가지는 영역을 구분하려는 시도의 고전적 표현이라 할 수 있을 것이다. 칸트가 『순수이성비판』에서 제시한 이론 이성의 개념은 세계에 대한 우리의 '외적 경험'의 일관성이 공간과 시간의 '감성적' 형식에서 표상되는 자료를 자발적으로 종합하는 일련의 선험적 범주에 의해 보증된다고 주장한다(Kant, 1982a: 65-91). 다시 말해 우리가 아는 세계는 우리가 경험하는 개별적인 사물들과 사건들이 우리 이해의 범주적 구조로부터 연역될 수 있다는 의미에서 '현상계'이다. 여기서 제기되는 질문은 인간의 자기결정 능력에 관한 것이다. 우리의 육체적 실존에 적용되며 비이성적이고 본능적인 욕망의 형태로 표현되는 물질의 법칙에 우리가 종속되어 있다면, 자유로운 행위가 어떻게 가능한가?『실천이성비판』에서 칸트의 주장은 자유의 개념이 자연에서 보이는 우연성 아래에 놓여 있는 질서와 '유비적으로' 이해되어야 한다는 것이다(Kant, 1993: 52-59). 인간 의지의 자율성은 욕망을 무작위적으로 추구하는 데 있는 것이 아니라, 모든 인간 사회에서 마땅히 지켜져야 하는 보편적 규칙에 따라 행위하는 데에 있다. 이러한 규칙은 모든 전통이나 특수성과 무관한 형식으로, 즉 도덕적 격언의 논리적 자기일관성을 통해 '주어진' 것이며, 그 반대를 따를 경우 사회적 삶에 필수적인 제도라 일컬어지는 것들(사유재산권, 생명권, 자유로운 직업 선택과 종사의 권리, 공개적인 의견 표명의 권리 등)의 파괴를 초래할 것이다. 따라서 인류 문명의 진화에는 이중적인 측면이 있다. 인류의 문명은 한편으로는 경제(생산, 소비 등)를 개선하는 기술적 수단의 발전을 낳는 과학의 진보를 통해, 다른 한편으로는 시민들 각자가 도덕적으로 자율적인 행위의 모범으로서 기여하는 신의 창조 행위의 궁극적 목적에 대해 공유하는 주관적 감성의 발전을 통해 전개된다(Kant, 1993: 130-139).

따라서 근대성의 이성적-공리주의적 전개와 윤리적 문화의 토대를 구성하는 정동적 전통 사이의 관계로 돌아가 보면, 칸트가 근대의 비판이론에 남긴 질문은 사회적 삶의 총체성 내에서 미적 감정이 점하는 위치에 관한 것이다. 이 질문에 대한 칸트의 대답은 그가 미와 숭고에 대한 분석에서 상세히 설명한 미적 판단의 주관적-보편적 구조에 호소하는 것이었다. 미의 경우, 우리에게 기쁨을 주고 우리가 '이 대상은 아름답다'라는 선언적 판단을 내리도록 이끄는 것은 우리의 파악 능력과 범례적 형식으로 인해 구별되는 특정 대상들 사이의 합치이다. 숭고의 경우, 숭고의 현존을 나타내는 쾌와 두려움을 동시에 느끼게 하는 것은 바다의 폭풍이나 눈사태와 같이 자연에서 마주하는 압도적인 규모이다. 두 경우 모두에서 미적 판단의 기원은 세계 안에 있지만 세계에 속하지 않는 초월의 감각이며, 이는 곧 인간이 자신의 역사 속에서 자연의 폭력에 대한 모욕적인 가까움을 극복하도록 하려는 창조주 하나님의 흔적이다(Kant, 1982b: 221-225). 창조된 세계에 내재한 초월적 목적에 대한 이러한 감각이 칸트의 정치철학을 지탱하는 지렛목이다. 칸트가 자유주의의 기반이 되는 추상적 원리들(형식적-법적 자유, 사상과 언론의 자유, 자기결정권 등)을 고유하게 인간적인 목적을 실현하는 공화국의 표현으로 간주하는 한, 인류 역사의 도구로서 '자연'이라는 개념은 신의 창조 행위와 어떤 관계를 간직한다. 따라서 프랑스혁명과 같은 세계사적 사건이 불러일으킨 미적 열정의 감정은 자유민주주의의 감각적 유비로서 자유와 유기적 삶의 내재적 조화를 형상화하는 도덕 문화에서 성취된다(Kant, 1991: 176-190). 근대 시민의 미적 취향과 도덕적 삶을 형성하는 데 있어 정치경제의 공리주의적 가치에 대한 칸트의 주장을 따른다면, 칸트에게 부르주아 시대의 예술은 자연의 조화 속에서, 또한 계몽된 국가의 자주적 시민의 자유를 통해 실현되는 대칭적이고 질서 잡힌 삶에 대한 재-현을 추구해야 함을 추론할 수 있다.

하지만 인류의 도덕 공동체를 상징하는 교훈적 예술에 대한 이 같은 요구의 힘은 몇 가지 이유에서 문제적이다. 첫째로 누구를 인간으로 간주하는지에 대한 칸트의 범주 설정은 정치와 인간학 저작들에서 일련의 제한적 수정을 거쳤는데, 특히 이는 스스로의 생물학적 욕망을 이성적으로 통제할 능력이 있는 인종의 범위를 점차 좁히는 방식으로 나타났다(Kant, 1996). 둘째로 부르주아 사회의 목적인

telos을 아름다운 것의 미적 표현을 통해 진실하게 묘사할 수 있다는 가정에는 분명 의문의 여지가 있다. 마르크스가 지적한 바와 같이, 칸트가 제시한 경험의 구성 원리의 실질적 결과는 한편으로는 부르주아 시민의 만연한 이기심을 정당화하는 것이었고, 다른 한편으로는 부르주아지가 문화적 헤게모니의 지위에 오르는 데 기여한 예술의 일반적 형식을 승인하는 것이었기 때문이다(Marx, 1977a: 97-100). 셋째로 칸트는 실천적 도덕성을 지닌 그리스도를 통해 인간에게 신의 창조 목적을 드러내는 기독교 신화가 자신의 철학 전체를 관통하는 엄격한 신앙 개념을 표현한다고 주장한다. 칸트는 봉건 질서를 지탱해온 신과 종교적 감정, 윤리적 삶의 경험 사이의 연관성을 계몽주의가 겨냥한 주된 목표물이라 보았다. 모든 자유인의 좌우명은 "네 자신의 이성을 사용할 용기를 가져라!"가 되어야 하며, 이는 본질적으로 종교 공동체의 형식적 미학을 저버리고 그리스도의 삶에서 예증된 도덕 원칙을 삶의 토대로 삼는 것을 의미한다(Kant, 1991: 54). 여기서 중요한 점은 19세기 초 유럽의 신흥 자본주의 경제에서 형성된 도덕과 미학, 욕망 사이의 관계이다. 칸트 체계가 도덕적 자기 결정의 담론과 미학의 조형적 힘을 통해 효용으로서의 삶을 매개하는 모범적인 형태인 한, 그것은 자유주의 철학의 기초적 모순이 출현하는 지점을 나타낸다. 마르크스는 이를 상품 형태의 이데올로기적 힘의 한계라는 측면에서 이해했다. 마르크스에게 부르주아 주체의 성찰적 감수성은 자기 행위가 초래한 인간성 훼손이라는 결과에 대한 책임을 받아들이지 않으려는 사회적 위선의 전형적인 모습일 뿐이다. 그러나 자본주의 근대성의 역사에 비추어볼 때, 칸트가 인간의 도덕적·미적 능력에 부여한 독립성은 칸트와 그의 후계자들이 인정할 수 있었던 것보다 산업 문화의 도식에 훨씬 더 취약한 것으로 판명되었다고 하는 것이 진실에 더 가까울 것이다. 이러한 논지는 칸트의 주관적 관념론에 대한 스티글레르의 해석에 체계화되어 있다. 스티글레르는 칸트가 합리적 지성에 필수적인 것으로서 규명한 능력들이 결국 자본주의 근대성으로의 이행을 가능하게 한 수학적-기술적 질서의 과정을 반영한다고 주장한다(Stiegler, 2011a: 40-47). 다음 절에서는 형식적 자유의 표현으로서 근대성의 자유주의적 굴절과 시간, 정체성, 자본화의 기술적 형상화로서 '문화'의 출현 사이의 계보학적 관계를 제시할 것이다.

계몽의 개념(호르크하이머와 아도르노 이후)

이 절에서 전개할 논지는 계몽주의 철학과 도덕적·정치적·경제적 교리로서의 자유주의의 출현 사이의 관계에 관한 것이다. 신자유주의적 상상의 역사에서 이는 중요하다. 이것이 삶과 도덕, 공동체, 경제에 대한 진화하는 철학적 개념들이 우리가 현재 시민사회라 부르는 것을 형성한 정치적 논쟁과 경합으로 나아간 지점을 표시하기 때문이다(Habermas, 1992). 앞서 언급했듯이 내 주장은 본질적으로 계보학적이기에, 우선 그 준거 틀을 명확히 하는 것으로 시작하고자 한다. 문화적-역사적 설명 방식으로서 계보학이라는 개념은 니체의 저작에서 비롯되었으며 『도덕의 계보학』에서 가장 충실히 다루어지고 있다. 도덕적으로 주권적인 개인, 칸트가 합리적 지성 개념으로부터 연역한 자유를 갖는 개인의 진화에 대해 이야기하면서 니체는 이와 같은 정신적 힘의 집중을 역사적 관점에서 고려한다면 인류 문명의 '가장 완숙한 열매'가 실제로는 우리의 동물성을 야만적으로 타락

　　　　　　　　　　　　　　　　　1부 자유주의와 근대성

시키고 수치스럽게 만드는 체제를 통해 형성되었다는 사실을 알 수 있을 것이라 지적했다. '인간 정신'은 폭력적인 탈바꿈의 역사를 통해 상징적 삶의 온기로부터 분리되어왔으며 이제 우리는 '그 과정의 종착점'에서 이를 종합할 수 있다(Nietzshce, 1990: 191). 니체의 주장의 논리는 세 줄기로 엮여 있다. 첫째, 주어진 사회 현상(주권적 개인의 형성, 다양한 예술 장르의 진화, 기술 체제의 발전)의 진실은 예기치 못한 결과를 통해 드러난다는 생각이 있다. 둘째, 역사적 시대는 '인간'의 변혁적 잠재력, 즉 인간의 자기-변혁의 지평과 맺는 관계에 따라 구분되어야 한다는 생각이 있다. 셋째, 니체가 기술, 경제, 문화의 합리화와 동일시하는 '문명'은 인간 존재의 경계를 확장할 수 있는 능력을 가진 자들의 '권력 의지'와 영구히 상충하는 것으로 보아야 한다는 생각이 있다. 실제로 『계보학』에서 양심에 대한 니체의 분석의 마지막 부분, '금욕주의적 이상은 무엇을 의미하는가'는 강자들의 가혹한 규율에 복종해온 개인들이 그들의 원한을 해롭고 실현 불가능한 평등의 체제로 전환시킨 방식을 다루고 있다(Nietzsche, 1990: 231-299).

그렇다면 우리는 '자유주의의 계보학'을, 더 정확히 말해 계몽주의 철학에서 표명된 평등, 자유, 효용이라는 본래의 이념들이 미래에 미칠 효과를 어떻게 이해해야 하는가? 가장 먼저 주목해야 할 것은 내가 스티글레르에게서 가져온 원초적 기술성이라는 테제가 계보학적 설명의 역학에서 근본적인 변화를 나타낸다는 점이다. 스티글레르의 테제가 문화와 주체성, 기술 사이의 불가분성을 지적하는 한, 인류의 진화를 이끄는 역동적 과정에는 원초적 기준점, 즉 선행 인류의 '무리'가 기적적인 의지 행위를 통해 예비적 인간 존재로 변모하는 순간이 존재하지 않기 때문이다(Nietzsche, 1990: 197-198). 그렇다면 신비롭고 불안정하며, 무엇보다 불평등하게 분배된 '권력 의지'라는 관념을 버린다면, 우리에게는 무엇이 남을까? 근대성의 역사적 발전에 대한 모든 계보학적 논의들과 마찬가지로, 내가 전개할 주장의 힘과 설득력은 인간 존재의 사회적·미적·종교적·경제적 삶에서 일어난 특정한 역사적 변화에 우선권을 부여하도록 요구하는, 우리의 역사적 시대에 근본적인 측면들(집단적 삶의 합리화, 생산과 소비의 기술적 조직화, 사회적 관계의 가상화, 네트워크를 통한 커뮤니케이션의 출현 등)이 존재한다는 것을 보여주는 데 달려 있다. 니체에게 이러한 선택의 과정이 인간의 구성을 '권력 의지 외에는 아무것도 아닌 것'으로 보는 그의 신념에서 비롯한 것임은 명백하다. 하지만 원초적 기술성 테제에서 출발한다면 이 과정은 상당히 다르게 전개된다. 가상 기술과 커뮤니케이션 기술이 공적 삶의 성찰성에 미치는 영향에 대해 우리가 비판적 태도를 취하고자 하더라도, 그럼에도 우리는 첫째로 인류 문명의 진화가 기술 시스템의 발전을 통해 이루어져왔다는 점, 둘째로 시민사회의 문화와 경제에 의미 있는 변화가 이루어지려면 바로 이러한 시스템을 통해야 한다는 점을 인정해야만 한다. 따라서 신자유주의의 미적 경제에 대한 나의 접근은 서구 자본주의 근대성을 형성해온 이데올로기적 장르와 기술적 혁신을 연결 지음으로써, 또한 어떻게 이 연관 관계가 신자유주의적 세계관의 헤게모니 형성에 기여했는지를 보여줌으로써 전개될 것이다.

　스티글레르가 인정했듯이 계보학적 재구성의 과정은 미적 상상과 비판적 분석이 결합된 복합적인 작업이다. 『기술과 시간』에서 스티글레르는 그가 후기 자본주의 사회의 기술 발전에서 고질적으로 나타난다고 보는 병폐, 즉 윤리적 삶(가족, 노동, 종교 등)의 상징 문화에 대한 상실과 개인들의 만성적인 방향 감각 상실의 역사를 추적하고자 한다(Stiegler, 2009a: 65-96). 이 과정의 '종착점'은 순수한 자기 동일성으로서 새롭게 형성된 자아이다. 칸트 철학의 도덕적 주체(시민사회의 법-계약적 영역에 거주하는 '나-는-나'I-am-I)로부터 발전되어 나온 것은 끊임없이 새로워지는 소비 욕망을 통해서만 자기 자신을 아는 분열되고 중심을 잃은 개인이다. 전문화된 지식 형태, 기술 시스템, 삶의 자본화가 증식하며 '탈은폐된' 진실은 공동체적 삶의 성찰적(노에시스적)이고 정동적인 통합이 거의 파괴된 '자동화 사회'의 출현이다. 따라서 스티글레르의 주장의 계보학적 구조는 자기-의식의 원초적인 기술적 구성을 식별하는 것, '기술'을 인간 문화의 경제 내부와 외부에서 동시에 규명하는 것, 그리고 기술 시스템(미디어, 커뮤니케이션, 생의학 등)의 발전이 야기하는 정신적 트라우마 사이를 오간다(Stiegler, 2011a: 187-224). 이 장에서 전개될 주장은 이러한 입장을 보다 구체화한 것이다. 나는 자연과 사회의 합리적 기초를 제시하려는 계몽주의적 시도의 진실이 만물에 대한 설명에 귀납적 명료성을 요구하는 데서 비롯한 사회적·경제적·정치적 변화로부터 추적될 수 있다는 스티글레르의 주장에 동의한다. 자유주의에 대해 제시할 나의 설명은 효용, 협력, 자유라는 원칙이 유럽 근대성의 종교적이고 정치적인 갈등을 따라다니는 암묵적 유물론을 전제로 하고 있으며, 이 유물론이 가장 강력하게 표출된 자본화 체제가 인류의 기술적 구원을 지향하는 미래적 이데올로기의 기원임을 보여주고자 할 것이다. 우리는 신자유주의적 상상의 발전을 자유와 진보라는 이 새로운 이데올로기에 비추어 이해해야 한다.

이와 같은 계보학적 비판의 스타일은 프랑크푸르트학파와 함께, 특히 1930년 막스 호르크하이머가 사회연구소의 소장을 맡은 이후

부터 시작되었다. 아도르노, 벤야민, 프롬, 호르크하이머가 1930년대 동안 추구했던 비판적 의제는 그들이 히틀러 정권에 의해 독일을 떠나야 했던 이후에도 과학적 이성이 자본화 과정에 미친 영향, 또한 개인적 삶과 집단적 삶의 모든 측면을 변형시키는 듯한 대중문화의 부상과 직접 맞닿아 있었다. 호르크하이머와 아도르노는 『계몽의 변증법』에서 계몽주의 철학의 '정신'과 그것이 근대 산업사회의 발전에 실제로 초래한 결과 사이의 관계를 다루었다. 저작의 서두에서 그들은 이렇게 단언한다. "계몽은 미리부터 오직 통일 속에서 파악될 수 있는 것만을 존재와 발생으로 인식한다. 그것의 이상은 모든 것과 모든 사태가 그로부터 도출되는 체계이다(Horkheimer and Adorno, 1986: 7)." 모든 종류의 특수성의 본질적 진리로서 '체계'에 대한 이러한 생각이 바로 계몽주의에 내포된 유물론을 구성하는 것이다. 예컨대 칸트가 이성적 의지의 자율성을 '유비적으로' 현상계의 법칙인 인과관계에 비추어 도식화하였다는 사실은 그의 철학에 있어 어떤 근본적인 점을 드러낸다. 칸트가 자신의 체계의 구별들의 기초가 되는 것은 이성적 의지의 신비로운 자발성이라고 주장함에도 불구하고, 객관적 현상 세계의 기저를 이루는 범주의 일관성에 대한 호소는 그의 도덕 원칙을 궁극적으로 정당화하는 것이 그것의 순수한 자기-일관성임을 의미한다. 호르크하이머와 아도르노의 요점은 자연의 압도적인 힘과 신의 권력에 저항하려는 프로메테우스적 충동에서 비롯한 계몽주의의 '정신'이 이성적 자율성의 표현에 뿌리내리고 있는 '순환, 운명, 지배'의 신화와 불가피하게 얽혀 있다는 것이다(Horkheimer and Adorno, 1986: 27). 그 결과는 이중적이다. 첫째로 개별적인 것(구체적으로 인종적·성적·젠더적 존재로서의 개인)의 운명은 언제나 자기-표현의 권리와 주권적 권력에 의한 독단적 포섭 사이에서 예측 불가능하게 흔들리며 살아갈 수밖에 없다는 것이다. 둘째로 정당한 권력 행사는 개인의 권리가 지속적으로 재구성되고 재-형성되는 '미학'을 통해 이루어진다. 이 과정의 계보를 더 자세히 살펴볼 필요가 있다.

하이데거에 따르면 모든 형태의 인간 문명의 본질은 그것의 형이상학을 통해 드러나는데, 각 시대에는 진리에 대한 기본적 개념과, 그 진리를 드러내는 문화적 매체, 사회적 제도, 실천적 기술의 위계가 존재한다(Heidegger, 2002: 57). 『세계상의 시대』에서 하이데거는 산업주의 시대의 근대성을 이전의 모든 역사적 시대와 구별 짓는 다섯 가지 특징이 있다고 주장한다. 첫째, 근대적 세계상은 더 이상 '자연'을 우리 인간이 규범적이고 미학적인 가르침을 구해야 하는 하나의 통일체로 이해하지 않는다는 특정한 의미에서 과학적이다. 뉴턴 물리학이 지배적인 패러다임으로 자리 잡은 이후, 자연은 그 상호작용이 수학적으로 양화될 수 있는, 또한 에너지로의 변환 가능성을 일반적 특성으로 갖는 물질의 단위들로 개념화되었다. 두 번째 특징은 이러한 물질의 보편적 잠재력을 이용하기 위한 도구의 사용이다. 산업 생산의 과정은 근대의 대중이 노동과 책임, 돌봄을 경험하는 지배적 형식을 구성한다. 하이데거에게 있어 산업주의 근대성의 세 번째 특징의 근간을 이루는 것은 바로 이와 같은 존재 경험의 변화이다. 이것이 본래 창조된 세계의 통일성을 종교적으로 형상화하는 의미를 가졌던 '예술'이 '미학'으로 대체되는 지점을 나타내기 때문이다. 미학은 '인간 삶의 표현'으로, (칸트의 미와 숭고에 대한 분석에서처럼) 신적 초월성을 세속적인 세계에 드러내는 형식이 아니라, 산업사회가 그 자신의 객관화 능력을 무심하고 반복적인 경험의 양식으로 변형시키는 기술적 매체가 된다. 여기서 하이데거 도식의 네 번째 요소가 나온다. 인간 사회의 지고의 가치의 화신이자, 현존재의 본질인 실존적 자기-결정의 순간을 우회하는 경향이 있는, 공적으로 구성된 '관심사'로서 '문화'의 출현이다. 이 과정의 마지막 단계는 신들의 상실, 더 정확히는 기술과학적 세계상 속에서 종교적 경험이 재구성되는 것이다. 하이데거는 이 과정이 단순히 '무신론으로의 회귀'인 것이 아니라 계몽주의의 획기적 결과 중 하나였던 절대자의 '기독교화'와 밀접하게 관련되어 있다고 주장한다. 다시 말해 세계상의 시대에 신(또는 신들)에 대해 사유하는 조건은, 모범적인 삶을 통해 하나님의 말씀을 드러내는 기독교의 메시아 신화에 따라다니는 암묵적인 의심의 감각이다. 따라서 근대의 세계상과 그로부터 생겨난 사회적·경제적·정치적·미적 형식들은 존재의 재-현에 내포된 종교성으로부터 결코 벗어날 수 없다(Heidegger, 2002: 57).

내가 보기에 근대적 세계상의 요소들에 대한 하이데거의 설명이 중요한 이유는 호르크하이머와 아도르노가 제시했던 문화산업론의 변주를 나타내기 때문이다. 이 변주는 내가 앞으로 설명할 신자유주의의 계보학과 직접적으로 연관되며, 주로 하이데거의 글에서 함께 제시되는 문화와 탈주술화, 미학의 관념과 관계가 있다. 하이데거에 따르면 예술이 '미학'으로 붕괴된 것과 세계가 기독교화와 함께 탈주술화된 것은 모두 유럽의 철학과 문화에서 데카르트적 합리주의가 우위를 차지하게 된 것과 본질적으로 관련이 있다(Heidegger, 2002: 66). 데카르트에 따르면 외부 경험의 세계는 추상적 좌표로 환원될 수 있는데, 이는 첫째로 물리적 현상을 다루는 과학의 발전을 가능하게 했고, 둘째로 인간의 자유와 물질의 상호작용을 지배하는 객관적-인과적 관계를 구분하는 관습의 기초를 형성했다. 하이데거에 따르면 바로 이 구분이 진리의 탈은폐에 대해, 더 구체적으로 말하면 자연과 사회의 상징적 질서와 맺는 관계의 진정성에 대해 근대적 자아/주체가 가지게 되는 지극히 도구적인 태도의 토대가 된다. 이러한 관점에서 볼 때 데카르트적 세계관이 점점 더 지배력을 가지게 된 것, 그리고 그것이 교회, 경제, 봉건 질서의 전통적 제도에 미친 영향력이 부르주아 사회와 초기 형태의 상업자본주의 및 산업자본주의가 출현하는 데 있어 근본적인 조건이었다고 할 수 있다. 좀 더 하이데거적인 방식으로 말하자면, 유럽에서 봉건주의가 어떻게 자본주의로 이행하였는지에 대한 물음은 계몽주의로부터 비롯한 진리의 확산과 재-현의 보편적 형식에 대해 면밀히 살펴볼 것을 요구한다고 할 수 있다. 이에 대한 호르크하이머와 아도르노의 시도는 계몽주의 철학의 전반적인 목적론, 즉 부르주아 사회의 이데올로기적 관계 속에서 형성되기 시작한 자본주의와 미학, 도구적 이성 간의 관계를 설명한다는 점에서 설득력이 있다. 하지만『계몽의 변증법』이 제기하는 주장은 계보학적이기보다는 목적론적인 경향이 있다. 즉 19세기 초중반 유럽에서 나타난 재현과 종교성의 위기가 자본주의에서 기술관료적 권력이 결집하는 과정의 한 요소로서 간과되는 경향이 있다는 것이다. 나에게 이는 신자유주의적 상상의 진화에 있어 핵심적인 무언가, 세속화와 탈주술화, '자본주의 정신' 사이의 긴장에 관한 막스 베버의 저작에서 간결하게 형상화되어 있는 무언가를 놓치는 것처럼 보인다.

자본주의: 삶, 죽음, 그리고 세속적 상상

『프로테스탄트 윤리와 자본주의 정신』의 말미에서 막스 베버는 이렇게 말했다.

> 미래에 누가 저 쇠우리 안에서 살게 되는지, 그리고 이 무시무시한 발전 과정의 끝자락에 전혀 새로운 예언자들이 등장하게 될는지 혹은 옛 사상과 이상이 강력하게 부활하게 될는지, 둘 다 아니라면 일종의 발작적인 자기 중시로 치장된 기계화된 화석화가 도래하게 될는지 아직 아무도 모른다. 만약 기계화된 화석화가 도래하게 된다면, 그러한 문화 발전의 '마지막 단계의 인간들'에게는 물론 다음 명제가 진리가 될 것이다. "정신 없는 전문인, 가슴 없는 향락인. 이 무가치한 인간들은 그들이 인류가 지금껏 도달하지 못한 단계에 올랐다고 공상한다."*

이것을 조금 풀어보자. 자본주의의 출현을 설명하는 베버의 논지는 봉건제에서 자본주의로의 이행이 16세기 유럽에서 프로테스탄티즘이 부상하며 실천적 신학이 변화함에 따라 가능했다는 것이다. 종교적 양심의 문제에서 교회의 세속적 권위에 의문을 제기한 루터의 『95개조 반박문』과 예정론의 교리를 상정한 칼뱅의 『기독교 강요』가 출판되면서, 교회, 개인의 신앙, 노동과 욕망의 세속적 경제 사이의 관계는 근본적으로 변화하였다. 가톨릭 신학은 세속 세계를 내세를 준비하는 과정, 즉 구원을 얻고자 하는 사람들에게 가난과 정절, 복종이 최고의 지침이 되는 슬픔과 유혹의 장소로 묘사한다.

---

* 막스 베버, 『프로테스탄티즘의 윤리와 자본주의 정신』, 김덕영 옮김, 길, 2010, 366~367쪽.

베버에 따르면 종교개혁과 함께 유럽에 세속 세계를 바라보는 새로운 태도가 등장했다. 칼뱅의 예정론 교리는 비록 우리 인간은 하나님이 정하신 세계의 궁극적 목적을 알 수 없더라도, 우리의 노동의 대가로 받는 세속적 보상을 통해 하나님의 은총의 대상으로 선택되었다는 확신을 얻을 수 있다고 주장했다. 죄와 구원, 선과 악을 문자 그대로 표현하는 경향이 있는 가톨릭의 상징 질서는 세속적 성공에 대해 어떠한 의심을 품고 있었다. '부'가 허영과 정욕, 방종에 이르는 관문으로 여겨지는 한, 그것은 불멸하는 영혼이 구원받는 데 가장 큰 장애물이 되기 때문이다. 따라서 베버에게 노동 과정에 대한 투자 수익을 극대화하기 위해 고안된 합리적 생산 양식으로서 '자본주의'가 진화한 것은 프로테스탄티즘이 종교적 신앙에 미친 영향력을 통해 나타난 신학의 변화에 달려 있었다(Weber, 1978: 35-46).

봉건제에서 자본주의로의 이행에 대한 베버의 분석이 중요한 이유는 상품 형태가 전제하는 재현 방식과 미적 감정의 변화에 초점을 맞추고 있기 때문이다. 내 생각에 베버가 칼뱅의 예정론 교리에 부여한 중요성은 기독교 신앙을 급진화했다는 점으로 설명될 수 있다. 칼뱅은 개인이 신과 맺는 관계를 사적인 것으로 만듦으로써 종교적 실천에 양심의 요소를 도입하는 동시에, 세속적 활동을 통해 영향을 미칠 수 있는 구원의 표징(부와 재물)의 경제 안에 개인 신도를 위치시켰다(Weber, 1978: 98-129). 이것이 '프로테스탄트 직업윤리'라 알려지게 된 것의 기원이다. 부의 축적이 중요한 이유가 단순히 물건을 살 수 있기 때문이 아니라 신의 선택을 의미하기 때문임을 믿어야 한다면, 근면한 노동, 또한 부와 이윤의 체계적인 재투자는 신의 승인을 받은 것이다.◆ 상품 형태가 출현하기 위한 종교적이고 문화적인 전제 조건의 이와 같은 구성에 대해, 전통적인 마르크스주의적 반응은 베버가 인과관계를 반대로 이해했다는 것이다. 프로테스탄트 직업윤리가 부르주아지에 의해 내면화된 도덕적 규범이 된 것은 실제로는 그들이 경제적 지배를 두고 귀족과 벌인 경쟁에서 승리하고, 그 승리에 객관적 정당성을 부여하는 법적 구조를 확립한 결과였다. 하지만 계보학적 관점에서 보자면 자본주의의 기원을 둘러싼 마르크스주의와 베버주의 사이의 논쟁은, 마르크스의 '객관주의'와 사회적·경제적 변화에 대한 주관적, 즉 이해verstehen의 형상에 집중하는 베버의 접근이 동일한 역사적 과정 속에서 상호 반응하는 요소라는 사실을 간과하는 경향이 있다. 나의 관심은 계몽주의가 서유럽 사회에, 특히 부르주아 시민사회의 새로운 역학 속에서 변화를 겪은 노동과 종교성, 미적 재현의 구조에 야기한 전반적인 긴장에 있다. 초기 자본주의의 객관적 관계와 함께 생겨난 희망과 욕망의 상징적 지평을 이해할 수 있어야만, 오늘날 지배적인 세계관이 된 신자유주의에 대해 적절히 사고할 수 있기 때문이다.

니체의 계보학에서 기원하여, 탈주술화에 대한 막스 베버의 설명에서뿐 아니라 1930년대 (바타유, 코제브, 발 등이 속했던) '사회학 학회'Collège de Sociologie에 의해 이루어진 성스러운 것에 대한 연구에서, 후에는 시뮬라시옹과 하이퍼리얼에 대한 장 보드리야르의 연구에서도 되풀이되는 근본적인 문제가 있다. 그것은 한편으로 '성스러움'이 원시 사회의 특징인 긴밀한 육체적 접촉에서 비롯하는 종교적 경험으로 여겨지는 동시에, 다른 한편으로는 이러한 원

◆ 우리는 이것이 하이데거가 종교성의 '기독교화'라고 생각했던 것의 명확한 예라는 점에 주목해야 한다. 이는 경외심과 마법에 기반한 오래된 믿음의 경제가 현세의 성공과 영원한 구원을 모두 보장하는 신과의 일종의 파스칼적인 거래로 변모한 것을 의미한다.

1부 자유주의와 근대성

초적 공동체 감각이 후기 근대의 특징인 합리적-기술적 관계를 통해서는 재생산될 수 없다는 점이다. 물론 성스러움에 대한 설명에서 니체는 (성서의 텍스트, 교회의 제도적 관습, 종교 예술의 도상에 새겨져 있는) 성스러운 것의 구성적 힘이란 결국 약자들의 원한 감정 ressentiment의 표현이며, '속박되지 않은 영혼'의 대담하고 즐거운, 창조적인 의지가 이를 극복해야 한다고 주장했다(Nietzsche, 1990: 190-197). 그러나 '사회학 학회'의 사회학자들은 성스러움이 공동체의 일상생활에 적극적으로 참여하는 과정을 지속시키는 힘을 지닌다는 입장을 고수했다. 예를 들어 조르주 바타유의 에로티시즘 연구에서 성스러운 것은 사회적 삶의 가능성 그 자체로서 나타난다. 바타유에게 개인적 욕망의 신비를 구성하는 것인 '에로틱한 것'의 경험조차 법의 상징 질서를 잠재적으로 위반하는 것과 연관되어 있기 때문이다. 다시 말해 삶의 에로티시즘의 경험(오줌 누기, 똥 싸기, 구토, 월경, 수정 등)을 타인과 나눔으로써 언제나 집단으로부터 응보적 처벌을 받을 위험에 처하게 되는 것이 주체가 되는 조건이라는 것이다(Bataille, 2001: 63-70). 앞서 말한 것처럼 여기서 제기되는 문제는 저주받은 몫part maudite에 대한 바타유의 구상에서조차 이와 같은 성스러운 것의 원시 경제가 자본주의 근대성의 냉혹함, 추상화, 비인간성, 탈주술화에 의해 사라진 따뜻함, 소속감, 욕망, 종교적 공동체의 과잉으로 나타난다는 점이다(Bataille, 2013: 27-41). 베버는 자신의 사회학이 근대의 합리화된 사회적 삶의 형식을 만들어낸 주관적 가치 관계에 대한 가치중립적 평가라고 줄곧 주장했다. 그러나 베버의 탈주술화론은 베버 자신이 도덕적·실존적·역사적 차원에서 깊이 불안하게 느낀 어떤 것을 부각하고 있다고 보는 편이 진실에 더 가까울 것이다. 세속화 과정을 거쳐 형성된 근대적 주체가 더 이상 성스러운 것의 빛, 즉 인간과 '신들'에 대한 미적 찬미를 향유할 수 없는 한, 근대성의 운명은 끝없는 노동과 자기 확장의 욕망 사이의 만성적인 긴장 속으로 붕괴하는 것이기 때문이다(Weber, 1978: 182).

니체는 계보학이라는 개념을 그가 변증법적 역사에 내재한다고 본 목적론에 근본적으로 반대되는 것으로 여겼다. 니체의 생각은 역사를 여러 '시대'로 구분하는 것은 하나의 발견적 작업으로 간주되어야 하며, 이러한 형식적 분류는 역사적 시간의 흐름 속에서 출현한 모든 것들이 근본적으로 결과를 예측할 수 없는 위기의 산물이었다는 사실을 우리에게 환기시켜야 한다는 것이었다. 가장 심원한 변혁을 초래하는 역사적 순간, 곧 사건은 결코 시초부터 결정되어 있지 않으며, 그것의 발생은 우리가 역사의 폭력의 최종적인 상속인으로서 어쩌면 다른 현실에 처할 수도 있었다는 감각을 남긴다(Nietzsche, 1995: 131-137). 역사를 이렇게 이해하는 데에는 우리가 우리 시대를 무한히 복잡하고 불확실한 일련의 사건들로부터 나타나는 우연과 전략, 대립의 결합으로 취급할 것을 요구하는 심원한 진리가 있는 것 같다. 하지만 사회의 기술적 조직화로부터 비롯하는 몇 가지 근본적인 질문들은 니체의 계보학이 허용하는 것보다 문화와 재현, 인간 욕망 사이의 관계에 대해 더욱 비판적으로 검토할 것을 요구하는 것 같다. 18세기 후반에 정치적 자유와 경제적 효용의 실질적 통합으로서 등장한 자유주의는 형식적-법적 평등의 균등화 효과에 대한 니체의 설명과 분명히 관련이 있으면서도, 니체의 비판의 범위를 넘어서는 역사적 의의를 지니고 있다. 마르크스와 베버가 이러한 문제 설정에 도입한 것은 자본화라는 신흥 경제 내에서 기원한 사회-경제적이고 사회정치적인 전략들과 효과들의 연쇄에 대한 인식이다. 따라서 베버의 『프로테스탄트 윤리』와 마르크스의 『독일 이데올로기』를 함께 놓고 본다면 자유주의적-상업자본주의의 기초를 형성한 기술-경제적이고 사회-경제적인 발전이 야기한 실존적 위기의 감각을 파악할 수 있다. 두 사람 모두 각자의 사후적 재구성을 통해 부르주아지가 일으킨 성공적인 쿠데타의 조건들(전통적 가치 관계의 해체, 종교성의 변형, 새로운 노동 분업의 촉발, 형식적-법적 시민권의 수립)을 묘사하기에, 이들은 노동, 만족, 욕망의 문제를 해결하려는 시도가 언제나 새로운 양태의 의심과 방향 감각 상실로 이어지는, 본질적으로 적대적인 결합으로서 자본주의적 근대성의 탄생을 제시한다.

그러나 부르주아 쿠데타의 성공과 그 결과로서 자유방임적 형식의 자본주의의 확립은 신자유주의적 상상을 형성하는 강력한 이데올로기적 상징으로 남아 있다. 유럽과 미국에서 일어난 부르주아 혁명의 성공이 자유와 형식적-법적 권한, 경제성장 사이의 본질적인 상호 관계의 형식을 드러냈다는 생각은 몽펠르랭 소사이어티의 작업에서, 또한 약간 변형된 형태로 프랜시스 후쿠야마의 자유주의적 자본주의의 '역사의 종언'론에서 분명하게 드러난다. 내 생각에 이 전략에서 중요한 것은 부르주아 쿠데타의 필연성을 표현하는 이상화의 과정이다. 앞서 보았듯이 계보학이라는 개념은 역사적 사건들의 우발성에 대한 감각을 유지하고자 한다. 니체가 말했듯이 이는 역사적 시간을 구성하는 특수성들에 질서와 필연성을 부여하고자 하는 모든 형태의 변증법적 역사의 구축에 대해 끊임없는 회의를 요구한다. 하지만 신자유주의의 전략적 체제 내에서는 바로 이러한 우발성의 감각이 사회적·경제적·정치적 담론의 주변부로 밀려난다. 자유방임적 자본주의의 원초적 형태는 이미 승리를 거둔 것으로, 그리고 노동과 자유가 결합하여 인류의 물질적 안녕을 지속적으로 향상시키는 형식적-법적 구조를 드러낸 것으로 제시된다. 이러한 전략적 재구성의 경전적 저서는 애덤 스미스의『국부론』으로, 이 책은 자유시장의 미덕과 경제적 사욕의 메커니즘에 대한 불간섭의 미덕이 결정적으로 표현된 지점을 나타낸다고 여겨진다. 그러나 스미스는 자유시장의 사회적·경제적·분석적 필연성을 이처럼 자신 있게 천명하기에 앞서,『도덕감정론』을 통해 도덕적 삶의 정동적 조건들을 제시하려는 시도를 했다. 여기서 그는 경제적 개인주의의 실천적 철학이 가능하려면 자연과 인간에 대해 무엇이 진실이어야 하는가 하는 문제를 논한다.

스미스식 정치경제학이 지닌 지속적인 매력은 분명하며 전 세계 자유주의자들과 신자유주의자들의 구호가 된 낡고 오래된 인용문으로 요약될 수 있다. "우리가 저녁 식사를 할 수 있는 것은 정육업자, 양조업자, 제빵사의 자비심 덕분이 아니라, 그들이 자기 이익을 중시하기 때문이다(Smith, 1961: 18)." 대중적인 요약본이 보통 그러하듯이 이 진술은 그 자체로는 온전히 표현할 수 없는 복잡한 사상의 체계를 가리키며, 실제로는 그것을 은폐하는 기능을 한다. 스미스의 의도는 소유적 개인주의로 알려진 것의 미덕을 강조하고 이 미덕들이 결합될 때 어떻게 인간 사회를 조직하는 최선의 방식인 합리적 교환 체계의 주관적 조건을 형성하는지를 보여주는 데 있었음이 분명하다. 어느 정도의 지적 능력과 생산력, 실천적 욕망을 가지고 있음을 자각하는 원자론적 주체를 분석의 출발점으로 삼을 때에만 봉건-군주적 질서 내에서 일어난 쿠데타의 진정한 본질을 이해할 수 있다는 것이다. 다시 말해 정육업자, 양조업자, 제빵사의 합리적 사욕은 노동, 효용, 부의 생산이 자기조정적인 총체성을 이루는 부르주아 시장 경제의 기원이자 결과이다(Smith, 1961: 20). 조금 다르게 표현하자면, 정체성 형성과 인격의 역학은 숙련이나 전문 직종의 수행 규범과 직접적으로 연관된 것이 된다. 인격이 경제생활, 즉 자유 경쟁의 요구와 맞물리는 바로 이 지점에서, 자립, 혁신, 생산성 증대의 선순환이 만들어지며, 이를 유지하는 것이 스미스 정치경제학의 주된 요청이다. 자유시장의 본성에 속하는 전문화와 혁신, 확장을 향한 경향에 따르는 귀결은 시민 개개인의 경제 활동과 관련된 모든 일에서 국가를 철저히 배제하는 것이다. 헤겔이 지적했듯이 엄격히 공리주의적인 관점에서 볼 때 정치의 문제는 보편으로 간주되는 형식으로서 국가가 시민사회의 일에 개입하도록 허용되는 정도를 끊임없이 축소하는 문제가 되어버린다(Hegel, 1969: 389-408). 하지만 스미스의 저작에서 정육업자, 양조업자, 제빵사의 법적-경제적 시민권을 구성하는 합리적 사욕이라는 가정은 『도덕감정론』에 제시된 공감의 형이상학에 기반하고 있다.

스미스가 도덕과 경제의 문제를 두 개의 별개의 탐구 방식으로 분리한 것은 신자유주의의 계보학에서 매우 중요한 사건인데, 부르주아 쿠데타가 시민사회의 도덕 문화를 수립하기 위한 필요조건이자 충분조건이라는 생각으로 이어졌기 때문이다. 『도덕감정론』에서 스미스는 인간 사회가 존재한다는 사실은 인간이 동물과 구별되는 도덕적 감수성을 지니고 있으며, 이것이 최초의 지각 있는 공동체를 형성할 수 있는 조건이라고 가정하게 만든다고 주장했다. 스미스에 따르면 이러한 감수성은 세 가지 본질적 요소에서 비롯한다. 이는 인간만이 지닌 연민의 능력의 근원인 신의 작용, 인간이 창조된 세계의 미적 아름다움을 포착하는 최초의 형식인 자연의 숭고함, 그리고 이러한 신의 의지의 현현에 따르는 도덕적 책임감이다(Smith, 1976: 47-69). 스미스는 도덕적 감정의 기원이 영혼의 정동적 능력에 있으며, 자연 상태의 폭력이 중단되고 인간이 법의 지배 아래에서 살아가기로 동의하게 되는 원시적 조건이 자연에 현존하는 신적 본질로부터 얻는 미적 만족이라 주장한다. 따라서 법의 도덕적 내용과 국가의 형벌권은 범죄 행위가 인간에게 불러일으키는 불쾌감에 기초하고 있다. 예를 들어 살인, 강간, 폭행은 제대로 된 인간이라면 누구에게든 역겨움을 느끼게 하는 본질적으로 추악한 행위이다(Smith, 1976: 297-316). 인간 사회성의 조건들이 이처럼 형성된다는 점에서 몇 가지 문제들이 나온다. 첫째는 스미스의 도식에서 사기나 갈취와 같은 민사 범죄의 지위에 관한 것이다. 이러한 범죄들은 살인이나 폭행처럼 노골적으로 추악하지는 않지만, 비밀리에 행해져야만 하기에 수반되는 자괴감 속에서 범해진다는 것이 스미스의 주장이다. 둘째로 더 중요한 문제는 『도덕감정론』의 주제인, 제대로 된 인격 형성에 관한 것이다. 스미스의 분석에 따르면 최대한의 경제적 번영과 행복, 자유를 보장하는 시장 경제가 존재할 수 있으려면 영혼이 본래 지니고 있는 동류의식의 미적 감각을 통해 인간이 형성되어야만 한다. 그러므로 스미스가 『국부론』에서 제시하는 시장 경제의 도덕적 지향은 인간 자아의 신학적 기원을 전제로 하며, 이러한 기원이 없다면 경제 관계는 혼란스럽고 파괴적인 개인주의로 치닫게 될 것이다.

중요한 점은 스미스에게 시장은 그 자체만으로는 도덕적·경제적 책임의 문화를 만들어내기에 충분하지 않다는 것이다. 사실 시장의 존재는 스스로의 힘으로는 만들 수 없는 감정의 방식, 계약에 근거한 시민사회의 삶이 무너지지 않기 위해서는 필수적인 공감이라는 감각에 의존한다. 스미스가 구성하는 도덕 감정의 흥미로운 점은 그가 봉건 체제에 필수적이었던 미적 정동과 종교성 사이의 전통적 관계를 보존하려 한다는 사실이다. 부르주아 사회의 개인주의를 가능하게 한 도덕 문화의 기원은 계몽주의 철학자들, 특히 칸트와 헤겔이 미신이나 종교적 반계몽주의obscurantism로 간주했던, 선과 악을 직접적으로 다룬 미학에 있다. 계보학적으로 볼 때 스미스의 공리주의는 부르주아 사회의 세속적 경제 내에서 구원과 모범적 삶, 실천적 동류의식이라는 신학적 힘을 작동시키는 형식을 취한다. 부르주아 쿠데타가 헤게모니를 장악할 수 있었던 경제적·정치적·미적 전략을 이해하는 데 이러한 개념적 장치는 필수적이다. 상업자본주의적 개인주의의 조건을 처음으로 확립했던 서유럽 국가들은 시민사회가 정치적 권리와 책임을 얻고자 하는 것은 봉건 질서의 제2신분과 제3신분이 곧 닥칠 것이라 예언한 혼란을 넘어서는 운명을 실현하는 것이기도 하다는 신념에 이끌렸다. 실제로 프랑스혁명 이후 유럽의 정치적 영혼을 둘러싼 투쟁은, 국가의 본질이 신이 부여한 공포스러운 위엄에 있다고 주장하는 반동적 정치신학(에드먼드 버크, 조제프 드 메스트르 등)과 개인의 권리, 형식적 평등, 정치 권력의 제약을 우선시하는 공리주의자들 사이의 논쟁의 형태를 띠었다(Lefebvre, 2001: 52-69). 따라서 우리는 최초의 '부르주아' 사회에서 정치학, 신학, 미학 사이에 형성된 전략적 연관성과 함께 이러한 연관성이 자유주의 정치경제를 형성하는 데 어떻게 기여했는지를 검토해 보아야 한다.

미적 재현의 영역으로 다시 돌아가 보자. 1768년에 조지프 라이트는 〈공기 펌프 속의 새에 관한 실험〉이라는 제목의 그림을 완성했다. 이 그림은 부유한 가문의 집에 초대된 한 과학자가 촛불 아래에서 산소 결핍이 생명체에 미치는 영향을 보여주고 있는 장면을 묘사한다. 진공 펌프의 투명한 병 안에 흰 비둘기가 놓여 있다. 과학자의 얼굴은 촛불 하나의 빛을 받고 있다. 그는 어둠 속에서 마법사처럼 모습을 드러내며 병에서 공기를 빼내기 위해 펌프를 돌리고, 비둘기는 숨을 거두며 힘없이 파닥거리는 듯하다. 그림의 중앙에서 아버지는 지금 벌어지고 있는 일을 집요하게 가리키며, 어린 두 딸이 고통과 죽음에 대한 두려움을 이겨내고 그들 앞에 드러나고 있는 자연의 진리를 바라볼 것을 요구한다. 언뜻 보기에는 조지프 라이트의 그림이 초기 자본주의를 특징지었던 신앙과 지식의 충돌, 즉 부르주아 가부장이 가족 내 여성들에게 합리적 지배를 주장하고, 진리에 이르는 길로서 과학을 소환하며, 삶의 윤리적 질서를 유지해주었던 종교적 확신을 상실하는 모습을 꽤 직설적으로 표현하고 있는 것 같다. 하지만 이러한 직접적인 해석은 이 그림이 우리에게 계몽과 탈주술화의 등장 과정에 대해 말하는 훨씬 더 불안한 무언가를 놓친다. 그리스도가 세례를 받을 때 내려온 성령을 상징하는 비둘기가 병 안에서 죽어가고 있다. 촛불 속에서 우리 앞에 모습을 드러낸 가부장적 질서의 작은 세계는 부르주아 시민사회의 에토스에 내재된 신의 죽음에 의해 위협받고 있다. 마치 이성과 효용을 따르며 새로운 세계를 불러와야 할 과학자가 정신 없는 주술사가 되어 인류를 탈주술화와 불확실성의 시대로 인도하고 있는 것 같다. 그림의 오른쪽 구석, 반쯤 드리운 어둠 속에서 한 노인은 눈앞에 펼쳐지는 어리석은 일을 차마 눈 뜨고 볼 수 없다는 듯이 고개를 숙인 채 앉아 있다.

이 어둠과 음울함 속에, 신앙과 지식이 충돌하는 소우주에 압축되어 있는 것은, 제1신분과 제2신분, 교회와 귀족이 군림하던 오래된 형태의 공동체적 삶, 즉 인륜성Sittlichkeit에 대한 과학의 침해이다. 이 이미지의 종교적 성격과 실험을 수행하는 과학자의 악마 같은 모습은 과학이 가져올 영향이 인류에게 순전히 공리적인 선물로서만 이해될 수는 없음을 보여준다. 자연에 대한 기술적 조작을 가능하게 한다는 것은 또한 인간이 스스로를 방향 지우고자 씨름해야 할 탈주술화된 세계의 출현을 나타낸다는 점에서, 이 '선물'은 프로메테우스적이다. 조지프 라이트의 그림이 극적으로 보여주고 있는 것은 단순히 신의 죽음이라기보다, 니체가 묘사한 강박적 생산성, 미학적 개인주의, 과학적 유물론의 세계 속에서 신의 현존의 일부라도 붙들어 두려는 인류의 몸부림이다(Nietzsche, 1981: 311-331). 따라서 우리가 보고 있는 것은 그 힘과 지속성이 이 시원적 퇴마술로부터 비롯하였다고 할 수 있는 이데올로기의 탄생이다. 이 퇴마술에서 과학자의 개입으로 약화된 것은 옛 교회의 유령들뿐 아니라, 마르크스와 엥겔스가 자본주의의 기술적 진화 속에서 어렴풋이 포착할 수 있다고 생각했던 공산주의의 유령이기도 했다. 따라서 라이트의 그림이 묘사하는 장면이 지닌 묘한 매력은 과학과 부르주아 개인주의가 그 모든 개별적 표현들을 넘어서는 잠재력을 가진 세계상을 형성하는 순간, 찬미할 수도, 애도할 수도 있는 순간을 형상화하고 있다는 데서 비롯한다고 볼 수 있다.

물론 한 장의 그림이 세계상을 만들어내는 것은 아니다. 그보다 요점은 조지프 라이트가 그린 계몽주의의 공포가 18세기에 등장한 일종의 과학 회화의 전형이라는 것이다. 이들 그림은 발전기, 해부학 극장, 화학 실험실을, 도식적 정밀함이 죽음 및 불확실성의 뒤숭숭한 현존과 겹쳐지는 고딕풍의 광경으로서 묘사한다. 자유주의 세계관이 도덕적·미적·종교적으로 형성됨으로써 달성된 것은 봉건 질서를 치명적으로 훼손시킨 가속화된 생산성과 합리적 자본화의 새로운 체제에 의미를 부여하기 위해 이러한 불확실성의 느낌을 동원하는 일이었다. 라이트의 그림에서 볼 수 있듯이 이 과정이 펼쳐지는 지평은 죽음이다. 신의 죽음, 귀족의 죽음, 그리고 과학이 인간 삶의 모든 신성하고 희생적인 구조를 침범함으로써 곧 닥쳐올 세계의 파멸. 티머시 모턴이 지적했듯이, 자본주의 근대성과 그것만이 유일하게 가능한 사회적·경제적 삶의 형식이라는 주장의 근저에는 이러한 존재론적 전환이 놓여 있다(Morton, 2013: 99-133). 인간 존재의 신성함과 자연의 상징 질서를 상실하는 상황에 마주해, 새로운 부르주아 엘리트들이 택한 전략들은 의지와 독립성, 권력, 자율성의 이상으로 결집하였다. 이러한 이상들은 탈주술화의 공포에 대한 실존적 대응이자 새로운 정치경제의 기본 원칙들로서 형성된 것이었다. 사실 이것이 베버의 『프로테스탄트 윤리와 자본주의 정신』에 제시된 논지의 핵심이다. 자유주의적 자본주의가 지배적인 정치 이데올로기로 자리 잡을 수 있었던 것은 서유럽의 문화적·종교적 맥락이 신앙과 지식을 부르주아 사회의 형식-법적 관계로 재형성하는 것을 허용했기 때문이었다(Weber, 1978). 이 첫 번째 조율 이후 뒤따른 것은 이데올로기적 포획, 급진적 개인주의, 가속화된 생산이라는 메커니즘의 역사로, 그 고유한 기능적 조건들을 재창조하는 데 놀라운 성공을 거두어왔다. 이어지는 장들에서 살펴보겠지만, 실제로 이 메커니즘은 소련의 경제적 힘과 이데올로기적 힘을 소진시켰고, 민주사회주의의 정당성을 약화시켰으며, 인종·민족·젠더의 정치를 식민화했고, 파시스트 정권, 그리고 공산주의 정권과도 기꺼이 타협점을 찾아냈다.

자본주의를 경제 활동의 객관적 형식으로서 분석한 마르크스의 논의는 『자본론』 1권에 제시된 화폐-상품-화폐(M-C-M) 관계 속에 집약되어 있다. 1장에서 마르크스는 상품의 본질을 '교환가치', 즉 생산 과정에서 노동력, 원자재, 기술적 자원이 결합하여 생산된 상품이 시장에서 판매될 때 가지는 가치라 제시한다(Marx, 1990: 125-177). 이 과정은 임금 노동자 개인으로부터 잉여가치를 수탈하는 데 의존하며, 개별 노동자들은 생계임금을 확보하기 위해 자신의 생산물을 빼앗기는 데 복종해야만 한다. 마르크스에 따르면 특정 기업이 성공하는 것은 임금노동이 창출하는 잉여가치를 해당 기업이 얼마나 극대화할 수 있는가에 달려 있기 때문에, 자본주의하에서 부르주아 계급이 이윤을 얻을 수 있는 것은 오직 이러한 수탈 과정을 통해서 뿐이다(Marx, 1990: 247-257). 이 과정의 본질은 착취이다. 임금을 삭감하고, 기술을 통해 노동 과정을 강화하며, 노동자로부터 어떤 형태의 창조적 자유도 박탈하라는 명령을 지속적으로 만들어내기 때문이다. 여기서 중요한 점은 초기 상업자본주의에 동반된 태동기의 형식에서조차 잉여가치의 실현은 그 기술적, 법적-합리적 형식이 무엇이든 간에 끊임없이 자본화 과정으로 되돌아오는 유령을 낳는다는 것이다. 마르크스와 엥겔스가 『공산당 선언』의 첫 줄에서 언급한 그 유령은 낭비되고 수탈된 인류의 창조성이며, M-C-M 관계의 끈질긴 불가피성에서 벗어난 새로운 형식의 인간 사회를 향한 희망이다(Marx, 1998: 2). 따라서 마르크스에게 정치와 경제 사이의 연결은 수탈 과정을 경험함으로써 급진적 노동계급이 형성되고, 상품 형식을 마침내 극복하는 수단이 된다는 데 있다. 노동계급이 자본화 과정의 객관적 요소로부터 집단적 의지의 능동적 표현으로 전환될 수 있는 가능성은 '좌파'와 '우파'의 사회정치이론의 핵심 논쟁점 중 하나였다. 좌파는 부정이 가지는 형성력을, 또한 착취당하는 자들의 의지를 식민화하거나 파괴하려는 모든 시도 속에서 그것이 되돌아온다는 필연성을 암묵적으로든 명시적으로든 언제나 믿어왔다. 반대로 우파는 자본주의와 계몽이 함께 간다는 생각과, 자본주의에는 과학적·기술적·경제적 혁신을 통해 사회적 삶에 변혁을 일으킬 수 있는 잠재력이 있으며 그것이 궁극적으로 모든 개인에게 혜택을 가져다줄 것이라는 생각에 동조해온 경향이 있다.

그러나 이와 같은 역사적 이분법에는 오해의 소지가 있으며, 자유주의 세계관의 기원이 된 부르주아 쿠데타의 리비도적이고 미적이며 실존적인 역학으로부터 주의를 돌리게 하는 경향이 있다. 내가 개괄한 계보학적 관점에 따르면 경제적·정치적 이데올로기의 지배적 형식으로서 자유주의가 출현한 것은 봉건 질서가 보장한 신학적 평온으로부터 부르주아 사회의 세속적 합리주의로 전환하는 것의 필연성을 다양한 전략을 통해 구성해내는 데 성공한 결과이다. 법적-계약적 자유, 도덕적 책임, 자기결정권, 제한된 정부라는 범주들의 우연한 동시대성과, 이들의 결합이 봉건 질서 쇠퇴에 따른 신념의 위기에 대한 최선의 해결책으로 보이게끔 한 미적 형식들이야말로, 부르주아 사회가 정의, 죽음, 인간 실존의 목적이라는 문제를 끊임없이 재조율하도록 만든 개인주의에 대한 숭배를 낳은 것이다. 그렇다면 탈주술화의 시대에 자유주의 이데올로기가 자유방임적 자본주의의 미덕을 대변하는 데 성공했다는 점을 고려할 때, 특정한 유형의 합리적 권위가 위치하는 지점으로서 부르주아 주체의 구성, 또한 신체적으로 규율된 노동력이 위치하는 지점으로서 계약상 자유로운 노동자의 구성이, 사회주의의 변혁적 힘에 대해 극도로 저항적이 되도록 하는 힘과 유연성을 자본주의 국가에 부여했다고 주장하는 것도 무리가 아니다. 그렇다고 해서 부르주아 자유주의가 언제나 인류 문명이 근대성의 문화적·경제적·정치적 위기에 대응하는 형식이었다거나, 그것이 오래 지속되었다는 사실이 곧 부르주아 자유주의가 그러한 문제들에 접근하는 최선의 방법으로 받아들여져야 함을 나타낸다고 말하려는 것은 아니다. 그보다 요점은 인간의 행복에 대한 공리주의적 설명, 노동에 대한 중농주의적 이론, 삶에 대한 생명정치적 정의, 개인화된 인간의 노력이라는 이데올로기 사이의 결합에는, 자본주의 근대성에서 발생한 경제적·정치적 우발성들을 변형시키는 데 있어 자유주의만을 특별히 효과적이도록 만든 무언가가 있다는 것이다. 계보학적으로 이해하자면, 고전적 자유주의의 출현 속에서 전개된 자본주의의 세속적 질서에 대한 조율은 신자유주의적 상상에서 극적으로 형상화된, 부분적으로는 신화적이고, 부분적으로는 분석적이며, 일부는 기술적인, 개인주의 이데올로기의 토대를 제공했다.

결론적으로 18세기 말, 19세기 초 부르주아 쿠데타를 계보학적으로 구성함으로써 드러나는 질문은 자본의 경제적·기술적 관계가 인류 문명의 상징적 자원을 어떻게 식민화해왔는가에 관한 것이다. 시장을 뒷받침하는 도덕 감정에 대한 스미스의 설명에서 보았듯이, 부르주아 정치경제에는 모든 것의 자본화가 파국적인 수준의 개인주의의 폭발을 불러와 사회의 도덕적 유대를 무너뜨릴 수 있다는 의심이 언제나 존재해왔다. 물론 마르크스는 이것이야말로 자본주의의 객관적 경향이며, 부르주아적 삶의 부정의, 불평등, 소외를 극복할 수 있는 유일한 방법은 모든 사람이 모두의 물질적 복지를 책임지는 협동 노동 공동체를 형성하는 것임을 보여주려 했다(Marx, 1998: 17-26). 그러나 자본화 과정이 실재에 대한 인간의 이해와 경험을 변화시킨 기술 체제를 지속적으로 발전시켜왔다는 사실로 인해 윤리적 기여 경제라는 문제는 엄청나게 복잡해졌다. 티머시 모턴은 하이퍼객체에 관한 저서에서 계몽주의 과학의 영향을 통해 기하급수적으로 가속화된 이 과정을 '존재의 지진'이라 묘사한다. 인간이 자연을 지배하고 '백인'이 모든 다른 인종을 지배하는 위계적 질서로서 세계를 종교적이고 형이상학적으로 건설하는 것은 유물론적 과학과 철학의 발전으로 인해 지속적으로 붕괴되는 시기에 접어들게 된다. 모턴의 입장은 자본이 스스로를 자연의 '천부적' 조율자이자 인간 자유의 합리적 형식으로 제시해온 본질주의적 위계들을 기술적 근대성의 발전이 근본적으로 와해시켰다는 것이다. 우선 첫째로 자연을 시민사회의 창조적 개인주의를 통해 그 힘을 극대화할 수 있는 원초적 능력으로 간주하는 형이상학은 자본주의가 자신이 식민화한 모든 환경을 고갈시키고 황폐화시켜왔다는 사실로 인해 붕괴된다. 둘째로 과학자와 기업가의 자유로운 활동이 인간종의 세계시민적인 진보를 재구성한다고 제시하는 자유주의 이데올로기 체제는 기술혁신이 지상의 모든 생명체가 의존하는 거대 체계들에 침투하는 자본의 힘을 강화시켜왔다는 사실로 인해 약화된다(Morton, 2013: 109).

이어지는 장들에서 제시할 신자유주의 체제의 역사는 우리가 누구인지, 우주에서 우리의 위치는 어디인지에 대한 우리의 이해를 근본적으로 탈중심화한 '하이퍼객체' 영역(지구, 태양, 생물권, 지구온난화, 인류세 등)의 출현에 대한 모턴의 분석과 밀접히 관련된다. 18세기 중반부터 자유주의는 자신의 체제가 부르주아 경제의 도덕적이고 정치적인 엔진이며, 자유주의야말로 의심의 여지없이 인류의

     1부 자유주의와 근대성

보편적 진보와 번영을 보장하는 최선의 방법이라는 생각을 재생산해올 수 있었다. 그러나 자본주의의 가속화된 기술 체제의 부속물로서 신자유주의적 상상의 출현은 지구상의 생명체의 미래에 대한 공적이고 학술적인 논쟁 속에서 점진적으로 나타나거나 사라지는, 또한 인간종의 일상적 신체 경험 속에서 느껴지는(암, 유전적 돌연변이, 가뭄, 기근 등) 절대적 한계의 등장이라는 결과를 낳았다(Morton, 2013: 38-54). 나의 분석은 자본의 생산력 증대와, 그와 동시적으로 발생하는 물질세계의 황폐화라는 이중의 역사 속에서 이루어진다. 이에 따라 나는 첫째로 신자유주의가 극도로 유연한 욕망의 체제로 등장하게 된 기술적·미적·이데올로기적 과정의 역사를, 둘째로 이러한 체제와 미적 재현, 식민화 절차, 기술과학적 혁신의 무한히 유연한 규칙들과 함께 하이퍼객체로 발전한 자본주의 사이의 관계를 제시할 것이다. 그러나 모턴이 유물론적 과학의 역사 속에서 '정신'의 영역이 일련의 결정적인 타격을 입었다고 주장함에도 불구하고, 자본주의와 하이퍼객체 간의 관계에 대한 모턴의 설명에서 '주체'는 여전히 경험의 기술적 조직을 넘어서는, 순수히 예술적인 직관에 우선권을 주는 경향이 있는 것 같다. 따라서 베르나르 스티글레르의 원초적 기술성이라는 논지에 입각하여, 나의 설명은 신자유주의적 상상을 발전시켜온 기술 시스템에, 그리고 인간의 경험이 가상과 미디어 시스템에 (거의) 완전히 통합됨으로써 발생한 정치적 문제에 초점을 맞출 것이다.

[2]　자본주의와 세계의 진보
(1840~1918)

시간-이미지-우발성

그렇다면 왜 신자유주의적 상상의 계보학을 시도하는가? 지난 40년 간의 경제적·기술적 변동 속에서 신자유주의가 보여준 내구성에 대해, 이러한 접근은 무엇을 더해주는가? 이 질문에 답하려면, 우리는 니체가 계보학적 역사에 대해 제시한 시간, 진보, 권력, 그리고 우발성의 구성을 되짚어볼 필요가 있다.

　니체는『즐거운 학문』에서 도덕이 인간 삶에 미치는 영향에 대해 다음과 같이 말한다. "[그것이] 오류에서 비롯된 것이라 할지라도, 이 사실의 실현은 도덕의 가치라는 문제를 건드리지 못할 것이다(Nietzche, 1974: 285)." 니체의 철학적 관심 중 하나는, 인간 존재와 '영원한 것' 사이의 관계를 어떤 본질적 진실의 실천적 표현으로 간주하는 도덕 개념을 비판하는 것이었다. 그는 종교와 철학이 모두, 우리가 서로를 대할 때 요구되는 비례성이 통일성 또는 하나됨의 원리에서 비롯된다는 점을 보여주려 한다고 주장했다. 이 원리는 생명의 기원에 놓여 있으며, 그 영향력은 인류 역사의 전개 속에서 드러난다. 그러나 니체는 이러한 접근이 '생명'의 본성에 대한 잘못된 가정을 따른다고 보았다. 즉 폭력의 경제, 혹은 그것이 야기하는 '권력에의 의지'가 종교적 또는 형이상학적 필연성의 영역에서 궁극적 의미를 찾아야만 하는 외양의 유희에 불과하다는 것이다. 따라서 니체의 『도덕의 계보학』의 목적은, 인간 사회가 무작위적으로 분포된 물질 속에 주어진 하나의 우연성에서 비롯되었다는 것을 보여주는 데 있다. 이 우연성은 무작위적으로 주어진 존재의 사실을, 인간종을 형성하고 분화시키는 실존적 요구로 전환시킨다. 이 전환은 자신의 동물성을 극복할 수 있을 만큼 강한 자의 권력 의지로 이루어졌고, 인간 사회의 원초적 형태를 정초했다. 이것이 약자에 대한 강자의 잔인한 육체적 지배라는 최초의 문명 형태이다. 권력 의지로서의 '생명'은, '구속되지 않은 영혼'이 죄책감이나 도덕적 제약 없이 극복의 노동을 수행할 수 있는 지배 질서를 낳는다. 그러나 이러한 강자의 전제 정치는 약자가 고통의 원천인 강자의 힘으로부터 자신을 보호하려는 자연스러운 충동에 맞서 스스로를 보증할 수 없다. 최초의 원시적 연합을 가능하게 했던 힘은 법의 추상화 과정 속에서 점차 제약을 받는다. 그 결과 고통받는 인류 대중의 실질적인 요구로, 도덕이라는 유령이 타자에 대한 보편적 돌봄의 표현으로서 떠오르게 된다(Nietzsche, 1990: 189-230). 이는 강자가 죄책감 없이 고통과 복수를 가하는 쾌락을 포기하지 않았다면 일어나지 않았을 우발적 전개로 보일 수 있다. 하지만 니체에 따르면 이러한 전개는 단순한 우연이 아니다. 오히려 그것은 독재의 관행이 일종의 고귀한 단순성을 지닌다는 사실에서 비롯된다. 즉 장기적으로 정의와 법을 유지하기 위해 고군분투하는 주인을 지지하려는 이들의 선한 의도에 대한 신뢰가 형성되기 때문인 것이다.

니체에 따르면, 이러한 상황에서 역사는 권력 의지의 끊임없는 경쟁을 통해 발생하는 일련의 사건들로 나타난다. 이 과정에서 의존을 통한 보편적 돌봄과 타인에 대한 이타적 헌신이라는 관념을 낳는 '구속된 영혼'은, 관성적이며 파생적인 특정한 권력의 원천이 된다. 약자의 권력은 강자의 파괴적 창조성을 억제하는 한도 내에서만 존재한다. 이는 개별적 삶이 총체성에 굴종하는 것을 전제로 하는 집단적 존재 양식의 형성이나, 각 개인에게 타인의 고통에 대해 종교적/철학적 책무감을 느끼게 하는 '양심의 가책'bad conscience의 형성을 통해 실현된다. 물론 니체의 사상에는 생명의 리비도적-본능적 창조성에 중심을 둔 반규범적·반종교적·반형이상학적 결정deter-mination이 있다. 그가 제시하는 인간 역사에 대한 관념은 양심의 가책이라는 문화적·심적 장치가 강력한 본성의 창조적 잠재력에 부과하는 무게에 집중되어 있다. 따라서 사회에 살아가는 인간 대중을 구성하는 약한 본성의 반동적 성격을 고려한다면, 인간 존재는 그들이 '될 수 있었던' 무언가가 되는 것에 실패할 수 있다. 다시 말해 인간은 보편적 돌봄과 책무감의 덫에 갇힌 채, 과학·종교·경제에 의해 부과되어온 인간의 한계를 뛰어넘을 수 있게 하는 전환적 사건의 출현을 스스로 저지할 수도 있다는 것이다(Nietzsche, 1981: 152-155). 따라서 니체의 사상이 요청하는 바는 강자와 약자의 생명 체제 사이의 충돌에서 발생하는 급진적 우발성에 대한 사유를 중심으로 형성된다. 약자는 진정한 창조성의 폭력을 회피하려는 깊은 보수성을, 강자는 생존 본능 (니체가 모든 도덕 체계의 뿌리라고 여겼던) 너머로 나아가는 가능성을 표현한다. 그러나 니체가 강자와 연관시킨 미덕들인 유망함, 쾌활함, 강인함, 건강, 관대함 등이 반드시 인간 존재의 지침으로 자리 잡으리라는 보장은 없다. 인류 역사를 구성해온 일련의 사건들은 모두 권력 의지의 개별적 표현들이다. 어떤 개인이나 체제가 권력을 잡고 다음 사건들의 출발점이 될지는 사전에 결정되지 않는다. 그것은 다양한 체제들의 충돌 속에 내장된 무수한 우발성들에 달려 있다(Nietzsche, 1981: 210-213).

1장에서 언급했듯, 신자유주의는 사회적·경제적 전략으로서 이 '니체적' 세계관을 자신의 것으로 전유해왔다. 가령 제2차 세계대전 이후 자유민주주의 국가들에서 발전한 복지자본주의가 시민사회의 기업가적 활력을 억누른다는 인식은 이를 잘 보여준다. 이 관점에 따르면 상업과 혁신의 원동력이 되는 강하고 독립적인 개인들은 기업가 정신을 제약하는 징벌적 과세 시스템에 굴복할 수밖에 없었다. 하이에크와 몽펠르랭 소사이어티를 설립한 자유시장 근본주의자들은, 창조적 삶이 이처럼 체계적으로 좌절되는 것의 다른 측면은 급변하는 사회경제적 상황에 대한 자유시장의 적응력이 복지국가의 재분배 장치에 의해 심각하게 제약받는다는 것이라고 주장했다. 하이에크는 역사적 진보의 조건을 재확립하기 위한 유일한 희망은 생산의 급진적 탈-사회화에 있으며, 2차 세계대전 중에 생겨난 집단생산의 인프라 조직을 완전히 파괴할 정도의 신랄함이 필요하다고 역설했다(Hayek, 1945: 2-9). 이처럼 몽펠르랭 소사이어티의 정치경제학은, 행복의 '사회화'는 인간 존재의 절망적인 하향평준화로 이어질 수밖에 없다고 여긴 니체 사상을 명백히 계승하고 있다(Nietzsche, 1994: 213-215). 그들이 요구한 것은, 외부의 제약 없이 자신의 재능을 자유롭게 추구할 수 있으면서도 불굴의 의지로 실패와 죽음의 위험을 의연하게 감당할 수 있는 급진적 개인 의지의 민주주의였다. 이러한 신자유주의 세계상과 니체의 권력의지 이론 사이의 연결은, 계보학적 사유가 생명·권력·우연성을 형상화하는 방식이 필연적으로 급진적이며 무제약적인 개인주의 정치로 귀결되는지에 대해 중요한 물음을 제기한다.

　이러한 관점에서 역사적 사건의 '발생'은 그 자체로 비목적론적이다. 그것이 어떤 방식으로 사유되든 보편적 진보의 규칙으로 환원될 수 없는 균열과 단절의 가능성을 내포하기 때문이다. 니체에 따르면, 인간의 지적·미적·문화적 지평이 생존 본능의 상징적 표상을 넘어 확장되기 위해서는 과거로의 재정향이 필요하다. 이를 위해서는 첫째, 권력 의지의 표현으로 여겨지는 역사적 사건들의 우발성을 인식하고, 둘째, 미래를 '생명과 가능성'으로 가득 찬 장소로 발명하고자 하는 요구들을 동원해야 한다(Nietzsche, 1995: 108). 인간 문화의 진화는 형언 불가능한 신神의 형상에 가까워지지 못했으며, 인간이 무엇이 될지는 결코 인간의 진보를 인도하는 신성한 계획에 의해 결정되지 않는다. 이 사실을 감내할 수 있는 자에게만 앞서 말한 지향이 가능하다. 니체로부터 비롯된 계보학적 역사 개념은, 이러한 시간 경험을 구성하는 네 가지 요소를 중심으로 전개된다. 그것은 운명애amor fati, 영원회귀, 비판적 역사, 그리고 승자의 오만hubris of the victor이다. 이 중 첫째로 운명애 개념은 '운명을 사랑하는' 태도로, 가장 강한 개인을 정의한다. 인간 문화의 역동적 잠재력을 강화할 수 있는 것은 인간 유한성의 본질적인 부분인 격렬한 좌절에 맞서면서도 자기-결정self-determination의 노력을 포기하지 않는 자뿐이다. 권력 의지가 빚어내는 운명에 대한 이러한 태도는 니체의 영원회귀 교리와 관련이 있다. 우리에게 밀려오는 우발성의 혼돈이 우리가 미리 알 수 없는 영원한 순환의 일부라는 것을 받아들임으로써, 우리는 어떤 일이 일어나든 그것을 우리의 자유와 자기 결정에 필요한 것으로 긍정해야 한다는 요구에 직면하게 되기 때문이다(Nietzsche,

　　　　　　　　　　　　　　　　　　　　1부 자유주의와 근대성

1974: 273-274). 이 교리가 만들어내는 실존적 태도는 본질적으로 비판적인critical 것이다. 개인의 경험이 종교적·철학적 신화에서 벗어날 때, 우리는 현재를 아직 결정되지 않은 가능성의 총화로서 경험하게 되기 때문이다. 승자의 오만은 니체가 『차라투스트라는 이렇게 말했다』와 『즐거운 학문』에서 제시한 개념이다. 확립된 체제는 자신이 그 체제를 낳은 역사적 갈등의 정점에 해당한다고 주장한다. 이를 통해 체제 존립을 위협하는 모든 무질서한 힘들을 지배하는 절대 진리의 지위를 획득한다는 것이다(Nietzsche, 1974: 151-172; Nietzsche, 1981: 123-126). 종합하면, 이 네 가지 요소가 권력의 문자학grammatology 그 자체로부터 비롯되는 시간과 현실에 대한 불안정한 경험을 구성한다. 나는 또한 이 네 가지 요소가 신자유주의가 지속적이고 무한한 수행성의 이데올로기 속에 동원하고자 했던 것이라고 주장할 것이다.

이 장에서 다루고자 하는 신자유주의 역사의 특정 단계는 18세기 말과 19세기 초 서유럽에서 일어난 부르주아 쿠데타를 통해 부상한 권력과 관련된다. 나는 이 권력이 어떻게 형식적 권리·의무·법·자유의 이데올로기로에서 출발해, 근대 산업사회의 틀을 형성한 합리화된 수탈과 기술 통제의 체제로 변모했는지 보이고자 한다. 이를 위해 공식 체제로서의 자본주의의 발전(즉, 상품 생산을 통한 화폐-상품-화폐 관계의 구체화)과 새로운 기술적 생산 및 표상 양식의 진화, 그리고 계몽주의 이후 인간의 실천적 경험과 존재론적 지위의 변화 사이의 관계를 추적할 것이다. 순수하게 니체적 관점에서 본다면, 이런 방식의 개념화는 이미 역사적 필연성 논변에 너무나도 가까이 있다. 또한 개인 의지를 구조적 결정으로 환원하려는 마르크스주의적 경향과도 맞닿아 있다. 그러나 니체의 계보학 정신에 충실하면서도, 후기 근대의 근본적 불확실성 속에서 신자유주의 헤게모니가 '승자의 오만'에 의해 형성된 방식을 이해하려면, 우리는 니체의 시간과 역사적 우발성에 대한 언급을 재해석할 필요가 있다. 베르나르 스티글레르와 티머시 모턴은 모두 계보학적 역사 개념을 재사유해왔으며, 이러한 재사유가 우리의 역사적 현재가 직면한 위기를 이해하는 데 어떤 통찰을 줄 수 있을지 고민해왔다. 여기서 나는 두 사람 각각의 이론적 입장을 검토하고, 그것이 신자유주의 헤게모니와 그 미적 형식에 대한 나의 이해에 어떤 영향을 미쳤는지를 잠정적으로 언급하고자 한다.

스티글레르의 작업에서 근대성의 시간 지평은 그의 원초적 기술성 테제를 통해 이해된다. 여기에서 '의지'라는 능력은 판단, 상징적 인식, 사랑, 성찰 등 다른 능력들과 함께 형성하는 앙상블의 일부로 파악된다. 이러한 능력의 가능성은 마음과 기술의 상호 발전에서 비롯된다. 종교적·철학적 담론에서 '정신'spirit이라고 불려온 것은, 사실 자기의식과 진화 과정에서 이루어진 전문화, 그리고 인간이 환경과 대면하고 그것을 조작하는 도구 사이의 관계에서 발생한 산물이다. 따라서 신자유주의적 세계관의 기원을 이해하려면, 인간 주체의 자율성과 그들이 살아가는 사회·경제·기술 환경과의 관계를 이해하는 방식을 재고해야 한다. 스티글레르에게 이는, 변혁적 우연성의 근원을 니체가 인간 의지의 조건으로 주장한 삶의 원시적 혼돈으로부터 인간을 지각 있는 사회적 주체로 형성하는 기술적 도구로 옮기는 것을 뜻한다. 이러한 관점에서 인류 역사의 역동성은, 특정 수준의 기술 발전이 가능하게 한 윤리적 삶의 제도적 형성과, 이러한 발전이 그 공동체에 가하는 파괴적 힘 사이의 갈등에서 발생한다(Stiegler, 1998: 29-40). 인류의 조상과 선행인류pre-hominid가 지구상에 존재한 360만 년 동안 이 과정의 시간성은 매우 느리게 진행됐다. 예컨대 석기에서 청동기로의 전환은 인류사 후반에야 일어났으며, 그것의 사회·경제·정치적 파장은 구석기 시대와는 비교할 수 없을 속도로 전개되었다. 금속 가공은 기술 발전 속도를 가속화했고, 사회의 상징적 질서(법·종교·예술)와 물질적 삶의 재생산(기술·경제) 사이의 긴장은 어떤 시대에 내재된 잠재성으로부터 특정 세대라는 시간적 범위로 옮겨갔다. 이 과정은 점진적이며, 세계가 재생산되고 재현되는 기술적 도구가 정교해질수록 종교, 미학, 규범 사이의 관계는 더욱 파괴적인 경향을 띤다. 앞으로 살펴보겠지만, 산업 자본주의의 등장은 이러한 갈등을 급진적으로 심화시켰다. 기술의 진화가 이윤 추구에 의해 체계적으로 강제되는 한, 모든 계급에서 상징적 방향 감각의 상실은 고질적인 것이 된다. 19세기에 발전한 자본과 기술의 결합에 대해 스티글레르는 두 가지를 지적한다. 첫째, 그는 마르크스가 묘사한 '불변' 자본과 '유기적' 자본의 경제가 프롤레타리아트가 미적이고 정치적인 몸으로서 형성되는 심적 공간을 창출한다고 주장한다. 둘째, 스티글레르는 이 잠재적으로 혁명적인 공간을 창출한 부르주아 자본주의가, 이 공간이 야기하는 위험한 가능성을 무력화할 수 있는 미디어-기술 시스템을 발전시켰다고 주장한다. 다음 섹션에서 나는 신자유주의적 상상의 원형이 이 과정에서 어떻게 등장했는지 보일 것이다.

그에 앞서 티머시 모턴의 하이퍼객체 이론과 미적 표상 시스템으로서 자본주의의 진화 간의 관계에 대해 간략히 짚어야 한다. 모턴은 『하이퍼객체』 서두에서 "하이퍼객체는 인간에 비해 시공간에 광범위하게 분포한 사물을 가리킨다. 그것들은 인간이 직접 만든 것이든 그렇지 않든 간에 다른 개체에 비해 '하이퍼'hyper하다"고 말한다(Morton, 2013: 1). 그의 연구는 세계가 상품화되는 모든 가상적·계산적·실용적 기계의 총합으로 여겨지는 산업자본주의와, 지구상의 생명체가 유지되는 자연 시스템의 총체로 간주되는 생물권 사이의 관계를 다룬다. 자본의 진화 메커니즘이 생명의 유기적 구조에 미치는 영향을 통해, 이 두 영역은 인간 의식의 안팎을 오가며 상호작용한다. 우리가 하이퍼객체에 대해 훨씬 적은 통제력을 갖고 있다는 사실과, 우리의 취약성이 노동·경제·욕망의 질서에 근본적 변화를 요구한다는 사실을 인식할 때에야 비로소 우리는 복잡하게 연관된 시스템으로 생각되는 하이퍼객체에 대한 우리 인간의 의존성을 간신히 깨닫게 된다.

이는 현재 논의와 직결되는 두 가지 문제를 제기한다. 첫째, 만약 자본주의가 자연과 인류의 운명을 재현하는 수단을 전유하는 발전 과정을 포함하는 하이퍼객체라면, 신자유주의의 계보학은 신자유주의가 생산 양식의 미적 기계장치 내부에서 어떻게 진화해왔는지 보여줘야 한다(Morton, 2013: 43). 둘째, 19세기 자본주의와 함께 등장한 '인과성의 미학'(뉴턴적 메커니즘으로 상상된 세계, 신과 대자연에 대한 갈등적이고 만화적인 인상, 기술적 공리주의의 부상)이 이미 실존적 불안을 내뿜는 '인간'·'기술'·'자연' 표상의 기반이었다면, 이는 19세기의 아날로그 기술에서 발생하는 시뮬레이션 체제의 한계에 대해 무엇을 시사하는가? 나는 이어지는 장에서 이 질문들로 돌아올 것이다.

부르주아 쿠데타 이후의 자본주의

마르크스는 봉건 경제를 궁극적으로 파멸시키고 부르주아 민주주의의 조건을 확립한 M-C-M 관계의 원초적 형태가 상업자본주의라고 주장했다(Marx, 1990: 247-248). 오늘날 마르크스주의 이론가들과 역사가들은 마르크스가 봉건제에서 자본주의로의 이행을 설명하기 위해 제시한 도식이 경험적empirical이었다기보다는 발견적heuristic이었다는 것에 대해서는 대체로 의견이 일치한다. 마르크스는 9세기에서 15세기 사이 중세 유럽에서 발전된 봉건적 공납 체제와, 이를 대체한 형식적-법적 권리 및 경제적 자유 체제 사이의 차이를 강조하기 위한 방법으로 이러한 도식을 고안했다. 물론 이러한 대체는 실제 역사에서 고르게 나타나지 않았고, 복잡할뿐더러 오랜 시간이 걸리기도 했지만, 마르크스의 도식에는 '부르주아적' 생산 양식으로의 전환의 본질을 포착하는 무언가가 있다. 『자본』 이전의 저작들에서 마르크스가 스케치한 모델에 따르면, 유럽 봉건주의의 핵심 특징은 귀족과 그들이 소유한 영지에서 일하는 이들 사이에 존재하는 강압적인 관계다. 귀족 지배의 토대는, 다른 지주 가문이나 침략군의 침입으로부터 영지를 보호하고, 영지에서 일하는 농민들의 복종을 확보하기 위해 군사력을 동원할 수 있는 능력이었다. 봉건제에 특유한 착취 양식은 귀족이 토지·화폐·재산·생산수단에 대한 '상급 소유권'eminent ownership의 담지자로서의 지위를 확립하는 데 기초한다. 실제로 이것은 농민들이 영지에 속박된 상태에서 농민들에게 점유 토지·경작물·노동 수단에 대한 어떤 법적 소유권도 인정되지 않았다는 것을 의미한다(Marx, 1990: 451-454). 농민들은 또한 영지 임대의 일환으로 수행해야 하는 무급 노동인 코르베corvée에도 종속되어 있었다. 여기에는 지역 민병대에 인력을 제공하는 일과 장원 저택에 남녀 하인을 공급하는 일이 포함됐다. 결국 농민이 영지에 거주할 수 있는 조건은 봉건 영주에게 공물을 바치는 것이었다. 그 외에 농민에게 허락된 모든 것은 귀족의 '노블리스 오블리제'적 시혜로 여겨졌고, 궁극적으로는 신의 자비로운 뜻으로 간주되었다.

마르크스는 봉건제도를 인류의 진보를 저해하는 데만 기여해온 고대의 조공 지배 형태의 표현으로 간주했다. 그럼에도 봉건제에서 자본주의로의 이행에 대한 그의 설명이 역사적 도식으로 작동하려면, 봉건제가 부르주아 사회의 형식적-법적 구조에서 실현되는 발전적 잠재력을 내포하고 있다는 사실을 인식해야만 한다. 주권자의 효과적인 과세를 가능하게 한 추상적 가치로서의 화폐의 출현, 상품-화폐-상품(C-M-C) 교환 양식의 확립, 그리고 초기 형태의 중상주의에서 M-C-M 관계가 처음으로 나타난 것 등은 모두 봉건 질서하에서 발생한 사회경제적 현상이다(Marx, 1990: 227-244). 이 경제에 내재한 기저 경향은, 상업 자본이 우발적인 경제 활동 방식으로부터 강력한 사회 및 경제적 교환 시스템으로 발전할 수 있었던 기술 장치의 진화였다. 이를 통해 상업 자본은 자신의 원천이 된 봉건제를 체계적으로 잠식할 수 있었다. 따라서 새로운 제조 기술의 발전, 더 나은 선박의 건설, 항해 장비의 개선, 시장의 확대로 이어진 상업 자본의 발전은, 상업적 부를 바탕으로 지주 귀족들과 경쟁하게 된 상인 계층의 기초를 형성했다. 이는 농민과 농업 생산에 대한 통제권을 유지하려는 봉건 영지와 상업적 부의 축적을 통해 형성된 도시 사이의 격렬하고 지속적인 갈등의 기반이 되었다(Marx, 1990: 914-926). 마르크스의 관점에서 지주 귀족에 대한 부르주아 계급의 궁극적인 승리는, 상업적 부가 권리, 법, 그리고 도덕의 차원에서 새겨지는 것이 상품 형태 발전이 낳은 직접적 효과라는 사실에 기인한다. 바꿔 말하면 교환가치의 우위에 의해 가능해진 화폐의 가속화된 축적은, 마르크스가 부르주아 이데올로기의 영역에서 구성되었다고 본 권리, 자유, 책임이라는 체계가 성립할 수 있는 조건이었다(Marx, 1977a: 64-68). 그러나 계보학적 관점에서 이해하자면, 마르크스가 구성한 '부르주아 쿠데타'는 유럽 역사에서 혁명기의 미적 차원, 특히 자본주의와 식민주의를 반복적으로 긴밀하게 결속시킨 백색 신화white mythologies의 출현을 과소평가한다. 이에 대해서는 뒤에서 다시 논의한다.

조르주 바타유는 언젠가 헤겔에 대해 이렇게 쓴 적이 있다. 헤겔은 봉건주의의 상징적 경제와 그것이 부르주아 세계관 형성에 기여한 방식에 대해 일정 부분 옳은 통찰을 했지만, 정작 자신이 얼마나 옳았는지 충분히 이해하지 못했다고 말이다(Bataille, 1997: 279-284). 『정신현상학』에서 헤겔은 주인-노예의 변증법을 설명하며, 인간 사회의 출현을 가능하게 한 결정적 요인으로 죽음에 대한 공포를 들고 있다. 헤겔에 따르면 법이라는 상징적 질서가 확립되기 이전의 원시 인류가 살았던 '동물적' 상태는 판단·성찰·자유의 매개 없이 재생산되는 유기적 삶의 자기-영속적 경제의 일부였다. 다시 말해 이 상태는 본능이라는 동물적 삶의 본질이 구성하는 강박을 넘어서지 못한 채, 자연 속에서 폭력이 만들어내는 거친 진화적 평형이라는 외부적 필연성에 의해 지배된다(Bataille, 1997: 285-293). 그러나 인간의 진화 과정에는 본능과 동물성의 지배를 극복할 수 있는 잠재력이 담겨 있었다. 인간종의 생리적 진화(직립보행, 양손의 발달, 전방 응시)는 정신(Spirit, 혹은 Geist)의 내적 통일성이 발현된 결과이다. 따라서 성찰적 자기-의식의 담지자로서 인간의 출현은 섭리적 필연성의 지위를 획득하게 된다. 그렇다면 헤겔의 주인-노예의 변증법에서 자기-의식이 존재하게 되는 갈등 단계에는, 자연 상태 속에 이미 정신 또는 자유로운 자기-결정이 암묵적으로 포함되어 있다고 말할 수 있을 것이다. 왜냐하면 죽음과의 대결, 곧 타인의 손에 의한 죽음의 가능성과 마주함으로써만 항복의 가능성이 존재하게 되고, 그 타인이 인내력을 가지고 있는 한에서만 인간 사회의 상징적 질서가 존재할 수 있기 때문이다. 다시 말해 주인-노예 관계는 죽음에 대한 원초적 공포에 기초해 있으며, 이는 가장 먼저 항복이라는 원초적 행위를 낳고, 그다음으로 인간 사회가 순수한 자연적 폭력과 단절하는 거대한 조공 장치를 만들어낸다(Hegel, 1967a: 228-240). 물론 헤겔에게 고독하고 원자론적인 개인의 존재에 깃든 죽음의 공포는 정확히 상징적 인식의 질서 속에서 매개된다. 주인은 비록 노예의 자율성을 절대적으로 좌절시키는 존재를 상징하지만, 동시에 인간 존재에 형태를 불어넣고, 불멸하는 영혼의 구원을 약속하는 종교적·상징적 의미의 원천이기도 하다. 따라서 바타유가 지적했듯, 인간 진보의 원동력은 윤리적 공동체Sittlichkeit의 구체적 형태와 우리가 결코 완전히 벗어날 수 없는 죽음의 소멸적 힘 사이에 자리한 긴장에 있다(Bataille, 1991: 79-86).

바타유에 따르면 헤겔이 『정신현상학』에서 제시하는 주인-노예 관계의 동학은 모든 인간 존재를 규정하는 죽음에 대한 소멸적 인식에 달려 있다. 자연 상태에서 삶은 곧 죽음이고 죽음이 곧 삶이라는 인식이 없었다면, 사회의 상징적 질서와 그로부터 촉발되는 정신적 인식 형태로의 이행은 발생할 수 없었을 것이기 때문이다. 그러나 바타유는 이러한 죽음의 경험 속에는 지극히 원초적인 것이 있으며, 그것이 자기-의식적 삶의 환원불가능한 사실을 이룬다고 주장한다. 따라서 이러한 유한성의 경험을 인간의 윤리 공동체를 보편화하는 상징적 형태로 흡수할 수 있다는 가능성은 허상에 불과하다. 헤겔의 『정신현상학』에서 주인-노예 관계가 인간 존재를 이끌어가는 궤

　　　　　　　　　　　　　　　　　　1부 자유주의와 근대성

적은 국가의 종교적·미적·경제적 제도 안에서 죽음의 매개를 지향한다. 자유의지의 개념이 봉건적 종속 사회의 실재와 상충하는 한, 인류 역사는 봉건적 절대주의의 근간이 되는 고대의 폭력을 극복하는 방향으로 나아간다. 적어도 헤겔에게 이러한 운동의 필연성은 주인과 노예 모두의 삶의 경험이 본질적으로 만족스럽지 않다는 사실에서 기인한다. 노예의 경우, 그가 수행하는 노동은 전적으로 주인의 명령에 따라 이루어지며 독립적인 창의성이나 자유의지가 개입되지 않는다. 또한 노예는 자신들이 생산한 생산물에 대한 소유권도 갖지 못하기 때문에, 노예 계급의 집단적 노동은 오직 주인의 요구를 충족시키기 위해 수행된다. 그러나 주인의 절대적인 지배는 일종의 살아 있는 죽음living death이기도 하다. 무조건적인 순종을 받는 자로서, 주인의 주권은 결국 욕망과 인정이 결여된 무기력한 자기만족 상태로 기울기 때문이다. 따라서 부르주아 쿠데타를 야기하는 원동력은 주인과 노예 모두를 괴롭히는, 삶 속에서의 죽음의 경험이다. 왜냐하면 윤리적 삶Sittlichkeit의 사회적·경제적·정치적 제도가, 헤겔의 '절대자'Absolute의 통일성을 구축하는 분리와 회귀의 운동을 근사치로나마 드러낼 때에만, 개인의 죽음 경험이 소멸의 공포에서 벗어나 국가의 실체와 이성적 동일시에 이를 수 있기 때문이다(Hegel, 1967b: 155-160).

그러나 바타유에 따르면, 봉건 사회의 불행한 의식unhappy consciousness으로부터 부르주아 민주주의의 자유로 나아가는 운동에 대한 헤겔의 설명은, 인류에 대한 죽음의 무매개적 지배의 종식이자 동시에 인간이 육체, 성, 죽음의 경험을 공유하는 오래된 상징 질서의 파괴를 동반하는 이성의 초자연적인 힘을 불러일으킨다. 헤겔이 부르주아 쿠데타에 부여한 필연성은 곧 정신Geist의 삶이 인간을 도덕적·경제적·정치적 자기결정의 과제에 끊임없이 다시 참여시킴으로서, 육체의 부패한 영향력을 구속하는 섭리적 질서와의 관계에서 파생된다. 바타유의 관점에서 부르주아 사회에 대한 이러한 이해, 즉 인간이 자신의 죽음과 맺는 관계에서의 근본적인 방향 전환은 다음 두 가지 이유에서 중요하다. 첫째, 이는 죽음에 대한 공유된 불안에서 비롯되는 공동체적 경험이 국가 내에서 이성과 효용, 욕망과 성찰 사이의 관계를 끊임없이 변화시키며 추상적인 계약적 의무들로 대체되는 세계관의 기원이 되기 때문이다. 둘째, 인간 삶이 성찰의 영역으로 이행하는 것이 공적 삶에 대한 공유된 관념을 형성하기 때문이다. 이 관념은 국가 내에서 발생하는 개인주의의 형태가 신God의 세속적 구체화로 발전하는 데 기여할 것이라는 생각을 담고 있다(Rose, 1981: 142-148). 바타유는 「헤겔, 죽음, 그리고 희생」Hegel, Death, and Sacrifice이라는 에세이에서 바로 이 두 번째 효과에 주목한다. 앞서 살펴본 것처럼 그는 소멸의 위험을 감수하는 희생 행위가 인간 주권의 진실이며, 헤겔은 이를 집단적 삶의 근원으로 인식했다고 주장한다. 그러나 동시에 그는 헤겔이 원시적 투쟁에 대한 설명에서 인정한 이러한 주권이 즉시 효용을 위한 것으로 전환되었으며, 제도화된 공물 경제는 이미 인간 사회의 기원에 놓여 있던 선물과 희생의 원시적 경제를 망각했거나 지양했다고 주장한다. 따라서 근대 국가에 대한 헤겔의 희망, 즉 근대국가가 절대자의 실체substance에서 주체성subjectivity으로의 이행을 구현할 것이라는 기대는 필연적으로 다음의 인식으로 귀결된다. 곧 순수한 주권은 '해체적'dismembering 고뇌의 순간에 있으며, 효용으로서의 인간 삶의 어떤 집합적 구성에도 종속될 수 없다는 것이다(Bataille, 1997: 292-293). 다시 말해 헤겔의 '실수'는 인간이라는 창조된 존재와 더불어 탄생하는 자유의 황홀한 경험이 국가의 성찰적 총체성과 윤리적 삶의 확장된 관계 속에서 지양될 수 있다고 믿었다는 것이다.

　여기서 제기되는 계보학적 질문은 이러한 '해체적' 주권의 경험과 윤리의 제도적 조직형태, 즉 문화, 경제, 관료제, 공동체 사이의 관계에 관한 것이다. 바타유에 따르면 주권의 과잉은 사회적 프로젝트로 제도화될 수 없다. 왜냐하면 그것이 관조의 대상이 되자마자, 곧바로 개념과 관념들이 형성하는 성찰적 시간성으로 진입하며 본래의 힘이 무력화되기 때문이다. 그러나 이 경험은 단순히 절대자의 변증법적 역사 속으로 소멸하거나 흡수되는 것은 아니다. 오히려 죽음의 형태로서, 즉 국가의 성찰적 질서를 가로지르는 에로티시즘, 외설, 예술과 같은 예기치 않은 행위의 원천인 '죽음에 대한 창조적 불안감'을 통해 '제한 경제'restricted economy로 되돌아간다. 이러한 헤겔 비판이 지니는 힘은, 바타유가 봉건 경제에서 발생하는 자유에 대한 요구를 재구성하는 방식에서 비롯된다고 나는 생각한다. 앞서 언급했듯, 바타유는 헤겔의 주권 개념이 결국 주권이 죽음과 맺어온 관계를 무력화하며, 주권을 성찰적 질서로 흡수하는 것임을 보여주려 한다. 따라서 계몽주의의 발흥 이후의 부르주아 쿠데타는 합리적 자유에 대한 깊은 리비도적 애착과, 인류의 행복을 궁극적으로 증진시킬 지혜가 국가 속에 구현될 것이라는 세속적 전망에 의해 주도된다. 그러나 바타유에게 이러한 욕망은 좌절될 수밖에 없는 것이며, 이는 바람직한 일이기도 하다. 왜냐하면 인간 삶을 합리적 효용으로 재생산하는 것이야말로, 희생의 주권적 자유와 죽음을 사회 질서로 회귀시키는 조건이기 때문이다(Bataille, 2013: 40-41). 그러나 부르주아 사회가 죽음의 경험을 변형한 메커니즘은 무한히 유연한 자본화 체제에서 생명과 자원, 그리고 지성을 강박적으로 동원하기 위한 것이었다. 그리고 바로 이 점이 우리를 다시 신자유주의 세계관의 기원으로 되돌아가게 한다. 달리 말해 죽음의 경험이 가속화된 노동 체제 안에서 완전히 분산되어 사라지지 않는다 하더라도, 죽음에 대한 불안이 자본주의의 리비도적·미적·기술적 세계관에 의해 근본적으로 변화될 가능성은 여전히 배제되지 않는다.

바타유는 '저주받은 몫'part maudite에 대한 설명에서, 자본주의의 정치경제학이 공리주의 철학 속에 정확히 표현되어 있다고 말한다. 즉 모든 생산성의 증가는 인간 행복의 총합을 계산 가능하게 증가시키기 때문에 윤리적으로 선하다는 것이다. 그러나 바타유는 이러한 경제(이질적인 것들의 교환 가능성, 노동력의 형식적 평등, 시민사회의 법적-계약적 관계)가 성립할 수 있는 가능성 자체가 인간 삶의 과잉된 힘에 기초하고 있으며, 이 힘이 규제된 교환의 총체를 불안정하게 만든다고 주장했다(Bataille, 2013). 자본주의의 '제한 경제'는 자신의 체제 내에 총화될 수 없는 원초적 주권에 사로잡혀 있기 때문에, 산업사회의 생산성이 커질수록 그 제한적 관행을 희생적 증여의 일반 경제에 노출시킬 필요성이 더욱 커진다는 것이다. 바타유는 다음과 같이 말했다.

> 경제성장의 확장은 그 자체로 경제 원칙과 그 근거가 되는 [공리주의] 윤리의 전복을 요구한다. 제한 경제의 윤리에서 일반 경제의 윤리로 전환하는 것은 실제로는 코페르니쿠스적 전환, 즉 사고와 윤리의 전도를 성취하는 것이다(Bataille, 2013: 25).

이러한 관점에서 볼 때 2차 대전 이후 미국 경제의 세계 지배는,

미국이 마셜 플랜이나 유럽 경제의 재건 과정에서 잠시 추구했던 주권적 증여 전략이 지속되었다면 인류 행복의 보편적 성장을 달성할 수도 있었을 것이다. 그러나 '저주받은 몫'의 처분으로서 주권을 이해하는 이러한 설명은 교환가치의 계산 경제를 불안정하게 만들지만, 자본주의와 기술 간의 상호 생성적 관계가 이미 불러온 사회적·개인적 존재의 변화를 충분히 파악하지 못한다. 내가 보기에는, 바타유가 헤겔이 죽음의 주권적 권력에 대해 자신이 얼마나 옳았는지 충분히 이해하지 못했다고 주장하는 대목은, 『윤리적 삶의 체계』The System of Ethical Life 이후 헤겔이 기계에 부여한 순수한 공리주의적 기능에는 의문을 제기하지 않는 것처럼 보인다(Hegel, 1979: 117-118). 부르주아 쿠데타에서 비롯된 자본화의 논리는 중공업 기술을 통해서만, 원초적 에너지의 폭발을 계산 가능한 쓰임과 교환가치로 표현할 수 있었다. 따라서 바타유가 헤겔과 결별하는 방식은, 인간의 에너지를 새로운 형태의 희생적 창조성으로 전환시킬 수 있는 주권적 과잉을 요청하는 표현의 형태를 취한다. 그러나 나의 요점은 상품 형태는 언제나 인간 존재가 경험하는 '실재'의 구조를 변화시켜왔다는 사실에 있다. 상품 형태가 만들어내는 기술적 보철prosthesis의 양식은, 헤겔과 마르크스가 부르주아 사회의 작동을 규정했던 공리주의적 생산의 '제한 경제'를 근본적으로 변화시켰다.

그렇다면 자본, 기술, 그리고 집합적 경험의 관계를 이렇게 해석하는 것이, 신자유주의의 계보학에는 어떤 영향을 미치는가? 먼저 바타유가 제시하는 '일반' 경제와 '제한' 경제의 구분이 불안정해졌다는 점을 지적할 수 있다. 그가 『저주받은 몫』에서 제시한 일반 경제 개념은 지구의 생물학적 시스템 내에서 인간에게 분포된 잠재력을 극대화하기 위해서는 특정한 종류의 지혜가 발휘되어야 한다고 가정한다. 이는 상품 형태를 포함한 모든 폐쇄적 시스템이 스스로를 유지하는 데 필요한 희망과 창의성을 불러일으키는 희생적 행위의 힘을 인식하는, 비공리주의적 성찰의 양식이다(Bataille, 2013: 27-41). 그러나 우리가 스티글레르의 원초적 기술성 논의를 참조한다면, 다른 일반성과 제한의 모델이 등장한다. 이 모델에서 자본주의와 기술의 접합은 시간, 유한성, 그리고 죽음의 경험을 통제하는 체계로 작동한다. 즉 우리가 무한한 것에 대해 아는 것은, 유기체의 원시적 주권에서 비롯된 것이 아니라, 자유주의적 자본주의라는 신흥 세계관 속에서 그것이 끊임없이 재상연되는 것에서 비롯된다는 것이다.♦ 둘째, 이 해석을 따른다면 우리는 마르크스가 『자본』에서 설정한 자본의 '역사적 경향'을 재해석해야 한다. 이를 위해서는 산업자본주의의 객관적 효과(기술 혁신, 경쟁 심화, 시장 포화 등), 그 효과들이 상연되는 미적 재현 방식(사진, 영화 등), 그리고 19세기 자본주의의 팽창 과정에서 나타난 주체성과 집합적 삶의 형태 사이의 관계를 역사적으로 설명할 필요가 있다. 마지막으로 헤게모니 개념을 계보학적으로 전환시켜야 한다, 즉 미적 재현이 마르크스나 그람시가 상정한 것보다 이데올로기 과정에 훨씬 더 중요하다는 점과, 19세기 자본주의하에서 형성된 텍스트와 이미지의 경제가 부르주아 개인주의가 미적 이상으로 자리 잡는 주된 환경이었다는 점을 밝혀야 한다.

♦ 이 세계관에 유령처럼 떠도는 '일반 경제'와 유사한 무엇인가가 있다면, 나는 그것이 모턴의 하이퍼객체라는 관념에서 가장 잘 개념화되었다고 주장하려 한다.

　　　　　　　　　　　　　　　1부 자유주의와 근대성

유럽에서 봉건 체제의 쇠퇴는, 교회와 왕실이 제공했던 오래된 안전 장치에 대한 정치적·철학적 향수를 불러일으켰다. 예를 들어 에드먼드 버크의 『프랑스혁명에 관한 성찰』은 갈등과 동맹의 역사를 거치며 국가의 완전성을 유지해온 제도들이 점차 시민들의 특정한 도덕적 기질을 구현하게 되리라고 보았다. 프랑스혁명이 초래한 위험에 대한 그의 견해는, 국가라는 제도적 실체가 시민들 사이의 신성한 미적 유대로 성숙해간다는 기억의 시간memorial time 개념에 기반하고 있었다. 선조들이 행한 위대한 업적은 그들이 탄생시킨 국가의 통일성을 수호하라는 요구로 후대에 전승되며, 현 세대는 국가라는 위대한 삶의 양식과 개인 사이의 신성한 협약을 보존하며 이 역사적 요구를 다시 후대에게 전수한다. 따라서 시민들이 일상생활에서 발휘하는 국가에 대한 깊은 애정은, 국가가 자신의 역사성을 통해 동원해온 애국심에 기반한 국가 문화에 기반을 두고 있다. 이러한 관점에서 볼 때, 교회, 귀족, 농민으로 나뉘는 구체제ancien régime의 위계적 구조는 집단적 삶의 가장 견고하고 고귀한 표현으로서 '자연스러운 것'으로 간주된다. 신에 의해 제정된 사물의 질서라는 의미에서 그렇다. 따라서 프랑스에서 일어난 부르주아 쿠데타는 악evil의 표현이었다. 자코뱅의 요구가 귀족의 방탕함과 오만을 겨냥한 것이었다 해도, '인간의 권리'를 추구한 것은 국가의 신성한 질서에 대한 직접적인 공격이었기 때문이다(Burke, 1973). 버크에 따르면, 로베스피에르가 혁명의 정당성을 인정하지 않는 삼부회의 1신분(성직자)과 2신분(귀족)에 속한 이들을 대규모로 처형한 것은 단순한 폭력의 전략이 아니었다. 그것은 국가의 기억의 시간에 뿌리를 두지 않은 자유와 도덕이라는 원칙이 세상에 가져온 혼란을 예시하는 것이었다. 자코뱅이 저지른 폭력은 국가적 삶의 신성한 유대를 위반한 것과 같았다. 국가의 권위가 시민들의 집합적 상상에 기초하는 한, 내전에 가까운 갈등을 중단시키는 것은 국가가 불러일으킬 수 있는 숭고한 사랑과 공포의 감정에 달려 있다. 교회의 의식과 도상학에 밀접하게 연관된 이러한 감정이 사라지면, 남는 것은 오직 기억의 시간에 기반하지 않은 자유, 정의, 경제라는 추상적 원칙들뿐이다. 이는 국가의 윤리-신학적 구조를 근본적으로 불안정하게 만든다.

1789년 이후 유럽에서 나타난 반혁명적 경향에 의해 때로는 맹렬하고 공격적으로 표출되었던 이러한 정서는, 가난한 사람들의 청빈, 순결, 순종의 교리가 평화와 안정을 보장하는 유일한 방법으로 여겨졌던 특정한 신학적 세계관을 드러낸다. 조제프 드 메스트르 Joseph de Maistre는 신이라는 의심할 수 없는 권위가 부재한다면 군주제의 정당성은 유지될 수 없으며, 프랑스혁명 이후의 폭력은 신성한 의지라는 신비함이 제거된 자유와 평등이라는 추상적 이상이 불러온 결과라고 주장했다. 따라서 그는 자코뱅 정권의 완전한 소멸과 군주제라는 징벌적 질서로의 복귀를 요구했다(De Maistre, 2006: 49-53). 이처럼 18세기 말 유럽에서 혁명 세력과 반혁명 세력 사이에 벌어진 격렬한 갈등은, 산업자본주의에서 부르주아 자유주의가 지배적 정치-경제 이데올로기로 진화하는 과정에서 나타난 결정적인 사건이었다. 기독교 신화에 대한 정통적 해석과, 암묵적으로 불가지론적인 입장을 취하는 계몽주의의 근대화 경향이 충돌하는 가운데 실제로 작동한 것은 베버가 탈주술화disenchantment라고 불렀던 사회 및 경제적 관계의 합리화였다. 이 과정은 전통적인 시간, 예배, 의무의 질서가 무너지면서 오는 해방감을 동반하기도 했다. 상업 자본의 부상은 자유와 욕망의 새로운 경제를 구성했다. 이는 베버가 도시에서 확립된 경제적 자유에 대한 독일 농민의 성향 변화를 분석하며 설명한 바 있다. 부르주아 쿠데타의 힘은 구체제에 의해 설정된 삶의 조건이 인간의 보편적 잠재력과 모순된다는 인식에 있다. 또한 자유주의를 정치 이데올로기로 만들었던 노력·자기 결정·종교적 관용이라는 원칙들도 봉건적 공납 체제에서 나타난 자기 성취에 대한 욕구에 기반을 두고 있다. 그러나 베버는 이 새로운 이데올로기가 종교적 기념일, 교회와 귀족의 의심할 수 없는 권위, 기독교 신화에 의해 유지되는 기념비적 시간 감각 등 봉건 질서가 제공하던 안전장치의 상실과, 자본의 도구합리적 체제의 부상에 의존하고 있었다는 점 또한 인식했다(Weber, 1978: 155-183).

봉건주의하에서 유지되었던 사회적·종교적 연대의 상실과 계몽주의에서 솟아오른 개인의 자유에 대한 요구 사이의 긴장은 사회학이라는 학문 분야를 형성한 핵심 문제 중 하나다. 반혁명 진영이 제공할 수 있었던 것이 종교적 정통성의 폭력적 재확인 이상이 아니었던 반면, 계몽주의 프로젝트는 콩트, 생시몽, 뒤르켐으로 이어지는 실증주의적 사회학을 탄생시켰다. 이들은 사회 발전의 객관적 경향에 대한 분석이 개인의 삶을 사회적·경제적 총체성 안으로 다시 통합하려는 국가의 시도를 지원할 수 있다고 믿었다. 그러나 폭력과 헌신, 주권과 죽음이라는 특정한 형식을 가진 봉건주의의 상징적 질서를 공동의 이익을 위한 법적-계약적 체제로 번역하려는 이러한 시도는, 봉건주의에 고유한 일반 경제가 욕망의 미적-정동적 형성에 의존하고 있으며, 이는 시민사회의 담론 구조로 번역될 수 없다는 점을 간과했다. 베버의 탈주술화 개념은 이 아포리아를 드러낸다. 그는 프로테스탄트 윤리를 분석하며, 신 앞에서 간구하는 자의 고독이 그에게 현세의 세속적 질서 속에서 의미를 찾아야 하는 과제를 남긴다고 말한 바 있다. 결국 근대성modernity의 핵심 문제는 산업사회의 합리화된 관계에서 미적-정동적 의미를 어떻게 끌어낼 것인가 하는 데 있다. 산업화가 형성한 이러한 아포리아는, 근대적 세계관에 대한 하이데거의 설명과 밀접히 연관된다. 베버가 기술 사회의 진보가 자연을 자원으로 환원하는 것에 기반한다고 보는 한, 그는 산업화된 미학이 도덕적 개체화 과정에 미치는 영향을 근본적으로 비관적으로 평가할 수밖에 없다(Weber, 1978: 182). 그러나 베버의 근대성 분석에는 중요한 것이 누락되어 있다. 하이데거가 세계관을 사회적·개인적 삶의 총체적 미적 형성으로 파악할 때 건드려지는 지점이 바로 그것이다. 상업자본주의에서 등장한 욕망의 경제는 애초부터 미적 경제였으며, 그것이 헤게모니적 개체화 양식으로 등장한 것은 재현 기술의 발전 덕분이었다. 따라서 우리는 자유주의적 상상이 발전한 유추적 형식들과 산업자본주의의 급속한 확장이 이루어질 수 있게 한 사회적 기술들 사이의 관계를 구체화할 필요가 있다.

푸코가 『성의 역사』 1권에서 제시한 생명권력biopower 개념은, 계몽주의 프로젝트를 통해 진행된 과학 지식의 전문화가 자본주의적 산업화의 초기 단계를 형성한 사회적 기술들societal technologies에 어떤 영향을 미쳤는지 명료하게 설명한다. 푸코가 말하는 생명권력이란, 해부학, 심리학, 생리학 등 고전적 의학 분야에 과학적 원리를 적용하고, 산과학産科學, 노인학, 역학epidemiology 등 새로운 의학 전문지식의 발전을 통해 사회적·정치적·개인적 형태의 지배와 통제의 양식을 결합하며 등장한 하나의 대상object이다. 이 '대상'은 국가의 인구를 형성하는 인간 삶의 덩어리mass로 구체화되고, 생산 업무, 자본화, 그리고 제국의 일을 수행하는 사람들의 건강을 보장할 책임이 있는 국가 부서와 관료들에 의해 정책화된다. 푸코가 현대 국가의 구성에서 생명권력의 점증하는 중요성을 밝히고, 인간 삶의 합리적-기술적 조직과 생명권력의 연관성을 지적한 것은 중요한 통찰이었다(Foucault, 1984: 17-35). 이는 산업자본주의의 출현을 가능하게 한 필수적인 조건 하나는, 인구의 생물학적 활력을 보장하는 것을 목적으로 하는 공중 보건public health이라는 담론 체제의 형성이라는 점을 분명하게 보여준다. 그러나 푸코의 작업은 전략적 분석, 또는 '권력의 지층학'cratology에 대한 집착으로 인해 '미학'의 중요성을 기술적으로 재현 가능한 이미지의 영역이 아닌 주관적 정동의 측면에 국한시키는 경향이 있다. 실제로 계몽주의에 대해 푸코가 쓴 글은 미적 자기-발명을 생명정치적 자본주의의 영역에서 유일하게 특권적인 자율성의 형식으로 파악하는 것처럼 보인다(Foucault, 1984: 32-50). 하지만 내가 강조하고자 하는 바는, 자유주의적 상상계는 극심한 갈등의 시기 속에서 형성되었다는 것이다. 이 갈등이란, 봉건주의적 정통성이 자본화의 흐름으로 전환되며 나타난 것이다. 이러한 전환은 한편으로는 푸코가 지적한 것처럼 합리적 통치의 경향과, 다른 한편으로는 자유와 개인주의라는 근대적 상상이 파생된 표현적-미적 양식을 통해 관리되었다. 이는 하이데거의 세계관 개념에서 제시된 바 있듯, 근대성의 주관적 구성과 객관적 구성의 상호작용하는 과정이며, 동시에 인간 삶의 정동적 경제가 자본화되는 기술-미학적 과정에 대한 스티글레르의 설명에서 재구성되는 것이기도 하다.

근대성의 객관적 요소와 주관적 요소를 모두 아우르는 총체적 세계관이라는 개념은, 19세기 동안 진화한 아날로그 기술이 신자유주의적 상상의 발전에 어떤 영향을 미쳤는가라는 구체적인 문제를 제기한다. 스티글레르는 하이데거와 시몽동이 근대성의 기술적 진화를 각각 어떻게 바라봤는지 비교한 글에서 다음과 같이 주장한다. 비록 하이데거가 시몽동 철학의 인간-기술 관계에 관한 세부 논점을 간과하는 경향이 있지만, 하이데거가 미적 기술이 현존재의 자기 결정 능력에 영향을 미치는 방식에 깊은 관심을 기울였다는 점에서 그의 사유는 여전히 유효하다고 말이다(Stiegler, 2009b: 46-56). 다시 말해 하이데거의 사유는 스티글레르가 말하는 미학의 보철적 형태, 사회와 개인의 삶에 대한 고도로 제약된 상상의 기준점으로서 이미지의 재생산을 일정 부분 예견하는 측면이 있다. 이로부터 도출되는 질문은 당연하게도 아날로그 이미지의 정치경제학에 관한 것이다. 더 정확히는 산업화 단계의 자본주의에서 아날로그 기술이 진화한 속도, 그것이 자본화 과정에 미친 영향, 그리고 그것이 부르주아 개인주의의 미학에 미치는 영향에 관한 것이다. 따라서 다음 섹션에서는 자유주의적 상상이 오늘날 신자유주의적 형태로 발전한 방식과 관련해 각 질문들을 고찰할 것이다.

아날로그의 정치경제학

발터 벤야민이 지적한 것처럼 아날로그 기술의 진화라는 문제는 사실상 그것이 인간의 상상력에 어떤 영향을 미쳤는가에 관한 문제다(Benjamin, 1992). 20세기 초 영화의 대중적 효과를 경험한 입장에서 글을 쓴 벤야민은, 움직이는 이미지moving image의 영향을 1830년대까지 거슬러 올라가는 기술 진화의 일부로 이해했다. 이때까지 미적 감각의 경제는 교회의 도상학이 만들어낸 종교적 경험과 밀접하게 연관되어 있었다. 실제로 벤야민이 예술의 아우라적 전통이라고 부르는 것은 본래 종교적 성격을 띠는데, 이는 (언제나 남성으로 상정되는) 예술가의 작업이 뮤즈의 인도를 통해 신성한 창조 행위와 연결된다는 믿음에서 비롯된다. 따라서 1830년대 후반 실용적 사진 복제 과정의 발명은 버크와 드 메스트르가 국가의 숭고한 신정적 위엄을 설명할 때 사용한 어휘, 텍스트, 이미지의 경제에 중대한 변화를 가져왔다. 초기의 다게레오타입과 칼로타입 사진은 이미지의 상징적 중요성을 종교적 맥락을 떠나 인간과 사회적 환경이 중심이 되는 세속적 삶의 형상으로 전환하기 시작했다. 이러한 변화의 초기 효과는 비교적 미미했다. 벤야민은 초기 사진이 인간 피사체의 단일한 파토스를 포착하려는 시대착오적 결단의 흔적에 사로잡혀 있다고 보았다. 이는 그가 「사진의 작은 역사」라는 에세이에서 아제 Eugene Atget의 작품을 다룰 때 언급하는 부분이다. 2차 세계대전 이전의 파리를 촬영한 아제의 사진에는, 유산된 미래와 역사적 시간의 폭력 속에서 열렸다가 곧바로 닫혀버린 새로운 사회의 가능성이 담겨 있다(Benjamin, 1992: 219-220; Benjamin, 1997: 240-257). 그러나 이러한 '아우라'적 형태에서조차, 사진은 공적 영역의 시간 경험을 변화시켰다. 이미지를 포착하는 기술적 도구가 더욱 정교해지고 실용화되면서, 경험의 형식과 내용이 산업화된 도시에서 사람·자본·기술의 가속화된 흐름으로 옮겨갔기 때문이다. 19세기 말-20세기 초 파리를 촬영한 아제의 사진은 실현되지 않은 공화국에 대한 항수를 불러일으키는 폐허의 파토스를 보여준다. 그러나 결국 이러한 재현 방식은 벤야민이 초기 단편에서 말한 '도그마 없는 변화'라는 종교로 묘사한 자본주의의 메시아성을 포착하기에 부적절했다. 오히려 분열되고 자본화된 도시의 삶을 변형시키는 매체로 등장한 것은 영화였다(Benjamin, 1992: 230-234).

자본주의의 무한한 변화무쌍함을 표현하는 미적 매체로서 영화의 출현은 벤야민 사상에서 중요한 문제를 제기한다. 그는 『기술복제시대의 예술작품』에서 영화의 도래가 사진 기술의 발달로 인해 텍스트와 이미지의 경제가 변화한 데에서 비롯되었다고 주장한다. 사진의 대중화는 19세기 후반에 개발된 이미지 복제 및 보급 기술과 함께 공적 영역의 미적 삶을 변화시켰고, 이러한 변화는 움직이는 이미지의 대량 생산에 대한 심적 요구를 낳았다. 이는 기술 체제로서의 사진이, 영화의 발전으로 실현된 동질적 성향을 낳았다고 말하는 것은 아니다. 오히려 벤야민의 요점은 19세기 말 공적 영역을 구성하던 언어·텍스트·이미지의 경제학으로는 고도화된 자본주의의 시대적 효과를 표현할 수 없었다는 것이다. 따라서 영화의 발전은 상품 형태의 미적 경제에 내재한 가능성, 즉 민주주의의 혁명적 재상상에 대한 요구, 정치적 미학의 구성, 대중적 욕망의 미학화라는 가능성들에 대한 응답이었다. 영화가 대중의 상상력에 미치는 영향에 대한 벤야민의 설명에서 특히 내게 설득력 있게 다가오는 것은, 운동감각적kinesthetic 기술이 만들어낸 공간이 과거를 현재와의 연관 속에서 끊임없이 재상연하는 '메시아적' 영역으로 등장한다는 주장이다(나치즘이 인종 신화에 호소하는 방식이 그 사례다)(Benjamin, 1992: 234-235). 여기서 제기되는 질문은 20세기 초 자본주의가 합리적-과학적 질서로 이행해 가던 과정에서, 이미지와 그 질서 사이에서 발생한 메시아적 긴장의 운명에 관한 것이다. 프랑크푸르트학파의 초기 연구는, 대중매체로서 영화의 급속한 발전이 자본화 과정과 공모한 것이라 의심했으며, 영화를 인간의 욕망이 체계적으로 재구성·재조정·재생산되는 기술로 이해했다. 이는 분명 신자유주의적

                                    1부 자유주의와 근대성

상상의 출현과 관련하여 영화가 갖는 중요성을 시사한다. 영화는 경제적 독점과 이데올로기적 개인주의라는 상반된 경향을 환상적-미적 통합으로 묶어내는 매개체였기 때문이다. 그러나 20세기 중후반에 전개된 이 과정의 역학을 살펴보기 이전에, 우리는 먼저 영화적 재현 이전 단계와 영화적 재현의 초기 국면에서 발생한 주체성의 변화를 살펴볼 필요가 있다.

이 절의 서두에서 나는 국민국가와 그것의 역사적 권위가 창출하는 숭고한 경험 사이의 관계에 대한 에드먼드 버크의 설명을 검토했다. 버크에 따르면 토착적 국가의 정신적 기질은 국경 내에서 진화해온 위계질서와, 그 질서가 시민들에게 불러일으키는 애국심과 존경의 감정 속에 구현된다. 그의 정치철학은 우리가 봉건 질서의 제도에 구현된 신의 뜻·미적 감각·자연스러운 복종의 결합 속에서, 과거 세대와 미래 세대에 대한 존경이라는 삶의 숭고한 표현을 발견하게 된다는 관념에 기초한다. 구체제ancien régime를 배회하던 전쟁의 위협은 이러한 기념화 과정에 필수적이었다. 전쟁의 위협은 국민국가 안에서 진화해온 집단적 삶의 감각을 강화하고 교회·국가·귀족의 위계질서를 확립하기 때문이다. 따라서 국가의 예술적 재현은 과거 세대가 용맹함으로 승리했던 전쟁의 거대한 스펙터클을 통해, 역사를 숭고함의 기록으로 제시하는 경향이 있다. 이로부터 발생하는 질문은, 아우라적 헌신의 대상으로서 국민국가의 운명에 관한 것이다. 특히 고도로 개인주의적인 사회경제적 교환의 체제로서 부르주아 자본주의가 출현한 이후 공동의 정치적 삶은 어떻게 변화하는가? 봉건 권력의 신화가 경제적 합리화 과정에서 단순히 폐기된 것은 아니었다. 실제로 18세기 부르주아지의 모습을 그린 토머스 게인즈버러Thomas Gainsborough의 그림에서 볼 수 있듯이 초기 기업가들과 독립 정치인들은 지주 귀족의 스타일을 모방하는 경향이 있었다. 부르주아 사회의 진화에 수반된 미적 변화는 국가의 봉건적 신화에 대한 기나긴 작별로 나타났다. 당시의 예술은 종교의 상징적 질서에서 궁극적 정당성을 찾던 전통을 상실했다는 뒤숭숭한 감각과, 부르주아 사회의 기술에 대한 경이와 자유로운 개인주의를 재현하는 것 사이에서 갈피를 잡지 못했다. 예를 들어 윌리엄 다이스William Dyce 의 〈켄트주 페그웰만―1858년 10월 5일의 회상〉Pegwell Bay, Kent-a Recollection of October 5th 1858이라는 그림은 빅토리아 시대 가족이 해안 절벽 아래에서 조개를 수집하는 모습을 불안한 스펙터클로 묘사한다. 이 그림에서는 지층의 절벽이 묘사되며 신이 부재하는 지질학적 시간의 프레임 안에 이 가족을 배치한다. 반면 1870년대 중반에 그려진 아돌프 폰 멘첼Adolph von Menzel의 〈제철소〉The forge라는 그림은 산업자본주의의 엄청난 생산력을 숭고한 스펙터클로 표현하며, 신과 자연이 부여한 경계를 뛰어넘으려는 인간의 프로메테우스적 오만함을 그려낸다. 이 두 작품은 나란히, 부르주아 정치경제가 등장할 수 있었던 상실에 대한 예민한 감각들을 형상화하고 있다.

19세기에 등장한 환멸의 미학은 복잡한 양상을 띠었으며, 벤야민이 지적한 것처럼 본질적으로 민중적인 사진 매체의 발전을 포함하고 있었다. 아제의 작업에서 보았듯, 카메라는 도시의 가속화되고 기술화된 삶을 파토스의 형상으로, 버려진 것의 형태로, 혹은 잔존물들의 위태로운 생존이라는 형식으로 재현할 수 있는 렌즈를 제공했다. 또한 20세기 초 미국의 공장에서 강제노동에 동원된 어린이들을 찍은 루이스 하인Lewis Hine의 사진은 인간의 노동력을 전유하는 자본주의의 도덕적 무관심을 여실히 드러냈다. 하지만 1880년대에 이르러 사진 이미지는 본질적으로 민중적 성격을 지닌 대중 의식

   1부 자유주의와 근대성

의 매체로 부상했다. 내가 제시한 기술 계보학의 관점에서 보면, 정치와 대중 오락과 광고가 자체적인 생산 규칙을 가진 '산업'으로 형성된 것은 점차 효율성이 증대되는 사진 복제 기술의 발전 덕분이었다. 여기서 중요한 점은 미적 보철물, 혹은 스티글레르가 주체적 상상에 대한 '외부적 보충물'external supplement이라고 부른 것으로서 사진의 발전이, 20세기 초에 등장한 자본의 새로운 정치경제에 세 가지 구체적인 기여를 했다는 것이다. 첫째, 사진은 '대중'에 대한 영향력을 정확하게 계산할 수 있는 기표signifier들을 통해, 사회생활의 리얼리티를 재현하는 미적 코드의 초기 형태가 되었다. 둘째, 각 개인의 신체적·인지적 삶을 재조정하는 이미지 기술의 발달에 의해 느낌·정동·욕망으로서의 감각이 지배되는 공적 영역이 출현했다. 셋째, 자아의 심적 구성이 생산과 소비의 프로그램적 조직을 반영하기 시작하는 새로운 개인주의가 등장했다. 따라서 영화의 출현은 사진 기술의 발전에서 이미 예견되었다는 벤야민의 생각으로 돌아가자면, 우리는 이러한 필연성이 주관적 욕망의 영역과 생산 양식의 객관적 발전에 동시에 속한다고 말할 수 있다. 사진이라는 렌즈를 통한 자본의 미적 형성이 없었다면, 노동자들의 욕망을 재자본화하며, 착취된 노동의 자의식적 운동으로서 '프롤레타리아트'의 창조를 선취하는 사진의 힘은 상당히 약화되었을 것이기 때문이다.

니체는 『인간적인, 너무도 인간적인』에서 노동계급의 역사적 운명에 대해 간략히 논한 바 있다. 몇 개의 아포리즘적 단락으로 요약된 그의 입장은, 노동계급은 육체적 삶의 '강력한 지렛대'로 이해되어야 한다는 것이었다. 그들의 고통에 대한 잠재력은 노동계급을 돌봄과 책임이라는 근대적 윤리의 대상으로 만들었을 뿐 아니라, 인간 삶의 집합적 힘을 대변하는 혁명적 정치의 대상으로도 빚어냈다. 따라서 인간 사회의 운명은 지구적 차원의 창조적 폭력을 결집시켜서, 노동자 대중을 강자의 주권에 기꺼이 복종하도록 강요할 수 있는 자에게 달려 있다(Nietzsche, 1994: 215). 물론 니체가 사회주의를 순수한 '르상티망'으로 여긴 것은, 공리주의적 노동의 도덕적·정치적 효과를 특징짓는 이른바 관성적 경향을 지나치게 과장한 것이기도 했다. 헤겔과 마르크스도 인정했듯 노동은 노동 과정의 주체와 객체를 모두 변화시키는 변혁적 활동이다. 그러나 산업사회에서 노동은 점차 기술적 작동이 되었으며, 자본화 과정을 통해 끊임없이 발전하는 주체적·유기적·기계적인 기능들의 통합을 필요로 하게 되었다. 앞서 말했듯이 영화가 지배적인 문화 매체로 등장한 '필연성'은 사진의 미학을 통해 구성된다. '대중'의 심적 감수성은 점점 더 정교해지는 재현의 기술적 과정을 통해 재형성되고, 이는 개인의 정체성과 사회적 연대의 경험을 근본적으로 변화시켰다. 따라서 아날로그의 정치경제학은 사진 이미지의 증대되는 정교함을 통해 발전했다. 1880년대부터, 사회적 개체화 과정은 노동과 종교적 소속으로부터 소비와 욕망의 기술 경제로 전환되기 시작했으며, 사진 복제 시스템이 발전하는 만큼 대중 조작의 잠재력 또한 증가했다. 이는 물론 1차 세계대전으로 귀결된 글로벌 경제 위기가, 영상이라는 이데올로기적 장치가 없었다면 여러 차례의 '10월 혁명'을 불러왔을 것이라는 의미는 아니다. 오히려 강조하고자 하는 바는, 혁명 전야에 도래했던 영화의 출현이 새로운 형태의 상상과 욕망을 낳았고, 미국뿐 아니라 유럽 주요 국가들 사이에서 구상되었던 개인주의와 민주주의의 미래를 규정하는 데 결정적 역할을 했다는 점이다.

그렇다면 이 세계관은 어떻게 등장했으며, 어떻게 자본주의의 경제적·정치적·이데올로기적 역학을 그렇게 빠르게 변화시킬 수 있

　　　　　　　　　　　　　　1부　자유주의와 근대성

었던 것일까? 이 과정을 이해하기 위해서는 베르나르 스티글레르가 『기술과 시간』 3권에서 제시하는 '영화적 시간'cinematic time 개념을 살펴볼 필요가 있다. 스티글레르에 따르면, 인간 의식의 현상학적 구조는 시간 측정과 양적 계산 등 관련된 기술들의 발전이 낳은 역사적 산물이다. 예컨대 계산 도표나 주판은 직관적인 데이터의 수신과 그 데이터를 조직하고 표현하는 분석 과정을 도식화한 도구, 즉 '보철물'로 등장했다. 이러한 초기 형태의 인지 기술들은 개인과 집단, '나'와 '우리' 사이의 긴밀한 관계를 유지하는 사회적-상징적 질서 안에서 기능했다. 이 기술들이 집단생활의 민족적 특수성을 경험하는 방식에 미친 초기 영향은 대체로 무역과 경제라는 실용주의적 영역에 국한되었다. 그러나 계산 기계의 시간적 도식은 본질적으로 발전적인 것이다. 이 시간적 도식은 또한 자연과 인간, 그리고 사회를 정량화하고 조작할 수 있으며 계산 가능한 형태로 재현하는 세계관의 기원이기도 하다. 물론 이러한 변화는 하루아침에 이루어진 것이 아니며, 시간과 양을 단순히 비유적으로 재현하는 도구들로부터 오늘날의 가상 및 AI 시스템으로 이행하는 데에는 거의 5,000년이라는 시간이 걸렸다. 그러나 중요한 것은, 최초의 산술 기계가 출현한 순간이 바로 기술의 종합 기능에 의해 개인이 자신이 속한 공동체에 대해 갖는 신비감이나 매혹 같은 모종의 정서적 애착이 전유된 순간이었다는 점이다. 스티글레르에게 이 순간은 근대적 개인을 형성하는 영화적 시간의 기원이 된다(Stiegler, 2011a: 4).

자기의식을 통각apperceptive 기능의 통일체로 구성하는 것이 '3차 보조장치'*의 진화에 의존하는 한, 산업화된 사회에서 등장했던

---

* 이 책의 54~55쪽을 참조할 것.

기대·인식·상상의 미학은 수행적 욕망의 체계로서의 자본의 발전과 분리될 수 없다. 우리가 다루어야 할 질문은 바로 이 기술적 계보가 1차 세계대전 직전의 경제적·이데올로기적 갈등 속에서 어떻게 전개되었는지에 관한 것이다.

자본주의와 영화적 시간

1896년, 뤼미에르 형제의 50초짜리 영화 〈열차의 도착〉은 증기기관차가 역에 정차하고 승객이 내리는 모습을 보여주며, 사진 기술에서 영화 기술로의 전환을 알렸다. 당시 상영관 앞줄에 앉았던 관객들이 다가오는 기차를 피하기 위해 뒤쪽으로 몰려갔다는 일화도 전해진다. 이러한 자기-의식의 경험 프레임 변화는 미디어를 통한 세계의 상연이 곧 심적 과정으로 자리잡는 순간을 보여주기에 매우 중요하다. 마셜 매클루언Marshal McLuhan이 매스미디어의 기술적 진화에 관한 연구에서 지적했듯, 운동감각적 이미지의 기술적 재생산은 스타일, 정동, 성찰의 독특한 체제를 탄생시켰다. 이는 사회생활의 정치적 역학 관계와 정체성 형성의 심적 과정 모두를 변화시켰다(McLuhan, 2005: 3-80). 나는 계보학적 관점에서 운동감각적 체제의 출현을 20세기 초 유럽과 미국에서 발생한 다중결정적 비상사태에 연관시켜 개괄했다. 1870년대 후반부터 서구 자본주의를 괴롭혔던 축적의 위기는 산업화의 정신적 스트레스와 점증하는 유럽 제국주의 열강 간의 갈등과 맞물려, 결과를 예측할 수 없는 불안정한 힘의 결합을 만들어냈다. 실제로 이 시기에 제2인터내셔널은 자본주의의 경제적 모순과 혁명적 변화의 주체로서 프롤레타리아트의 형성의 관

   1부 자유주의와 근대성

계에 대해 논의하고 있었다. 이 역사적 순간에서 영화의 출현에 대한 벤야민의 분석이 간파한 것은, 1차 대전 이후 파시즘, 권위주의적 사회주의, 자유민주주의 간의 경쟁이 대중의 정신적·미적 성향을 급격히 변화시킨 운동감각적 체제를 통해 형성되었다는 것이었다(Benjamin, 1992: 230-234). 영화라는 기술적 장치를 중심으로 한 초기 문화산업(스튜디오, 배우, 시나리오 작가, 배급사, 홍보 대행사 등)의 형성은 적어도 부분적으로는, 개인의 유한성이 표상되는 상징적 질서를 무력화하는 것을 목표로 하는 욕망의 전략적 재생산이 시작되었다는 것을 보여준다. 따라서 기술복제시대의 이미지에 대한 벤야민의 설명으로부터 제기되는 질문은 다음과 같다. 파시즘이 아우라의 역학을 냉소적으로 재현하는 방식으로 영화를 사용한 것과, 영화 기술이 대량 소비 패턴에 순응을 촉진하는 데 사용된 것을 구분할 수 있는가? 더 정확히 말하자면, 산업자본주의의 시간적·미적 경제 내에서 작동하는 자유민주주의가 존재할 수 있는가?

『기술과 시간』 3권의 '영화적 의식'Cinematic Consciousness이라는 장에서, 스티글레르는 문화산업에 의해 만들어지는 공시적 의식 synchronic consciousness은 '대상'이 없다고 주장했다. 프로그램화된 운동감각적 이미지의 시간성이 성찰적 인지보다는 감각적 정동에 맞춰져 있기 때문이다(Stiegler, 2011a: 8-34). 반면 민주주의의 고전적 모델과 계몽주의 모델은 모두 교육받은 대중의 성찰적 활동을 통해 끊임없이 재형성되는 이상적 대상(폴리스, 공동체, 인류, 민주주의)의 존재를 가정한다. 이 통시적 성찰의 대상들은 무한성을 특징으로 하며, 집단적 삶의 정치에 대한 집중과 진지한 참여를 요구하는 리비도 에너지의 에로틱한 형상으로 존재한다. 그러나 근대성의 특징 가운데 하나는, 개인의 경험을 '스크린' 위에 형성되는 일련의 외양으로서 이해하는 특정한 종류의 자의식이 출현했다는 점이다. 예컨대 칸트가 말한 통각의 초월적 통일성은 주관적 정신의 담론적·직관적 능력의 총체이며, 각 개인의 인지적 이해를 통해 통합되는 외부 경험의 조건이다. 또한 후설의 현상학은 우리가 주체로서 경험한 시간적 흐름 속에서 우리 자신을 정위할 수 있는 기억, 기투, 현출의 논리를 복잡하게 설명한다(Stiegler, 2011a: 63-69). 그러나 스티글레르는 칸트와 후설이 의식을 합리적 정신의 기능으로서 가정하면서 생겨나는 문제, 즉 사물이 우리에게 검증 가능한 현상으로 나타나는 기준의 보편성에 문제를 제기한다. 그는 오히려 칸트와 후설이 기술한 '영화적' 경험의 가능성은 인간의 인지, 행위, 욕망의 실천적 환경으로 진화해온 기술적 보조(기억, 계산 등)에서 찾아야 한다고 주장한다. 이러한 자의식의 '원초적 기술성'은, 미디어 기술 프로그램의 진화가 결국 인간 주체의 성찰적 능력을 포괄하게 될 가능성을 제기한다(Stiegler, 2011a: 69-73). 결국 20세기 초 문화산업의 출현은, 통시적 시간에 대한 공시적 시간의 점진적 지배를 의미하게 되었다. 대중 영화는 영화의 플롯 속 긴장을 통해 관객을 가장 기본적인 심리적 반응으로 환원시키며, 욕망을 순차적으로 생산하는 것을 목표로 하기 때문이다.

이러한 점에서 20세기 초부터 1차 세계대전이 시작될 때까지의 시기는 신자유주의적 세계관이 형성되는 데 결정적인 역할을 했다. 벤야민이 보여주었듯, 영화의 출현은 미적 표현 체계를 열어젖혔는데, 이는 불안정한 욕망의 체제인 자본과, 상품 형태 속에 남아 있던 사회주의라는 유령적 존재 사이의 점점 더 첨예해지는 긴장을 통해 형성된 것이었다. 분명 20세기 초 영화 산업이 발전시킨 기법은 벤야민이 『기술복제시대의 예술작품』에서 상상한 사회주의 미학의 산물은 아니었다. 오히려 영화 산업의 진화는 '사회주의'의 숙명론적 일상성을 넘어서는 역동적 개인주의 체제로서 '자본주의'를 만들어내려는 기능적 명령에 의해 주도되었다. 따라서 초기 상업영화의 상상적 풍경은 기업가의 활력, 독립적 노동자의 기량, 시장의 민주주의, 기술의 경이로움으로 채워졌다. 물론 초기 영화에서 발전된 미적 기법이 산업자본주의의 경제적 합리성에서 곧장 파생된 것이라고 말할 수는 없다. 그러나 영화가 대중매체로 진화하는 과정에서 신자유주의적 상상의 형성에 필수적인 몇몇 주제들을 확인할 수 있다고 주장하는 것은 무리가 아닐 것이다. 1900년대 초 에드윈 포터의 서부극 〈대열차강도〉The Great Train Robbery와 같은 초기 장편영화처럼, 많은 초기 영화 제작자들은 산업사회의 기술적 장치에 집착했다. 다큐멘터리 영화 제작자들은 공장, 철도, 병원, 감옥을 시각적으로 분석하며 인간과 기술 환경 사이의 변화하는 관계를 드러냈다. 동시에 초기 영화의 상당수는 미래에 대한 미학적 추측을 제시했다. 1897년에 제작된 조르주 멜리에스George Méliès의 두 영화 〈어릿광대와 꼭두각시〉The Clown and the Automaton와 〈20세기 외과의사〉A Twentieth Century Surgeon는 기술의 진화가 인류의 육체적 존재에 미칠 영향을 불안하면서도 매혹적으로 묘사한다. 멜리에스의 〈달세계 여행〉(1902)은 과학적 상상력이 대중에게 불러일으켰던 경이로운 감각을 강조하는 동시에 풍자한 작품이기도 하다. 핵심은 분명하다. 영화는 그 시작부터 20세기 기술 혁명의 일부였다. 영화는 신자유주의적 상상의 미적 공간을 열었으며, 집단적 삶의 정신spirit을 변화시킬 과학, 기술, 자본 간의 연결을 구축하는 데 결정적인 역할을 했다.

이것이 바로 스티글레르의 영화적 시간 개념의 핵심이다. 스티글레르가 『기술과 시간』에서 발전시킨 원초적 기술성 개념은 인간의 진화가 계통발생적phylogenetic 특성과 후천성 계통발생적epiphy-logenetic 특성이 동시에 전개되는 과정임을 지적한다. 우리의 생리적·정신적 힘들은 도구나 장비 등의 '기술'technics과 외부 세계 사이의 상호작용 속에서 발전한다. 우리의 지식, 통각apperception, 직관 능력 역시 기억, 협력, 신체적 전문화에 대한 기술적 보조를 통해 인간 주체성이 끊임없이 변형되는 과정을 통해 형성되어왔다(Stiegler, 1998: 150-154). 따라서 언어와 사고의 질서(노에시스noesis)에 대한 스티글레르 논의의 기저를 이루는 인간 의식의 영화적 조직은, 영화라는 기술적 장치에서 시작되지 않는다. 자의식의 시간적 구조는 기억과 인지를 보완하는 초기 기술(모래 위의 표시, 계산판, 상형 문자, 필기체 등)의 형성에서 기원한다. 이 구조 속에서, 시간의 상징적 조직은 세계를 구축하는 서로 얽힌 이야기와 서사에 결부된다(Stiegler, 2011a: 22-24). 자의식의 문자학적grammatological 질서 안에 시간을 포함시키는 일의 중요성은 기술적 현존재Dasein로서 인간의 경험이 항상 정신과 신체를 보완하는 것에 의존해왔다는 인식을 통해 드러난다. 글과 책이 주요 전달 방식이었던 문자-정서적orthographic 체제는 개인이 적어도 잠재적으로 자신이 배태된 상징적 문화를 성찰할 수 있는 특정한 종류의 시간적 지향성을 낳았다. 이런 종류의 정신적 도식을 가정하는 것은 분명 '문자-정서적 문화'의 복잡한 역사적 진화를 간과하는 경향을 낳는다. 그러나 문자를 통한 주체성을 조직하는 것이 개인과 집단의 삶의 목적에 대한 특정한 관념을 낳는다는 스티글레르의 지적은 중요하다. 만약 텍스트와 이미지의 체계가 근대적 주체의 기원이라면, 영화의 출현은 근대의 사회적·경제적 삶이 진화해온 역동적인 운동감각적 양식에 대응하는 것으로 간주되어야 한다. 영화는 자본주의의 점증하는 복잡성에 대한 친-미학적/

운동감각적 응답이었다. 그것은 정동 경제를 재구성하고, 강화된 미학적 개인주의 체제가 낳은 역사적 비상사태를 상연할 수 있었던 무한히 유연한 상상의 양식이었다(Stiegler, 2011a: 113-120).

결국 20세기의 시작을 알렸던 특정한 비상사태(1차 세계대전으로 절정에 이른 제국주의의 위기)는 20세기의 사회, 경제, 정치사의 전개 속에서 그 기술적 미학을 추적할 수 있는 세계관의 출현을 의미하기도 한다. 1920년대 이후 유럽과 미국에서 형성된 기술 혁신과 미적 영향은 자유방임적 개인주의라는 헤게모니적 양식의 형성을 촉진했으며, 동시에 그 헤게모니가 맞서는 전체주의 개념을 낳았다(Popper, 1979b; Hayek, 1945). 여기서 제기되는 질문은 이 세계관에서 유지되고 있는 우발성의 정도에 관한 것이다. 더 구체적으로는 자유주의 이념의 핵심인 추상적 자유, 경제적 경쟁, 형식적 평등에 대한 추구가 글로벌 자본주의의 기술관료주의적 확장에 발맞추기 위해 어느 정도 수정되었는가 하는 점이다. 나의 주장은 20세기 신자유주의의 발전이 독점 자본과 자유주의 철학의 형식적 범주 사이의 관계를 미적으로 표현하는 일련의 형식을 통해 전개되었다는 것이다. 이는 약 100년의 역사로 압축되는 매우 복잡한 관계이며, 1920년대 초에 최초의 제대로 된 '영화적' 형태의 문화산업이 발전하면서 시작되었다. 따라서 서유럽 자본주의의 기반이 흔들렸지만 붕괴하지는 않았던 순간과, 신자유주의적 상상의 초기 조건이 확립된 시기를 살펴본 후, 우리는 양차 세계대전 사이에 일어난 주체성·욕망·경제 양식의 변화를 살펴볼 필요가 있다.

[3] 자본 그리고 '파괴의 자연사'
(1918~1948)[◆]

이 책의 목적은 우리가 어떻게 해서 형식적–법적 자유, 개인주의적 자립, 국가기관의 민영화에 집중하는 신자유주의적 경제학이 글로벌 자본주의의 도덕적·경제적·정치적 위기를 표상하는 지배적 틀이 되는 지점까지 도달하게 되었는지 설명하는 것이다. 다시 말해 나는 20세기 내내 **자유방임** 자본주의가 전쟁, 분쟁, 생태적 재앙, 인간적 비극에 연루되었음도 불구하고, 가장 강력한 산업 민주주의 국가, 글로벌 금융 조직, 학술 기관 사이에서 그것의 일반적 원칙에 '대안이 없다'는 폭넓은 공감대가 존재할 수 있게 되기까지의 여정에 관심이 있다.

지금까지 나는 자유freedom라는 자유주의적liberal 이데올로기와 레닌이 자본주의의 제국주의적 단계라고 부른 것으로부터 출현

[◆] 이 제목은 전후 독일 경제의 기적을 이끈 문화적 '망각'과 집단심리적 억압의 역사에 대한 W.G. 제발트의 논의를 참조한 것이다(Sebald, 2003).

하는 독점적 경향 사이의 관계의 발전에 관심을 가져왔다. 잘 알려진 것처럼 레닌은 19세기 말에 이르러 주요 산업 강대국의 (신규 시장, 저렴한 노동력, 저렴한 원자재를 위한) 식민지 의존도가 증가함에 따라 지배권을 둘러싼 격렬한 갈등이 전 세계에서 벌어졌다고 주장했다(Lenin, 1999: 82-99). 이러한 관점에서 볼 때, 제1차 세계대전은 세계 경제를 30년 이상 괴롭혀온 자본화의 위기에서 발생한 것으로 볼 수 있다. 제국주의 열강들이 세계 전역에서 해소될 수 없는 갈등에 빠져들면서 유럽에서 이들 사이의 정치적 관계는 전쟁이 불가피해진 지점까지 악화되었기 때문이다. 이것이 제기하는 질문은 전전戰前 제국주의의 도덕적·정치적·경제적 원칙에 대한 식민 권력(독일, 프랑스, 영국 등)의 문화적 집착이 세계 시장의 변화하는 조건에 유럽 자본이 적응하는 능력에 어떻게 영향을 미쳤는가에 관한 것이다. 제1차 세계대전 이후, 고임금, 고생산 자본주의라는 미국식 모델의 지배에 비추어 제국주의의 폭력으로부터 벗어나 '유럽 합중국'과 같은 것의 구성으로 전환할 필요성을 지지하는 사람들이 있었다. 하지만 마크 마조워가 『암흑의 대륙』에서 지적했듯이, 제국적 권력을 유지하려는 노력과 금본위제로 회귀함으로써 국내의 경제적 불안을 통제하려는 시도라는 두 가지 요소는 새롭게 발생하는 국제 경쟁의 동학에 대한 유럽 열강의 대응이 가부장적 권위와 제국적 지배에 대한 집착으로 제한되었음을 의미한다(Mazower, 1998: 106-117). 결국 프랑스, 독일, 영국은 1920년대 중반 경기 호전의 이점을 누리는 데 실패하고, 지속적인 저성장과 높은 실업률 상태에서 대공황을 맞이하게 되었다. 따라서 전간기 유럽에서 전개된 '비상사태', 특히 모더니즘과 노스탤지어, 개인주의와 권위주의, 기술과 전통 사이에서 벌어진 갈등은 문화의 인지적·미적·물질적 형태를 경제의 기술적 조직에 통합하는 것에 대한 제국 열강의 무능으로부터 유래했다고 주장할 수 있다. 실제로 아도르노가 옥스퍼드를 거쳐 1937년 마침내 미국에 도착했을 때 문화산업의 힘에 대한 그의 초기 사유를 촉발한 것은 최소한 어느 정도는 이러한 통합의 광경이었다(Jeffries, 2017; 194).

따라서 이 장의 첫 번째 절에서는 전간기 유럽에서 나타난 비상사태의 성격을 설명하는 데 관심을 기울일 것이다. 나에게 이때는 신자유주의적 상상의 형성에 있어 매우 중요한 시기이다. 물론 다음 절의 논의를 선점하고 싶지는 않지만 1918년에서 1939년 사이에 발생한 유럽 문화의 실존적 위기와 관련하여 짚고 넘어갈 만한 지점이 몇 개 있다. 첫 번째는 데리다가 유령성spectrality이라 부른 것, 또는 현재의 위기를 향한 오래된 유령의 귀환에 관계된다(Derrida, 1994). 제1차 세계대전에 관한 예술, 시, 문학은 인간의 희생에 대한 분노의 감각 이상의 것을 보여준다. 그것들은 전쟁에 도입된 산업화된 파괴 시스템 속에서 느끼는 인간의 무력감, 그리고 부르주아지, 귀족, 노동계급 사이의 오래된 합의 같은 것이 사라져버렸다는 감각도 표현한다. 다시 말해 전쟁의 트라우마는 복잡하고 모순적인 문화적·심리적 반응의 경제를 발생시켰는데, 그 영향은 유럽 문명의 지정학적 공간에 펼쳐졌다. 국제연맹의 세계주의 정신과 독일에 대한 전쟁 배상금 징수 사이의 긴장은 '유럽 합중국'을 요청하고, 제국 질서로 복귀하자는 요구 및 자유방임 자본주의와 소련식 사회주의 사이의 첨예한 경합은 유럽 문화가 적절한 대응책을 찾아야 하는 위기의 시기에 진입했다는 특유의 감각에 의해 활기를 띠었다. 나는 1930년대 유럽의 정치 무대에 인종주의적·제국주의적·초민족주의적 유령이 복귀한 것에는 이처럼 독특한 유럽의 상실감이 연루되어 있었다고, 그리고 제2차 세계대전을 앞둔 유럽 민주주의의 운명은 본질적으로 이러한 복귀를 둘러싸고 갈등을 겪는 교섭과 결부되어 있었다고 주장할 것이다. 유럽적 비상사태의 두 번째 요소는 앞서 말했듯 고생산, 고임금 자본주의라는 미국식 모델의 출현이다. 1920년대에 미국이 세계 경제에 발휘하는 통제력을 점차 키울 수 있게 되면서 식민지배의 조건이 악화하였고 그에 따라 주요 유럽 열강의 경제적·정치적 안정이 저해되었기 때문이다. 따라서 신자유주의적 이데올로기의 반전체주의적 갈래를 이해하기 위해서는 그것이 유럽 권위주의의 두 극(파시즘과 공산주의) 및 1920년대와 1930년대에 미국에서 출현한 자본주의의 합리적-기술과학적 형상과 맺는 관계를 이해할 필요가 있다.

이러한 설명에 이어지는 절은, 첫째로는 제2차 세계대전에서 시작된 기술과학적 경쟁의 격화를 통해, 둘째로는 나치의 제노사이드가 드러난 이후 발생한 문명의 위기를 통해, 마지막으로는 자유무역, 형식적 자유, 자본의 무제한적 흐름 등의 원칙에 기초한 새로운 세계질서를 향한 움직임을 통해 전개된 신자유주의의 계보학적 형성을 보여주기 위한 시도이다. 이러한 사건들은 내가 제시하고자 해왔던 계보의 추상적인 좌표로 환원될 수 없다. 실제로 이 시점에서 정신의 정치와 역사를 위하여 반박할 수 없는 아우슈비츠의 진실을 찾으려는 시도에 대한 아도르노의 경고성 발언을 상기하는 것도 좋을 것이다(Adorno, 1996: 361-408). 하지만 니체의 계보학적 역사의 의도는 아도르노가 『부정변증법』에서 비판한 헤겔식 보편주의와 구별될 수 있는 것처럼 보인다. 문화에 대한 니체의 설명이 언제나 윤리적 삶, 종교적 경건함, 도덕적 양심의 형성에 있어서 우연성의 존재와 힘에 대한 단언을 추구하는 한, 신자유주의적 세계관 내에서 형성된 삶의 이상을 이해하기 위하여 우리가 특정한 계보학적 전략을 사용하는 것이 정당하다고 생각하기 때문이다. 제2차 세계대전 중 발생한 산업화된 사회의 동원과 관련하여 이것이 세계 경제의 형성에, 특히 기술주도 성장의 우위와 자유시장 경제의 지구화에 어떻게 영향을 미쳤는지 조심스럽게 살펴볼 필요가 있다. 자유시장을 향한 이러한 움직임의 힘은 아도르노가 시사한 것처럼 순전히 합리적-기술적 궤적의 결과가 아니었다. 오히려 나치 제노사이드의 발견은 제3제국의 파괴와 제2차 세계대전의 종결로부터 발생한 정치적·경제적·전략적 요소들의 합류에 도덕적 당위를 더했다. 따라서 우리는 미국이 유럽의 주요 경제국에 제공한 원조 프로그램(마셜 플랜)과 국제 무역을 복구하려는 노력이 좌우익 전체주의의 위험에 대한 유일한 실질적 해결책으로 제시된 방식을 살펴볼 필요가 있을 것이다. 마지막으로 나는 몽펠르랭 소사이어티의 엄격한 자유주의 이데올로기의 발전을 살펴볼 것인데, 1947년 그것의 결성은 완전히 명료화된, 근본적으로 반집단주의적인 세계관으로서의 신자유주의의 시작을 나타낸다.

이러한 주제는 우리를 다시 베르나르 스티글레르와 티머시 모턴의 이론적 관심으로 데리고 간다. 우리가 살펴봤듯이 모턴의 작업은 '백색 신화' 테제에 대한 독특한 설명, 즉 행위능력, 이성, 미, 영원한 것 등 서양철학의 이상을 재생산해온 '유럽' 중심적이고 '인간'중심적인 범주들이 산업적 근대성의 그림자이자 치명적 상응물로 존재하는 '하이퍼객체'(기후, 자연생물권, 자본주의 등)의 출현으로 대체된다는 설명을 제공한다(Morton, 2013: 1-24). 하이퍼객체는 인간중심적 관점을 대체하게 되는 분산되고 이질적인 실체인데, 그것들은 결합하여 순전히 기술적이기만 한 해법을 초과하는 지구적 효과를 만들어내며, 그에 따라 인간으로서 우리의 윤리적 지향을 생명의 행성적 조건으로 변화시키기를 요구한다. 이러한 변화는 본질적으로 역사적인 것인데, 기술과학적 자본주의의 장치에 의해 자연, 기후, 생물권에 가해진 피해의 정도를 일단 정량화할 수 있어야만 그것이 미적 문화, 초국경적 협력, 경제적 재분배의 글로벌 시스템으로서 적절히 표현될 수 있기 때문이다. 여기서 문제는, 미적 문화의 형성이 산업사회의 장치에 내재하는 절차가 되었다는 점이며, 초산업주의에 대한 스티글레르의 비판이 하이퍼객체의 정치에 대한 모턴의 생각을 복잡하게 만든다는 것은 바로 이러한 의미에서이다. '미적인 것'이 프로그래밍 산업의 관할이 되어버린 한에서 스티글레르는 서양 민주주의의 제도(국민국가, 시민사회, 대학 등)를 형성한 성찰과 자율성의 이상을 지우는 미디어 기술의 힘에 우선적인 관심을 가진다(Stiegler, 1998: 37-39). 나는 이 장에서 검토할 역사적 접합(즉, 1918년에서 1948년 사이의 전 지구적–기술적 자본주의의 진화)이 신자유주의적 상상의 계보에서 결정적인 지점이었다고 주장할 것이다. 보편적 세계관의 진화하는 작동을 자본, 미학, 기술 사이의 관계 속에서 더 잘 밝혀내고, 이러한 세계관의 급변하는 역사를 세계 경제의 발전 속에서 더 잘 보여줄 수 있을수록, 자본의 축적 체제에 대한 신자유주의의 변형적 효과를 더 잘 이해할 수 있을 것이기 때문이다.

— **전쟁과 전쟁 사이: 자본주의 그리고 유럽의 비상사태**

1918년 제1차 세계대전의 종식은 유럽의 문화적·경제적·정치적·실존적 위기의 시작을 알렸는데, 그 영향은 아무리 강조해도 과장되지 않을 것이다. 그들의 작품을 통해 전쟁과 기술진보의 황홀한 결합으로서의 인간 삶을 찬미한 에른스트 윙어, 윈덤 루이스, 필리포 마리네티 같은 예술가와 작가의 메시아주의는 산업화된 전쟁이라는 인류의 재앙으로 인해 완전히 평판을 잃었다. 제1차 세계대전은 기술의 진보가 반드시 인간을 고통으로부터 해방시키는 것은 아니라는 점, 그것은 언제나 트라우마와 파괴의 새로운 가능성을 열어젖힌다는 사실을 보여주었다. 1930년대 독일, 이탈리아, 스페인에서 그 파시스트적 미학이 다시 출현하게 될 유럽 모더니즘의 전쟁 이전 형식들은 유럽 제국주의의 쇠퇴 속에서 국제시장을 안정적으로 유지할 가능성과 자본주의의 미래에 대한 보다 실용적인 고려에 자리를 내주었다. 이러한 문제들을 그 역사적 맥락으로부터 떼어내서는 안 된다. 이들은 연합국이 독일로부터 막대한 전쟁 배상금을 뜯어내기로 한 시기, 바이마르 독일 일부 지역에서 매서운 정치적 배신의 느낌이 형성되던 시기, 공산주의라는 유령이 러시아 혁명이라는 형태로 돌아와 유럽 민주주의 주변을 떠돌던 시기에 속한다. 하지만 계보학적 관점에서 볼 때, 자본주의의 기술적 진화와 전간기 유럽에서 발생한 경제적·정치적 위기 사이의 관계의 특정한 측면에 주의를 기울이는 것이 필수적이다. 프랑크푸르트학파의 자본주의 분석은 애초에 이러한 관계에 관심을 두었으며, 이는 원초적인 집합적 실존 감각의 표출로서의 인간 문화가 경제라는 체계의 필요에 의해 대체되는 과정의 가속화로 규정될 수 있다. 전간기 유럽의 정치적 위기가 발생한 특수한 형태(나치즘과 파시즘의 부상, 제국주의와 자유방임 자본주의의 귀환, 공공지출의 축소 등)는, 그 영향이 입체파, 소용돌이파, 초현실주의의 순진한 상상계를 훨씬 넘어선, 그리고 1920년대 중반에 이미 국제시장을 지배하기 시작한 새로운 산업 패러다임에 대한 반응으로 보아야 한다. 이 패러다임은 프랑크푸르트학파의 이민자들이 미국에 정착한 것과 거의 같은 시기에 미국에서 출현하였으며, 기술, 경제, 인간 욕망이 점점 더 복잡하게 통합되는 형태를 띠었다. 따라서 이 절에서는, 전간기 유럽 민족주의의 동학이 미국 경제 패러다임의 확장에 따라 영향을 받은 방식, 그리고 특히 미국의 대중적 문화에 대한 대안으로 제시된 인종적·제국적 이데올로기의 재등장을 살펴볼 것이다.

1918년 연합국에 의한 독일의 패배 이후 유럽은 서구 산업사회의 지배적인 경제적 패러다임으로서의 신자유주의의 출현과 관련된 일련의 질문과 마주하게 되었다. 이들 중 첫 번째는 제1차 세계대전이라는 재앙적 폭력 이후 제국주의의 운명에 관한 것이다. 우리가 본 것처럼 제국주의에 대한 레닌의 글은, 유럽 자본이 점점 더 해외 식민지 병합에 의존하게 되었으며 결국 제1차 세계대전을 일으킨 것은 식민지의 시장, 인구, 자원을 둘러싼 프랑스, 독일, 러시아, 영국 제국 사이의 경쟁이었다고 주장했다. 레닌은 제국주의가 자본화 과정의 극복할 수 없는 장애물을 표현한다고 주장했다. 천연자원과 인적자원의 유한성은, 자본의 전 지구적 체제가 식민 지배의 실천에서 절대적 한계에 도달하게 되어 있다는 것, 그리고 자본주의적 민주주의 국가들 사이의 법적-계약적 공존의 가능성이 식민지를 둘러싼 영구적 갈등에 의해 일단 파괴된 이후 택할 수 있는 유일한 길은 생활수단과 노동의 사회화였다는 것을 의미했다(Lenin, 1999: 100-107). 레닌이 그의 글을 마무리했을 무렵 차르 러시아에서 볼셰비키 혁명이 일어났는데, 이 사실은 레닌의 자본주의적 제국주의 분석에 상당한 무게를 실어주었고, 오래된 제국주의 열강들이 국제 경제의 근본적인 구조 변화에 어떻게 대응할 것인가 하는 질문에 상당한 긴급성을 부여하였다. 그러한 질문은 항상 단순히 경제적인 것이상으로서, 전후 유럽에 극도의 문화적·정치적·도덕적 긴장을 불러일으켰다. 남은 제국 국가들(특히 프랑스, 영국, 그리고 바이마르 독일) 사이에서, 국민국가의 미래에 대한 질문은, 자유방임 경제, 제한된 국가 개입, 식민지 이익 수호 등을 포함하여 구질서를 유지하려는 보수적 분파와, 점점 경쟁이 심해지는 국제 경제에서 경쟁할 수 있는 무역 블록으로 유럽을 편성하기를 선호하는 보다 '세계주의적'cosmopolitan 입장 사이에서 양극화되었다. 따라서 제1차 세계대전 이후 사회적·경제적 현대화의 필요에 직면한 유럽 열강들의 주저함은 다음의 중요한 세 요소의 측면에서 보아야 한다. 첫째, 유럽 국가들 내에서 깊게 지속되는 제국에 대한 향수. 둘째, 1920년대와 1930년대의 경제적 위기를 거치면서 이러한 향수가 심화되었다는 점. 셋째, 지배적 패러다임으로서 미국 자본주의의 출현을 동반한, 의고주의와 현대화 사이의 독특한 유럽적 동학.

따라서 제1차 세계대전의 종결과 1920년대 후반 사이의 유럽 역사에서 우리가 관심을 갖는 것은 국제시장의 붕괴와 대공황의 시작을 통해 발생한 비상사태, 즉 절대적 위기의 진화이다. 1920년대 중반까지 전 세계적인 생산성 증대에도 불구하고 영국, 독일, 프랑스는 여전히 경기 침체를 겪고 있었는데, 이는 주로 제국과 식민주의에 대한 집착이 경제적 현대화의 과정을 저지하였기 때문이다. 여기에는 임금 하락, 전쟁 이전의 계급 및 지위의 위계가 고착되는 것에 대한 반응으로 노동자 봉기의 위협과 사회 불안이 수반되었다. 따라서 1919년 독일의 스파르타쿠스 봉기와 1926년 영국의 총파업은 1920년대와 1930년대 서유럽에서 구체제의 위기가 만들어낸, 잠깐 동안의 '사회주의의 기회'를 예시하는 것으로 보아야 한다. 전간기 유럽의 위기 속에서 힘의 초점이 된 사회주의에 대해서는 뒤에서 다시 논할 것이다. 지금 우리의 관심은, 유럽 제국 열강의 국가 정체성의 일부가 된 제국에 대한 집착의 정동적 유대이다. 「백색 신화」에서 데리다는 서양철학, 나아가 서양문화는 다른 문화에 대한 부채와 환대의 관념이 계속해서 지워지는, 퇴화involution 과정을 특징으로 해왔다고 주장했다(Derrida, 1982). 데리다에 따르면 이것은 식민주의의 실천과 밀접하게 연관된 진행형의 과정인데, 수탈의 폭력은 담론적·미적·분석적 범주로 변형되어 서양의 문명과 동양의 폭력, 수성獸性, 미신 사이의 영원히 반복되는 절대적 경계를 긋기 때문이다. 따라서 "서양의 형이상학은 그것을 만들어낸 굉장한 장면을 자신 안에서 지워버렸다"는 데리다의 주장은 적어도 부분적으로는 제국 열강들의 정체성 논리에 대한 주장이다(Derrida, 1982: 213). '서양'이 합리성, 자유, 자결이라는 특정한 이상에 기초한 세계관과 같은 무언가로 생각될 수 있는 한, 서양의 지배란 권력의 행사가 항상 '문명'과 '야만' 사이의 근원적 구별을 재차 명확히 하는 고도로 특수화된 폭력의 경제 가운데 일부라고 이해해야 하기 때문이다. 이러한 관점에서 볼 때, 전간기의 위기에는 두 가지 중요한 요소가 있다. 유럽 열강들 사이에서 어떤 구식 제국주의의 끈질긴 지속, 이러한 고리타분함이 초래한 이데올로기적 갈등.

여기서 제기되는 질문은 어째서 우리가 신자유주의 이데올로기의 역사와 영향을 이해하기 위해서 전간기 유럽의 위기를 재구성해야 하느냐는 것이다. 이러한 질문에 대한 계보학적 접근의 중요성은 어떻게 신자유주의 헤게모니가 특정한 역사적 상황으로부터 발생했는지 보여주려는 시도에, 그리고 그것이 하나의 '세계관'으로서 형성된 것은 양차 대전 사이에 유럽과 미국에서 발생한 정치적 폭력, 문화적 적응, 기술-경제적 발전의 **우발적** 상호작용의 결과라는 것을 보여주려는 시도에 나타나 있다. 이 우발성이라는 관념은, 니체가 『도덕의 계보학』에서 명시한 의미, 즉 모든 것은 부재의 가능성과 공존한다는 의미에서 매우 중요하다. 따라서 도덕성의 진화를 이해하기 위해서는 약자가 어떻게든 강자를 홀려서 보편적 정의와 존중의 제약하에 살게 하려는 절박한 몸부림을 이해해야 한다(Nietzsche, 1990: 192-194). 니체에 따르면 갈등으로 가득 찬 근대의 삶을 형성한 것은 약자의 필멸적 창의성, 그들 원한의 끊임없는 재동원이다. 인간 사회가 안정적인 것처럼 보이는 시기에도 실제로 그것은 예측할 수 없는 임박한 파멸의 사건이 출몰하는 깨지기 쉬운 균형이기 때문이다. 자본주의적 산업주의의 조건 아래에서 이러한 과정의 역동은 기하급수적으로 가속화되었다. 합리화, 기술, 대중매체, 문화적·종교적 전통 사이에 존재하는 긴장은 특유의 이윤 충동에 의해 격화된다. 세기 전환기 영화의 발명은 '문화'가 처음으로 문화산업의 기술체제에 종속된 시점에 나타낸다. 벤야민이 지적했듯 윤리적 삶에 대한 경험은, 희생과 구원의 종교적 경제 내에서 형성되고 이미지의 진실성에 대한 특정한 믿음에 의존했던 아우라적 전통에서 벗어나 부유하기 시작했다. 이러한 기술적 포획의 과정은 유럽에서 시작되었으며, 그 최초의 효과는 초기 영화에서 상연된 소박한 미적 스펙터클에서 감지되었다. 그러나 이것이 기술자본주의에 대한 초기 프랑크푸르트학파의 분석에 대한 나의 요지이기도 한데, 영화의 운동감각적 체제가 완전히 합리화된 경제 요소로 무르익은 곳은 미국이다. 스튜어트 제프리스는 『나락 속 그랜드 호텔』에서 아도르노가 "루즈벨트의 미국과 히틀러의 독일 사이의 직접적인 유사성"을 보았다는 통념을 상기시킨다(Jeffries, 2017: 206-207). 하지만 나는 아도르노가 전간기 유럽의 정치적 위기가 미국의 기술자본주의와 어떻게 연관되어 있으며 이러한 관계가 제2차 세계대전으로 이어진 이데올로기적 갈등에 어떻게 영향을 미쳤는가 하는 질문을 촉발한다고 말하는 것이 그의 작업의 정신에 더 가깝다고 생각한다.

1980년대 신자유주의의 대표적인 옹호자 가운데 한 명인 프랜시스 후쿠야마는 독일 파시즘이 "유럽 발전의 대체적인 추이에서 병든 샛길"로 간주되어야 하며, 히틀러의 패배 이후 "모든 종류의 영토 확대의 정당성이 철저히 불신받게 되었다"고 말한 적이 있다(Fukuyama, 1992: 14-15). 내가 보기에 이것은 근본적으로 바이마르 독일에서의 나치즘의 기원을 오해하는 것이며, 신자유주의의 진화에 대한 나치즘의 관계를 오인하는 것이다. 후쿠야마에 따르면, 유럽 계몽주의는 전통적으로 정치적 권위가 기초해 있던 인종적·종교적·가부장적 신화로부터 인간 사회가 벗어나기 시작하는 지점이다. 이러한 관점에서 볼 때 모든 형태의 파시즘은 유럽의 발전 과정에서 일탈로 나타난다. 독일 민족Volk의 절대적 권위에 대한 기초로서 인종적·가부장적 신화를 복원하려고 하는 한 그것은 칸트와 헤겔 철학에 제시된 합리적 자유의 원칙과는 결코 양립할 수 없기 때문이다. 그러나 이것은 파시즘을 본질적으로 전간기 유럽에서 발생한 '비상사태'와 관련된 정치적 현상이라기보다는 계몽주의 철학에 나타난 자유의 도정으로부터의 일탈이라고 상정한다. 앞서 말한 것처럼 1920년대는 유럽의 경제적·정치적 힘이 쇠퇴하고 미국의 기술 자본주의가 국제시장의 지배적인 힘으로 출현한 시대였다. 이러한 상황은 바이마르 독일에 만연한 민족적 불만과 더불어, 서유럽에서 민족주의 이데올로기의 기이하고도 지독한 반복을 낳았다. 독일, 스페인, 이탈리아에서 초민족주의의 '귀환', 그리고 '자연적' 삶의 질서에 관한 정의와 평등의 제약을 떨쳐내겠다는 결단은 부르주아 민주주의가 체계적으로 자신의 역사를 지우고, 그 공식적-법적 장치를 파괴하며, 그것의 집합적 감수성을 이간시키기 시작하는 상황으로 이어졌다(Horkheimer, 2004: 63-109). 따라서 마침내 1930년대 유럽에서 전개된 파시즘과 민주주의 사이의 대립은 유럽 제국주의를 뒷받침했던 맹렬한 인종적·민족주의적 신화의 귀환에 의해 예고된 것이었다. 그러나 이러한 귀환의 가장 강력한 형태인 나치즘의 아리아 이데올로기는 후쿠야마가 주장한 것처럼 단순히 유럽 사회의 합리적 진보에 대한 일탈이 아니었다. 오히려 그것은 국가가 전통적인 삶의 질서를 보존하는 데 실패한 것에 대한 반작용이었으며, 그것의 힘은 자본, 문화, 경제 간의 진전하는 관계 속에 만연한 폭력의 미학화로부터 유래한다(Benjamin, 1997: 54-60; 1992: 234-235).

여기서 중요한 점은, 계보학적 관점에서 볼 때 파시즘은 자유주의적 자본주의의 근대성에 내재된 긴장과 직접적으로 관계된 전략으로서 등장한다는 것이다. 예를 들어 에른스트 놀테의 유형론에서 히틀러의 국가사회주의는 무솔리니 파시즘의 모더니즘적 요소와는 대비되는 교조적 인종주의이자 지독한 반근대적 이데올로기로 제시된다(Nolte, 1965: 41-47). 물론 나치즘은 제1차 세계대전 이후 독일의 경제적 곤경을 통해 형성되었다. 연합군에 의해 무장해제되고 막대한 전쟁 배상금을 지불하도록 강제된 굴복한 침략국으로서 독일은 유럽 열강들 가운데 국제시장의 근본적인 변화에 적응할 능력이 가장 부족했다. 1920년대와 1930년대 초 바이마르 독일은 일련의 파국적인 경제적·정치적 위기를 겪으면서 자유방임 자본주의와 민주주의의 형식적-법적 체제에 대한 환멸의 감각을 키웠다. 본질적으로 나치 세계관은 제국 국가에 내재된 게르만 신화, 즉 민족Volk과 국민nation의 통합에서 표현되는 인종적 본질에 대한 관념을 히틀러가 재발명한 것이다(Nolte, 1965: 365-374). 따라서 바이마르 공화국의 경제적·정치적 붕괴 속에서 그와 같은 반-근대주의적, 반-민주주의적 사고의 매력은 분명한데, 그것은 최약체인 비-아리아적 형태의 인류에 의해 민주주의의 인위성(정의, 평등, 시민권의 보편적 형태)이 부과되기 전에 존재했던 '자연적인' 삶의 질서로의 복귀를 나타낸다(Horkheimer, 2004: 63-86). 다른 글에서 나는 파시즘의 본질이 국가nation에 대한 복종과 복무에서 오는 행복의 약속이며, 그것의 정치적 호소력은 부르주아의 도덕적 개인주의(즉, 계약의 합법성에 대한 세심한 주의, 모든 시민들 사이의 형식적 평등에 대한 인지, 민족적völkisch 정체성의 포기)에 대한 단념으로부터 나온다고 썼다(Abbinnett, 2013: 111-142). 물론 그러한 세계관은 구유럽 열강의 장엄한 권위와 미국에서 발전 중이던 고도로 합리화된 형태의 자본주의 두 가지 모두에 적대적이었다. 국가사회주의가 결국 개인의 무의미함, 총통Führer의 절대적 권리, 끝없는 갈등을 통한 구원 등을 중심으로 조직된 죽음 숭배였던 한, 그것이 유럽에서 지배적인 정치 세력으로 출현한 것은 유럽 민주주의와 미국 자본주의의 신흥 헤게모니에 대한 직접적인 도전이 되었기 때문이다.

내가 전개하고자 하는 신자유주의의 계보학은 양차 세계대전 사이에 유럽에서 출현한 세력들의 특정한 결합을 고려해야 하는데, 자유민주주의와 자본주의 사이의 관계가 극단적 불확실성의 시기로 접어든 것이 바로 이 시점이기 때문이다. 연합국에 의해 제3제국이 결국에는 파괴되고 그에 따라 유럽이 자유시장 경제로 재건된 것을 자본주의의 합리적-기술적 조직화를 향한 세계적 경향의 일부로 보는 것이 정확한지도 고찰할 필요가 있다. 『미니마 모랄리아』에서 아도르노는 실제로 제2차 세계대전의 결과는 미국의 경제력과 기술력에 의해 결정되었다는 주장을 견지한다. 그의 입장은 간결하게 요약될 수 있다. 히틀러에 맞선 전쟁에 미국의 개입은 불가피했다는 것이다. 첫째, 미국 자본주의의 기술적 기구machinery가 유럽에 존재하는 어떤 것보다도 훨씬 높은 수준까지 진화해 있었기 때문이다. 둘째, 이러한 기구는 전 지구적인 자유시장의 부재 속에서는 적절히 자본화될 수 없었기 때문이다. 마지막으로 미국에서 출현한 자유라는 대중적 이데올로기는 나치즘 이데올로기에 심히 적대적이었기 때문이다. 아도르노는 또한 1941년 일단 미국의 기술-산업 권력이 전쟁의 요인이 되자 제3제국과 독일 국가의 파멸은 단지 시간 문제라고 주장했다(Adorno, 1996: 103-106). 물론 이러한 주장에는 부정할 수 없는 무언가가 있는데, 일단 미국이 참전하자 기술력의 균형이 결정적으로 연합국에 유리하게 기울었기 때문이다. 그러나 내가 보기에 아도르노는 독일에서 국가사회주의의 승리를 중심으로 모여든 갈피를 잡을 수 없는 우발적 요소를 간과한 것 같다. 그러니까 나치즘이 1930년대 유럽의 '백인종' 및 '백색 국가'에 대해 발휘한 매력과 반감의 양가적 감각, 그리고 아리안/노르딕 문화의 순수성을 보존하려는 히틀러의 계획에 유럽이 굴복할 가능성의 상존 말이다. 실제로 아우슈비츠가 폭로되고 히틀러의 제3제국이 멸망한 뒤에도 이데올로기로서 파시즘이 존속한 것을 설명해주는 것이 바로 이러한 매력이다. 따라서 우리가 전간기의 변환적 의의를 이해하고자 한다면 유럽의 비상사태를 유럽의 정치문화와 세계의 지정학적 역학에 전례 없는 변동을 만들어낸 경제적·이데올로기적·미적 효과의 결합으로 파악해야 한다. 본질적으로 나치즘의 부상, 그리고 그것에 의한 스페인 및 이탈리아 파시즘의 효과적인 포섭은 인종 폭력을 무한히 재활성화할 수 있는 폐쇄적 이데올로기의 출현이었기 때문이다.

앞서 언급한 것처럼, 전간기 및 전후 소련 공산주의의 영향은, 제2차 세계대전 이후 서구 자본주의가 그 힘을 확장해온 정치적 형태로 간주된 신자유주의와, 전체주의에 의해 제기된 위협 사이의 관계를 알아보는 데 중요했다. 후쿠야마가 제안한 것과 같은 부류의 자유주의 역사서술은, 인간 자유의 기본 조건으로서 계몽주의로부터 생겨난 법적 권리와 도덕적 책임이, 단일성이라는 공적 스펙터클 속에서 끊임없이 재상연되는 '민족'에 의도적으로 굴복한다는 의미에서 파시즘을 뒤틀린 형태의 '정신'으로 다룬다. 그러나 사태를 이런 식으로 생각하는 것은 전간기 스페인, 이탈리아, 독일에서 파시즘의 '고전적' 발현이 그것의 반복 능력을 소진시키는 변증법적 사건이 아니라는 점을 놓친다. 파시즘의 인종적 동학은 그 신체적·에로스적·신화적 강도가 근대성의 승화에 내재되어 있는 리비도 경제로 간주되는데, 그것은 자본주의적 근대성의 진화하는 경제적·기술적 조건 속에서 언제든 재형성될 수 있다. 따라서 유럽에서의 전쟁에 대한 미국의 개입은 그것의 효과, 동기, 결과가 현상학적 역사의 구조에 잘 들어맞지 않는 사건이다. 항상 그 정당성의 조건을 재구성하고자 했던 것으로 여겨지는 이 사건은 문화, 인종, 민주주의에 대한 매우 특수한 이해understandings를 가진 미국식 자본주의 패러다임이 '구유럽'의 문화뿐만 아니라 파시즘과 공산주의 이데올로기에 대해서도 성공적인 개입의 조건을 형성하기 시작한, 이데올로기적·미적·정치적 활동의 격렬한 시기의 시작을 나타냈기 때문이다. 이러한 과정에 비추어볼 때, 미국과 영국이 소련과 맺은 동맹은 가능한 한 빨리 전쟁을 끝내야 할 필요에서 비롯된 전략적 필연으로 볼 수도 있다. 하지만 이 동맹이 관계의 변증법적 전환 같은 어떤 것도 만들어내지 못했다는 것은 명확하다. 나치 정권을 파괴한 연합군의 협력 행동은 미국 자유주의의 철저한 반공산주의적 결의를, 또는 파시즘과 공산주의를 (아마도 전자가 두 악 중에는 덜한 것이라 보면서) 같은 전체주의 이데올로기의 두 측면으로 간주하는 결정을 바꾼 적이 없다. 이러한 관점에서 우리는 신자유주의 세계관의 계보에서 유럽 사회주의의 중요성을 확인할 수 있다. 미국 자본주의의 미디어-기술과학적 체제를 소련의 정치적 기구와 근접하게 만든 전략적 필연성은, 신자유주의의 근본적으로 반집단주의적인 요소를 빚어낸 이데올로기적 형성 과정이 가속화된 시기 또한 낳았기 때문이다.

앞으로 살펴보겠지만 이러한 이데올로기적 형성의 과정은 전쟁 직후의 몇 년 동안 매우 중요한 것으로 밝혀졌다. 전쟁 중에 집필되었으며 대중운동으로서의 나치즘 형성으로 이어진 지적 세력을 재구성하려는 시도였던 하이에크의 『노예의 길』이 여기에서 중요하다. 하이에크의 논지는 과학적인 산업 조직의 발전이 사실은 민주주의와 정의라는 사회주의의 이상과 양립할 수 있다고 주장하는, 전간기 독일에서 출현한 기업사회주의의 한 판본과 관련이 있다. 그 기본 발상은 무역과 기업가주의에 대한 '영국식' 모델로부터 착상된 '개인주의'가 파산하였다는 것, 그리고 비마르크스주의적 사회주의의 핵심인 집단적 삶과 민주주의의 정신을 조직적 필요에 통합하는 것이 앞으로 나아갈 길이라는 점이었다. 하지만 하이에크에 따르면 독일의 자유 문화culture of freedom와 개인의 자유individual liberty를 파괴할 수 있는 대중운동으로서의 국가사회주의가 출현하도록 이끈 것은 명예나 용맹한 위엄이 없는 본질적으로 타락한 이데올로기로서의 영국 자유주의에 대한 독일의 거부이다. 자행된 기만은 자유주의와 자유라는 원칙이 사실은 반동적 세력인 것처럼, 그리고 전체의 집단적 삶에 개인을 적절히 통합하는 데에 문명의 진보가 달려 있다고 보이도록 만드는 것이었다. 이러한 기만은 마르크스주의로부터 유래한 것인데, 하이에크가 보기에 그것은 집단적 삶의 조직 구조에 대한 인간의 '과학적' 통합을 위하여 능력의 자연적 분화라는 로크의 원칙을 포기한 사회주의이다. 따라서 독일에서의 국가사회주의의 출현과 러시아혁명은 자본주의의 막판 전략이 아니라 사회주의 세력과 경제조직을 통합하고자 하는 이데올로기적 발전의 결과로 이해되어야 한다(Hayek, 1945: 176). 나치즘은 전체성에 대한 마르크스주의적 물신화의 결과로, 여기서 개인은 사회적 기계의 생성적 기능 내에서 에너지 양자 하나와 별반 다르지 않게 된다. 이러한 관점에서 볼 때 전체주의의 원래 형태는 마르크스주의인데, 자유와 필연의 영역을 사회적 노동에 대한 집단적 경험으로 종합하려는 시도는 도덕적 성찰의 순간을 용납하지 않는 숭배적 형태의 권위로 퇴행하는 것이 불가피하기 때문이다. 결국 하이에크의 초기 저작에서 준비되고 있는 것은 소련식 마르크스주의에 맞선 자유주의적 자본주의 국가들의 투쟁인데, 전후 미국에 들어온 근본적으로 개인주의적인 판본의 자유주의의 뿌리를 찾을 수 있는 것이 미제스의 『전능한 정부』와 더불어 바로 이 초기 저작이기 때문이다(von Mises, 1969).

제2차 세계대전과 파괴의 기술

독일 관념론 전통에서 포착된 자유주의적 자유 개념에는 무언가 숭고한 것이 있다. 예를 들어 칸트의 정치철학에서 도덕적 자유의 행사에 기여하는 공적 제도의 발전은 개별 시민의 미적 감수성에 인상을 남기는 특정한 정동적 힘을 가진다. 따라서 우리가 인간사에서의 진보를 객관적 사실로 측정하는 것은 불가능하지만, 인간 해방이라는 대의가 진전되는 세계사적 사건Begebenheiten은 인식할 수 있다. 일례로 칸트는, 자코뱅 정권이 결국에 가서 빠져들고 만 폭력과는 별개로, 프랑스혁명을 개인의 자유가 최대로 인정되는 정치적 형식을 드러낸 사건으로 생각하였다(Kant, 1991: 182-183). 이러한 관점에서 볼 때, 그러한 사건의 역사적 의의는 폭력이 잦아든 후에만 구체화될 수 있으며, 그 폭력을 목격은 하되 거기에 휘말리지는 않은 상태에서만 도출되는 경향이 있다. 그러므로 칸트가 자유의지에 부여하는 우선성이나, 자유의지가 그것의 자율성을 결정할 수 있게 하는 실천이성은 매우 특수한 종류의 것이다. 국가가 그 세속적 체제의 폭력으로부터 결코 자기 자신을 정화할 수 없다는 것이 사실이긴 하지만, 장기적으로 인류의 진화는 자유의지의, 그리고 법의 징벌 경제에 자유의지가 미친 영향의 결과이기 때문이다(Kant, 1991: 46-47). 칸트에게 자유로운 시민사회의 형성은, 계몽된 민주주의의 이상에 점점 더 가까워지는 내적 구조를 가진 국가들 사이의 폭력 감축에 의해 그 도덕적 정당성이 입증되는 어떤 것이다. 이제 칸트에게 전쟁의 스펙터클은 그 속에 '숭고한 무언가'를 가지고 있는데, 정확한 교전 규칙을 따르는 군대 사이에서 발생하는 폭력의 교환은 정당한 자기결정과 자유의 수호를 위해 수행되는 분쟁의 도덕적 의의를 드러내기 때문이다(Kant, 1982b: 92-97). 계보학적 관점에서 볼 때, 이와 같은 역사의 섭리적 구성으로부터 제기되는 질문은 우리가 제2차 세계대전을 (파시즘과 공산주의에 대한 자유민주주의의 우월성을 결정적으로 입증한) 하나의 사건Begebenheit으로 정당하게 간주할 수 있는지, 아니면 신자유주의적 세계관의 형성에 있어서 이 전쟁의 의의를 보다 비판적으로 사고해야 하는지와 관계된다.

프리드리히 하이에크는 파시즘에 대한 마르크스주의적 설명이 근대성의 역사적 발전에서 그것이 차지하는 위치를 인식하는 데 실패하였다고 줄곧 주장하였다(Hayek, 1945: 4). 예를 들어 트로츠키는 초기 당 간부들 사이에서 생겨난 국가사회주의의 이데올로기가 독일 민족주의의 낡은 제국주의적 이상을 '토해내는 것'이라고 주장하였다. 그는 사회주의와 부르주아 민주주의의 이상에 완전히 반대하는 한 국가사회주의 독일 노동자당NSDAP은 보나파르트주의 운동이며, 그것의 전략적 목표는 무력에 의한 권력 장악이라고 주장하였다. 결국 이러한 반동적 이데올로기가 실제로 독일 국가에 의해 권력이 주어진 대중적 정치운동의 핵심을 형성할 수 있었다는 사실은 파시즘에 관한 본질적인 진실을 드러냈다. 부르주아지, 노동계급, 귀족을 근본적으로 반유대적이고 고도로 군국주의적인 민족주의를 지지하도록 대규모로 결집하는 그것의 능력은 독일의 자본주의 지배 엘리트에 의해 묵인된 것이라는 점 말이다. 결국엔 파국으로 나타났지만, 1933년 3월 24일 히틀러가 수상Chancellor의 역할을 맡아 사실상의 비상 권력을 헌법적 제약 없이 행사하는 것을 허용하는 법안을 통과시킴으로써 지배계급은 NSDAP의 급진주의의 물길을 구식의 조합주의적 민주주의를 재천명하는 쪽으로 돌릴 수 있으리라는 도박을 했다(Trotsky, 1934: 437-443). 하이에크가 보기에 이러한 유형의 마르크스주의적 주장은 파시즘에 대한 투쟁의 진정한 의미를 파악하지 못하는 조잡한 조직적 유물론을 표현한다. 트로츠키는 단지 한 종류의 조직적 물신주의를 다른 종류의 물신주의에, 그러니까 나치즘의 인종적 민족주의를 공산주의의 따분한 프롤레타리아적 기능에 대립시킨다. 그러나 내가 보기에 나치즘이 낳은 폭력으로부터 진보의 황금 씨앗을 뽑아내려는 하이에크의 결의는 1789년 이후 유럽의 계몽된 국가들을 통해 울려 퍼졌다고 칸트가 주장하는 보편적 정신을 명시하는 데 거의 도움이 되지 않는다. 1920년대 후반과 1930년대 초반은 인간 문명의 정점을 이루었는데, 여기서 자본주의 근대성의 전 지구적 결과는 바이마르 독일의 붕괴라는 거대하고 비이성적인 스펙터클 속에 분명하게 드러났다. 따라서 트로츠키가 파시즘에 대한 논쟁에 추가하는 것은, 첫째, 자본의 고질적인 불안정성과 파시즘의 관계에 대한 인식이고, 둘째, 파시즘이 단지 죽은 이데올로기로 이해될 수 없다는 사실, 즉 그 파괴의 격렬함은 우리가 부르주아 자유주의의 도덕적·정치적·경제적 원칙을 다시 참조하게끔 한다는 것이다.

앞에서 말한 것처럼 신자유주의에 대한 후쿠야마의 옹호는, 나치즘이 서유럽 문명에서 확인되는 일반적 진보에서 이탈한 것이며, 그것이 제2차 세계대전 이후 공적 영역에 재등장한 것은 자유민주주의의 변두리에 머물게 되어 있는 광신적 집단에 국한된다고 주장했다(Fukuyama, 1992: 16-17). 이러한 논변의 중심에는 헤겔로부터 유래하는 인간의 진보에 대한 특수한 서사가 자리 잡고 있는데, 그것은 역사의 폭력으로부터 출현한 정치적 삶의 상징적 질서가 자유의 실현을 위한 투쟁에서 스러져간 자들의 고통을 보상한다고 주장한다. 이러한 관점에서는 히틀러의 군비 확장에 의한 희생자뿐만 아니라 아우슈비츠 및 동유럽 전역에 뻗어 있던 죽음의 수용소에서 죽은 모든 이들이 자유주의가 지배적인 지구적 이데올로기로 확립됨에 따라 모종의 구원을 얻는다고 간주하는 것이 정당화될 수 있다. 하지만 데리다가 『마르크스의 유령들』에서 지적한 것처럼, 전쟁 중에 발생한 이데올로기적·생명정치적·조직적 '이탈'을 처리했다는 이러한

　　　　　　　　　　　　1부 자유주의와 근대성

결정은 신자유주의적 세계관의 본질적 부분이 된 의기양양한 승리감에 기여하는 경향이 있다(Derrida, 1992: 49-75). 신자유주의적 세계관의 역사에서 '정신'의 자리를 해체하는 데리다의 분석을 받아들인다면, 우리는 역사적 사건Begebenheit으로서 제2차 세계대전의 의의를 재고해야 할 것이다. 이러한 관점에서 볼 때 1941년에서 1945년 사이에 추축국과 연합국 간에 벌어진 갈등은 인간 사회의 조직적 체제에 거대한 변화를 가져왔음을 인식해야 한다. 이러한 변화들 가운데 가장 중요한 요인으로는 기술적 시스템 발전의 전례 없는 가속화, 조직적 산업생산 체제의 대규모 확장, 새로운 생명정치적 통합 양식(즉 인간과 기술적 시스템 사이의 인터페이스)의 발명, 대규모 정부 지원 기업에 대한 엄청난 자본 집중 등을 꼽을 수 있다. 우리가 자유주의의 신자유주의적 세계관으로의 진화를 이해하고자 할 때 반드시 고려해야 하는 것이 이러한 요인들이다. 전쟁 중에 일어난 기술 자본주의의 가속화된 발전은 본질적으로 독점자본주의 체계의 필요 내에서 자유, 개인주의, 주권, 일, 사랑, 그리고 희생 등의 이상을 재편하기 위해 끊임없이 작용하는 재현 체제로서의 신자유주의의 출현과 관계되어 있기 때문이다.

『노예의 길』 서론에서 하이에크는 제2차 세계대전이 영국과 미국에서 모두 혼란스러운 경향, 즉 개인적 삶의 영역과 경제적 생산의 영역이 병합되는 경제의 출현을 가져왔다고 언급했다. 전쟁상의 필요는 개인의 권리와 자유의 보존에 적대적인 방향으로 진화해 온 사회화된 생산양식을 낳았다. 이는 경제 체계의 필요들이 개별 시민의 삶에 대해 무조건적 우선성을 부여받을 것이라는 두려움으로 거슬러 올라간다. 따라서 하이에크가 『노예의 길』을 집필한 목적 중 일부는 만연해 있는 '19세기 자유주의에 대한 경멸'이 전쟁 이후에 적절히 다루어질 수 있을 것이며, 자유방임 자본주의의 기본 원칙으로의 회귀가 있으리라는 점을 확실히 하는 것이었다(Hayek, 1945: 3). 이는 하이에크가 자유주의를 옹호하면서 자유freedom의 안티테제로 제시하는 조직organization 개념에 대한 몇 가지 쟁점을 제기한다. 그가 사용하는 것처럼 이 용어는 후기 근대에 출현하여 공적 영역의 구성과 개인적 자유의 수행에 막강한 영향을 미친 일군의 '객관적' 요인들을 함께 끌어모은다. 이러한 요인들 중에는 내가 위에서 언급한 것들도 있다. 자본의 집중, 생산의 합리적-관료제적 조직화, 인간-기술 통합에 대한 '과학'의 출현, 사회적 삶 및 경제적 삶의 모델로서의 '시스템 필요사항'system necessities의 발전 등. 하이에크가 확보하고자 하는 것은 중앙의 계획 당국에 의해서는 결코 성취될 수 없는 사업에서의 자생적 적응을 경쟁이 산출해내는 그런 공적 영역으로의 복귀이다(Hayek, 1945: 9). 하지만 그것은 경제, 기술 그리고 인간의 삶 사이의 진화하는 관계에 대한 질문을 회피한다. 호르크하이머와 아도르노는 처음으로 생명정치적 폭력을 이러한 질문에 대한 단서, 즉 우리가 독점자본주의의 중첩된 체계들 속으로 통합되어 있는 정도, 그리고 이러한 시스템들이 인간 삶의 다양한 특수성에 가하는 임박한 위협으로 식별해냈다(Horkheimer and Adorno, 1986: 3-42). 따라서 만약 우리가 호르크하이머와 아도르노가 『계몽의 변증법』에서 전개하는 테제를 받아들인다면, 검토해야 할 두 가지 중요한 사항이 있다. 첫 번째는 전쟁 수행에서 생명정치적 폭력의 현실이 드러난 방식이다. 두 번째는 그러한 폭력의 압도적 사실성에 대한 반응으로 신자유주의적 세계관이 형성된 방식이다.

아도르노의 『미니마 모랄리아』를 잠시 살펴보자. 이 책은 본질적으로 근대 자본주의 사회의 기능적-도구적 조직화와 폭력 사이의 관계에 대한 확장된 성찰이다. 아도르노의 요지는, 후기 자본주의에서 일, 문화, 욕망의 총체적 합리화를 향한 움직임은 문화의 '인간적 요소'를 파괴하지 않고서는 달성될 수 없는 무언가라는 것이다(Adorno, 1996: 231-233). 사회적 삶의 상징적 질서는 인간이 잠재적 생산성으로 그 개인적 가치가 계산되어 대체 가능한 존재가 되는 물화된 관계의 구조에 의해 점진적으로 대체된다. 물론 이것은 개인이 세계 속 자신의 자리를 인식하던 전통적인 종교적 삶의 형태가, 자본주의 체제를 등장시킨 사회적·경제적 합리화의 과정에 의해 대체되었다고 주장한 막스 베버의 탈주술화 테제의 확장이다. 요점은 '근대화'와 '합리화'의 과정은 서로를 강화하며, 인간의 삶과 경제적 생산의 체계 통합과 관계된 다양한 담론 형태를 낳았다는 것이다. 본질적으로 이것이 아도르노가 물화라 불렀던 바이다. 그것은 인간을 에너지, 욕망, 복제 가능한 물질, 지각 노동sentient labour 등의 정량화될 수 있는 조각들로 환원하는 것인데, 이들은 전체의 요구를 충족시키기 위해 조작될 수 있다. 물화의 과정은 근대성의 진화로부터 분리될 수 없으며, 인간 사회에서 펼쳐지는 개체화, 인정, 도덕성의 상징적 경제를 근본적으로 변화시킨다. 실제로 아도르노의 『미니마 모랄리아』를 관통하는 대중사회의 관념에는 역사적 전개 속에서 드러나는 '상처받은 삶'의 흔적이 들러붙어 있다(Adorno, 1996: 233-235). 그러므로 나치즘이라는 재앙은 인종주의 및 초민족주의의 신화가 독일의 파멸 현장으로 복귀한 결과일 뿐만 아니라, '유대인 문제'에 대한 기술적 해결의 가능성을 실현하려는 결단이기도 하다. 한나 아렌트가 지적했듯이, 나치즘이 극단적이지만 통상적인 형태의 민족주의로부터 모든 유럽 유대인의 절멸을 중심으로 내적 구조가 조직되어 있는 인종적 이데올로기로 발전한 것은 현존하는 기술적 파괴 수단에 의해서만 그 한계가 결정되는 죽음 숭배가 진화한 것으로 이해되어야 한다(Arendt, 1979: 364-388). 이러한 관점에서 볼 때, 유럽에서 전쟁을 일으킨 주요 요인(독일의 대외적 팽창, 생활권Lebensraum의 전유, 히틀러 정권과의 협상 불가능성)은 모두 절멸을 위한 기술적 수단의 발전과 궤적을 함께하는 인종주의적 생명정치인 최종 해결책Endlösung과 관계가 있었다.

이는 전간기 유럽의 특수한 지정학적 관계가 제2차 세계대전이 펼쳐진 방식에 영향을 미치지 않았다는 뜻은 아니다. 의심할 바 없이 초기 히틀러 군대의 성공은, 1933년 이후 독일이 고도로 군사화된 국가가 되었고, 스페인과 이탈리아가 파시즘에 굴복하였으며, 프랑스와 영국이 대공황 기간에 국방을 현대화하고자 분투했다는 사실에 기인하였다. 그러나 이러한 전략적 관점을 넘어서, 전쟁 수행의 근저에 깔린 요인은 아리안/게르만의 지배라는 생물학적 이상에 대한 독단이었다고 볼 수 있다. 인간의 역사에 대하여 '문화 창조자'(대체로는 북유럽계Nordic 사람들, 그중에서도 특히 게르만 인종)와 '문화 파괴자'(비백인 일반, 특히 사이비 백인인 유대인) 사이의 투쟁이라는 유사 니체적 표상을 견지한 나치의 세계관은, 전쟁의 추구를 통해 끊임없이 게르만 민족의 구원을 얻고자 했던 죽음 숭배가 아니고서는 자기 자신을 표현할 수 없었다. 결국 나치즘의 신화적 토대는 그것이 자유주의적 합의(모든 인간의 형식적 평등에 대한 인정 및 정의에 대한 보편적 원칙의 입안)의 규칙을 지킬 수 없었다는 것, 그리고 아우슈비츠의 잔학함이 드러나기 전이었더라도 그것은 부르주아 자본주의의 도덕적 문화에 통합될 수 없었다는 것을 의미했다(Horkheimer and Adorno, 1986: 168-208). 따라서 제2차 세계대전은 나치즘의 생물학적 신화가 극단적 악으로 인식된 시점으로서, 그로부

                    1부 자유주의와 근대성

터 자유주의의 도덕적·정치적·미적 이상이 수호되어야 했다. 이러한 판단에는 네 가지 구체적 요인이 있다. 첫 번째는 나치즘의 예외성에 대한 루스벨트 행정부의 인식, 즉 그것이 단지 용인될 수도 있는 민족주의의 극단적 형태가 아니라 통상적으로 인정되는 전쟁의 모든 한계를 초과한 폭력성을 지닌 이데올로기라는 사실이다. 둘째, 1939년에서 1941년 사이의 유럽 전쟁은 히틀러 권력의 군사적 확장이 안정과 안보에 대한 전략적 고려에 의해 제한되지 않는다는 것을 보여주었다. 그리고 나치의 전쟁 추구는 국가적·인종적 영광을 위하여 기술을 남용하는 것이었다. 벤야민은 이를 '전쟁의 미학화'라 불렀다(Benjamin, 1992: 235). 마지막으로, 나치즘의 인종주의 이데올로기는 미국 자본주의의 대중적 이데올로기에 직접적으로 반대되는 것이었다. 실제로 루스벨트는 유럽과 일본의 파시즘 발흥에 대한 자신의 응답(그 유명한 1941년 1월의 '네 가지 자유'Four Freedoms 연두교서)은 "그가 어디에 살든, 모든 신조와 모든 인종의 권리"를 수호하겠다는 약속이라고 단언하였다(Dallek, 2018: 409-410).

미국의 유럽 전쟁 개입에 대한 루스벨트의 정당화는 처음부터 파시즘이라는 극단적 악과 그것이 유럽 민주주의에 가한 위협으로부터 발생한 도덕적 필요성으로서 제시되었다. 따라서 우리가 파시즘에 맞선 전 지구적 투쟁을 신자유주의적 세계관의 계보에서 중대한 국면으로 제시하는 것이 정당화될 수 있다. 앞서 말했듯이 제2차 세계대전을 결국에는 미국 경제의 규모와 기술적 우위에 의해 그 결과가 결정된 전쟁이라고 간주하는 것은 파시즘에 맞선 투쟁에서 발생한 인적 희생을 평가절하하는 것이 아니다. 오히려 세계사적 사건으로서 그 전쟁이 갖는 특수성을 형성한 복잡한 기술적·경제적·조직적·이데올로기적 요인을 인식하기 위함이다. 그러므로 이 전쟁을 민주주의의 필연적 재편을 향한 길을 가리키는 하나의 사건과 같은 것으로 간주한다면, 우리는 그것이 합리적인 산업 국가들에서 폭력의 기술적 배치에 관하여 무엇을 드러내는지 고려해야 한다. 벤야민은 "기술이 사회의 원초적 힘을 감당할 수 있을 만큼 충분히 발달하지 못했"고, 나치즘이 자신의 '타자'에 대해 가차 없는 기술적 폭력을 동원하는 결과를 가져온 것은 바로 이러한 도덕적 문화의 결핍이었다고 주장했다(Benjamin, 1992: 235). 호르크하이머와 아도르노가 제시한 견해는 훨씬 더 비관적이었다. 기술자본주의가 대중에게 뿌리 깊은 정신적 폭력을 창출해낸다는 벤야민의 테제에 동의했으면서도 그들은 첫째로는 나치즘의 반유대주의 세계관에 대한 '믿음'은 항상 불순하다는 것, 그리고 둘째로 전체주의 이데올로기 속에서 '유대인'은 원칙적으로 다른 어떤 희생양에 의해서도 대체될 수 있는 인물이 되어버렸다고까지 주장했기 때문이다(Horkheimer and Adorno, 1986: 208). 나치즘과 관련하여 프랑크푸르트학파의 근본적인 통찰은, 나치즘이 인종에 대한 유사과학과 피와 땅blood and soil에 관한 민족적 전통을 융합하는 전체주의적 세계관으로 급속히 발전한 것은 게르만인의 아우라와 그들의 인종적 타자들의 기생적 존재 모두를 '상연하는' 새로운 기술적 수단의 결과라는 인식이다. 사회적·문화적 정체화identification의 질서를 변형시킬 수 있는 메커니즘으로서의 영화의 출현은 이데올로기적 괴물을 낳았는데, 그것은 레니 리펜슈탈의 〈의지의 승리〉나 프리츠 히플러의 〈영원한 유대인〉 같은 선전 영화에 가장 조잡하고도 교묘하게 표현되어 있다. 따라서 나치즘의 대중적 미학이 바이마르의 규범적·정치적 제도를 타락시킬 수 있었던 속도는 전쟁 이후 자유와 민주주의라는 자유주의적 이상을 재확인하는 데 중요한 요인이었다는 것을 인식해야 한다.

히틀러의 집권 이후 국가 재건 프로젝트는 비극적 필연성을 띠고서 뉘른베르크 법의 통과, 서유럽의 군사적 진압, 그리고 '유대인 문제에 대한 최종 해결책'을 향해 펼쳐졌다. 따라서 나치즘의 부상과 그 파괴적 궤적의 전개는 신자유주의의 계보에서 중요한 지점을 나타낸다. 유럽 전쟁에 대한 미국의 개입이 도덕적·정치적·경제적·전략적 요인의 합류에 의해 결정된 한, 1945년 연합국의 승리는 일단의 강력한 이해관계가 서양 문명의 영혼을 두고 경쟁한 순간으로 이해되어야 하기 때문이다. 장 프랑수아 리오타르는 그의 저서 『쟁론』에서, 나치즘의 파괴는 "그 이후에 정적靜寂을 남기는데 … 그것은 치안 활동에 의해 미친개처럼 두들겨 맞은 것이지, 그 적수들의 규칙(자유주의의 논변, 마르크스주의의 모순)에 순응한 것이 아니기 때문"이라고 주장한다(Lyotard, 1988: 106). 다시 말해 나치 체제의 정치 권력은 인종에 대한 신화와 그것이 초래할 수 있었던 민족 정체성의 리비도적 재창조로부터 비롯된 것이다. 그래서 전쟁 이후 연합군에게 남겨진 문제는 효과적인 탈나치화의 문제였다. 리오타르가 지적한 것처럼 나치즘은 스스로를 정당화하는 이데올로기의 패러다임적 사례인데, 여기서는 민족에게 일어나는 모든 좌절이 종국에는 헤치고 이겨내고야 말 역사적 운명의 일부로 해석될 수 있기 때문이다(Lyotard, 1988: 108). 아도르노는 그의 에세이 「과거를 일깨우는 것의 의미」에서 비슷한 점을 지적하는데, 여기서 그는 미국의 기술적 우위와 제국의 멸망에도 불구하고 여전히 히틀러의 몰락을 "아직은 세계정신이 바로잡을 수 있을지도 모를 세계사적 우연"이라고 생각하는 사람들이 있었다고 주장한다(Adorno, 2005: 95-96). 이러한 관점에서 히틀러 정권의 군사적 파괴는 민주주의의 형식적-합리적 구조 내에서 파시즘의 잠재적 효력이 끝났음을 의미하지 않았다. 우선 연합군의 승리는 과잉의 순간(예를 들어 드레스덴과 함부르크의 폭격) 없이는 보장되지 않았으며 결과적으로 강력한 원한의 감각이 아리안 세계관과 얽히게 되었다고 말할 수 있다. 그러나 중요한 점은 1945년 유럽에서 연합군과 소련군이 합쳐지면서 생겨나 1948년 둘의 협력이 붕괴될 때까지 지속된 휴지기가 미국 측에서는 모든 인류를 자유롭고 비전체주의적인 미래로 이끌기 위해 고안된 이데올로기적 장치 내지는 세계관을 향한 자유주의의 급진적 변형으로 얼룩졌다는 것이다(Adorno, 2005: 191-204).

아우슈비츠를 잊어버리기: 마셜 플랜과 몽펠르랭

잠시 정리해보자. 이 장에서 나의 우선적인 의도는 19세기와 20세기 초 유럽에서 그 영향력에 부침이 있었던 자유주의가 전후에 사회철학 내지는 경제철학 이상의 무언가로 출현하게 된 요인들을 살펴보는 것이었다. 나의 입장은, 첫째로는 파시즘과 공산주의라는 전체주의 이데올로기가 유럽에서 자유민주주의를 파괴하겠다고 위협하며, 둘째로는 구제국주의 열강이 세계 경제에서 자기 자리를 유지하기 위해 애쓰는 시점을 나타내는 제2차 세계대전이 이러한 발전에 중심이 되었다는 것이다. 전쟁의 결과는 결국 미국 자본주의의 기술적·경제적 힘에 의해 결정되었지만 이러한 승리의 성격은 매우 구체적인 방식으로 이해되어야 한다. 그것은 '파시즘의 종식'이나 '전체주의 이데올로기에 대한 최종적 논박'으로 여겨져서는 안 되며, 오히려 아도르노가 나치 제노사이드의 규모가 밝혀진 뒤 인식한 것처럼 기술과학적 자본주의의 계속된 발전으로부터 비롯되는 일단

　　　　　　　　　　　　　　1부 자유주의와 근대성

의 새로운 윤리적·정치적 책임의 시작으로 생각되어야 한다.『부정변증법』의 말미에 기술되어 있는 것처럼, 아도르노의 요구는 '기술적' 조직화가 사회적 삶의 지배적인 양식이 되어서는 안 된다는 하이에크의 주장과 기묘한 친화성을 가진다. 그러나 아도르노에 따르면, 아우슈비츠라는 사건은 자본주의의 합리적-기술적 장치가 개인에 대한 돌이킬 수 없는 위협을 내장하고 있다는 것을 보여주었다. 사람들이 생명의 재생산 및 처분을 통제하는 생명기술 시스템 속에 전적으로 흡수될 수 있다는 위협 말이다(Adorno, 1990: 361-408; Adorno, 1996: 331-333). 내가 말했듯이, 우리는 제2차 세계대전을 자유주의가 단지 독점자본주의 체제를 정당화하기 위해서만이 아니라 자유주의의 개념을 재발명하고, 노동 체제를 변화시키며, 인간과 기술 사이의 관계를 다시 빚어내고, 서구 민주주의의 문화와 정치를 근본적으로 변화시키기 위하여 결합하는 다양한 이질적 요소들을 포함하는 이데올로기로의 변형을 시작한 시점으로 간주해야 한다. 다시 말해 1945년 이후 경제적 지구화의 과정이 급속히 확장되는 것을 가능케 한 세계관의 윤곽이 출현한 것이다(Abbinnett, 2018). 따라서 우리는 이러한 세계관의 계보학적 전개를, 그리고 그러한 세계관의 헤게모니가 전후 최초의 정식화로부터 어떻게 발전해왔는지를 살펴볼 필요가 있다.

일반적으로 파시즘, 특수하게는 나치즘의 발생에 대한 질문은 세계관으로서의 신자유주의 출현에 있어 절대적인 핵심을 차지한다. 그에 관한 한 '아우슈비츠'는 인류의 역사에서 간단히 지워질 수 없는 끔찍한 사실성을 갖고 있기 때문이다. 침묵 속으로 사라지는 변증법적 지양의 잔재로서든 아니면 우리가 그 원인을 이해하고 예방할 수 있는 탈선으로서든 말이다(Adorno, 2005: 98-103). 파시즘은 독점자본주의의 합리적-기술적 총체성 속의 삶으로부터 발생하는 생명정치이며, 그것의 재발 위협은 히틀러 제국의 파괴와 함께 파괴되지 않았다. 전쟁이 끝난 후, 나치의 제노사이드가 자연적 정의와 합법성이라는 이상에 대한 독일 특유의 왜곡이 아닌 다른 무엇임을 인정하는 데에는 주저함이 있었고, 그리하여 한나 아렌트가 지적하였듯 뉘른베르크 재판은 인류 자체에 대한 범죄로 개인이 기소될 수 있는 새로운 범주의 틀을 잡는 책임을 회피하게 되었다. 생명정치적 폭력이 산업화된 기술문명의 진화에서 말소될 수 없는 하나의 가능성으로 출현했다는 인식은 개인적 책임의 경험적 증거를 확립하는 것의 어려움 속에서 산발적으로만 등장하면서 재판의 배경으로 밀려났다(Arendt, 1977: 274). 그러나 아도르노와 아렌트는 모두 나치 제노사이드의 극악무도함에 대한 발견이 이미 유럽 자유주의 문화의 법적·도덕적·정치적 구조에 대한 연합군의 실천적 믿음을 흔들기 시작했으며, 그러한 문화를 전체주의의 안티테제로 재정식화할 필요를 만들기 시작했다고 보았다. 그래서 이를 연합군의 승리라는 맥락에 두자면, 전후의 독일을 어떻게 다룰 것인지 그리고 '아우슈비츠라는 사실'을 어떻게 다룰 것인지 하는 질문이 실용적으로, 다시 말해 근본적으로 새로운 판본의 자유주의 이데올로기의 발명을 통해 답해졌다. 계보학적 관점에서 이해할 때 이 새로운 이데올로기의 힘은 나치 제노사이드를 잊으려는 의지, 그 승화된 기억을 아우슈비츠에서 벌어진 일을 '일깨우는' 과업에 의해 구애받지 않는 현대적이고 탈식민적인 무역 블록으로 유럽을 확립하는 데 끌어오려는 의지로부터 나온다(Adorno, 2005: 99-100). 제발트가 말하듯, 새로운 독일은 "과거에 대해 침묵을 명하고 오직 미래만을 가리키면서 [몹시도 수고스럽게_ 저자의 추가] 얼굴 없는 현실을 창출해냄"으로써 만들어졌다(Sebald, 2003: 7).*

　　　　　　　　　　　　　　　　　1부 자유주의와 근대성

계보학적으로 말하자면, 신자유주의적 세계관의 출현은 본질적으로 구원의 현실성, 혹은 더 구체적으로는, 집단적 죄의 무게 아래 무너지지 않고 과거에 대한 책임을 떠안는 것이 가능한가 하는 질문과 관계되어 있다. 위에서 말했듯이 이 질문에 대한 답은 1941년 미국의 전쟁 개입 이래로 줄곧 등장해왔으며, 주로 세 가지 영역에 초점이 맞추어져 있었다. 첫 번째는 추축국을 포함한 유럽을 존속 가능한 경제교역 블록으로 재구성하는 것이었다. 두 번째는 좌우 전체주의 모두에 대한 좌우파 양측의 도덕적·정치적·학문적 논박이었다. 그리고 세 번째는 자유, 개인주의, 도덕적 자기결정 등의 자유주의적 이상을 확장하는 기술자본주의 체제에 걸맞게 새롭게 빚어내는 새로운 정치적 상상을 구축하는 것이었다. 따라서 세계관으로서의 신자유주의의 형성은 그 극악성을 어떤 단순한 방법으로는 없앨 수 없는 사건(유럽의 황폐화, 히로시마와 나가사키, 나치의 제노사이드)으로부터 비롯되었는데, 이러한 사건들은 생존을 위한 노동(일, 생산, 세속적 삶)과 속죄를 위한 노고(죄책감, 기억, 용서)의 매개를 가능하게 하는 실질적인 틀을 필요로 하였다. 그러나 앞으로 살펴볼 것처럼 정치적·경제적 이데올로기로서 신자유주의의 형성을 추동한 실질적 힘은 주로 전자였다. 결국 기억, 속죄, 용서의 문제는 경제와 생존의 필요에 자리를 내주었다. '카이사르 국가'의 세속적 요구가 나치 제노사이드의 트라우마를 퇴치할 수 있는 실용적 형식으로 출현한 것이다(Levinas, 1994: 171-181). 따라서 우리는 전쟁 이후 이 퇴마 의식이 행해진 방식을 살펴볼 필요가 있다.

『노예의 길』 서론에서 하이에크는 영국과 미국에서 "국방의 목

* W. G. 제발트, 『공중전과 문학』, 이경진 옮김, 문학동네, 2018, 18쪽.

적을 위해 [경제적 또는 시민사회의_ 저자의 추가] 조직이 창조의 목적을 위해서도 유지되어야 한다는 동일한 결의가 존재한다"는 두려움을 표한다(Hayek, 1945: 3). 하이에크는 전쟁 수행을 위해 필요했던 생산의 사회화와 국가의 경제계획이 평시에도 유지될 것을 두려워했던 것 같다. 그의 요구는 자유시장을 전유했던 조직적 기구를 완전히 해체해야 한다는 것, 그리고 파시즘적 전체주의 및 공산주의적 전체주의의 진정한 안티테제인 자발적 창조성을 가진 도덕적 개인주의로 복귀해야 한다는 것이었다. 이러한 주장의 핵심은, 나치즘의 악을 이해하기 위해서는 그것과 사회주의의 조직적 이데올로기와의 연관성을 이해해야 한다는 것이다. 이는 사회라는 기능적 총체와 개인 사이의 관계는 순전히 집단의 필요에 대한 개인의 기여라는 측면에서만 정량화될 수 있음을 주장한다. 사회주의는 무한한 집단적 책임의 무게, 즉 개별 시민들의 삶에 가해지는 부담의 지속적 확대에 기초한 체제를 발전시킨다. 하이에크에 따르면 파시즘은 이러한 이데올로기를 가져다가 개인들이 총통의 뜻에 전적으로 복종할 것을 요구하는 초민족주의적 숭배로 변형시킨다. 따라서 파시즘과 사회주의는 모두 개인의 생명에 대한 자의적 처분에 맞서는 유일하게 참된 보호책으로 버티고 서 있는 권리와 합법성이라는 원칙의 안티테제를 이룬다. 자유시장이라는 조건에서 개별 행위자는 국가로부터 최소한의 방해만을 받으면서 자신의 잠재력을 개발할 자유를 가지며, 사회를 위한 최대의 선을 산출해내는 것은 바로 이처럼 족쇄 없는 활동이다. 하이에크에 따르면 인간 사회를 앞으로 몰고 나가는 협력과 전문화의 증대는 이러한 최소주의적 통치의 기초 위에서만 가능하다. 사회적 행복과 집단적 복지가 개인 활동의 유일한 목적이 된다면 그 결과는 언제나 개인이, 그리고 사회적·경제적 삶의 자생적 질서에 대한 그의 기여가 뭉개지는 것이기 때문이다(Hayek, 1945: 519-530). 따라서 전쟁에 총력을 기울이며 이미 130억 달러를 지출한 미국이 유럽의 재건을 돕기 위해 어떻게 개입해야 했는가 하는 문제는 결코 단순하지 않았다. 전후 미국이 추구한 경제철학이 명백히 '자유시장'이었던 한, 전후 유럽의 복구를 위한 미국의 재정 지원이 고전적 자유주의의 도덕적·경제적 원칙에 위배된다고 주장하는 강력한 로비가 존재했기 때문이다(Mirowski and Plehwe, 2015: 1-34).

종전과 1948년 소련의 베를린 봉쇄 사이 독일의 상황과 관련하여 마크 마조워가 주목한 것 중 하나는 연합군 점령의 초기 단계에서 향후의 유럽 분할은 상대적으로 불확실했다는 점이다. 결국엔 소련의 위성국이 될 동유럽 국가들의 점령에 대한 소련의 공식적인 노선은 그들이 동화되기에 충분한 산업 발전의 수준에 도달하지 못했다는 것이다. 그러나 전쟁 후 독일에 설치된 독일관리이사회 multinational Control Committee의 초기 실용적 기능이 점차 정치적으로 되어감에 따라 미국 자본주의와 소비에트식 공산주의 사이의 이데올로기적 긴장이 점점 첨예해졌다. 독일의 소련에 대한 배상금 분쟁은, 독일 사회민주당SPD과 공산당KDP의 통합을 시도하는 소련의 정책에 대한 갈등과 더불어 소비에트 러시아와 미국 간의 대립 심화로 이어졌다. 그리하여 1947년에 이미 동과 서, 자본주의와 공산주의 사이에서 유럽의 '냉전적' 분할을 위한 준비가 시작되었다. 루스벨트 사후에 트루먼 행정부는 명시적으로 반공산주의적 정책을 추구했는데 이는 결국 소련이 베를린 서부를 봉쇄하고 1949년에는 독일 동부에 독일민주공화국GDR을 수립하도록 촉진하였다(Mazower, 1998: 240-249). 이후 위성국가들의 합병이 시작되었고, 동유럽과 서유럽 사이에는 철의 장막이 내려졌다. 여기서 중요한 점은 서양의 자본주의적 민주주의의 지배적 세계관인 신자유주의의 출현을 이해하려면, 그것이 만들어진 상황의 복잡성과 우발성을 이해해야 한다는 것이다. 한편에서 마셜 플랜(유럽부흥계획the European Recovery Programme)으로 알려진 바의 지지자들은 서유럽을 무역 블록으로 재건하고 그리하여 공산주의가 자유민주주의에 대하여 제기한 위협을 상쇄하는 것은 유럽 국가들에 수십억 달러를 기부함에 의해서만 가능하다고 주장했다. 다른 한편에서는 이러한 종류의 대규모 원조 프로그램은 다른 형태의 '조직적' 계획일 뿐이며, 전후 유럽의 경제를 그처럼 무분별한 증여 위에 세우는 것은 그 수혜국의 의존성과 재정적 무책임을 조장하는 것이라고 주장하는 사람들도 있었다. 이와 같은 입장의 대립(증여의 재생력 대 자조의 규율)은 신자유주의가 서구 자본주의의 헤게모니적 체제로 진화해가는 것을 이해함에 있어서 매우 중요하다.

물론 마셜 플랜이 증여의 모범적인 형태로 이상화되어서는 안 된다. 신흥 동부 블록에 국경을 접하고 있는 국가들에 대한 지원을 우선시했던 이 계획의 반공주의적 의도와는 별개로, 지원의 분배는 펌프에 마중물을 넣는 활동이었다. 대규모 산업 경제(독일, 프랑스, 영국 등)에 대한 원조는 미국의 유럽과의 교역, 특히 미국이 전쟁 중에 개발한 첨단 제조기술과 정보기술의 판매를 증가시키는 방편으로 제공되었다. 미국 재계의 로비는 어떤 종류의(금전적 또는 기술적) 투자가 유럽과의 교역 기회를 최대화할 것인가 하는 문제에 민감했으며, 원조의 배분에 상당한 영향력을 행사하였다. 그러나 마셜 플랜이 시행된 방식에 대한 이러한 '시장의 영향력' 때문에 우리가 그것의 예외성을 간과해서는 안 되는데, 170억 달러 이상이 상환할 필요 없는 보조금 형태로 서유럽 국가에 기부되었다는 사실이 남아 있기 때문이다. 내가 보기에 제2차 세계대전에는(전쟁의 전 지구적 영향권, 무기의 기술력, 나치 제노사이드에 대한 끔찍한 폭로 등) 그처럼 방대한 자본 기부 행위가 가능했던 역사적 계기를 만들어낸 무언가가 있었다. 바타유적 의미에서 선물로 이해되는 마셜 플랜은, 전쟁에 관련된 모든 이들이 겪게 된 죽음의 근접성에 대한 경험에 기원을 둔 절대적 주권을 표현한다. 순수한 공리주의적 계산의 관점에서 보면 그것은 말이 안 되는 행위인데, 그것이 만들어내는 잠재적 이득은 인정, 화해, 심지어는 구원 등 손익에 대한 형식적인 계산 가능성을 넘어서는 예기치 못한 순간 속으로 분산되어 있기 때문이다. 선물은 그것을 받는 이들에게 주는 자에 대한 일정한 의무를 만들어내기는 하지만, 또한 새로운 기부의 가능성을 발생시키는 과잉의 순간이기도 하며, 그것은 자본주의적 근대성의 구조 속에서 출현한 미적·정치적·경제적 문화의 '제한된' 형태를 침식시키는 주권을 새롭게 창조해낸다(Bataille, 1997: 292-293). 바타유에게 이처럼 예측할 수 없는 효과의 경제는 좋은 것인데, 그것이 인간에게 고유한 자유와 죽음의 경험을 재활성화하고, 탁월하고 창조적인 삶을 고취한다는 대의하에 이윤을 재분배하고 지속적인 경제성장의 원리를 포기하는 불가사의하고 비마르크스주의적인 '사회주의' 개념을 뒷받침하기 때문이다(McGoey, 2017: 8-10). 물론 이러한 버전의 '사회주의'는 신자유주의라는 새롭게 부상하는 헤게모니 아래에서 번성할 수 있는 것이 아니었다.

마셜 플랜이 진전되어가는 것과 거의 같은 시기에 프리드리히 하이에크, 루트비히 폰 미제스, 밀턴 프리드먼, 칼 포퍼를 포함한 39명의 급진적 자유주의 사상가들이 첫 회합을 가졌다. (창립회의가 열린 스위스의 지명을 따라) 몽펠르랭 소사이어티가 될 이 모임은 자유민주주의에서 사회적 계획이 시장의 자유를 침해하는 것이 전쟁에 의해 허용된 이후 경제와 정치에 대한 고전적 자유주의의 원칙을 재확립하는 데 전념했다. 나는 이 장 전반에 걸쳐 제2차 세계대전 막바지에 발생한 사건들의 결합이 신자유주의적 세계관의 형성에 결정적이었으며, 오늘날 그것이 강력하게 이데올로기적이며 다중적으로 네트워크화된 체제로 발전하게 된 것은 역사상의 이 중추적인 시점으로부터 유래한다고 주장해왔다. 하이에크, 미제스, 포퍼는 모두 나치즘의 부상 그리고 히틀러가 자신들의 고국을 합병하리라는(합병Anschluss은 결국 1938년에 도래하였다) 예상에 직접적으로 영향을 받은 오스트리아인이었다. 물론 몽펠르랭 소사이어티의 지적 의제가 그러한 전기적 유사성에 의해 직접적으로 형성되었다고 말하는 것은 내가 제시한 계보와 부합하지 않을 것이다. 그러나 몽펠르랭 소사이어티가 작성한 최초의 목표 선언문에서 개인의 도덕적 주권에 대한 그들의 이해와 전체주의적 이데올로기에 의해 제기된 위협 사이에 밀접한 관계가 있었다는 점은 분명하다. 그리하여 협회가 공식적으로 내놓은 여섯 개의 출범 목표 가운데 두 번째는 "전체주의적 질서와 자유주의적 질서를 보다 분명히 구별하기 위하여 국가의 기능을 재정의할 것"이었다. 또한 네 번째 목표는 "시장의 기능과 주도권을 저해하지 않는 수단으로서 최소한의 기준을 수립할 가능성"을 타진하는 것이었다(Mirowski and Plehwe, 2015: 21-34). 이러한 목표를 달성하기 위해 몽펠르랭 소사이어티는 구성원 사이에 존재하던 분열에도 불구하고 신자유주의적 경제학의 분석적 토대를 형성한 노동, 자유, 도덕적 효용에 대한 매우 구체적인 개념을 발전시켰다.

자유를 개인에 대한 제약이나 강압의 부재로 보는 몽펠르랭 소사이어티의 설명은 로크, 벤담, 밀의 고전적 자유주의 전통으로부터 영향을 받은 것이다. 그런데, 비판적 이성과 그것이 행사되는 객관적-제도적 구조의 관계에 대하여 칼 포퍼의 작업에서 가장 일관되게 전개된 바 있는 그러한 논지에는 인식론적 요소가 있다. 『역사주의의 빈곤』에서 포퍼는 파시즘과 공산주의를 가리지 않고 그가 진정한 민주주의의 창의적 아나키즘에 전체론적 세계관을 부과하는 것으로 간주하는 전체주의의 철학적 토대에 혼신의 공격을 가한다(Popper, 1979a: 17-19). 포퍼의 과학이론에 따르면 세계의 '실재'는 과학으로 포착될 수 있는 무언가가 아니다. 그 용어는 모든 것의 본질적 진실을 드러내고 그 계시에 따라 세계를 다스리려는 유사과학적 시도와 공모한 형이상학적 환상이다. 과학의 범위에 속해 있기 위해서 비판적 이성은 특정한 사태('x'가 어떻게 유발했고, 어떻게 발전했으며, 그것의 영향은 무엇일지)에 관한 통념적 지식을 확증하는confirm, 또는 수용된 이론을 반증하는falsify 실험을 정식화하는 것으로 그 자신을 제한해야 한다(Popper, 1979b: 4-8). 여기서 중요한 점은 포퍼가 귀납의 문제와 관련하여 주장하는 것으로, 언제나 '실재'는 우리가 부과하고자 하는 이론적 틀을 피하려 하고(이것이 인과성에 대한 흄의 유명론적 접근의 진실이다), 이는 과학적 탐구의 실행을 제한하면서도 집중시킨다. 다시 말해 과학은 독창적인 가설의 설정, 그리고 일군의 특정한 현상에 대한 종래의 견해를 반증하려는 새로운 실험의 고안을 장려하는 방식으로 '게임의 규칙'이 상정된다는 의미에서 민주주의에 대한 하나의 전범을 제공한다. 이러한 '열린 사회' 개념은 몽펠르랭 소사이어티에서 구체화된 자유의 이상과 매우 가깝다. '열린 사회' 개념에서 각 개인은 어떤 공동체의 일부로 간주되는데 이 공동체의 존재는 진리를 향해 끊임없이 진화하는 잠재력으로 이해되어야 한다. 예를 들어 자유시장의 '상시적 기적'standing miracle 그리고 산업사회의 진화하는 요구를 충족시키는 그것의 능력에 대한 하이에크의 언급은 이러한 입장을 분명하게 드러낸다(Hayek, 2013: 519). 경제가 역동성을 유지하고 각 개인이 사회의 실질적 진화에 참여하는 것은 (항상 사회적 필요와 개인적 책임 사이의 진화적 관계에 대한 진정한 지식임을 주장하는) '사회 계획'이라는 강압적 제약으로부터 우리 각자가 자유로운 한에서만 가능하기 때문이다.

결론에 즈음하여 나는 프레드릭 제임슨이 '징후적 철학화하기'symptomal philosophizing라 불렀던 것을 조금 해보려 하는데, 이는 명백하게 이질적인 효과들을 관계들에 대한 하나의 개념적 성좌 속으로 함께 연결하는 것을 수반한다(Jameson, 1998: 39). 몽펠르랭 소사이어티는 특수한 역사적 분기점에, 즉 유럽 민주주의를 심하게 훼손시키고 경제적·정치적·기술적 힘의 전 지구적 균형을 변형시킨 대규모의 전쟁 끝에 출현하였다. 따라서 자유주의의 본래 원칙을 재확립하고자 하는 그 구성원들의 집착은 전쟁 중 산업자본주의가 진화했던 복합적 과정의 맥락에서 보아야 한다. 4장에서 논하겠지만 이러한 진화적 과정의 본질은 사회적·경제적 조직에 대한 생명정치적 모델의 출현인데, 그것의 발전은 군사적-산업적 갈등의 압력에 의해 급격히 가속화되었다. 이러한 모델에서 개별 시민은 최대한 효율적으로 생산, 소비, 전쟁의 기술적 체제에 공급되어야 하는 생물학적 에너지의 조각으로 간주된다. 이는 실질적으로 몽펠르랭 소사이어티의 모든 성원에게 있어서 현대 산업사회의 다분히 비인간적인 경향을 드러낸다. 개체화 과정이 관료적·기술적 체계로 전환되는 한 인간의 진정한 '효용'(성찰적으로 생각하고 스스로 방향을 설정하는 역량)은 무력화되기 때문이다. 실제로 몽펠르랭 소사이어티에 속한 이들의 다수는 마셜 플랜이 지나치게 관대했으며, 유럽의 정부들이 성공적인 재건에 필요한 개인의 노력을 가로막는 사회주의적 정책을 추구하도록 부추겼다고 주장했다(Mirowski and Plehwe, 2015: 245-246). 그러나 징후적 관점에서 고려하면 이처럼 가혹한 방식으로 자유주의의 근원에 복귀하는 것은 자유주의 가능성의 조건, 즉 국가 및 경제의 기술과학적 조직과 사실상 구별되는 공적 영역이 근본적으로 달라졌다는 사실로부터 비롯하는 것으로 보아야 한다. 자유주의 이데올로기의 징후적 부활을 산출한 것은, 자본이 '대중사회'의 미디어-기술과학적 네트워크 속으로 이동함에 따라 이처럼 변화했다는 사실이다. 자본주의가 개인의 욕망에 대한 미적 조작 및 통합을 요구하는 기능을 가진 '조직적' 체계가 되었다는 사실은, 자유의 수호에 대한 학문적 담론으로서든, 자유가 근대성의 기술적 힘과의 관련 속에서 계속해서 재상상되는 만화경적 세계상으로든, 신자유주의의 형성에 있어 결정적인 요인이다.

4장에서는 신자유주의적 상상이 제2차 세계대전 이후, 그러니까 미국식 소비자본주의 모델의 발전을 통해 진화한 방식을 검토할 것이다. 특히 '후기 자본주의' 내지는 '탈산업'사회에서 이루어진 형식적 자유, 미적 표준화, 생명정치적 통제 사이의 조화를, 그리고 이것이 1950년대와 1960년대의 신자유주의적 세계관의 헤게모니에 어떻게 기여했는지를 살펴볼 것이다.

[4] 소비, 개인주의, 대중사회
(1950~1979)

——— **재앙 이후**

내가 제시한 계보학은 20세기 후반 헤게모니적 세계관이 된 신자유주의의 진화가 자본화 과정을 체계적으로 확장시켜온 기술 시스템과의 관계 속에서 이해되어야 한다는 생각을 전제로 한다. 나는 베르나르 스티글레르와 티머시 모턴의 사유를 바탕으로, 신자유주의가 어떻게 인간의 삶을 전 지구적-기술적으로 재편하는 데 필수적인 개인주의의 문화적·정치적·경제적 형상으로 발전해왔는지 보여주기 위한 이론적 틀을 택했다. 지금까지 내 설명은 신자유주의 세계관이 취해온 특유의 형식, 즉 노동, 만족, 효용, 욕망의 이념들이 자본의 기술적 장치에 시초부터 미리 예정된 형식으로 도사리고 있었던 것이 아님을 보여주고자 했다. 오히려 스티글레르가 기술에 대한 연구 전반에 걸쳐 강조하고 있는 바이기도 한 점은, 사회적 아비투스를 혼란스럽게 만드는 기술의 효과를 재-현하는 인간의 미적이고 이데올로기적인 형식들은 언제나 특정한 '민족적' 특수성을 유지한다는 것이다. 앞선 장들에서 나는 근대성의 기술 네트워크 속에서 스티글레르가 '정신'이라고 부르는 것의 효과, 즉 인류 역사의 기술적 경향이 서로 다른 문화적 맥락에서 어떻게 매개되는지, 또한 무엇보다도 기술적 통합의 다양한 스타일과 전략들이 정치적·경제적 지배를 강화하는 데 어떤 식으로 기능해왔는지 설명하고자 했다. 예를 들어 3장에서 나는 미국 자본주의의 기술적 기반에 엄청난 도약을 가져온 제2차 세계대전이라는 사건이 어떻게 유럽 전체주의에 대항하는 투쟁과 관련하여 형성된 일련의 문화적·경제적·미적 이상을 낳았는지 살펴보았다. 미국 경제의 기술력이 나치즘을 붕괴시켰다는 사실로 인해 미국식 도덕적 개인주의와 자유시장 이데올로기는 매우 구체적으로 강화되었고, 전후 서구 자본주의의 지배적 이데올로기로 발전하게 되었다.

이러한 이데올로기 형성 과정에서 매우 중요한 부분은 연합군이 동유럽의 강제 수용소들을 해방시키면서 그 기술 체제의 규모가 드러난 나치의 집단 학살로부터 비롯되었다. 『부정변증법』의 마지막 부분에서 아도르노는 계몽된 정치와 문화를 가졌다는 유럽에서 어떻게 아우슈비츠가 가능했냐는 물음은 곧 '아우슈비츠 이후' 무엇을 해야 하는가를 묻는 것이라 주장했다(Adorno, 1990: 361-408). 아도르노는 우리가 죽음의 수용소에서 모습을 드러낸 근본적 악을 통해, 그리고 이것이 산업사회의 합리적-기술적 조직화와 관련되어 있는 방식을 통해, 근대성의 목적과 그것이 인류에게 가하는 특수한 위협을 재평가해야 한다고 주장한다. 아도르노가 직면하고 있는 것은 아우슈비츠의 사건성, 즉 아우슈비츠의 발생이 전통적으로 역사를 진보로 이해해온 변증법적 메커니즘을 교란하고 무효화하며, 나치 학살 이후의 세대에게 막중한 구속救贖의 의무를 부과한다는 사실이다. 니체가 인식했듯이, 그와 같은 중대한 의무 전체를 짊어지는 것은 불가능하다. 그것의 '무게'는 그토록 거대한 사건을 물려받은 이들의 삶을 압도해 짓눌러버릴 것이기 때문이다. 니체가 『즐거운 학문』에서 신의 죽음에 대해 언급했듯이, "이 무시무시한 사건은 아직 오는 중이고, 여전히 배회하고 있으며, 아직 사람들의 귀에 닿지 않았다(Nietzsche, 1974: 182)." 그렇다면 아우슈비츠의 문제는 여전히 신의 존재에 대한 물음, 신이 나치의 죽음의 수용소에 있었는지(그럼으로써 우리가 홀로코스트, 쇼아의 의도를 찾도록 했는지), 아니면 그 사건은 결국 우리에게 어떤 신적 의미도 없는 삶을 남긴 것인지에 대한 물음이라 할 수 있다. 아도르노의 입장은 불가지론적이다. 그의 미시적 분석을 둘러싼 구원의 관점은 쇼펜하우어와 유사한 폐허의 윤리에 지나지 않을 수도 있고, 혹은 인간 문화의 신적 기원에 대한 호소일 수도 있다. 하지만 중요한 점은 전쟁의 종식이 실제로 니체가 말한 광인, 인간이 신을 죽이고 모든 문화적·윤리적·정치적 이상을 파괴했다고 선언하는 산만하고 끈질긴 목소리가 출현하도록 촉발했다는 것이다. 이 목소리는 아우슈비츠 문제에 관한 아도르노의 작업의 반주를 이룬다. 이는 그 사건의 막대함을 '종결짓고', 신이 초월적 신비로 등장하는 옛 신앙의 조항들을 보존하려는, 또한 자본주의의 새로운 도덕과 정치경제의 부흥에 시동을 걸고자 하는 결의를 속삭이는 목소리이기 때문이다(Adorno, 2005: 191-204).

신자유주의의 역사에 대한 계보학적 접근은 2차 대전 이후 유럽 경제의 재건을 이끈 동기의 일반경제에 대해, 더 구체적으로는 종교성과 희생, 구원의 경험이 효용과 생산성, 행복이라는 새로운 미학적 목록으로 전환된 것에 대해 생각해볼 것을 요구한다. 마셜 플랜이 대표적인 사례이다. 미국이 서유럽 경제 재건을 위해 130억 달러를 지원한 것은 자유주의 경제의 엄격한 규율에 위배되는 행위였기에, 그러한 과잉된 제스처에는 준신학적인 무언가, 아우슈비츠라는 사실로 구체화된 실존적 위협에 응하는 무언가가 있었다(Bataille, 2013: 169-190). 그런 의미에서 마셜 플랜은 '자유주의'가 '신자유주의'로 변모하는 학문적·이데올로기적·미적 노동의 치열한 시기가 시작됨을 보여주는 기점이라 할 수 있다.

이러한 전환은 복잡한 과정이며, 세 가지 핵심 요소를 포함한다. 첫째로 근대 자본주의 사회의 조직적 합리성을 넘어서는 개인적 권리와 의무, 책임의 재천명이 있다. 3장에서 보았듯이 이는 몽펠르랭 소사이어티에서 가장 순수한 형태로 나타났다. 여기서 회원들은 공동체, 기능, 상징적 질서라는 이념이 신격화된 것을 근대 전체주의의 기원으로 보고, 이에 대해 급진적으로 개인주의적인 비판을 전개하였다. 그러나 이는 전후 신자유주의 발전의 두 번째 요소로 이어지는데, 자유주의 이데올로기에 대한 이와 같은 추상적 재구성만으로는 20세기 자본주의의 헤게모니적 세계관으로서 신자유주의의 등장을 설명하기에 불충분하다. 시장경제에서 개인과 그의 책임에 대해 고도로 형식화된 설명을 제시하는 몽펠르랭 소사이어티의 분석 원리들은 미적 정동의 수준에서 보완을 필요로 했다. 어쩌면 지나치게 헤겔적인 용어로 표현하자면, 경제적 삶의 합리적 원리(추상적 이해Verstehen의 영역)는 미적 감정(상상Vorstellung의 영역) 수준에서의 보완이 필요하다. 물론 헤겔에게 '상상'은 교회의 상징이 불러일으키는 직관적 느낌과 밀접하게 연관되어 있다. 그러나 아도르노는 이미지를 신성한 힘을 빠르게 상실해가고 있는 정동적 형식이라 보았다. 이미지가 기술적 재현성의 과정에 종속됨에 따라, 그것이 불러일으키던 욕망은 대부분 경제적 효용의 영역으로 넘어가버렸기 때문이다. 따라서 아도르노가 보기에 신자유주의 세계관이 탄생한 배경에 자리한 이례적인 폭력을 망각하게 만드는 것은 새로운 미디어 기술 체제이다. 사회적 삶의 상징적 질서를 연출하는 이 체제는 본질적으로 기억상실증적이다(Adorno, 1991: 69). 새로운 미디어 기술이 유포시키는 형식-미적 '유형'들은 개인의 욕망을 끊임없이 다양화되는 소비의 영역으로 흘려보내는 것을 목적으로 하는, 불안정한 열망의 장을 나타낸다. 이 과정에서 '망각'은 필수적인데, 소비하고자 하는 자아의 바람을 되살리려면 언제나 시간과 성찰을 무효화해야 하기 때문이다. 양심에 과거의 짐을 짊어진 채로는 행복한 소비자가 될 수 없기에, 전후 등장한 문화산업은 미래의 삶을 상상하는 것을 핵심으로 하는 신자유주의 세계관에 필수적인 것이 되었다. 마지막 요소는 데리다가 불량 국가rogue states에 대한 성찰에서 지적했듯이, 이와 같은 미적 상상에 정치적으로 대응하는 것은 개인의 자아가 가진 보편적 권리를 위협하는 신념들(이슬람, 공산주의, 파시즘 등)에 대한 날카로운 '타자성' 인식이며, 자유민주주의의 역사적 대의를 위협하는 자들에게 정당하게 폭력을 행사할 수 있다는 감각이다(Derrida, 2005: 28-41).

오웰의 『1984』에서 전체주의 통치의 정수는 당의 슬로건에 응축되어 있다. "과거를 지배하는 자가 미래를 지배하고, 현재를 지배하는 자가 과거를 지배한다(Orwell, 1983)." 물론 오웰은 과거가 인간성의 타락으로 재연되고, 어떤 대가를 치러서라도 그것의 귀환을 막아야 한다는 이와 같은 시간의 형상을 전체주의 이데올로기에 특유한 것으로 보았다. 파시즘은 근대의 발전을 '자연스러운' 인종 위계질서에 위배되는 것으로 여기고, 부르주아 민주주의의 무분별한 자유에 맞서 북유럽 민족의 원초적 권리를 재건하고자 한다. 반면 마르크스주의는 '부르주아 개인주의'의 역사를 하나의 환상이 정점에

달한 것으로 여기며, 자아와 도덕성, 자율성의 초월적 형상들은 인간이 삶과 창조성의 물적 자원으로부터 소외되는 것을 심화시킨다고 본다. 따라서 러시아의 마르크스 해석자들(레닌, 스탈린, 트로츠키)이 상상했던 공산주의 혁명이란, 본질적으로 개인주의 형이상학에 은폐되어 있는 이기적 소유욕이 귀환하는 것을 영원히 경계하는 상태이다. 그러나 전체주의 통치에 대한 오웰의 형식화를 계보학적 관점에서 고려한다면, 그 시간적 구조(욕망을 과거의 신화적 재현과 구원의 미래에 대한 희망으로 전치하는 것)가 기술적 근대성에 깊이 내재된 경향에 속한다는 것은 분명하다. 사실 이는 호르크하이머와 아도르노가 미국으로 망명한 이후에도 계속해서 주장했던 요점으로, 문화산업의 기술이 바이마르 공화국 시절 나치당의 성공에 중요한 역할을 했던 것처럼 전후 미국 자본주의의 성공에 있어서도 중요하다는 것이다(Jeffries, 2017: 135-136). 아도르노는 물론 과거를 재-현하고 그것을 신화적 경제로서 현재에 전달하는 것이 미적 매체의 발전 과정에서 항상 핵심적인 과제였으며, 영화와 텔레비전의 운동 감각적kinaesthetic 기술을 통해 삶을 시간적으로 재배치하는 것이 1940년대 후반부터 1960년대 후반까지 서구 자본주의의 정치적·경제적 헤게모니를 이해하는 데 있어 결정적이라는 점을 잘 파악하고 있었다(Adorno, 1991: 98-116). 전후 시기에 대해 우리가 유념해야 할 것은 자본화 과정과 개인주의적 자아의 미적 재-형성 사이에 어떤 친화성, 혹은 상호 간 끌림이 생겨났다는 점이다. 전후 서구 경제에 등장한 소비주의 체제의 역사는, 적어도 부분적으로는, 자기 고유성의 결여에 대한 개인의 경험이 언제나 미래의 사랑, 미래의 욕망, 미래의 성취라는 미학에 의해 선점되는 통제 사회의 역사이다. 모든 진실된 것, 모든 완전한 것은 언제나 다가올 것으로 남는다.

　　기술복제시대의 예술 작품에 관한 글의 에필로그에서 발터 벤야
민은 정치의 미학화에 내재한 위험한 경향을 구체적으로 명시한다.
벤야민에 따르면 대중이 근대성의 기술 질서 속에서 자신의 존재
를 사유할 수 있게 하는 산만한 주의력을 낳은 것은 바로 영화였다.
합리화된 노동 체제로부터 벗어나 영화관에 갓 도착한 평범한 '비
평가'는 미래에 대한 새로운 상상력을 불러일으키는 방식으로 자신
의 삶을 다시 경험할 수 있었다(Benjamin, 1992: 232-234). 하지만 벤야민
에 따르면 이를 가능하게 하는 꿈의 풍경들은 언제나 금발의 야수,
아리안 인종, 조국과 같은, 삶과 운명에 대한 오래된 아우라적 형상
들의 맹렬한 힘에 취약하다. 결국 이 괴물들은 피와 제물이라는 태
곳적 존재가 기술적 수단에 의해 마법처럼 되살아난 기묘한 잡종으
로, 민중Volk의 집회와 축제에서 다시 모습을 드러낸다. 여기서 중요
한 것은 벤야민의 글이 자본주의 사회에서 민주주의의 문제를 부활
한 인종과 민족의 신화들에 관한 프롤레타리아적 상상력의 빈약함
에서 비롯한 것으로 설정하고 있다는 점이다. 그러나 이는 호르크하
이머와 아도르노 논지의 핵심적인 통찰, 즉 개인이 사회에서 자신의
위치를 자리매김하는 미적 형식은 대중매체로서 영화가 탄생할 때
부터 상품 형식의 재생산에 결부되어 있었다는 점을 놓치는 것이다.
마지막 장에서 살펴보겠지만, 파괴적인 신화가 귀환하는 이와 같은
논리는 기술적으로 가장 발전된 사회에서도 여전히 작동하고 있다.
그러나 이 논리가 작동하는 방식을 이해하기 위해서는 신자유주의
세계관이 어떻게 정신적·미적·정치적·경제적 측면에서 자본주의
기계장치와 불가분한 총체적 이데올로기로 발전했는지 파악해야 한
다. 따라서 이어지는 글에서는 전후에 개인적 욕망, 자본화, 대중매
체 사이에서 나타난 계보학적 친화성과, 이러한 친화성이 1950년대,

　　　　　　　　　　　　　　　　　　　1부 자유주의와 근대성

60년대, 70년대 소비자본주의의 다양한 국면을 거치며 어떻게 발전했는지를 살펴볼 것이다.

포디즘과 산업 문화

포디즘에 관해 짧게 언급하는 것으로 시작하자. 포디즘적 산업 생산 체제는 사실상 19세기 말과 20세기 초 프레더릭 윈즐로 테일러 Frederick Winslow Taylor가 내세운 과학적 경영 원칙의 연장선상에 있다. 산업 생산에 대한 테일러의 접근 방식은 본질적으로 노동력과 산업 기술 간에 가장 효율적인 통합 체제를 개발하려는 시도였다. 테일러의 생각은 대규모 산업 시스템에서는 노동자들이 그가 '태업'이라 칭한 것, 즉 기계 기술이 최대한으로 가동되지 못하도록 막는 관행을 의도적으로 택할 기회가 생긴다는 것이었다. 따라서 산업 과정을 과학적으로 관리한다는 것은 마르크스가 '고정' 자본과 '유기적' 자본이라 부른 것 사이의 인터페이스, 즉 인간 노동력이 생산 장치에 투입되는 방식에 대한 세밀한 분석을 필요로 했다. 이 분석의 목적은 주어진 기술에 대해 가능한 최적의 생산 수준을 찾고, 최대 생산 효율을 정확히 계산하여 이에 기반한 관리 감시 시스템을 구현하는 것이었다. 이 시스템은 기술관료적 통제의 원형이었다. '노동 인력'workforce을 계산 가능한 노동력labour power로 환원하는 것을 전제로 한다는 점에서, 이 시스템의 목적은 언제나 개별적이고 효과적인 작업장 관리를 통해 생산성을 최대한 높이는 데 있다(Doray, 1988: 72-85). 1920년대부터 1950년대까지 미국에서 대량 생산의 지배적 체제로 발전한 포디즘은 테일러주의의 기술관료적 원칙을 수정한 것으로, 제조업 분야에서 일반적으로 지급되는 것보다 높은 임금으로 노동 인력을 보상하려는 시도였다(Gramsci, 1998: 310-313). 포디즘의 전략은 노동자에게 높은 수준의 숙련과 생산성을 요구하고, 기술 혁신에 대한 협력과 적응의 대가로 더 높은 임금을 제공하는 것이었다. 물론 그람시의 요점은 만약 포디즘을 따르지 않는 분야에서 자리 잡은 일반적인 임금 수준이 이미 비인간적인 수준의 소외에 기초하고 있다면, 포디즘 기업이 지급하는 높은 임금도 생산 체제의 노동 강도를 보상하기에 결코 충분하지 않다는 것이었다. 하지만 포디즘의 보상 논리에는 그람시가 노동 과정에 수반된 만족도 저하에서 기인할 것이라고 본 혁명을 향한 원동력을 능가하기에 충분한 무언가가 있다. 이 절에서는 포디즘의 체제하에서의 생산과 소비의 관계, 특히 2차 대전 이후 등장한 자본화와 대중매체, 정치적 거버넌스 사이의 '계보학적 친연성'에 대해 다룰 것이다.

프랑크푸르트학파가 20세기 사회 이론에 기여한 큰 업적은 1923년에 이미 대중매체로서 영화가 등장한 것이 자본화 과정에서 매우 중대한 의미를 지닌다는 사실을 인식한 것이다. 『자본』에서 이루어진 상품 형식에 대한 최초의 설명에서 마르크스는 봉건 경제에서 자본주의 경제로의 이행이 시작되는 것은 임의의 사물 'X'의 가치를 현재 시장 조건에서 통용되는 화폐의 교환 가치로 계산할 수 있는 새로운 형태의 상업 거래가 출현하면서부터라고 상정했다. 이 새로운 경제 관계는 전통 사회가 흡수할 수 없는 '가상성'이라는 요소를 전통 사회의 구체적 관계들에 도입한다. 모든 것이 추상적 '교환 가치'로 환원되면서 경제 활동의 속도와 다양성이 크게 증가함에 따라, 상인 계급의 자본 축적은 사회의 정치적·제도적·계급적 구성을 급진적으로 변화시키기 시작한다. 마르크스가 경제에 대한 저술 전반에 걸쳐 주장한 바와 같이, 이와 함께 닥쳐오는 문제는 상품의 물질적 구성, 즉 '사물-성'이 생산 과정에서 이윤을 추출할 수 있는 비율을 끊임없이 떨어뜨린다는 것이다. 부르주아 경제의 본질적 조건인 기업가적 경쟁하에서, 생산과 소비의 각 '차례'가 진행될 때마다 시장에는 최저가로도 팔 수 없는 물건들이 넘쳐난다. 따라서 마르크스가 보기에 결국에는 생산양식이 해결할 수 없는 문제인 과잉생산과 과소소비의 위기를 불러오는 것은 상품의 사실성이다(Marx, 1990: 927-930). 물론 초기 프랑크푸르트학파가 영화의 발명과 그 효과의 산업화가 단순히 20세기에 접어들면서 반복적으로 발생한 자본주의 위기에 대한 대응이라 주장했다고 보는 것은 지나치게 피상적인 해석일 것이다. 프랑크푸르트학파가 표명한 것은 자본화 과정과 상품의 사실성이 끊임없이 재구성되는 미적 형식들 사이에 친연성이 나타났다는 점이라고 말하는 것이 훨씬 더 정확하다.

1942년 미국의 화가 노먼 록웰Norman Rockwell은 전시정보국(OWI)으로부터 루스벨트 대통령이 1941년 연두교서에서 미국 민주주의의 핵심으로 언급한 네 가지 자유를 그림으로 그려 달라는 의뢰를 받았다. 결핍으로부터의 자유, 공포로부터의 자유, 의사표현의 자유, 신앙의 자유가 바로 그것이다. 록웰의 그림은 다소 어두운 색조의 분위기를 자아내는데, 이 분위기 속에서 묘사된 인물들의 살아 있는 인간성이야말로 독점 자본과 전체주의의 공포, 간섭적인 정부의 권력으로부터 반드시 지켜내야 할 모든 것을 드러낸다. 이 그림들은 네 가지 장면을 묘사하는데, 민주주의의 공적 문화의 기반이 되는 희생, 존중, 헌신, 사랑의 위태로운 질서가 록웰의 화폭에 모여 있는 인물들의 캐릭터로 엮여 있다. 그럼으로써 이 그림은 벤야민이 말한 아우라적 전통을 떠올리게 하는 강력한 사실주의를 지니고 있다. 아우라적 전통에서 예술가의 기량은 매체(물감, 돌, 점토 등)의 원료적 물질성이 진리를 미적으로 형상화하는 것에 저항하는 경향이 있음에도 불구하고 묘사된 사물의 정신을 포착하는 능력에 있다고 여겨진다(Benjamin, 1992: 214-216). 록웰의 그림에서 결정적으로 중요한 것은 미국 민주주의의 정신이다. 기도하는 노파의 경건함, 추수감사절을 기념하는 가족의 건강한 식욕, 아이를 재우는 아버지와 어머니의 애틋한 보살핌, 지역 집회에서 반대 의사를 표명하는 남자의 고결함은 자유롭게 태어난 개인들의 삶에만 존재할 수 있는 국가적 이상의 실제적인 표현이다. 그런 의미에서 이 그림들은 하이에크가 꿈꾸었던 자유 사회, '조직화'될 수는 없지만 미국 문화의 심장에서 솟아나는 아름다운 자발적 삶 속에 살아 있는 도덕 문화를 통해 형성되는 개인들의 사회라는 이상을 구체화하고 있다. 널리 알려진 것처럼 록웰은 네 가지 자유를 생생하게 그려내는 작업이 "미켈란젤로만이 감당했어야 할 일"이라 표현했지만, 이 그림들은 엄청난 성공을 거두었다(Rockwell, 2019: 57). 이들 그림이 가진 단순하고 민중적인 힘은 미국이 유럽의 전쟁에 개입하도록 만든 구심점 역할을 하기도 했지만, 아마 더 중요한 것은 이것이 1950년대와 60년대 초에 형성된 '미국식 삶의 방식'의 상징적인 표현이 되었다는 사실일 것이다.

이 지점에서 서구 예술을 지배한 아우라적 전통에 관한 벤야민의 설명이 중요해지는데, 신자유주의적 상상을 구성하는 것과 직접적으로 관련 있는 여러 가지 문제를 지적하고 있기 때문이다. 록웰이 그림의 배경으로 선택한 목가적인 환경과 더불어 인물들의 단일한 인종 구성, 또한 여성을 요리, 모성, 종교적 헌신과 관련해서만 묘사한 것은 그림이 그려진 시기를 고려한다면 이해할 만하다. 물론 록웰은 1960년대에 〈미시시피의 살인(남부식 정의)〉Southern Justice

  1부 자유주의와 근대성

나 〈동네의 새로운 아이들〉New Kids in the Neighbourhood 같은 그림에서 아메리칸 드림의 인종적 갈등을 다루기도 했다. 그러나 아우라적 전통에 대한 벤야민의 주장의 요지는 예술 작품의 구성이 천상에서 온 영감에서 비롯하는 것이 아니라, 그가 '살아 있는 현재'(지금 시간Jetztzeit)라 부른 것을 구성하는 특정한 문화적·경제적·정치적 조건으로부터 비롯한다는 점이다. 미적 형식과 구성, 내용은 일체를 이루어, 국민국가의 윤리적 삶 속에서 실현되는 선을 시대를 초월하여 현현하는 것으로서 그것들의 대상을 묘사하고자 한다. 따라서 벤야민에게 아우라적 전통은 고대 그리스 이래로 줄곧 폴리스가 주권 국가로 발전하는 과정에서 역사적으로 형성된 권위 체계의 일부였다(Benjamin, 1992: 214-218). 다시 말해 과거의 승리와 고귀한 선조들을 그린 그림들은 우리 시민들이 물려받은 전통을 수호하기 위해 행동해야 하는 시점으로서 역사적 현재를 연출하는 미적 매체이다. 이러한 미적 재현 방식은 어떤 종류의 보수주의를 야기한다. 현존하는 권위 체계의 특수성을 시대를 초월하여 옳고 선한 것으로 제시하고자 하는 한, 그 권위와 결부된 인종, 종교, 문화의 특수성을 윤리적 공동체의 모범적인 형태로서 공고히 하게 되기 때문이다. 우리는 데리다의 '백색신화' 개념에서도 유사한 논리를 발견한 바 있는데, 철학적 범주에 살을 붙이는 은유적-미적 형식은 인간의 지식이 특정한 진리 체계로 분화하게 되는 분석적 과정과 분리될 수 없다는 것이다(Derrida, 1982: 209-213). 이러한 관점에서 볼 때 록웰의 그림은 미국의 자유주의 신화를 형성하는 데 있어 결정적으로 중요한 순간을 상징한다. 그 그림의 힘이 보통의 백인 남성과 여성, 그리고 그들이 이룬 공동체를 다른 어떤 인종도 도달할 수 없는 모범적 위상으로 격상시키는 데서 비롯하기에, 록웰의 그림은 민주주의의 일상적 경험에 내재된 소속감과 정당성에 대한 백색신화를 신성화한다.

'네 가지 자유'는 인종주의를 의도적으로 표현한 것도 아닐뿐더러, 미국 사회가 안정되고 번영하기 위해서는 백인 우월주의가 필수적이라고 주장하는 것도 아니다. 하지만 이 그림은 분명히 전후 미국의 자유민주주의와 도덕적 개인주의의 비전을 뒷받침하는 문화적이고 정신적인 구조를 드러내고 있다. 그림에 묘사된 소탈한 사람들은 미국의 개척 신화에 뿌리를 두고 있으며, 남성, 여성, 시민, 이웃이 된다는 것이 무엇인지에 대한 강렬한 느낌을 불러일으킨다. 그러나 미적으로 완벽한 형식 속에 담긴 이 이미지는 이미 사라져가는 것, 또는 한 번도 존재하지 않았던 것에 대한 시뮬레이션이다. 인물들은 인종 간의 긴장이나 계급 갈등, 쇠락하는 도시의 영향을 조금도 받지 않는 신화적 공간에 살고 있으며, 따라서 그들의 민주주의적 아우라는 오직 상상된 과거의 미적 기표들을 통해서만 유지될 수 있다. 물론 록웰의 그림을 과거 지향적인 문화적 상상의 전형으로 꼽는 것은 기술 계보학의 관점에서 볼 때 적절치 않다고 주장할 수 있다. '네 가지 자유' 연작이 1943년 완성되었다는 점을 감안하면 그것이 국민 정신에 미친 영향은 당시 인기를 누렸던 영화들과 비교했을 때 분명 미미했을 것이다. 그럼에도 불구하고 록웰의 그림은, 광고에서 널리 활용된 삽화를 그린 뉴 로셸 예술협회New Rochelle Arts Association의 동시대 화가들과 함께, 전후 미국 자유주의를 형성하는 데 두 가지 이유에서 매우 중요한 역할을 했다. 첫째로 이들이 제시한 자연스럽고 민중적인 개인주의의 신화는 전후 문화산업의 정신적 지형을 형성하는 데 있어, 그리고 이러한 신화가 대중 소비주의와 기술관료제적 생산 체제에 조응하도록 만든 미적 기술들에 있어 결정적인 역할을 했다. 둘째로 1940년대 후반과 1950년대에 할리우드에서 등장한 백인들의 민주주의, 백인들의 아름다움, 백인들의 문화에 대한 이상이 뚜렷해진 것은 곧 독점 자본주의의 생명정치와 군산 복합체의 출현과 직접적으로 연결된다. 따라서 우리는 이러한 과정의 각 단계가 신자유주의적 세계관의 출현에 어떻게 기여했는지, 그리고 그들이 서로 어떤 연관을 맺고 있는지 살펴볼 필요가 있다.

신자유주의적 상상은 자본주의의 지속적 성장을 위한 필수적인 효과들의 기술적 성좌가 되었다. 따라서 그 현대적 형식은 마르크스가 자본의 착취 관계를 왜곡하는 것으로 간주했던 텍스트와 이미지의 경제를 훨씬 넘어서는 것이 되었다(Marx, 1977a: 64-72). 현대의 프로그램 산업이 만들어내는 미적 시뮬라크르는 물리적 실재의 '사실성'을 변형시키는 동시에, 노동, 자본화, 욕망의 수행적 체제들까지 변화시킬 정도의 정교한 수준에 도달했다. 예컨대 개인의 정체성 형성은 점점 더 가상 환경의 조작과 소셜 네트워킹 플랫폼에서 이루어지는 대면적 교류에서의 프로그램적 연출을 통해 관리되고 있다. 앞으로 살펴보겠지만 이러한 변화는 자유와 개인주의에 대한 우리의 이해뿐만 아니라 삶과 죽음, 인간종의 미래에 대한 우리의 지향을 바꾸어놓은 가상-미학적 미디어를 통해 표현된다. 이와 같은 초-수행적 삶의 형식으로부터 제기되는 질문은 '실재'에 대한 인간의 경험을 연출하는 미디어 기술과의 관련 속에서 그것이 어떤 방식으로 진화해왔는지에 관한 것이다. 우리 각자가 자신의 욕망을 승화시키고, 도덕적 책임을 다하며, 타인의 필요에 응할 수 있는 방식은 본질적으로 사회적 삶에 대한 집단적 인식과 관련이 있기 때문이다. 내 생각에 이러한 초-개인주의의 현대적 양식의 시초는 전후 소비자본주의의 팽창에서 찾을 수 있다. 생산 과정의 합리화는 이윤율이 유지되는 대량 소비 패턴에 자아/자기가 직접적으로 결합될 것을 요구하는 수준에 이르렀다(Horkheimer and Adorno, 1986: 120-167). 소련이 동유럽을 분할하고 냉전이 시작된 이후, 미국은 첫째로 미국 민주주의의 개인주의적 이상을 되살리고, 둘째로 스스로를 공산주의의 위협에 맞서는 군사적·이데올로기적 보루로 자리매김하기 위한 이데올로기 재편의 시기에 들어섰다. 아도르노에 따르면 이 시기가 바로 미국을 문화산업의 중심지로 확립한 시기였다. 아날로그 미디어와 합리적 자본주의가 결합하여 자유의 아우라를 계속해서 갱신하는 인위적 개성을 만들어내고자 공모한 것이 바로 이 시점이기 때문이다.

호르크하이머와 아도르노의 문화산업론의 핵심적인 통찰, 즉 영화나 라디오 같은 대중매체가 단기간 내에 사회와 개인의 정체성을 형성하는 데 있어 결정적인 요인이 되었다는 주장을 받아들인다면, 이 과정이 신자유주의 이데올로기가 형성되는 과정에서 어떤 의의를 가졌는지 검토해보아야만 한다. 1950년대에 발전한 미적 표준화 기술은 포디즘 모델의 자본주의가 발전하는 데 필수적이었다. 그것은 개개인이 자신의 사회적 유대와 의무를 수행하는 모방적 형상들의 프로그램화된 반복의 형태를 띠었다. 이 과정에 대한 호르크하이머와 아도르노의 분석을 살펴보면 세 가지 관련 요소를 발견할 수 있다. 첫 번째는 대중매체로서 영화가 등장한 이후 일어난 '공중'the public의 변화에 관한 것이다. 영상 매체의 보급과 그것이 보통 사람들의 행위에 미친 정동적 힘의 영향을 고려할 때, 더 이상 하이에크, 폰 미제스, 프리드먼과 같은 자유주의 이상주의자들을 따라 '정신'이나 '자유로운 주체성'이 민주주의 비판 이론의 출발점이 되어야 한다고 주장할 수 없다. 오히려 '공중'은 개개인의 감각을 '시간적으로 재조정한' 미디어 기술과, 마케팅과 홍보 산업의 행동주의 심리학 사이에서 점진적으로 발전한 친연성에 의해 만들어진 대상으로 이해되어야 한다(Horkheimer and Adorno, 1986: 120-124). 두 번째 요소는 독특하게 오이디푸스적 형식을 띤 사회 통합의 등장이다. 문화산업 미학의 전후 발전 과정에 대한 아도르노의 설명에 따르면, 그것의 목적은 가족, 결혼, 이성애에 의해 유지되는 소비 패턴에 흡수되는 욕망들의 집합으로서 '대중'the masses을 재생산하는 것이다. 따라서 전후 문화산업에서 (특히 할리우드 시대의 낭만주의에서) '개인'의 형성은 자아가 사유나 성찰, 또는 욕망으로서 스스로를 표현하는 자발성의 순간을 언제나 극장 스크린 위에서 펼쳐지는 '삶'의 미적 변용으로 프로그램화하는 특유의 기술의 초기 형식으로 볼 수 있다. 마지막으로 이처럼 기술에 의해 촉발된 개인주의의 등장은 '공중의 태도'가 포디즘적 통제 체제에 내재된 생산과 소비 간의 객관적 관계의 표현임을 의미한다. 따라서 1940년대 후반부터 1960년대 중반까지 전후 미국 자본주의 시대는 문화산업에 의한 젠더, 섹슈얼리티, 인종, 국가의 미적 형성이 개인의 정신적 경험과, 또한 문화, 정치, 경제의 객관적 질서와 분리될 수 없는 양식적 규범을 가진 조직적 패러다임을 구성하는 시점이기도 하다(Adorno, 1991: 61-96).

호르크하이머와 아도르노가 『계몽의 변증법』에서 제시하는 것은 니체에게는 오직 공포로만 여겨졌을 법한 것으로, 일상적 존재의 공허함을 파고들어, 신의 부재 속에서 인간의 삶을 구원할 수 있는 유일한 것들인 즐거움과 두려움, 사랑, 유한성의 경험을 꾸며낼 수 있는, 침투하는 정신적 힘을 가진 미적 기술의 출현이다. 그러나 더 나아가, 문화산업론은 또한 자유주의적 관념론자들이 모든 인간 개개인의 정신적 원동력이라 보았던 그 신성한 불꽃이 기술적 조작에 매우 취약하다는 불편한 인식을 우리에게 안겨준다. 예를 들어 노먼 록웰이 그려낸 민중적인 미국 민주주의 신화의 세계에 속하는 두 위대한 미국적 전형, '보통 남자'와 '이웃집 소녀'에 대한 아도르노의 설명은 그가 그들 각각의 성격 유형에 내재한 근본적인 트라우마라 본 것에 초점을 맞추고 있다. 보통 남자는 전쟁을 승리로 이끈 비밀 무기였던 용기와 강인함을 가졌으며, 타고난 영웅심과 성적 자제심, 기독교적 가치관을 지님으로써 '모든 면에서 미국적인 남성'의 틀을 형성한 '유형'으로 물신화된다. 반면 이웃집 소녀는 문명화된 성 도덕에 따른 불평등한 강요, 전통적인 아름다움의 규범, 또한 들뢰즈와 가타리가 강박적으로 오이디푸스화된 사회의 구조적 요구로 보았던 생명정치적 재생산의 요구를 감내한다(Deleuze and Guattari, 2000: 262-271). 여기서 핵심은 신자유주의가 전 지구적 자본의 주요한 이데올로기적 메커니즘으로, 즉 신자유주의적 세계관으로 발전하는 과정을 이해하기 위해서는 '개인주의'의 이와 같은 미국식 재구성이 갖는 사회적이고 정치적인 함의를 인식해야 한다는 것이다.

이 연구의 이론적 목표를 고려할 때, 1950년대와 60년대 미국 문화의 사회적·정치적 역사를 상세히 제시하는 것은 분명 불가능하다. 가능한 것은 아메리칸 드림의 미디어-기술적 재생산에 내재되어 있던 어떤 사회적·문화적·정치적 긴장들을, 신자유주의적 세계관이 형성되기 시작할 때 있었던 쾌락과 고통, 권위와 관용의 경제를 이해하는 데 중요한 그 긴장들을 드러내는 일이다. 이중 첫 번째는 소련 공산주의를 진리와 자유의 절대적인 대척점이자 미국에 대한 끊임없는 군사적 위협으로 여기는 강박이다. 로큰롤, 십대들의 유희, (코카콜라, 리바이스 청바지, 쉐보레 자동차 등과 같은) 미국식 생활 방식의 아이콘을 중심으로 형성된 자유의 이데올로기는 미국이 소위 미사일 격차와 소련의 선제공격 가능성에 대한 편집증적 불안에 빠진 아이젠하워 시기(1951~1960)에 형성되었다는 점을 기

198

억해야 한다. '대중역사' 영화로서 조지 루카스 감독의 〈청춘 낙서〉
American Graffiti는 1960년대 초 미국 소도시에서의 삶을 정화된 형
태로 묘사한다(Jameson, 1998: 7-8). 공산주의에 대한 미국의 강박은 영
화의 에필로그에서나 나타나는데, 등장인물 중 하나인 테리 '두꺼
비' 필즈가 베트남에서 전사했다는 사실이 드러난다. 이 영화는 또
한 1950년대와 60년대 문화산업이 재생산한 자유, 성, 행복의 백인
적 형상들이 어떻게 폭력적으로 통제되었는지를 대충 얼버무리고
넘어간다. 영화의 배경이 된 캘리포니아의 머데스토는 정말로 록웰
의 〈동네의 세 아이들〉에 묘사된 인종 갈등이 벌어졌을 법한 '소도
시'의 전형이다. 하지만 고등학교 댄스파티에 남자친구와 여자친구
로 참석한 두 흑인 학생에게서는 당시 미국에서 일어나고 있던 민권
투쟁의 무게가 전혀 묻어나지 않는다. 여기서 중요한 점은 키치적
향수가 언제나 부정직하다는 데 있는 것이 아니라, 미적 시뮬레이션
이 개인이 자신의 개성을 연출하는 문화적 토대가 될 때, 자유민주
주의에 어떤 '현실적' 결과를 가져온다는 데에 있다. 전후 미국 개인
주의의 핵심을 이룬 미적 이상은 민주주의와 소비주의의 완화 전략
이 완전히 흡수하지 못한, 어떤 공격적인 사회적 보수주의와 정치적
폭력을 형성했기 때문이다. 이 장의 결론에서 이 문제로 다시 돌아
오겠다.

　이 절에서는 신자유주의적 상상의 역사에서 특정 국면이 어떻게
출현했는지에 주로 관심을 기울여왔다. 살펴본 것처럼 이 국면은 영
화 기술의 급속한 발전을 통해, 또한 문화산업이 미적 생산의 지배
적인 체제로 발전하는 조직적이고 심리적인 기술을 통해 전개되었
다. 인간 실존에 대한 예술적 표현은 공적 삶의 주변부로 밀려나고,
텍스트, 이미지, 개인적 경험의 문화 경제 역시 근본적으로 변화한

다. 이는 명백히 이미지의 역사에 대해 여러 질문을 불러일으킨다. 19세기 영국 사회에서 하이에크나 몽펠르랭 소사이어티가 상상했을 만한, 사회적 삶과 개인의 삶이 숭고하게 일치하는 재현의 황금기가 문화산업에 앞서 존재했음을 암시하는 것처럼 보이기 때문이다. 그러나 그렇게 본다면 합리적-기술적 자본주의에 대해 프랑크푸르트 학파가 제기한 비판의 중요성과 의도 모두를 오해하는 것이다. 호르크하이머와 아도르노는 유럽 봉건제에 필수적이었던 미적 정동과 종교적 삶 사이의 친연성에 대한 헤겔의 설명, 즉 교회의 종교적 도상과 농민의 정동적 상상 사이의 관계는 후자를 조공 사회에 필수적인 미신적 무지의 상태에 두는 것과 같다는 점을 분명히 이해했다. 그들은 또한 유럽 계몽주의에서 비롯한 도덕적·정치적 요구가 앙시앵 레짐의 미신과 광신주의를 즉시 대체한 목적론적 과정의 시작을 나타내지 않는다는 점을 알고 있다. 『계몽의 변증법』은 처음부터 철학적이고 과학적인 운동으로서의 '계몽'이 자연과 사회를 통제하는 것을 궁극적인 목적으로 하는 추상적 유물론의 토대라는 점을 분명히 한다(Horkheimer and Adorno, 1986: 3-42). 따라서 상업 자본주의의 초기 형태로부터 성장한 지식과 경제 사이의 관계는 마르크스가 인간 실천의 총체적 소외의 시작이라 간주했던, '정신'을 향한 계산적 지향의 기원이다(Marx, 1977a: 68-82). 하지만 호르크하이머와 아도르노가 보기에 적어도 서구 자본주의의 중심지에서는 상품화의 형식적 구조가 산업자본주의 체제로 진화하면서, 개인의 경험을 시간적으로 재조정함으로써 마르크스주의 혁명을 선취하는 미디어-기술적 효과의 체제가 생겨났다. 요점은 계몽주의의 사회적·정치적·미적 이상은 개인의 삶이 점진적으로 상품 형태에 통합되어 가는 통제와 표준화의 논리에 처음부터 결부되어 있다는 것이다.

이것이 우리에게 뜻하는 바는 무엇인가? 프랑크푸르트학파의 가장 중요한 공헌은 아마도 자본화 과정이 진행되는 기술 체계와 이 체계가 민주주의와 도덕적 개인주의의 상징적 질서에 미친 영향 사이의 관계를 이론화하려는 시도일 것이다. 앞서 살펴본 것처럼, 프랑크푸르트학파의 합리적-기술적 자본주의에 대한 비판이 정점에 달하는 것은 특수성의 훼손에 대한 하이데거적 비애의 흔적을 담은 아도르노의 후기 저작에서이다. 『부정변증법』이 인간과 기술의 관계를 언제나 인간이 기술의 효과에 의해 고통받는 것으로 제시하는 한, 기술 체계의 변혁적 잠재력을 이론화할 수 있는 가능성은 다소 제한되기 때문이다(Adorno, 1996: 231-233; Adorno, 1990: 361-365). 이어지는 절에서는 탈산업사회로 알려지게 된, 효율성과 욕망의 전략적 결합의 등장과 관련하여 신자유주의적 개인주의가 발전하는 과정을 살펴볼 것이다. 특히 텔레비전, 위성 통신, 비디오 등 제2의 아날로그 기술이 '대중'을 형성하고, 사유화된 소비를 중심으로 한 행복 교리를 구성하며, 새로운 정치적 자유지상주의의 초점으로서 개인의 권리와 자유가 등장하는 데 미친 영향을 검토할 것이다. 나는 이러한 전개를 통해 글로벌-미디어-기술 체계로 발전한 자본주의와 본질적으로 맞물려 있는 역학을 지닌 세계관, 또는 정치적 상상으로서의 신자유주의의 등장을 추적할 수 있다고 주장할 것이다.

탈산업사회, 신자유주의 경제

『하이퍼객체』에서 티머시 모턴은 이 기묘한 실체들이 정확히 무엇으로 이루어져 있는지 다음과 같이 설명한다.

> [이 용어는] 인간에 비해 시공간에 광범위하게 분포한 사물을 가리킨다. … 따라서 하이퍼객체는 인간이 직접 만든 것이든 그렇지 않든 간에 다른 개체에 비해 '하이퍼'하다(Morton, 2013: 1).

따라서 '하이퍼객체'는 지구온난화처럼 자연에서 발생하는 것일 수도 있고, "윙윙거리며 돌아가는 자본주의의 모든 기계의 총합"과 같이 인간이 만들어낸 것일 수도 있다(Morton, 2013: 1). 이 특별한 유형의 객체는 광대하지만 동시에 유한하며, 그것이 유발하는 효과를 통해 우리에게 영향을 미친다. 그렇기 때문에 우리는 개념적 이해에 뚜렷한 감각적-직관적 대응물을 제공할 수 있다는 칸트적 의미에서 하이퍼객체를 '알' 수는 없다. 예를 들어 날씨 패턴의 가속화되는 변화를 통해 지구온난화가 야기한 결과들을 보고 느낄 수 있지만, 그러한 결과들 자체가 '지구온난화'는 아니다. 그 결과들은 전 지구적 차원에서만 올바로 이해될 수 있는, 그리고 통계에 기초한 과학적 기후학의 발전을 통해서만 앞으로의 전개가 예측될 수 있는 현상의 '단계적' 과정들이다. 지구온난화의 이와 같은 '비국소성'이 중요한 이유는 하이퍼객체의 존재 양식에 관해 본질적인 무언가, 즉 어떤 단일성으로서 본래 서로 얽혀 있다는 점을 드러내기 때문이다(Morton, 2013: 83). 따라서 (가뭄, 홍수, 피부암 등과 같은) 지구온난화의 단계적 결과들의 기원을 이해하기 위해서는 지구와 태양, 생물권, 자본주의, 그리고 기술의 관계를 분석해야만 한다. 인간이 한 종으로서 이 관계들을 재개념화할 수 있을 때에만, 지구 기후에 인간이 미친 영향에 대해, 또한 현존하는 경제 조직과 사회 조직의 가능한 대안에 대해 현실적인 모델을 만들 수 있기 때문이다. 모턴이 지적하듯이, 인간 활동이 지구 기후에 미치는 영향력을 심화시켜온 경제적·기술적·미적 총체성으로서 '자본주의'에 대한 포괄적 이해를 발전시키는 것은 이 과정의 일환이다. 그러므로 자본주의가 제2차 세계대전 이후 생산, 소비, 폐기물, 오염을 기하급수적으로 증가시킨 메커니즘을 가진 체계적 형식으로 간주되어야 한다면, 그와 같은 발전 과정이 어떻게 이루어졌는지에 대한 설명이 필요하다. 이 절에서 나는 먼저 1960년대와 70년대에 등장한, 기술적으로 네트워크화되고 고도로 통합된 형식의 '탈산업'자본주의에 대해 살펴본 후, 이어 이를 형성한 하이퍼-소비주의적 개인주의의 양식에 대해 살펴볼 것이다.

2차 세계대전은 미국 경제의 호황을 가져왔다. 전쟁 물자 생산은 유럽 전선과 태평양 전선에 무기를 공급하는 중공업에 엄청난 활력을 불어넣었다. 이전 장에서 살펴본 것처럼 트루먼 정부가 전후 유럽 재건을 위해 총 130억 달러에 달하는 기술 지원과 비상환성 보조금을 제공하는 마셜 플랜을 지원할 수 있었던 것은 바로 이러한 경제 호황 덕분이었다. 나는 이미 마셜 플랜의 숨은 동기가 무엇이었는지, 전쟁으로 가장 큰 피해를 입은 사람들의 고통을 덜어주고자 한 이타주의였는지, 아니면 주로는 미국 산업이 다른 방식으로는 접근할 수 없었던 시장에 접근할 수 있도록 하는 경제적 동기였는지에 대해 어느 정도 논하였다. 진실은 둘 다라는 것이다. 그러나 전쟁이 끝난 후, 그리고 1950년대 내내 미국 경제가 전례 없는 세계적 지배의 시기를 누렸다는 사실에는 변함이 없다. 유럽 경제가 물리적인 복구뿐 아니라 탈식민지화와 산업 기반 재편이라는 과제를 포함한 재건 과정에 열중하는 동안, 미국은 서구에서 지배적 모델이 될 기술 주도의 소비자본주의를 추진해나갈 수 있었다. 1950년대 미국의 경제적 헤게모니는 또한 일본의 경제 재건을 위한 자금 지원과 '고도경제성장' 시기 동안 열린 무역 기회를 통해 더욱 강화되기도 했다. 따라서 아이젠하워가 '군산복합체'라 칭했던 것이 미국에서 형성된 것은 전후 10년간 미국 자본주의를 지배하게 된 특정 요인들의 결합에 기초하고 있었다. 그 요인들이란 첨단 무기를 생산하는 대규모 기업에 대한 국가의 후원, 국내 기반 중공업에서의 안정적인 고임금 고용, 그리고 소비 시장과 문화산업의 급속한 확장이다. 이 시기 미국의 힘의 행사는 특별한 성격을 띠고 있었다. 중국이나 소련과 동맹을 맺은 공산주의 세력에 의해 점령당할 위험에 처한 특정 국가들, 예를 들면 한국과 같은 국가에서 민주적 주권을 수호하는 경향이 있었기 때문이다. 그러한 간섭은 군산복합체 내 제도화된 낭비를 정당화하고, 행복과 민주주의, 개인주의적 자유의 진정한 표현으로서 '미국적 삶의 방식'의 정당성을 강화하고자 기획되었다.

그러나 기술 계보학의 관점에서 보자면 정치적·경제적 헤게모니의 실천은 언제나 불안정하다. 제2차 세계대전 중 진행된 기술 발전 과정의 가속화는 미국 자본주의에 활력을 불어넣었고, 1950년대와 1960년대 초반 내내 세계 경제에 대해 지배력을 유지할 수 있게 해주었다. 자본화 과정에 대한 이와 같은 기술적 촉진은 종종 '대가속'Great Acceleration의 시작점으로 언급되는데, 이는 신기술 개발에서 과학 연구의 체계적 활용이 산업 생산의 원동력이 되기 시작하는 시점을 가리킨다. 대표적인 예가 원자 폭탄의 개발인데, 이는 당대 가장 뛰어난 물리학자들의 연구를 맨해튼프로젝트 속에서 조율한 결과였다. 여기서 중요한 점은 전후 이러한 가속화의 경제적 효과가 미국에서 처음 감지되었지만, 그것이 미국 자본주의의 특정한 이데올로기적 구조와 실천 안에만 국한될 수는 없었다는 것이다. 앞서 말한 것처럼 신기술은 생산의 물질적 기반을 변화시킬 뿐 아니라 사회의 상징 질서, 즉 노동, 만족, 욕망의 형식에 대한 경험을 변화시키는 효과를 가져온다. 1950년대 과학 지식과 기술적 노하우가 보급됨에 따라 발생한 효과 중 하나는 그것이 경제적 생산과 문화적-이데올로기적 재현의 질서에 변화를 일으켜 미국 헤게모니의 구조를 불안정하게 만들기 시작했다는 것이다. 예를 들어 1940년대 후반 미국 과학자들은 사운드 제작에 트랜지스터 기술을 선도적으로 활용했으며, 텍사스 인스트루먼트사Texas Instruments는 1950년대 초 여러 라디오 수신기를 상업적으로 생산했다. 하지만 훗날 소니 그룹이 되는 회사가 1955년 TR-55를, 1957년 TR-63을 통해 이 기술을 실용적이고 미적으로 개선한 후에야 트랜지스터 라디오는, 첫째로 기술적으로 재생 가능한 음악의 소비가 자본화 과정과 결합하는 주요 혁신 중 하나가 되었고, 둘째로 훗날 소비 경제를 변화시킬 기술-미학적 상품의 초기 형태가 되었다.

산업자본주의의 기술 체계 내에서 발전해온 재현적·미적·담론적 전략의 집합체로서 '신자유주의적 상상'이라는 개념은 앞서 말했던 것처럼 언제나 결정론이라는 혐의를 받을 수 있다. 실제로 트랜지스터 라디오의 사례와 이것이 새로운 형태의 자본주의가 등장하는 데 수행한 역할은 어쩌면 그러한 해석을 부추기기도 한다. 그러나 기술 체계의 진화가 노동 과정과 자본화 과정이 기술과학 패러다임의 새로운 양식에 직접적으로 연관되는 선형적 결정론을 낳는 것은 아니다. 내가 제시한 신자유주의의 계보학은 사회 체계의 조직적·분석적·생명공학적 권력이 재현되는 '미적 차원'을 통해 작동한다. 따라서 자본주의가 기술적 객체로서 발전해가는 과정을 이해하기 위해서는, 개인 주체들이 자본주의에서 경험하는 문화적·이데올로기적 갈등에 세심한 주의를 기울여야만 한다(Morton, 2013: 160-201;

Stiegler, 2011a: 35-78). 물론 여기서 제기되는 질문은 그 경험이 문화산업과 프로그램 산업에 의해 어느 정도까지 식민화되었는가 하는 것이다.『소멸의 미학』에서 폴 비릴리오는 영화에서 텔레비전으로 이어지는 아날로그 기술의 진화가 인간 지각과, 기술적 도구를 통해 지각을 조직화하고 강화하는 것 사이의 관계에서의 더 일반적인 진화 과정의 일부라고 주장했다. 그는 기술자본주의의 역사는 끊임없이 증가하는 속도의 역사이며, 영화적 의식은 본질적으로 내연 기관의 속도로 삶을 경험하는 '기계화된 정신'motorized mind의 미적 형상화라고 주장했다. 따라서 1960년대 대중매체로서 텔레비전의 등장은 이미지가 인간의 감각기관을 자극하는 속도를 기하급수적으로 증가시켰고, 인간과 사회적 삶의 상징 질서 사이의 관계를 변모시켰다고 볼 수 있다. 더 구체적으로 말하자면, 텔레비전의 재현 기술을 통해 주어지는 행복에 대한 기대는 점점 덜 감각적이게 되고, '미적인 것'에 대한 신체적이고 개인화된 경험에 점점 덜 예민해지게 된다(Virilio, 2009: 109-121). 그렇다면 이러한 '영혼의 기계화'의 결과는 무엇일까? 내 생각에는 탈산업사회를 비릴리오의 분석 주제인 '보철적 개인'이 신자유주의적 상상의 초점이 되는 형식으로서 간주하는 것이 정당화될 수 있을 것 같다.

프랑스의 사회학자 알랭 투렌Alain Touraine은 1971년 '탈산업사회'라는 개념을 처음 제시했다. 동명의 저서에서 그는 '탈산업주의'라는 용어와 관련된 주요 아이디어들을 제시했는데, 가장 수익성 높은 자본화 양식으로서 서비스 부문의 등장, 정보가 그 자체로 상품이 되는 '지식 경제'의 발전, 육체노동의 상대적인 사회·경제적 가치가 지속적으로 감소하는 새로운 위계의 형성, 그리고 생산과 소비 과정을 더욱 엄격하게 통제하고자 하는 조직적·기술관료적 체제의 출현과 같은 것들이다. 이를 통해 보면 탈산업화라는 개념은 산업사회의 종말을 의미하는 것이 아니라는 점을 알 수 있다. 투렌이 조심스럽게 지적하듯이, 오히려 이는 '교육, 소비, 정보 등 삶의 모든 영역이 과거에 생산 요소라 불리던 것에 점점 더 통합되는' 자본화 과정의 체계적인 심화이다(Touraine, 1971: 5). 다시 말해 총체성으로서 자본주의의 발전은 과학, 기술, 전문 지식, 미적 실천이 생산 메커니즘의 '요소'로 체계적으로 전환되는 과정을 통해 진행된다는 것이다. 이러한 발전에 대한 투렌의 관점은 마르크스의 소외 이론에 대한 특정한 독해에서 비롯한다. 투렌은 경험적 사실로 볼 때 마르크스가 정치의 토대로 생각했던 계급의 역학이 탈산업사회의 새로운 사회-경제적 위계 속으로 사라졌다고 주장한다. '프롤레타리아트'와 '부르주아지' 사이에 구조적 적대를 낳았던 중공업 생산의 낡은 체제는 계급 정치라는 오래된 틀에는 맞지 않는 훨씬 더 복잡하고 포괄적인 인적 자원의 동원으로 대체되었다. 따라서 사회학이 비판적 입장을 유지하고, 어느 정도 소질을 가지고 있는 사회 예측과 행동주의적 통제 강화의 요구에 굴복하지 않으려면, 탈산업사회에서 이루어지는 '삶'과 '경제'의 통합으로 인해 말살되는 인간성의 효과를 추적하고자 해야 한다(Touraine, 1971: 9).

탈산업사회에 내재한 소외에 대한 투렌의 설명은 우리 각자가 개별적이고 기능적인 개인으로서 자본화 과정을 강화하는 문화적·기술적·관리적 요소들이 확장되는 데 공모한다는 생각을 발전시킨다. 그의 논지는 각 개인이 합리적-기술적 자본주의의 총체성 속에서 나타난 문화적 표현과 경제적 효율성, 직업적 행위 양식에 '종속적으로 참여'한다는 생각을 전개한다. 이 종속적 참여라는 개념은 개인주의라는 자유주의적 이상과, 성장, 생산, 소비, 행복이 합리적-

관료적 조직 형식에 종속된 체제로서 출현한 자본주의 사이의 모순을 부각시킨다는 점에서 중요하다. 따라서 탈산업사회의 특징인 삶의 프로그램적 조직이 "유혹하고, 조작하며, 순응을 강제한다"는 투렌의 주장은 사실상 더 높은 임금과 더 높은 소비 수준으로 가능해진 '행복'이 개인의 자유를 대가로 얻어진다는 것이다. 그러나 결국 그러한 행복은 진정한 행복일 수 없다. 우리가 일상적으로 노동, 소비, 욕망을 경험할 때 접하는 대상들은 모두 우리를 위해 '조직된' 것(거의 하이데거적인 '사용가능성'ready to hand의 의미에서)이라는 것을, 따라서 자유와 자아에 대한 우리의 경험은 언제나 반복과 제약의 감각에 의해 영향을 받는다는 것을 우리는 은연중에 알고 있기 때문이다. 투렌에 따르면 자신의 소외에 공모한다는 이와 같은 감각의 기원은 자본주의의 탈산업적 형식의 특징인 특유의 권위 구조에서 찾을 수 있다. 그는 사회적 생산 과정에서 '주변적'이라 여겨지는 사람들이 필수적인 문화적·경제적·기술적 자격을 갖춘 사람들에 의해 규정된 지배 체제에 종속되는 위계가 형성된다고 주장한다. 실제로 이는 첫째로 생활 방식과 사회적 기능의 모든 영역을 기술관료적 성장 모델로 조정하고, 둘째로 쇠퇴하고 사회적으로 보수적인 TV 문화를 지속시키며, 셋째로 권력과 지식의 결합이 자기충족적으로 작동하는 엘리트 정치 권위 조직을 낳는 정치 행정이 확립된다는 것을 의미했다. 하지만 투렌에 따르면 이러한 형태의 사회성은 헤겔의 주인-노예 변증법에서 노예의 노동이 그러하듯 실존적으로 견딜 수 없는 것이다. 그가 성취하는 것 중 어떤 것도 행복이나 인정을 누릴 만한 독자적 개인으로서의 자아 형성에 아무런 가치를 지니지 못하기 때문이다(Touraine, 1971: 9-11).

　다니엘 벨의 탈산업사회 이론은 알랭 투렌과 마찬가지로 서비스와 정보 경제의 등장, 과학과 기술 혁신의 영향력, 뉴미디어 기술이 대중문화에 미치는 영향과 같은 주제들을 다루고 있으면서도, 그에 대한 도덕적·정치적 분석은 미국의 구조기능주의 전통의 핵심에 있는 규범적 전통과 사회적 연대에 대한 관심을 반영하고 있다는 점에서 흥미롭다.

『탈산업사회의 도래』의 결론에서 벨은 (포디즘 체제의 중공업 장비로 간주되는) '기술'의 지배에서 벗어난 사회는 "의식의 그물망, 사회적 구성으로 실현되어야 할 상상의 형식"이 된다고 말했다(Bell, 1999: 488). 다시 말해 경험을 매개하는 전자 기술은 더 이상 '개인주의'가 경제적 영역에서(즉 베버가 『프로테스탄트 윤리와 자본주의 정신』에서 제시한 자기훈육적 노동과 투자라는 의미에서) 체계적으로 추구되지 않는, 오히려 대중매체의 도덕적으로 모호한 생산물이 지배하는 공적 영역에서 '연출'되는 사회를 만들어냈다. 파슨스 전통의 기능주의자로서 벨의 관심은 탈산업사회의 새로운 구조 속에서 실행 가능한 통합의 양식, 보편적 신뢰 문화, 사회 통합, 개인적 책임을 지속할 수 있는 가능성을 찾는 것이었다. 그가 결론을 내리며 인정한 것과 같이 그러한 과제는 달성하기 매우 어렵다. 노동이 기술관료적으로 조직화되고, 사회적·경제적 역할이 물화되며, 공적 문화에서 도덕적 품위와 공동체적 승화가 상실됨으로 인해 자유주의적 개인주의를 지탱해온 분투의 도덕 경제가 약화되었기 때문이다. 결국 탈산업주의의 기술 체계가 약속하는 '유토피아', 즉 대중의 일반적 지식 수준을 향상시키고, 풍요를 증대시키며, 빈곤과 경제적 갈등을 완화시키는 것은 그 체계 내에서 진화해온 협력적 활동의 내재적 형식으로부터 발전되어야 한다. 따라서 벨에 의하면 지배적이 된 아노미적 개인주의는 국가 통치와 사회과학 사이의 새로운 협력 관계를 통해 재형성되어야 한다(Bell, 1999: 489).

이 절의 서두에서 말했듯이, 탈산업주의라는 개념이 중요한 것은 자본주의, 기술, 개인주의의 운명 사이의 관계에 대한 문제를 체계적으로 제기하기 때문이다. 투렌과 벨 모두 산업사회가 경제의 기술적 기반이 급격한 변화를 겪고 있다는 것을, 또한 그 변화가 생산과 소비 과정을 조직하는 프로그램에 개인들이 통합되는 방식으로 이루어진다는 것을 알았다. 지식 경제의 팽창, 기술관료적 전문성의 성장, 미디어 기술과 문화산업의 발전은 모두 생산 능력의 총체적 동원에서 인간이 단순히 '요소'로 기능하도록 하는 새로운 조직적 당위를 낳았다. 벨과 투렌이 인정했듯이, 이러한 사회에서 '문화'는 무엇보다 효율적인 경제성장이라는 요구에 의해 규정된다는 점에서 이는 문제적이다. 실제로 그러한 문화가 그것을 재생산하는 개인에게 미치는 물화 효과에 대한 투렌의 주장은 푸코와 들뢰즈, 가타리가 발전시킨 통제 사회 개념에 매우 가깝다. 요컨대 투렌의 주장은 선진 산업사회에서 일어나는 개체화 과정은 점점 더 미디어와 감시 기술에 의해 통제된다는 것이다. 들뢰즈와 가타리 식으로 말하자면, 개별화되고 합리화된 개인과 산업사회의 거시구조 사이에서 이루어지는 상호작용이란 전자의 욕망이 후자의 오이디푸스적 형식의 체제 안에서 미리 만들어지는 것과 같은 것이다. 소비의 미학은 성적 정체성의 전통적 틀, 들뢰즈와 가타리가 자본주의의 상업 경제와 생명정치 경제를 동시에 강화하는 '엄마-아빠-나' 관계라 부른 것을 중심으로 구조화되어 있다(Deleuze and Guattari, 2000: 51-75). 같은 논리가 탈산업적 생산 체제에 여전히 남아 있는 백색 신화에 대해서도 적용될 수 있다. 인종의 생명정치는 인간 노동력을 범주화하고 통제하는 기술관료적 체계에 암묵적 조건으로 남아 있다. 요점은 '개인'

     1부 자유주의와 근대성

이 그의 가장 깊은 심적 구조로부터 과학적으로 제작된다는 것이다. 개인은 도덕적 자기 결정, 미적 창조성, 대담한 기업가 정신 등에 따른 행위를 통해 총체성의 독점적 권력을 강화할 가능성을 갖는 인공물이 된다(Deleuze and Guattari, 2000: 222-240).

물론 들뢰즈와 푸코는 통제 사회의 억압적이고 기술관료적인 관계가 마찰 없는 재생산 능력을 약화시키는 위반적 형식의 욕망의 조건이라고 주장했다(Deleuze and Guattari, 2004). 개인의 개별성은 통제, 제약, 죽음과 같은 우연적 경험들에 의해 촉발되는 우발적 '차이'로 구성된다. 그러나 이 지점에서 내가 관심을 가지고 있는 것은 욕망의 사회적 경제에 지속적으로 영향을 미치는 급진적 차이에 대한 푸코와 들뢰즈 각각의 탐구가 아니라, 몽펠르랭 소사이어티가 처음으로 정식화한 자유주의 철학의 고도로 형식주의적인 이념들의 귀환이다. 이 장 전반에 걸쳐 주장한 것처럼 신자유주의의 현대적 형태는 국가의 관료 기구를 축소하고, 복지를 위한 공공 지출을 줄이고, 시민들의 기업가 정신에 훨씬 더 큰 자유를 허용해야 한다는 프리드리히 하이에크와 밀턴 프리드먼 사상의 부활로 거슬러 올라갈 수 있다. 따라서 이 특정 이데올로기가 서구 자본주의의 지배적인 세계관으로 발전한 것은 자본주의가 '탈산업' 형태로 전환함에 따라 이루어진 사회적·경제적 붕괴라는 측면에서 살펴볼 수 있다. 데이비드 하비가 『신자유주의의 간략한 역사』에서 지적한 것처럼, 신자유주의 헤게모니가 진화하는 데 결정적 자극이 된 것 중 하나는 산업자본주의를 1960~70년대 막 등장하고 있던 지식, 정보, 미디어 경제를 중심으로 재편하는 과정에서의 어려움으로 인해 발생한 세계 경제 위기였다(Harvey, 2005: 39-63). 서구에서 포디즘 체제를 지탱하던 중공업은 점점 쇠퇴하고 있었고, 탈산업적 제조업 기반으로의 전환에서 발생하는 사회적·정치적 갈등을 관리할 방법을 찾아야 했다. 이 방법이 프리드먼과 하이에크, 그리고 나머지 몽펠르랭 소사이어티가 제시한 자유와 개인주의라는 추상적 원칙을 공격적으로 재확립하는 것이었다는 사실은 물론 설명되어야 한다. 따라서 다음 절에서는 자유와 개인주의라는 자유주의적 이념으로의 회귀의 역사를, 또한 그 회귀가 1970년대 후반부터 서구 자본주의가 문화적·정치적·경제적·기술적으로 변화하는 데 어떤 영향을 미쳤는지를 살펴볼 것이다.

자유와 통제, 그리고 혁신

질 들뢰즈와 펠릭스 가타리가 제시한 통제 사회라는 개념을 다시 살펴보는 것으로 시작해보자. 『안티 오이디푸스』에서 들뢰즈와 가타리는 마르크스가 M-C-M 관계의 무한한 유연성에 대해 설명한 의미에서의 '자본주의'는 "더 이상 직접적 형식으로든 간접적 형식으로든 전제적인 초코드화에 의존하기보다는 흐름의 일반화된 탈코드화"에 해당한다고 주장한다(Deleuze and Guattari, 2000: 240). 다시 말해 신이나 인간, 또는 자연의 초월론적 형식을 기준으로 하는 기호에 의거한 주권의 신화적 재현은 상품의 형식과 가치를 재창조하는 기호들을 끊임없이 증식함으로써 기능하는 자본의 '정신분열적' 체제에 의해 전복된다. 이 과정은 인간의 욕망을 끊임없이 새로운 형식으로 분열하는 '분열증적' 잠재력으로 변형시키기 때문에 사회를 효과적으로 통제하고 정치적 권위를 유지하는 데 위협이 된다. 그러나 이는 우리를 전제적 권위의 공포가 아니라 기술관료적 통제에 기반을

　　　　　　　　　　　　1부 자유주의와 근대성

둔 사회의 개념으로 되돌아가게 한다. 욕망의 체계로서 팽창하는 자본주의의 화폐와 상품, 노동력의 흐름은 '자유 교환'의 원칙이 재생산 효율성의 척도로 귀속되는 체제 내로 '포획'된다. 이러한 포획 체계의 완성은 사실상 자본주의 근대성의 기술적·관료적·생명정치적 체계 안에서 진화해온 통제 사회의 완성이라 할 수 있다. 통제 문제에 대한 들뢰즈와 가타리의 접근 방식이 파놉티콘적 규율에 대한 푸코의 설명과 구별되는 점은 통제의 경제가 무엇보다도 재현의 기술 체제의 전환에 의존한다는 주장에 있다. 그들이 말하듯이 "자본주의에서 문자는 전형적으로 고대적 유물의 역할을 하며", 따라서 그 재현 체계의 진화는 인쇄된 글에서 기술적으로 복제 가능하고 운동감각적으로 산만한 이미지로 나아가는 경향을 보인다(Deleuze and Guattari, 2000: 240). 따라서 영화와 텔레비전이 대중의 욕망을 끊임없이 변형시키는 미적 체제를 이루는 한, 우리가 던져야 할 질문은 이 체제가 또한 그 욕망을 어떻게 오이디푸스적 통제의 규범적 제약 속에 통합하는 방식으로 작동하는가 하는 것이다(Deleuze and Guattari, 2000: 246).

이것이 바로 1970년대 초 등장한 탈산업사회론을 구성하는 핵심적인 질문이다. 투렌의 분석에 따르면, 탈산업사회에서 지식, 정보, 지성, 문화, 예술, 사랑 등 모든 것이 자본화를 위해 동원되더라도, 그 효과를 산업적 지휘와 통제의 체제 안에 완전히 통합하는 것은 결국 불가능하다. 예를 들어 1968년 5월의 학생 시위는 기술자본주의의 해방적 잠재력과 부르주아 사회의 억압적 보수주의 사이의 모순이 빚어낸 결과였다. 그 시위는 포디즘 체제에 의해 유지되던 계급적 위계를 변혁할 가능성을 열어주었다. 새롭게 등장한 생산 체계는 노동과 문화, 개체화의 새로운 질서를 구축할 토대를 마련했기 때문이다(Touraine, 1971: 193-226). 하지만 68운동은 자본의 객관적 경제

질서를 급진적으로 변혁하지도, 새로운 서비스 경제의 특징인 '종속적 참여'를 근본적으로 무너뜨리지도 못했다. 들뢰즈와 가타리를 빌려 말하자면, 오히려 탈산업 질서의 오이디푸스적 기능 안에서 등장한 '포획'의 메커니즘은 탈코드화된 자본의 흐름이 작동시키는 분열적 가능성에 대해 놀라운 정도로 강한 저항력을 보여왔다. 여기서 신자유주의 세계관의 발전과 관련하여 세 가지 중요한 점이 나타나며, 각각을 개별적으로 살펴볼 필요가 있다.

첫 번째는 포디즘적 생산 방식으로부터 1960년대 말, 1970년대 초에 등장한 탈산업 모델로 전환하는 사회경제적 맥락에 관한 것이다. 2차 세계대전 이후 미국 경제는 호황을 누렸고, 포디즘의 중공업 기술은 세계 경제에서 미국의 패권을 확립하는 데 결정적인 역할을 했다. 미국의 이와 같은 세계 경제에 대한 지배력은 1950년대의 긴축으로부터 유럽 자본주의가 출현하는 데 핵심적인 역할을 했으며, 1960년대 서유럽이 성장과 번영을 이룩하는 데 결정적으로 기여했다. 실제로 이 전 세계적인 성장의 시기가 부상하는 탈산업적 생산 방식의 기초가 된 지식과 통신 기술의 발전을 촉진했다. 그러나 미국을 비롯한 서구 자본주의 경제는 여전히 포디즘 체제의 토대였던 채굴 산업과 중공업에 크게 의존하고 있었다. 따라서 철강과 중공업 제품 생산에서 신흥 공업국들과의 경쟁과 1973년 석유 파동이 겹치자 유럽과 미국 모두에서 경기 침체가 발생했다. 1973년에서 1975년 사이의 경기 침체가 특이했던 점은 제조업 둔화로 인한 경제 성장률 하락이 물가상승률의 하락으로 이어지는 예측 패턴을 따르지 않았다는 것이다. 미국과 유럽 경제에서는 실업률이 상승하는 동시에 물가가 가파르게 치솟았다. 다니엘 벨과 알랭 투렌의 분석에 따르면 그 원인 중 하나는 탈산업화의 특징인 제조업과 고용

기반의 급격한 전환이다. 하지만 이 지점에서 몽펠르랭식 자유주의의 귀환으로 돌아가면, 밀턴 프리드먼은 1970년대 '스태그플레이션' 위기의 주된 원인이 미국 연방준비제도가 쇠퇴하는 산업들에 자금을 방만하게 투입한 데에 있고, 이 방만함이 경기 침체에 동반된 인플레이션의 악순환을 부채질한 것이라고 주장했다. 프리드먼이 「화폐 이론의 반혁명」The Counterrevolution in Monetary Theory에서 말했듯이, 인플레이션이란 "언제나 화폐적 현상으로, 오직 화폐량이 생산량보다 더 빠르게 증가할 때만 발생하고, 발생할 수 있는 것"이다(Friedman, 1970: 13). 이것이 공공지출을 억제하고 시장의 날것 그대로의 경쟁을 통해 혁신을 고무해야 할 절대적 필요성을 주장하는 자유주의 경제 사상의 '통화주의' 계통으로, 몽펠르랭 소사이어티가 처음으로 제기했던 급진적 자유시장 이데올로기의 부활을 알렸다.

데이비드 하비는 이처럼 통화 공급을 엄격히 통제해야 한다는 경제적 요구가 1970년대 말과 1980년대 초에 어떻게 포괄적인 사회적·정치적 이데올로기로 진화했는지 간결하게 설명한다. 그는 이러한 진화를 피노체트Pinochet의 칠레에서 벌어진 노동 운동과 복지제도의 파괴에서, 폴 볼커Paul Volcker의 연방준비제도 개혁에서, 또한 가장 중요하게는 미국의 레이건 행정부와 영국의 대처 행정부가 추진한 통화주의 정책에서 볼 수 있다고 지적한다. 요컨대 그의 주장은 자조적이고 독립적인 개인주의 이데올로기로의 전환이 자본의 재생산 기능에 대한 국가의 강압적 통제 능력을 되살리는 것으로 이해되어야 한다는 것이다. 따라서 탈산업주의에 대한 다니엘 벨의 분석은, 또한 어느 정도는 알랭 투렌의 분석 역시, 탈산업사회가 자본화 과정을 순조롭게 전환하는 것은 그 전환을 더 자유롭고, 더 행복하며, 더 만족스러운 삶을 향해 가는 길로서 재현할 수 있는 이데올로기의 출현에 달려 있다는 사실을 간과한다(Harvey, 2005: 9-19). 내가 보기에 이는 사실이다. 지식, 커뮤니케이션, 기술 경제를 자본의 회전율을 확장하기 위해 설계한다는 점에서 탈산업사회가 여전히 '자본주의적'인 만큼, 신자유주의의 새로운 헤게모니는 기업 조직과 국가의 규율 및 입법 기능을 결합하는 전략으로 이해되어야 하기 때문이다. 그러나 여기서 신자유주의와 탈산업사회의 발전 간의 관계에 대한 두 번째 요점으로 넘어가자면, 하비의 분석은 경제적 자유주의의 '귀환'이 행하는 문화적·이념적·심리적 조율의 복잡한 작업을 무시하는 경향이 있다. 의심할 여지 없이 신자유주의의 기획에는 전략적 착취의 요소가 있다. 이를 부인하는 것은 솔직하지 못한 일이다. 그러나 신자유주의 이데올로기가 부상한 주된 이유가 경제를 쇠퇴시켜 부르주아지의 계급 지배를 유지하려는 데 있다고 주장하는 것은 지나친 단순화이다. 신자유주의 세계관이 삶을 자본화 과정에 인지적·생명정치적·미적으로 통합시켜온 방식은 자유와 개인주의라는 고전적 자유주의 원칙을 지속적으로 재-현하고 재해석해온 것으로서 개념화되어야 할 것으로 보인다.

마르크스는 세계사의 위대한 '사실과 인물'은 두 번 반복될 운명에 처해 있다고, "한 번은 비극으로, 또 한 번은 희극으로" 되풀이된다고 말한 바 있다(Marx, 1977b: 300). 물론 이는 역사가 스스로를 반복하는 매체가 무엇인지, 그리고 이러한 반복이 현재에 어떤 기능을 수행하는지에 대한 의문을 제기한다. 만약 자유, 자율, 효용 등과 같은 특정한 철학적 원리들을 재해석하고 재연하는 것이 언제나 과거에 대한 모방에 그칠 위험이 있다면, 우리는 어떤 이념의 '귀환'이 항상 과장과 심화를 수반하며 그 영향이 신중하게 검토되어야 한다는 점을 유념해야 한다. 앞서 살펴본 것처럼 투렌과 벨이 '탈산업사회'라 지칭한 시기는 텔레비전과 초기 메인프레임 컴퓨터와 같은 아날로그 기술의 발달로 이미지, 정보, 자본의 흐름이 가속화된 시기와 일치한다. 따라서 탈산업사회의 특징으로서 자본주의와 비물질적 상품 사이에 진화하는 관계는 밀턴 프리드먼과 통화주의자들이 옹호한 경제적 자유주의 이념의 '귀환'이 단순히 인간 자유의 기본 원리의 복원으로만 여겨질 수는 없다는 것을 의미한다. 달리 말해 1960년대와 70년대 통화주의 프로젝트의 진화는 신자유주의 세계관의 토대가 된 사실상 새로운 일련의 경제적 공리들, 도덕적 명령들, 미적 이상들의 발전을 수반했다. '자유주의'가 언제나 폭넓은 스펙트럼을 가졌으며, 개인의 행복과 효용을 극도로 경험적으로 평가하려 했던 제레미 벤담Jeremy Bentham부터 개인의 행복과 도덕적·미적 문화의 가장 궁극적인 목적 사이에 연관성을 확립하려는 철학을 전개했던 존 스튜어트 밀John Stuart Mill에 이르기까지 매우 상이한 견해들을 모두 포괄해 왔다는 것은 사실이다. 하지만 자유주의의 통화주의적 전환에서 중요한 것은 단순히 철학적 변곡점의 문제가 아니다. 그보다 우리가 보고 있는 것은 영국과 미국의 주요 대학의 경제학과, 국제통화기금IMF과 세계은행World Bank 같은 국제기구, 또한 문화산업이 만들어낸 자유와 소비, 행복 간의 관계에 대한 대중적 재구상 속에서 자유주의 사상의 원칙이 재창조되고 있는 현실이다. 따라서 우리는 1970년대에 등장한 탈산업적 형식의 자본주의에서 이러한 요소들 사이의 관계가 어떻게 발전했는지 살펴볼 필요가 있다.

프리드먼 버전의 통화주의의 핵심을 이루는 공급 측 경제학의 본질은 투자 주도 성장을 강조한 케인즈주의 원칙을 근본적으로 거부하는 것이었다. 「화폐 이론의 반혁명」에 담긴 두 가지 근본 원칙은, 첫째로 복지나 국유 산업 같은 분야에 대한 높은 수준의 공공 지출은 언제나 시장 주도의 경쟁을 저하시킨다는 것과, 둘째로 이러한 정체 효과는 동시에 국가 경제 내에 국가 자금의 과잉으로 인한 인플레이션 순환을 초래한다는 것이다(Friedman, 1970: 11-14). 이는 본질적으로 빈곤 완화나 전통 산업의 보호와 같은 선의의 이유로 이루어지는 경우에조차 국가 개입은 경제성장과 사회 발전을 촉진하는 시장의 힘에 해를 끼치는 경향이 있다는 애덤 스미스의 생각을 재구성한 것이다(Smith, 1961: 496-524). 그러나 프리드먼의 저작에서 제시된 이 원칙에 대한 해석은 스미스의 명제에서 모든 조건부를 제거하고 있다. 즉 '스태그플레이션'은 '복지 국가'의 성장과 공공 부문의 비효율적인 업무 관행을 지원하는 것에 따른 실제적인 결과인 것이다. 따라서 이미 성장률과 GDP의 장기적인 하락을 겪고 있는 경제에서 인플레이션 증가로 인한 파괴적 영향을 방지하기 위해서는 국가 재정, 곧 '공급 측'에 대한 통제가 극도로 엄격하게 이루어져야 한다. 경쟁력 없는 기업이 도산하도록 내버려둠으로써 발생하는 실업 증가와 복지 축소로 인한 사회적 긴축은 다음을 위한 필요조건으로 간주된다. ① 기존 산업의 기술적 재편성, ② 임금의 전반적인 하락에 의존하는 경영 관행, ③ 전통 제조업이 떠난 지역에 새로운 산업과 기업가 자본주의가 출현하는 것, ④ 노동력의 가치를 인위적으로 높게 유지해온 노동조직에 대한 탄압. 따라서 탈산업사회가 약속하는 높은 임금과 높은 소비 수준, 문화적 만족을 누리고자 한다면 우리는 경제적으로 책임감 있는 시민으로서 시장의 제약에 끊임없이 적응해야 한다. 프리드먼과 통화주의자들에 따르면 이러한 적응이야말로 자유의 근본적인 표현이다. 이는 재교육과 새로운 기술 습득, 새로운 산업으로의 이동, 새로운 장소로의 이주, 새로운 사업의 시작, 새로운 제품 설계, 새로운 서비스 제공, 사회적 지위 향상, 모든 기회를 활용해 개인의 운명을 실현하는 능력이다.

몽펠르랭 소사이어티의 자유방임주의 철학을 직접적으로 계승한 흐름으로서 신자유주의는 선진 자본주의 사회에서 사회적 행복과 정치적 안정을 향해 가는 길을 매우 특수하게 형상화한 것이다. 다른 곳에서 나는 이러한 형상화가 흥미로운 이유를 정치 이데올로기로서 내포한 긴장에서 찾은 바 있다. 즉 사회의 질서는 순간적인 상태에 불과하며, 결국 그 질서를 만들고 발전시키는 개인의 삶의 불안정한 형식들을 재창조하는 것에 의존한다는 것이다(Abbinnett, 2018). 사회적·경제적 '계획'이 프로그램화된 형식으로 등장함에 따라 위협받는, 무력감에 대한 깊은 공포가 있다. 이러한 시스템의 목표는 언제나 개인을 사회화된 생산의 반복적 메커니즘에 통합하는 데 있기 때문이다. 신자유주의 세계관에 따르면 이러한 황홀경의 개인화된 상태에 도달하는 유일한 방법은 각 시민이 국가로부터 최소한의 제약이나 간섭만을 받으면서 자신의 고유한 삶의 방식을 추구하도록 허용되는 것이다. 행복해지기 위해 인간은, 행복을 상실해야만 행복을 '실현'할 수 있음을 인정해야 한다. 행복이란 삶의 위험을 감수하며 '조직화된 사회'의 안락한 정체 상태를 넘어서는 목표와 야망을 추구할 준비가 되어 있는 자아실현의 과정을 통해서만 경험할 수 있는 것이다(Abbinnett, 2018: 49-77). 탈산업사회의 문제는 노동과 만족, 욕망의 기술적 통합이 새로운 형태의 사회적 안주를 낳는 경향이 있다는 것이다. 이러한 안주 속에서는 개인을 회복력이 높고 스스로 동기를 부여하는 시민으로 형성하는 '위험들'이 과학적 관리의 관할 아래 놓이게 된다. 그러나 이것이 '사회적 행복'의 수준을 지속적으로 상승시킬 수는 없다. 신자유주의자들에 따르면 개인적 자유의 본질은 사회적 경제의 척도를 벗어난, 예측할 수 없고 황홀한 방기에 있기 때문이다. 행복으로 가는 길을 위해 다니엘 벨 식으로 경제와 사회의 완전한 기능적 통합을 추구하는 것은 소용이 없다. 그러한 것은 제대로 된 '자본주의' 경제, 다시 말해 '자유시장' 경제를 구성하는 데 필수적인 개인주의적 정신과 기업가적 역동성을 억압할 뿐이다. 필요한 것은 과학적·기술적·관료적 프로그램이 하나의 통제 시스템으로 결합되는 것을 자유와 독립을 향한 인간의 자발적 욕망이 언제나 저지해야 한다는 것이다. 이를 보장할 수 있는 유일한 방법은, 첫째, 개인의 재산권과 자기결정권을 입법 과정의 절대적 원칙으로 삼고, 둘째, 국가의 주권적 권력을 통해 이 원칙을 유지하는 것이다(Hayek, 2013: 118-136).

탈산업사회에서 되살아난 개인주의의 힘을 신자유주의가 구성하는 방식은 독특한 정치적 문제의 일부이다. 하이에크가 '개인'의 출현을 설명하기 위해 진화론적 접근을 제시하고자 했음에도 불구하고(Hayek, 2013: 9-33), 신자유주의는 일반적으로 개인적 주권에 대한 관념론적 개념을 자본주의가 기술적 시스템으로 발전하는 것에 대립시키는 경향이 있다. 개인의 자유는 그 기원이 신적인 것일 수도 아닐 수도 있는 가능성의 불씨로 여겨지지만(신자유주의와 종교성의 관계에 대한 문제는 앞으로 다시 다룰 중요한 주제이다), 적어도 인류 문명에서 생산성, 문화, 정치적 삶, 윤리적·정치적 원칙과 같은 모든 선한 것들의 원천으로 드러났다. 하지만 기술-계보학의 관점에서 볼 때 신자유주의의 주장은 인간의 사회적 조직이 항상 이미 기술적이라는 것과, 인간이 개별적이고 이기적이며 자기결정적인 개인으로 등장하는 것 사이에 잘못된 이분법을 설정한다. 지금까지 살펴본 것처럼 인간 사회의 사회적·정치적·문화적 발전을 이끌어온 기술 시스템과 개인의 진화를 구분하는 것은 불가능하지는 않더라도 매우 어려운 일이다. 실제로 스티글레르가 개진한 원초적 기술성 논의는 개체화 과정이 언제나 인간의 표현 능력을 보완하는 실천적이고 재현적인 기술에 의존해왔다고 주장한다. 이러한 관점에서 볼 때 탈산업사회에서 문화적·경제적·정치적 개체화의 문제는 **파르마콘**pharmakon, 즉 산업 문화가 인간 정신에 미치는 해로운 영향과, 이를 야기한 바로 그 기술을 통해 그러한 영향을 변화시킬 수 있는 가능성 사이의 관계에 대한 문제가 된다. 따라서 1970년대 통화주의 경제학자들이 기업가 정신의 불씨를 보호하는 것을 그들의 핵심 이데올로기적 수사로 삼았다는 사실은 신자유주의적 상상이 형성되는 데 있어 매우 중요한 무언가를 시사한다. 탈산업 체제의 등장이 탈산업사회에 내재한 독점적 경향을 더욱 심화시키면서, 자유주의-자본주의 국가는 첫째로 노동과 소비 과정이 수행되는 방식, 둘째로 자아가 국가와 관계를 맺도록 동원되는 방식을 통해 자유와 영웅주의, 자립의 상징들을 재구성해야만 했기 때문이다. 이로부터 세 번째이자 마지막 요점이 나온다. 호르크하이머와 아도르노가 지적했듯이, 독점 자본주의라는 조건하에서 개인주의의 미적 연출은 포디즘 체제로부터 이미 시작되었다. 문화산업이 주도한 모방 과정을 통해 형식화된 개인주의적 '자아'는 1930년대 중반에 이르러 대량 소비 체제에 필수적인 것이 되었다. 그러나 1970년대 후반부터 자유로운 개인주의의 미적 재-현은 좋든 나쁘든 간에 '탈근대성'이라고 알려지게 된 가속화된 활동의 시기로 접어들었다. 아날로그 기술의 발전, 특히 텔레비전 영상의 질적 향상, 높은 제작 수준, 다양한 콘텐츠는 점점 더 오이디푸스적 정체성 형성 체제에 국한하기 어려운 성애화된 정동을 불러일으켰다. 내가 보기에 1980년대 '영미 마르크스주의자'와 '프랑스 포스트모더니스트' 사이에서 격렬히 벌어진 논쟁은 본질적으로 자본주의의 리비도 경제를 변형시키는 기술-미학적 체계의 힘에 대한 논쟁이었다. 마르크스주의자들은 1980년대 자유방임 자본주의와 동의어가 된 미적 시뮬라크르의 생산에서 상품 형식의 계산된 알고리즘 효과를 언제나 추적할 수 있다고 주장했다. 레이건-대처 시기의 하이퍼-개인주의는 신자유주의적 과잉의 축제로, 프랑스 포스트모더니스트들은 단순히 여기에 지적 정당성을 더했을 뿐인 것으로 표현되었다. 결국 보드리야르, 들뢰즈, 데리다, 리오타르는 착취적 시스템으로서의 '자본주의의 종말'을 기념하면서 개인주의적 정체성이 단순히 '라이프스타일의 선택' 문제로 간주되는 포퓰리즘 미학의 토대를 제공한 것으로 묘사되었다(Harvey, 1990; Jameson, 1995; 1998). 내가 보기에 이러한 입장은 1980년대와 1990년대 프랑스의 포스트구조주의 철학이 해명하고자 했던 재현과 자본화, 개인화의 복잡한 경제를 배제하고 있다. 따라서 5장에서는 새천년에 접어들며 이루어진 미디어-기술 혁신과 이로 인해 발생한 텍스트-이미지 관계의 변형, 그리고 이러한 변형과 본질적으로 연관되어 있는 신자유주의 경제의 가속화된 발전 사이의 관계를 살펴볼 것이다.

[5] 신자유주의와 탈근대적 순간
(1980~1995)

4장에서 나는 포드주의 생산모델의 쇠퇴와 탈산업자본주의의 출현 그리고 개인의 자유에 대한 미적 재현으로서의 신자유주의의 발전 사이의 관계를 검토하였다. 나는 1960년대와 1970년대 신자유주의적 상상의 진화를 이해하기 위해서는 그것의 발전이 본질적으로 생산양식의 기술적 토대와 연결되어 있다는 점, 그리고 '개인의 자유'가 상연되는 미적 형식은 항상 확장되는 자본화 과정과 관련되어 있다는 점을 인식해야 한다고 주장했다. 우리가 보았듯이 1960년대에 출현한 자본주의의 탈산업적 형태는 정보, 통신, 미디어 기술이 서구 자본주의 경제의 문화적 동학을 변형시키기 시작한 지점이었다. 이미지의 운동감각적kinaesthetic 체제와 생산 및 소비 과정 사이의 관계는 지배적인 대중매체로 텔레비전이 출현함에 따라 근본적으로 바뀌었다. 국제 방송, 스포츠 이벤트, 전쟁, 자연재해를 실시간으로 볼 수 있었던 TV 시청자들은 점점 더 '가상' 현상이 되었다. 각 시청자의 특수한 경험은 문화산업의 네트워크에 의해 연출된 집합적인 감정feeling 및 정동 체제의 일부가 되었다. 신자유주의적 상상과 탈산업자본주의 사이의 관계가 가속적으로 진화하기 시작한 것은 이러한 미적 효과의 집중을 통해서였다. 벨과 투렌이 지적하였듯이 1960년대와 1970년대에 출현한 미디어 산업, 프로그래밍 산업, 문화산업은 탈산업적 경제가 조직 노동 및 지식 노동의 잠재력을 온전히 동원할 수 있었던 역동성의 필수적인 부분이었다. 따라서 이 특수한 결합으로부터 등장한 중요한 질문은, 기술자본주의의 계속되는 발전과 양립할 수 있을 뿐만 아니라 그를 통해서 성취될 수 있는 도덕적 개인주의의 원칙을 신자유주의적 이데올로기가 재-현할 수 있었던 방식에 관한 것이다. 가상 교환, 생명정치적 통제, 미디어 재현의 진화하는 네트워크가 이미 전 지구적 체제를 형성하기 시작했음을 감안한다면, 우리는 새롭게 출현 중인 이 생명과 자본의 통합이 어떻게 개인의 자율성과 정치적 자유의 환경milieu으로 재현되는지 고려할 필요가 있기 때문이다.

'탈근대성'이라는 관념은 1980년대에 이러한 자본주의의 변형이 나타났던 이데올로기적 형태였다. 사태를 과장하는 것일지 모르겠으나, 이 용어는 1980년대를 특징짓는, 그리고 그 시기의 대중문화와 미학에 펼쳐졌던 사회적·경제적·정치적 변화의 감각을 포착했다고 말할 수도 있다. 이 말은 한편으로는 영미 마르크스주의와 다른 한편으로는 프랑스 포스트구조주의 철학 사이의 격렬한 논쟁의 초점이기도 했다. 논쟁의 용어들은 매우 복잡했는데, 그것은 갈등이 가장 치열했을 때엔 완전히 명확하지 않았던 계보학적 의미를 담고 있는 것으로 보인다. 이에 대해서는 추후에 다시 논하겠지만, 일단 여기서는 근대-탈근대 논쟁에 대해서, 그리고 이것이 1980년대 글로벌 자본주의의 진화와 어떻게 관련되어 있는지에 대해 간략히 언급하고자 한다.

가장 먼저 명확히 할 것은 이 용어가 어디에서 왔는지, 그리고 이 용어가 그것에 결부된 유동성, 자기발명, 미적 자유 등의 통념적 의미를 어떻게 획득하게 되었는가 하는 점이다. '포스트모더니티'라는 용어는 공동체와 개인성 및 지식의 구성에 관한 특수한 이념으로서 선진산업사회에 특유한 것인데, 장-프랑수아 리오타르가 1979년 자신의 책 『포스트모던의 조건: 지식에 관한 보고서』에서 처음 정의했다. 아주 간단하게 말하자면, 이 용어는 지식 생성, 문화 보급, 경제적 생산의 기술적 시스템 내에서 진화한 특정한 시간 경험을 가리킨다. 새로운 기술이 자연과 인간을 거대한 사이버네틱 기계의 요소들로 환원시켰다는 사실로 인해 이러한 경험은 본질적으로 방향 감각을 상실케 한다. 일은 생산 과정을 가속하는 상시적·기술적 변화에 종속되고, 가족은 재생산 잠재력을 향상시키도록 설계된 생명정치적 전략의 대상이 되며, 몸은 그 경제적 기능성을 높이도록 고안된 생명의료적 개입의 장소가 되는 식이다. 그 결과 사회적 삶을 구성하는 상징적 질서에 의존하는 시간 경험은 완전히 자리를 잃게 된다. 시간 경험은 더 이상 종교달력의 축제나 계절과의 관련 속에서 이루어지는 것이 아니라, 기술적 통합의 개선과 효율성의 촉진을 작동 원칙으로 하는 이질적 시스템을 통해 분산된다(Lyotard, 1991: 79-81). 삶의 상징적 질서 전체는 우발성과 방향 상실이라는 감각에 영향을 받는데, 리오타르가 보기엔 이것이야말로 탈근대 자본주의의 본질이다. 정치적 질서의 밑바탕이 되었던 젠더, 인종, 종교에 관한 오랜 확신들은 미적 재현, 심리적 치료요법, 의료적 지식 등의 이질적인 시스템으로 분산되었는데, 이들 중 어떤 것도 그것의 기능적-작동적 규칙을 넘어서는 확실성을 제공해줄 수 없다(Lyotard, 1991: 31-37).

탈근대성에 대한 이러한 최초의 정의에 관해 명확히 할 것이 몇 가지 있다. 첫째, 『포스트모던의 조건』은 그가 1979년 파리8대학(뱅센느)에서 제출한 학술 논문의 확장판이라는 점이다. 따라서 그것은 '메타서사'에 대한 점증하는 불신을 서둘러 스케치한 설명과 더불어, 그가 초기 또는 이후의 작업, 특히 『리비도 경제』나 『쟁론』에서 훨씬 더 정밀하게 발전시킨 주제에 대한 일종의 속기로서 이해되어야 한다. 둘째, 『포스트모던의 조건』에 제시된 탈근대성에 대한 기술은 그것의 결과에 대한 무조건적 환영이 아니라는 점이다. 물론 국가의 주권적 권위를 구성하는 '메타서사'에 대하여 일반적인 불신이 있다는 주장은 그의 사상이 단지 극단적 형태의 주관적 관념론이라는 반발을 불러일으킨다. 그러나 리오타르의 후기 작업은, 후기 근대와 함께 도래한 고질적인 방향 상실의 감각이 다분히 반동적 형태의 정치적 집착이 복귀한 것과 관련이 있음을, 그리고 탈근대성에 따른 억압적 전통으로부터의 '해방'이 재현과 정체성에 특수한 위기를 일으킨다는 것을 분명히 한다(Lyotard, 1988: xi-xvi). 1979년 이후 리오타르의 작업은 점점 더 사이버네틱하게 되어가는 경제 및 사회의 조직과, 그것이 성찰적 판단의 장으로서 자아의 도덕적·미적·정치적 형성에 미치는 영향 사이의 관계에 집중하였다. 그러나 사이버네틱 복제가 가능한 시대의 칸트적 성찰 능력의 운명에 궁극적 관심을 둔 그의 기획이 가지는 진중함은 그가 어느 정도는 툭 던지듯 내놓은 '포스트모더니티'라는 신조어에 거의 완전히 포섭되어버렸다(Lyotard, 1988: 128-129와 155-160을 보라). 『포스트모던의 조건』은 하버마스 및 성찰적 근대화론자들과 더불어 영미 마르크스주의자들로부터 지속적인 공격의 초점이 되었는데, 이들은 리오타르의 논평이 자본주의 사회의 체계적 모순이 기술적 진화에 의해 극복되고 있으며, 각 개인

　　　　　　　　　1부 자유주의와 근대성

이 그의 정체성을 자유롭게 선택할 수 있는 새로운 대중적 문화가 출현하고 있음을 함축한다고 주장하였다.

'포스트모더니즘'이라는 용어가 영국과 미국의 문학 및 영화 학과에서 아방가르드적 징표로 여겨졌던 잠깐의 시기 이후에는 글로벌 자본주의의 현실에 대한 무관심과 수상쩍은 탐미주의를 뜻하는 경멸적 용어가 되었다는 점도 주목할 만하다. 곧 보게 되겠지만 영미 마르크스주의자, 특히 데이비드 하비, 프레드릭 제임슨, 테리 이글턴, 페리 앤더슨은 '포스트모더니스트들'이 은밀한 신자유주의자였으며, 존재론에 대한 그들의 비판에는 자본주의 비판, 공동의 삶, 정치적 연대에 대한 헌신을 포기한다는 진실이 깔려 있다고 주장하였다. 결국 리오타르, 보드리야르, 데리다의 작업은 후기 자본주의의 '이데올로기적 반영'으로 간주되었으며, 그것의 효과는 소비자가 주도하고 미디어가 추동하는 개인주의라는 신자유주의적 이데올로기를 강화하는 것이었다(Jameson, 1995: xii). 리오타르가 1979년에 선언한 메타서사에 대한 불신은 1980년대 문화산업이 조장한 고립되고 이기적인 소비주의의 반영으로 여겨졌다. 데이비드 하비에 따르면, 소비주의의 확대와 포스트모더니즘의 친화성은 포스트모더니즘이 신자유주의 국가 특유의 도덕적·정치적 보수주의와 연루되어 있다는 것과 관련이 있다. 예를 들어 레이건 정부와 대처 정부는 시장 운영에 대한 자유방임적 태도를 법치주의에 대한 엄격한 집착 그리고 결혼과 가족 가치의 신성함에 대한 믿음에 결합시키고자 했다. 하비의 주장은, 포스트모더니즘 이론이 개인주의의 발전을 차이에 대한 존재론적 비판 내에 위치시키는 탓에 정치를 미적 효과의 유희로, 그리고 우리의 파편화된 삶에 질서를 가져다주리라 약속하는 카리스마적 인물로 환원하는 경향이 있다는 것이었다(Harvey, 1990:

338-342). 따라서 포스트모더니즘은 그것이 본의 아니게 조장해왔던 미적 소비주의를 비판할 수 있는 관점을 제공할 수가 없다. 내가 보기에 포스트모더니즘에 대한 마르크스주의적 비판의 신랄함은 경제적 이데올로기로서의 신자유주의의 성공이 초래한 정치적 자신감의 위기가 가져온 결과이다. 아래에서 나는 보드리야르, 데리다, 리오타르가 탈산업적 자본주의 조직과 신자유주의 문화의 미학 사이의 관계에 대하여 (이런 용어가 적절하다면) 급진적 비판의 토대를 제공했다고 주장할 것이다. 그러나 1980년대와 1990년대 초에 발생한 '탈근대적 순간'의 세부로 이동하기에 앞서서, 신자유주의가 오늘날 우리가 알고 있는 기술적 상상으로 변이하기 시작한 문화적 형식에 대하여 간략하게 설명하고자 한다.

이 장의 주요한 관심은 아날로그 레짐(CD, 비디오 녹화, 케이블 TV, 최초의 PC 및 모바일 통신 장치) 내의 종국적 기술 발전이, '개인의 자유'를 1980년대 자유민주주의의 정치적·경제적 당위로 출현케 한 문채文彩, 서사, 신화, 미적 형식에 대한 황홀경을 생산해낸 방식을 탐구하는 것이다. 이것이 이 장의 시기 구분이 기묘해진 이유인데, 1980년부터 1995년이라는 15년의 기간은 최초의 상업용 PC와 게임 콘솔의 발달, (특히 미국에서) 케이블 TV 공급자의 확대, 최초의 0G 휴대폰으로 시작하여 1995~1996년 최초의 상업용 웹 브라우저로 끝난다. 이 시기는 미디어 및 정보 기술 발전 속도의 전례 없는 가속화로 특징지어진다는 점에서 매우 중요하다. 이 시기는 리오타르가 시사한 바와 같이 소비, 자본화, 정체성 형성의 과정이 점점 더 전문지식과 기술적 시스템의 매개에 의존하게 되는 시점이다. 그러나 이러한 발전은 추상 속에서 이뤄진 것이 아니며, '탈근대 자본주의'의 출현 통로가 된 기술-사회적 체계 및 기술-경제적 체계

   1부 자유주의와 근대성

의 진화는 1970년대 스태그플레이션의 여파를 즉각 떨쳐버리지 못
했다. 1980년대의 소비 붐은 1983년이 되어서야 시작되었으며, 대
처와 레이건 정부가 복지 서비스, 교육, 공공 부문 급여 감축을 시작
한 것은 이러한 경제적 무기력에 대응한 것이었다. 영국에서는 이러
한 정책이 인기가 없는 것으로 드러났고, 1기 대처 정부의 초창기는
실업률 증가, 노동 분쟁, 사회적 분열 심화, 그리고 펑크, 뉴웨이브,
스카, 레게 음악계를 중심으로 형성된 반문화 운동으로 특징지어진
다. 블랙 플래그Black Flag, 크라스The Crass, 데드 케네디스The Dead
Kennedys 같은 밴드는 그들이 느낀 대처와 레이건 정권의 억압적 도
덕성과 분열적 경제에 반대하는 아나키즘 정치를 표명하였다. 스틸
펄스Steel Pulse와 미스티 인 루츠Misty in Roots 같은 영국의 레게 밴드
는 영국 도시에서의 퇴거와 투쟁에 대한 흑인들의 경험을 표현하였
다. 또한 투톤2Tone 운동은 영국의 급격한 실업 증가로 인해 흑인과
백인 청년 모두에게 가해진 피해와 대처의 자유시장경제 정책 도입
에 따른 많은 산업도시의 쇠락에 항의하는 정치적 입장을 드러냈다.

　　1기 대처 행정부가 임기 막바지에 접어들 무렵 보수당 내에는
그의 리더십에 대한 상당한 반대가 있었다. 프리드먼의 공급 측면
경제학에 대한 그의 이데올로기적 추종과 이에 따라 상승하는 물가
상승률을 억제하기 위해 그가 도입한 조치(복지 및 교육서비스에
대한 지출 삭감, 매각을 염두에 둔 국유산업에 대한 지원 감축, 노동
조합의 무력화)는 소위 물보수wets라 불리는 당내 좌파들로부터 외
면받았는데, 이들은 지속적인 스태그플레이션 문제에 대해 보다 사
회적이고, 민주적이며, 투자 중심의 접근을 옹호하였다. 대처 정부
의 정책은 유권자의 호응도 얻지 못했는데, 이들은 1982년 6월 포클
랜드 전쟁에서의 승리 이전까지는 여론조사에서 노동당에 크게 뒤

처졌다. 그러나 이후 '포클랜드 변수'는 1983년 총선에서 보수당을 결정적인 승리로 이끌었고, 마거릿 대처의 지도자로서의 지위를 확고히 했다(Gray, in Hall and Jacques, 1983: 271-280). 1983년에서 1987년까지의 2기 대처 행정부는 두 가지 이유에서 흥미롭다. 첫째, 통화주의 경제학에 대한 1기의 이데올로기적 헌신으로부터 선거에 대한 교훈을 얻었다는 점이다. 1983년 세계 경제가 회복되고 금융 및 제조업 부문이 성장하기 시작하면서 복지 및 교육 예산에 대한 삭감 입장이 완화되었다. 다시 말해서 1984년에서 1989년까지의 소비 붐은 신자유주의 이데올로기의 도덕적·경제적 보수주의가 아니라 자유기업의 정치적 대표자라는 마거릿 대처의 대중적 명성을 만들어낸 것이다(Mazower, 1998: 235-239). 신자유주의적 상상의 발전에서 우리를 '대처리즘'의 자리로 이끄는 것은 비즈니스, 기업가 정신, 개인의 선택과 대처리즘의 이러한 연계이다. 대처 행정부 2기 중에는 노동당 및 노동조합과 보수당, 영국산업연맹(CBI), '기업계' 사이에서 뚜렷한 이데올로기적 갈등이 벌어졌다. 이 갈등의 성격은 매우 복잡했으며(일례로, 닐 키녹의 노동당과 노동조합의 관계는 화목한 것과는 거리가 멀었다), 물가상승률을 낮게 유지하는 것의 대가로서 높은 수준의 빈곤과 실업률을 기꺼이 용인하려는 보수당의 태도에 초점이 맞춰져 있었다. 이러한 갈등의 격렬함은 1980년대 대중적 미학의 형성에 핵심적인 요인이었기 때문에 그 과정에서 행복, 열망, 개인주의에 대한 기존의 대중적 인식이 어떻게 변화했는지 살펴볼 필요가 있다.

1980년대에 대한 대중적 기억은 레게, 펑크, 스카, 뉴웨이브의 반문화적 제스처 이후에 형성된 남성성과 여성성의 백색 신화에 의해 계속 지배되고 있다. 영국에서 신낭만주의 운동의 출현은 적어도 부분적으로는, 1970년대 후반과 1980년대 초반을 특징지었던 스태그플레이션과 산업 분규의 시기 이후 경제 회복의 첫 징후를 환영하는 것이었다. 신낭만주의 운동의 선구자 가운데 다수는 펑크였는데, 그 초기의 음악은 구식 개러지 밴드garage band의 프롤레타리아적 DIY식 접근과 거리를 두는 고급의 탐미주의를 표현했다. 그러나 1981년 말 무렵 신낭만주의 음악은 커다란 상업적 성공을 거두었고, 애초의 아방가르드적 허세는 1980년대 대중문화와 폭넓게 관련되어 있는 삶, 자유, 젊음에 대한 쾌락주의적 찬미로 대체되었다. 신낭만주의의 화려한 의상, 부풀린 머리, 연극성은 긴축에 맞선 투쟁으로부터의 해방, 정치적 항의나 사회적 발언에 대한 책임감에 속박되지 않고 자신의 개성을 표현하고 향유하는 것에 대한 일종의 허용을 표현하는 것이었다. 그런데 낭만주의는 의도한 것은 아니지만 매우 의미심장한 방식으로 정치적이다. 하나의 예술 장르로서 그것은 현재의 긴장과 어려움에 대한 반작용이 되는 경향이 있는데, 그것은 현대적 삶의 갈등에 대한 피난처로 표상되는 영웅주의, 구애, 사랑의 이상을 위해 과거를 파고든다. 물론 신낭만주의가 바이런, 셸리, 키츠, 브론테와 동일한 욕망을 드러내고 있다고 주장한다면 안일한 것이겠지만, 여전히 침체되어 있는 1980년대 초 영국 경제에서 이러한 움직임이 출현한 데에는 무언가가 있는데, 그것은 경제적 구조조정과 계급 갈등의 혼란을 잊으려는 시도로 보인다.

신낭만주의자들이 꾸며낸 쾌락과 욕망의 정경은 결코 '프롤레타리아적' 삶의 장면이 아니었다. 이 시대의 뮤직비디오는 설령 그것이 주차장이나 지역의 공영주택에서 촬영된 것이라 할지라도 그 장소의 스산함에 매혹, 스타일, 개성의 환상을 입히고자 했다. 잘 알려진 것처럼 울트라복스Ultravox의 곡 〈비엔나〉Vienna의 뮤직비디오는 킬번의 주차장에서 찍은 것이다.* 역사를 영웅적인 인물들이 자신의 의지를 상연하거나 스타일을 각인시키는 무대인 것처럼 그리는, 과거에 대한 전형적인 낭만주의적 관계는 탈출에 대한 감각 또한 조장하였다. 밴드들은 종종 1930년대 할리우드의 화려함, 전쟁 이전 베를린의 퇴폐, 또는 1950년대 재즈 신의 음험한 창의성을 모방하는, 역사적 스타일에 대한 혼성모방pastiche으로 자신의 이미지를 구축하곤 했다. 물론 기표와 기의 사이의 관계가 느슨해지는 것은 언제나 문화산업이 현실을 재-현하는 과정의 일부였다. 호르크하이머와 아도르노는 이미 1930년대 중반에 이러한 점을 지적했다. 그러나 기술적 계보학의 관점에서 볼 때 욕망과 개인주의에 대한 신낭만주의적 형상화는 포스트모더니즘과 결부된 무한한 가능성의 감각을 심화한 미디어 기술의 출현과 시기를 같이 한다는 점에 주목할 필요가 있다. 1981년에는 MTV가 개국하였고 청중, 음악 제작, 시각 기술 사이의 관계가 급격하게 변화하였다. 차트에서 어떤 식으로든 성공을 거두고자 하는 밴드들로서는 자신의 노래를 뮤직비디오와 함께 선보이는 것이 필수적인 일이 되었다. 그러니까 신낭만주의적 문화의 탐미주의와 아날로그 시대의 막바지에 출현한 가상-미학적 기술 사이에는 친화성이 있었다. 보드리야르가 지적하였듯이 이러한 친화성의 의의는 성장하는 미디어 기술의 힘이 대중문화의 점증하는 미학주의를 유발하기도 하고 그에 의해 유발되기도 한다는 사실에 있다(Baudrillard, 2000: 79-94). 이러한 명제는 지금까지 빈번히 논의된

---

* 울트라복스의 공식 유튜브 채널에 게시된 리마스터 버전 〈비엔나〉 뮤직비디오 영상에 덧붙여진 설명에 따르면 이 뮤직비디오의 주요 촬영지는 런던의 킬번 국립극장(State Theatre)과 코벤트 가든이다. https://youtu.be/VVkHZz0WOqs?si=ixwWhUzhDTRJ2FYD

바와는 달리, 새로운 가상-미학적 기술과 함께 출현한 자기 발명의 환상적인 가능성에 대한 무조건적 환영이 아니다(Harvey, 1990; Jameson, 1995; Callinicos, 2002). 오히려 보드리야르의 요점은 심적인 차원에서의 자아의 개체화와 대중문화의 미적 형식 사이의 관계가, 새로운 미디어 기술의 발전으로 계속해서 그 경계가 확장되고 있는 하나의 총체적 경제 속으로 통합되었다는 것이다. 따라서 우리는 1980년대 서구 민주주의 국가에서의 대중문화의 재생산과 자유, 욕망, 개성이라는 미적 이상으로서의 신자유주의의 형성을 주의 깊게 고려할 필요가 있다.

물론 나는 신낭만파가 1980년대 대중문화를 장악한 미학적 개인주의의 유일한 원조라거나 신자유주의적 세계관은 본질적으로 MTV에서 선보여진 과잉에 대한 꿈으로 거슬러 올라가는 것이라고 주장하는 것이 아니다. 나의 논지는 1980년대에 출현한 가상-미학적 기술과 대중문화 사이의 관계에 관한 것이다. 하이퍼리얼리티에 대한 보드리야르의 설명에서 제시된 핵심적인 아이디어 중 하나는 인간 문화의 미학화가 그 속도와 강도에 있어서 1980년대 초에 급격한 변화를 겪는다는 것이다. '시각성'은 사물에 보철물처럼 장착되었고, 남성성, 여성성, 인종, 종족, 종교가 재생산되는 기호의 경제는 그것이 모방하고자simulate 하는 상징적 질서를 파열시키는 네트워크 속으로 분산된다(Baudrillard, 1995: 3-13). 신낭만파의 낭만주의는 1970년대 후반의 고역 이후 개인의 삶, 행복, 욕망을 다시 무대에 올리기로 한 대담한 결단이 서구의 신자유주의적 세계관 발전에서 필수적이었던 보다 넓은 문화적 변동과 관계되어 있다는 맥락에서 고려되어야 한다. 미국에서 신낭만주의 운동은 그 자체로도 성공적이었지만 계속해서 미국 차트를 지배한 록 밴드들 사이에서 고도의 미학적 전환을 일으키기도 했다. 미술계 역시 새로운 대중적 미학에 반응했는데, 유쾌한 풍경 속에 놓인 완벽한 백인에 대한 패트릭 네이글의 기하학적 초상은 1980년대의 열망을 표현하는 아이콘이 되었다. 이는 '문화'의 상징적 질서가 후기 자본주의의 사회적·경제적·정치적 현실에 어떠한 준거도 가지고 있지 않은 이미지의 유희 속으로 갑자기 붕괴되었다는 말이 아니다. 그러나 케인스주의 경제학과 민주사회주의로부터의 단절이 1980년대 대중문화의 미적 비유를 통해 연출된 방식에는 중요한 무언가가 있다. 신체 이미지 숭배를 기반으로 한 새로운 오이디푸스적 욕망의 체제가 등장한 것이다. 샘 푸셀이 그의 저서 『근육』에서 지적한 것처럼, 남성들은 보디빌딩과 체육관 문화를 통해 자신의 남성성을 표현하는 데에 집착하게 되었다(Fussell, 1988). 여성들은 유산소 운동과 식이요법에 강박적으로 동참함으로써 네이글 작품에서의 깡마른 섹슈얼리티를 구현하고자 애썼다. 인종 문제는 인정의 문제가 아니라 열망의 문제로 재구성되었다. 개인들이 자신의 종족성과 문화에 대한 '사실'을 재발명하기 위해 애쓸 준비가 되어 있다면, 백인 경제의 모든 보상은 저절로 주어지는 것이었다(Harvey, 1990: 243-245).

이처럼 개인주의의 '탈근대적' 형태가 가지는 중요성은 그것이 1980년대에 하나의 이데올로기적 장치로서 중대한 것 두 가지를 성취할 수 있었다는 사실에 있다. 첫째로는 서구의 자유민주주의 국가들에서 정치적 합의 조건을 현저하게 개조한 것, 둘째로는 기업 문화, 사업 관행, 국가 권위를 급격하게 변화시킨 것이다. 우선 새로운 스타일의 정치가 1980년대 중반의 세계적 경제 호전과 맞물렸다는 사실은 새롭게 형성된 미디어 및 문화산업에 의해 재생산된 자유, 행복, 욕망의 미적 형식이 포드주의 체제에서 출현한 헤게모니적 균형을 급속하게 변화시킬 수 있었다는 것을 의미한다. 두 번째로 이처럼 고도로 유연하고, 리비도로 충전된 개인주의가 국내 경제의 성장을 촉진하는 데 성공한 것은 1980년대에 등장한 새로운 스타일의 벤처 자본주의, 기업가적 위험 감수, 금융 투기를 정당화하는 데 기여했다. 이것은 또한 대처와 레이건 행정부의 포퓰리즘 이데올로기의 핵심 요소이기도 했다. 자신이 추구하고자 하는 그 어떤 생활양식이든 선택할 수 있고, 경제의 윤곽을 갖추는 데 자신의 고유한 방식으로 기여할 수 있는 '개인의 권리'가 국가의 시장 개입을 철회하려는 급진적인 헌신의 토대가 되었기 때문이다. 그렇다면 1980년대 자본주의적 민주주의 국가들에서 생겨난 문화, 경제, 기술의 특수한 결합은 내가 발전시키려는 신자유주의의 계보에서 엄청나게 중요한 부분이라는 것이 분명하다. 하지만 이 '탈근대적 순간'의 정치적 역학은 복잡했으며, 마르크스주의자와 포스트구조주의자 사이에서 격렬한 논쟁의 주제가 되어왔다. 따라서 이어지는 절에서는 이러한 논쟁의 역학이 신자유주의적 상상의 발전에 어떻게 반영되었는지, 그리고 그것이 자유, 욕망, 개인주의에 대한 우리의 이해에 어떻게 계속해서 영향을 미치는지 살펴볼 것이다.

마르크스주의, 문화, 노스탤지어

잠시 터무니없는ludicrous 것들에 대해 말해보자. 이 말 자체는 라틴어 'ludicrum'에서 온 것인데, 그것은 하나의 무대극으로서 청중을 즐겁게 하기 위해 의도적으로 현실을 흉내내고 과장하도록 꾸며진 행사를 의미한다. 내가 위에서 자유주의 이데올로기의 개혁에 있어서 1980년대 대중문화의 중요성, 특히 신낭만주의 운동의 미적 요소에 대해 말한 것은 그 자체가 얼마간 터무니없는 것이다. 그것은 과장이며 허풍스러운 장치로서, 어째서 일, 만족, 욕망에 대한 이들의 새로운 상상이 신자유주의의 계보학에서 그토록 중요한 것이었는지 이해하고자 한다면 상당한 검증이 필요하다. 포스트모더니즘에 대한 가장 정교한 네오마르크스주의 비평가 중 한 명인 프레드릭 제임슨 또한 터무니없는 것들을 말한다. 그의 평가에 따르면 '탈근대적 문화'라는 개념은 터무니없는 것인데, 무엇보다도 그것은 '문화'가 자본화 과정으로부터 급진적으로 독립한 새로운 사회적 시대에 우리가 진입했다는 발상(우리가 투렌과 벨의 '탈산업사회' 테제를 통해 처음 접했던 발상)을 담고 있기 때문이다. 포스트모더니즘의 주장은, 새로운 미디어 기술에 의해 제공되는 미적 형식은 그보다 민첩성이 떨어지는 자본화 과정을 꾸준히 능가하면서 진용을 갖추어가고 있다는 것이다. 따라서 포스트모던 문화는 공적 영역 전반에 퍼져 있는 자발성을 특징으로 한다. 이제 생산과 소비는 더 이상 효용과 상품화의 척도에 의해서만 결정되지 않는, 훨씬 더 성찰적으로 지향되는 활동이다. 신아도르노주의자로서 제임슨은 미적 자기-창조성의 자발적 촉진을 향하는 것으로 추정되는 이러한 문화의 움직임이 결국 상품 형식과 문화산업 사이의 관계를 강화하는 것이라고 주장한다. 그리하여 그의 입장은 '탈근대적 문화'의 유희적ludic 요소(삶의 모든 영역에서 자기 발명을 촉진하는 것, 유연한 사회적 애착을 요구하는 것, 개인의 '존재'를 정의하는 특성으로 미적 '스타일'을 결정하는 것)는 그저 "자본주의가 또 다른 형태로 체계적으로 변형되고 있음에 대한 반영이거나, 그런 변형의 부산물"일 뿐이라는 것이다(Jameson, 1995: xii).* 따라서 신자유주의적 세계관의 핵심에 놓인 미학적 초개인주의의 역동을 이해하기 위해서 우리는 다음을 인식해야 한다. ① 새로운 미디어 기술이나 그것이 만들어낸 가상 공간은 탈자본주의적이거나 탈근대적인 사회 형태의 출현을 야기하지 않는다는 것, ② 자본주의, 문화, 개인주의 사이의 관계가 착취적인 생산과 소비의 전 지구적-기술 시스템 속으로 발전해온 방식을 주의 깊게 해명해야 한다는 것(Jameson, 1995: 340-356).

제임슨에 따르면 '포스트모더니즘 이론'은 아도르노 비판이론의 중핵이라 할 수 있는, 문화, 자본주의, 기술 사이의 본질적인 연결을 도외시하기 때문에 터무니없는 것이다. 이 위험한 경향의 지지자가 누구인가 하는 질문은 제임슨의 작업에서 완전히 다루어지지 않았지만, 그들이 프랑스 포스트구조주의의 유력한 용의자들(리오타르, 데리다, 보드리야르)과 이들의 작업을 번역하고, 해석하고, 퍼뜨린 영국과 미국의 '독자' 무리로 구성된다고 가정하는 것이 공정해 보인다. 제임슨의 요지는 포스트모더니즘 운동 전반을 관통하는 허점, 즉 상품 형태(마르크스의 M-C-M 정식)의 추상적 관계가 문화산업의 미적 형식 속에서 재-현되는 과정을 간과하려는 결단 같은 것이 있다는 것이다. 제임슨이 『포스트모더니즘, 혹은 후기자본주의 문화 논리』에서 진행하는 기획은 개인적 삶의 무한한 가능성과 존재의 어떤 가벼움에 대한 포스트모던한 발상이 어떻게 출현했는지, 그리고 이것이 어떻게 후기 자본주의 사회의 이론적·이데올로기적·문화적·미적 관계들을 통해 순환했는지 보여주려는 시도이다. 또는 같은 내용을 약간 다른 음조로 표현하자면, 포스트모더니즘 이론은 사

---

* 프레드릭 제임슨, 『포스트모더니즘, 혹은 후기자본주의 문화 논리』, 임경규 옮김, 문학과지성사, 2021, 13쪽.

회적·경제적 총체의 무게에 구애받지 않는 삶에 대한 니체의 예언을 가장하는 터무니없는 허세이다(Jameson, 1995: 286). 제임슨은 비디오, 영화, 텔레비전, 그리고 건축이 이러한 허세로부터 어떻게 영향을 받았는지 체계적으로 설명한다. 첫째로는 자본주의하에서 억압적인 삶의 무게를 재배치하기 위해, 그리고 둘째로는 자유와 개성의 경험을 재활성화하기 위해서 어떻게 시뮬레이션, 아이러니, 기만, 패스티쉬, 시대착오 등의 기술을 채택했는지 말이다. 따라서 1980년대의 문화적 미학, 혹은 적어도 서구의 산업 민주주의 국가들에서 헤게모니를 차지한 백인 가부장적 개인주의의 판본은 그것이 약속한 현실도피의 부조리함이라는 바로 그 이유 때문에 중요하다. 제임슨이 보기에 돈과 성공의 이국적 쾌락을 묘사한 MTV 비디오는 자유주의의 공리주의적 제약이 제거된 소비주의적 성향의 대응물이었다. 1980년대에 이데올로기적 기표로서의 '자유시장'은, 이미지가 가지는 미적인 힘의 독특한 변형을 통해서 그리고 이것이 산출해낸 사회적·경제적 삶의 무중력 상태라는 고유한 경험을 통해서 형성되었다(Jameson, 1995: 299-300).

포스트구조주의에 대한 제임슨의 비판의 정수는 『포스트모더니즘, 혹은 후기자본주의 문화 논리』의 「이론」 장에 정리되어 있다. 그는 다양한 주제를 다루지만 내가 정말로 관심을 두는 것은 그가 이 장의 두 번째 절에서 제시하는 유명론에 대한 설명이다. 요컨대 내가 제대로 읽었다면 제임슨의 논지는, 마르크스가 상품에 대한 그의 설명에서 묘사하는 추상의 경제는 '근대성'이 문화적·경제적·정치적 체제로 등장하는 패러다임적인 전치displacement 형태라는 것이다. 마르크스가 첫째로는 인류적 삶의 낡은 상징적 질서의 상실을, 둘째로는 상품화의 무한한 경험적 가능성을 제시하는 전치에 대한 설명은 단순히 자본이 그 효과의 진실을 전치함으로써 자신을 영속화하는 과정을 기술하는 것이 아니다. 오히려 상품 형태와 그것이 낳은 텍스트적·미적·신용적 형태에 대한 마르크스의 설명은 자본주의의 산만한 관계에 내재한 가능한 초월의 양식에 대한 지도를 그리라는 요구를 구성한다(Jameson, 1995: 250-251). 포스트모더니즘 이론의 문제는 이러한 초월적 준거를 결여하고 있다는 것이다. 그것은 상품화와 문화적 개별화의 과정이 지속적으로 재형성되고 재정렬되는 미적 형상을 증식시키는 현대 기술자본주의의 경향을 반영할 뿐이다. 그 주범은 데리다인데, 제임슨은 은유의 미적 효과에 대한 그의 언급이 사실상 폴 드 만 사상의 정치적으로 모호한 유명론을 넘어선다고 주장한다. 그가 철학적 비판과 그 비판이 산종되는 은유적 형상 사이의 관계를 후자 없이는 전자가 성립할 수 없는 관계로 보는 한, '철학'은 초월의 상실 그리고 정치, 미학, 문화의 진전하는 파국에 대한 아이러닉한 설명으로 변형되기 때문이다(Jameson, 1995: 255). 이것은 그의 독특한 주해 스타일에 의해 배제될 수 없는 데리다 독해이다. 그런데 내게는 신자유주의적 자본주의의 방향 상실 감각, 전치, 황홀경을 포착하는 해체적 몸짓에는 무언가 있는 것처럼 보이는데, 다음 절에서 백색 신화에 대한 데리다의 작업으로 돌아올 것이다. 하지만 일단은 '탈근대 문화'의 시간적 전치와 글로벌 자본주의의 네트워크에 거주하는 '신인류'의 형성 사이의 관계에 대한 제임슨의 설명을 검토할 것이다(Jameson, 1995: xvi).

『포스트모더니즘, 혹은 후기자본주의 문화 논리』의 도입부에 해당하는 제1장에서 제임슨은 주체의 정신적 형성, 또는 우리가 주관적 개체화 과정이라고 칭했던 것에 대한 자크 라캉의 설명을 언급한다. 그는 우리가 탈근대 자본주의의 착취적 기질을 이해하기 위해서는 '과학'과 '이데올로기' 사이의 대립(즉, 생산적 노동의 일상적 실천에 내재한 구체적인 전도轉倒)뿐만 아니라, 그러한 대립이 1980년대에 등장한 유희적 개인주의의 기초가 될 수 있도록 한 상상적-미적 형식도 이해해야 한다고 주장한다(Jameson, 1995: 51-55). 널리 알려진 것처럼 라캉은 정신 발달의 '거울 단계'에 대한 『에크리』의 설명에서 인간 주체의 존재론적 토대는 없다고, 그리고 개인은 문화의 상징적 질서에 대한 수행적 동일시의 결과로서 더 잘 이해될 수 있다고 주장하였다. 그러나 이러한 질서 내에서의 성취를 향한 개인의 욕망은 헤겔적 자기인식의 경제와 일치하지 않는다. 오히려 각각의 특정한 주체-자아subject-ego 내에서 형성되는 카섹시스는 계속해서 새로운 정동적 사건을 촉발하며, 그리하여 '개인'의 발생을 이해할 수 있는 유일한 길은 그의 욕망의 시간적 흐름 내의 불안정한 흔적이다. 그가 말하듯이 "욕망"은 결코 총체화되거나 대상화될 수 없는 "욕망에 대한 욕망"이다(Lacan, 1989: 1-8). 그러나 라캉은 그의 분석이 자아의 윤리에 대한 종말을 표하는 것이 아니라고, 그리고 문화적 동일시의 과정은 개인의 분열적 욕망을 조직하는 데 결정적이라고 항상 주장하였다. 이것이 없다면 주체는 상징적 또는 정동적 중심을 갖지 못하며 판단, 질서, 취미에 대한 어떤 감각도 없이 하나의 욕망 뒤에 또 다른 욕망을 추구하거나, 혹은 양자를 동시에 추구한다는 의미에서 '정신분열적'이게 된다. 제임슨에 따르면 이처럼 변덕스럽고 방향감각을 상실케 하는 조건은 후기 자본주의 사회에서 만연한 것이 되었다. 이것은 정체성 형성의 고질적 조건으로, 우리 각자는 우리를 다양한 소비 체제에 접속시키는, 끊임없이 확장되는 미적 형식의 경제 속에서 '우리 자신을 만들고자' 하기 때문이다(Jameson, 1995: 51-54). 제임슨의 분석에 따르면 포스트모더니즘 이론은 자아를 덧없는 소비 활동에서만 만족을 찾을 수 있고 정처 없이 부유하는 지리멸렬한 존재로 축소하는 데 항상 연루되어왔다. 따라서 마르크스주의 비판이론의 기획은 기술자본주의의 현실(전 지구적·초국가적·생명정치적 착취 지형)과 이러한 현실이 개인적 자유와 욕망의 조건으로 상연되는 미적 환영 사이의 연결을 지도로 그려내는 시도를 해야 한다(Jameson, 1995: 202-203).

『마르크스의 유령들』 어디에선가 데리다는 자본주의가 자기 자신을 해체한다고 말하는데, 이는 상품 형태의 무한한 유연성이, 특히 그것이 '미디어-기술과학적'이 된 이후에 주권, 공동체, 주체성의 원천을 점점 가속화하는 속도로 약화시킨다는 의미이다. 더 이상 안정적인 것은 없으며, 특정 개인이 집단적 삶과 정치에 자신을 정향하는 방식은 욕망, 불안, 종교성, 덧없음, 취약성에 대한 강렬하고도 이질적인 경험에 달려 있다(Derrida, 1994: 77-94). 우리가 살펴본 바와 같이 제임슨은 마르크스의 가치이론을 준거점으로 삼아, 전 지구적으로 프롤레타리아에 대한 지도를 다시 그리는 것을 목표로 하는 정치를 명료하게 드러낼 수 있다고 주장함으로써 자기 버전의 마르크스주의를 해체와 구별하려고 시도한다. 그는 유희적 개인주의와 후기 자본주의의 아날로그 미디어 간 관계의 복잡성을 정리하고 있는 그의 분석의 구조가, 기술-미학적 경제에서 지속되는 상품 형태의 임박한 초월에 대한 지도를 다시 그려볼 수 있게 했다고 주장해왔다. 포스트모더니즘의 미적 장치가 역사적·정치적 감각이 없는 산만한 소비자로 형성해낸 '신인류'는 단순히 무한한 소비주의적 욕망의 유희 속으로 흩어져 있는 것이 아니다. 덧없는 욕망, 무상한 성취, 줄어드는 행복의 경험은 라캉적 의미에서 트라우마적인데, 그것은 주체에 대한 어떤 종류의 지속적인 통일도 가져올 수 없기 때문이다. 제임슨이 보기에 개인적 기대와 신자유주의적 경제의 객관적 한계 사이에서 커지는 불협화음, 그리고 세계 경제 전반의 빈부 격차 확대와 더불어 마르크스주의 정치와 미학의 가능성을 지속시키는 것은 바로 이러한 암묵적 트라우마이다(Jameson, 1995: 309-416). 제임슨에게 있어서 이들 두 요소 사이의 관계는 마르크스주의의 미래에 필수적이다. 육체적으로나 정신적으로나 자신을 착취하고 있는 사회-경제적 시스템에 대한 대중의 실천적 개입은, 이러한 시스템의 재현불가능한 복잡성에 대한 인지적·정동적·정치적 비판에 접근할 수 있게 하는 대중적 미학 또는 '형상화figurations의 유희' 없이는 불가능하기 때문이다(Jameson, 1995: 411).

이 장의 서두에서 말했듯이 내가 논의해온 '근대성이냐 탈근대성이냐' 그리고 '마르크스주의냐 포스트구조주의냐' 하는 논쟁은 어떤 의미에서는 미디어 기술의 아날로그 체제의 한계에서 출현한 것이다. 그래서 제임슨과 같은 문화적 마르크스주의자들과, 영미의 영화학 및 문학부에 본거지를 둔 포스트모더니스트들 사이에서 전개된 논쟁은, 사회적 환경milieu 속 개인의 아이러닉하고 잠정적인 관계에 의해 열리는 자유의 새로운 실천뿐만 아니라, 인종, 성별, 젠더, 남성성, 여성성에 대한 대중적 이미지의 형성에 대한 새로운 미디어 기술의 영향에 초점을 두는 경향이 있었다. 물론 미학적 개인주의에 대한 제임슨의 비판이 신자유주의적 국가의 민주적 잠재력을 향해 철저한 회의주의를 표명하고 있다는 것은 사실이다. 그에게 개인적 자유, 자유로운 교환, 개인의 권리 보호라는 신성한 이상은 상품 형태의 정치적 대응물이며, 확대되는 자본화 과정으로부터 독립성을 가질 수 없다. 하지만 자본주의의 문화적 동학에 너무 깊이 말려드는 것은 마르크스주의의 가장 중요한 요소, 즉 문화적-이데올로기적 생산과 정치적 지배 사이의 물질적 관계를 내주는 것이라고 주장하는 버전의 마르크스주의적 비판도 있다. 이는 사실상 제임슨의 포스트모던 문화 비판에 대한 데이비드 하비의 입장으로, 그가 포스트모더니스트들로부터 너무 많은 것을 빌려왔으며, 이 때문에 그가 신자유주의의 대응물인 권력, 주권, 개인주의의 역동을 무시하게 되었다는 것이다.

『포스트모더니티의 조건: 문화변동의 조건에 대한 탐구』에서 하비는 신자유주의적 자본주의의 전 지구화가 일어나게 된 기술적 조건에 대한 정밀한 설명을 제시한다. 그의 입장은 이러한 과정을 '탈산업적' 생산양식을 향한 움직임이나, '후기' 자본주의의 구조적-경제적 조직과 독립적인 '탈근대적' 문화구성체의 출현으로 이해해서는 안 된다는 것이다. 오히려 우리는 생산, 교환, 재현의 시간성을 급진적으로 변화시킨 생산양식에서의 특수한 일단의 발전을 고려해야 한다. 첫째, 1980년대 말에 일어난 커뮤니케이션 기술에서의 혁명(휴대폰, 메인프레임 기술에서의 혁신, 위성 네트워크의 진화)은 자본화 과정에 근본적인 변화를 가져왔다. 지식과 정보는 가장 가치 있는 상품이 되었는데, 그들의 가치가 제한이 없고 예측할 수 없는 측면을 가지고 있는 한, 그 상대적 가치는 물질적 상품의 그것을 기하급수적으로 초과하게 되었기 때문이다(Harvey, 1990: 284-307). 상품의 물질적 구성에서의 이러한 변화는 하비가 보기에 지구화의 가장 포괄적 경향인 시-공간 압축의 과정을 일으킨다는 점에서 중요하다. 정보가 코드화되고, 암호화되고, 재현되는 기술적 네트워크가 더욱더 정교해짐에 따라 자본주의의 시간적 경제temporal economy가 격화되기 때문이다. 모든 것이 속도를 높인다. 중공업 상품의 유통 속도를 제한했던 공간적 거리는 정보가 빛의 속도로 지구를 가로지르며 전송되는 커뮤니케이션 네트워크 속으로 무너진다(Harvey, 1990: 343-345). 이처럼 가속화된 교환 체제의 결과로 부르주아 민주주의의 사회적·문화적 구성은 급격한 변화를 겪었다. 상품 형태로부터 상대적 독립을 유지해왔던 사회적·문화적·정치적 교환의 과정은 정보경제의 운영 논리에 종속되기 시작했다. 하비가 보기에 '탈근대적 유연성'이라는 이데올로기를 낳은 것은 가상적 교환 경제를 향한 이러한 움직임이다. 하비는 포스트모더니스트들이 가상-정보 패러다임이 다양한 자본화 양식(암호화, 증권화 대출, 투기적 투자 등)으로 확대되는 것을 착취적 노동으로부터의 획기적 전환으로 착각하였다고 주장한다. 따라서 포스트모더니즘이 차이와 우연성을 특권화하는 것은 전 지구적 정보 경제에서 자본의 이동성이 초래한 노동의 불안정성을 정당화하는 것에 불과하다(Harvey, 1990: 339).

따라서 '탈근대성'이란 오해의 소지가 있는 용어인데, 그것이 후기 자본주의와는 질적으로 다른 새로운 무언가의 출현을 암시하는 것처럼 보인다는 의미에서 그러하다. 하비에 따르면 '포스트모던 유연성'이란 문화적 자유의 새로운 형태라기보다는 이데올로기적 전략으로 이해되어야 한다(Harvey, 1990: 344). 포스트모던 자본주의와 연관된 미적 자유, 잠정적 정체성의 형성, 기업가적 위험 감수의 체제는 경제적 조건이 크게 변하면 언제나 폐지될 수 있기 때문이다. 따라서 예를 들어 트럼프의 고립주의 정책에 대한 의존은 9/11과 2008년 경기 침체 이후 세계 경제의 불확실성에 대한 대응으로 이해되어야 한다. 그러니까 탈근대성에 대한 하비의 설명은 프랑스 포스트구조주의자들과 신자유주의적 자본주의의 공모에 대하여 매우 독특한 입장을 수반하는 것이다. 그는 포스트구조주의자들이 존재Being의 원초적 조건으로서 차이에 황홀한 찬미를 보내는 것과 정치적 장에서의 힘, 권력, 카리스마에 대한 낭만적 긍정 사이에 존재하는 친화성을 인식하는 데 실패한다고 주장한다. 예를 들어 하이데거 철학에 대한 데리다 사상의 근친성은, 자본과 그것의 이데올로기적 형상 사이의 관계를 존재Being에 대한 획기적 재-현의 질문으로 변형시키는 존재론에 대한 집착을 드러낸다. 그리하여 기존 형이상학에 대한 데리다의 해체에서 제시되는 텍스트와 이미지의 경제는 공정하고 정의로우며 민주적인 사회의 조직이 어떤 모습일지에 대한 단서를 줄 수 없다(Harvey, 1990: 354). 그러므로 신자유주의에 대한 포스트모더니즘의 공모는 사회적·경제적 삶의 모든 영역에서 유연성, 우연성, 미적 자기 발명 담론을 특권화하는 것 너머로 확장된다. 데리다, 리오타르, 보드리야르의 비판적 제스처가 민주주의의 제도적 편성에 대한 질문을 열어둔 채로 남겨두었다는 사실은 신자유주의적 정치의 권위주의적 요소에 대한 이들의 공모를 부각시킨다. 하비가 보기에 포스트모더니스트와 신자유주의자는 공통의 가정을 공유하고 있다. 시민들을 구별해주는 원초적 '차이'나 '개성'에 대한 표현은 국가의 목적이라는 것 그리고 그러한 차이/개성에 복무하는 주권의 행사는 거리낌 없이 수행되어야 한다는 것이다(Harvey, 1990: 353-359).

이 절의 서두에서 말한 것처럼 '탈근대' 자본주의 형태의 출현을 둘러싼 마르크스주의자와 프랑스 포스트구조주의자 사이의 논쟁은 특히 격렬했는데, 그것은 대체로 양측 사이에 존재한 깊은 오해 때문이었다. 나는 다른 곳에서 사실 각 진영이 서로를 폭넓게 차용했으며, 서로의 발상에 대한 상당한 정도의 교차수분交叉受粉이 있었음을 주장한 바 있다(Abbinnett, 2003: 1-53). 그리하여, 두 가지 두드러진 예를 들자면, 시-공간 압축에 대한 하비의 설명은 『포스트모던의 조건』에서 리오타르가 지식생산의 가속화하는 시간성에 대해 말한 바의 상당 부분에 대한 분명한 반향이며, 탈근대적 문화의 영향에 대한 제임슨의 작업은 『상징적 교환과 죽음』에서 시뮬레이션에 대한 보드리야르의 설명에 크게 빚지고 있다. 다른 한편 경제적 토대와 이데올로기적 재-현 사이의 관계에 대한 마르크스주의적 관심은 세계 경제 네트워크에서의 권력, 주권, 착취의 변형에 대한 새로운 이론들을 낳았다(Hardt and Negri, 2000; Boltanski and Chiapello, 2007). 그러나 여기서 나는 신자유주의적 상상의 계보에서 '탈근대적 순간'의 자리로 되돌아가게 되는데, '마르크스주의냐 포스트모더니즘이냐' 하는 논쟁은 본질적으로 미디어-기술적인 것이다. 지난 25년여에 걸친 디지털 미디어의 진화에 비추어볼 때 마르크스주의자와 포스트구조주의자 사이의 논쟁은 아날로그 미디어에서 디지털 미디어로의 전환으로부터, 보다 구체적으로 말하자면 이러한 전환이 후기자본주의 사회의 사회적·경제적·정치적 관계를 불안정하게 만드는 효과로부터 비롯되었다는 것을 인식해야 한다고 생각한다. 그렇다면 데리다, 리오타르, 보드리야르 각각의 포스트구조주의적 비판은 1980년대와 1990년대 초의 탈근대적 삶이 시달렸던 '가벼움'의 경험에 대한 미묘하고도 어지러운 설명을 제공한다고 볼 수 있다. 이어지는 절에서는 이러한 무중력 상태에 대한 경험, 포스트모더니즘 이론의 발전, 신자유주의적 세계관의 진화 사이의 관계를 검토할 것이다.

후기 자본주의의 형상으로서의 포스트모더니즘

반복하자면 신자유주의가 지금과 같이 포괄적인 세계관으로 진화한

1부 자유주의와 근대성

것을 이해하기 위해서는, 신자유주의가 세계 자본주의의 미디어-기술과학적 진화와 맺는 관계를 이해해야 한다는 것이 나의 견해이다. 나의 입장은 본질적으로 계보학적이며, 베르나르 스티글레르와 티머시 모턴의 작업에 기대고 있다. 전자는 인류 역사 전반에 걸쳐 진화해온 자의식에 대한 기술적 대리보충이 어떻게 인간 사회성의 경험을 근본적으로 변화시킨 가상 커뮤니케이션과 재현의 시스템으로 발전하였는지 설명한다(Stiegler, 2011a; Stiegler, 2014). 이러한 과정은 '자유주의'가 '신자유주의'로 진화하는 배경이며, 이러한 진화가 정치적 및 개인적 주권의 재구상과 관련하여 수반하는 모든 것이다. 인간의 경험이 상연되는 프로그램이 점점 더 정교해짐에 따라, '개인'의 개념과 가능성이 계속해서 확장되기 때문이다. 이 과정은 다양한 요인들로 결정되며, 유전, 생의학, 가상, 인공지능, 사이버네틱, 정보 기술이 급속하게 발전함에 따라 발생한다. 인간으로서 우리는 우리 경험의 혼란스러운 변화를 겪는데, 우리가 '세계 내 존재'임을 경험하는 문화적 기표가 제한이나 유보 없는 기술적 조작 체제에 종속되기 때문이다. 신자유주의적 상상은 이처럼 고질적인 불확실성과 방향감각 상실이라는 조건에 대한 응답이다. 책과 인쇄물의 문자-정서적othographic 체제에 그 기원을 두고 있는, 사회적인 것의 상징적 질서는 고도로 개인화된 욕구와 욕망의 네트워크화된 시스템에 의해 대체되는데, 그 가운데 소비행위 이상의 의미가 있는 것은 거의 없다. 나는 이와 같은 개인적 삶의 기술적 상연과, 모턴의 작업에서 부각된 그 생태적 결과에 대해 2부에서 다시 살펴볼 것이다. 그러나 지금으로서는 포스트구조주의자들이 이론화한 우연성, 차이, 반복, 정동 등의 개념이 첫째로는 1980년대에 일어난 서구 자본주의의 미디어-기술적 변혁에, 둘째로는 이러한 변혁으로부터 출현한 신자유주의의 이데올로기적 헤게모니에 어떻게 관련되어 있는지 명확히 설명하는 것이 중요하다.

『안티 오이디푸스』의 '자본주의적 재현' 장에서 들뢰즈와 가타리는 다음과 같이 말한다.

> 쓰기는 결코 자본주의의 것이 아니었다. 자본주의는 완전히 문맹이다. 쓰기의 죽음은 신의 죽음이나 아버지의 죽음과 같다. 그것은 오래전에 결판난 일인데, 그 소식이 우리에게 닿는 것이 더뎠고, 여전히 우리가 그걸 가지고 글을 쓰는 사라진 기호에 대한 기억이 우리 안에 남아 있긴 하지만 말이다. 그 이유는 간단하다. 쓰기가 언어 일반의 용법을 내포하기 때문인데, 이 용법에 따라 표기행위graphism는 목소리에 맞춰 조정되며, 또한 목소리를 초코드화하고 [전제적_ 저자가 인용하며 추가] 기표로 기능하는 천상의 허구적 목소리를 이끌어낸다(Deleuze and Guattari, 2000: 240).*

이에 대해서는 약간의 설명이 필요하다. 우선 이 단락에서 중요한 것은 문자-정서적orthographic 체제의 운명과 그 기입 부호inscriptive mark가 지탱할 수 있는 '현전'의 형상화이다. 들뢰즈와 가타리는 최초의 비유목적 또는 '정주' 사회를 특징지은 것 가운데 하나는 전제군주의 권력이 그의 실제 현전을 대체한 상형문자 및 그림문자의 기호 체계에 함축된 것이라고 주장한다. 이러한 기입inscriptive 체계

---

* 질 들뢰즈·펠릭스 가타리, 『안티 오이디푸스』, 김재인 옮김, 민음사, 2014, 407쪽.

는 사회적인 것의 상징적 질서의 기원이다. 그것은 쓰기writing의 보충적supplementary 경제 내에서 전제군주의 권력이나 신의 현전이 경험될 수 있게 하는 비상형적 쓰기나 고정된 문법 규칙의 출현을 예표한다. 따라서 문자-정서적orthographic 체제는 인쇄된 단어와 그림을 통한pictorial 재현 사이의 관계 변화에 따라 진화한다. 단어 그리고 단어가 기능하는 문법적·기술적 은하계는 의미, 감성, 욕망의 결정권자arbiter로 출현하며, 개인을 자신의 정체성이 사회적인 것의 미적-상징적 질서에 얼마간 재귀적으로reflexively 관계된 '주체'로 형성한다. 물론 들뢰즈와 가타리가 힐난하는 자본주의의 '문맹'이 서유럽 조공사회에서의 자본주의 출현이 쓰기의 소통, 범주화, 분석 기능을 활용하지 않았음을 의미한다고 말하는 것은 잘못일 것이다. 분명히 상업자본주의로부터 출현한 무역, 조세, 교환의 초기 형태는 텍스트의 경제 없이는 발전할 수 없었을 것이다. 그러나 들뢰즈와 가타리는 자본주의의 본질은 본질의 결여라고 주장한다. 그것은 상품 형태의 추상화가 일반화되고, 그것이 촉진하는 사회적·경제적·문화적·정치적 흐름이 욕망-정체성의 낡은 전제적 경제를 능가하는 시스템이다. 그 결과는 "흐름들의 일반화된 탈코드화에 대응하는 기술적 표현 수단들의 등장"이며, 그것은 의미의 표현을 "시장의 공리계"에 연결한다고 그들은 주장한다(Deleuze and Guattari, 2000: 240-241).**

내게 탈근대적 순간의 정수는 "자본주의의 완전한 문맹"과 그것이 상품 형태 내에서 재생산되는 미디어-기술적 체계 사이의 관계이다. 상품 형태에 대한 들뢰즈와 가타리의 분석은 마르크스의

** 질 들뢰즈·펠릭스 가타리, 『안티 오이디푸스』, 김재인 옮김, 민음사, 2014, 408~
409쪽.

M-C-M 관계에 내포된 추상화 과정이 인간 욕망의 구성을 괴기스러우리만치 분열적인 방식으로, 그리고 인간 노동의 집단적-정동적 구성으로의 복귀를 통해 재통합될 수 없는 방식으로 쪼갠다는 발상에 우리가 주목하게 한다. 의미화, 기술, 기계적 욕망 사이의 연루는 노동 과정의 집단적 본질/현전으로 되돌아가는 것이 있을 법하지 않을 정도이다(Deleuze and Guattari, 2000: 244). 따라서 사회의 상징적 질서, 집단적 삶에 대한 정신적 카섹시스, 미적인 것에 대한 이해, 종교성의 경험, 민주주의의 헌법 등이 어떻게 그에 깔린 "기술적 표현 수단들"의 발전에 의해 변화하였는지 이해하려면, 우리는 그러한 기술의 진화와 그것이 산출하는 효과가 다양하고 우발적이며 근본적으로는 예측할 수 없다는 것을 인식해야만 한다. 『자본주의와 분열증』 제2권인 『천 개의 고원』에서 들뢰즈와 가타리는 자유시장의 경제적 흐름을 보호하기 위해 구성된 국가 '전쟁 기계'가 점점 더 생명정치적으로 되어간다는 생각을 전개한다. 그것은 글로벌-기술자본주의의 지속적 확장을 통해 출현하는 '불특정한' 적을 식별하고, 범주화하고, 제압하는 기능을 한다. 그러나 그들의 주장은 노동 과정의 '분자적' 특수성을 통제하고자 하는 '몰적' 전략이 언제나 "혁명적·민중적·소수자적·변이적 기계들의 특징을 이루는 예기치 못한 주도권이나 반격"을 낳기 때문에 이러한 생명기술적 규율의 과정은 결코 완료될 수 없다는 것이다(Deleuze and Guattari, 2004: 465).* 이처럼 자본주의의 공리 내에 초월이 함축되어 있다는 것의 의의는, 자본주의가 부도덕할지언정 그 시스템 내에서 유기적 노동에 대한 완전한 기술관료적 봉쇄는 불가능하다는 것이다. 다시 말해 통제사회

---

*   질 들뢰즈·펠릭스 가타리, 『천 개의 고원』, 김재인 옮김, 새물결, 2001, 809쪽.

는 그것이 결코 예측할 수도 없고 그 영향을 온전히 통제할 수 없는 저항 '사건'의 유발 요인이다. 내가 보기에 후기 자본주의에 대한 '포스트모더니즘적' 비판의 핵심은, 총체화될 수는 없어도 개인의 정체성과 욕망의 매끄러운 재생산을 불안정하게 할 수 있는 저항 활동에 대한 이와 같은 '니체적' 주제이다.

이 장의 첫 번째 절에서 나는 경제적 개인주의, 미적 문화, 정치적 주권 등의 발전이 지금과 같은 신자유주의 이데올로기로 이어지는 특수한 궤적을 따르기 시작한 것이 1980년대라고 주장하였다. 이러한 궤적에는 무엇보다도 미디어 기술과 자본화 과정 간의 관계 변화, 산업적 문화의 미적 환경 내에서 '개인'의 개조, 경제적으로 생산적인 개인에게 부여된 자유에 대한 엄격한 수호자로서 '국가'의 재정비 같은 것들이 포함된다. 이전 절에서 살펴본 마르크스주의적 관점에서는 이러한 과정이 미적 기술, 가짜 개인주의, 상품 형태의 논리 사이의 관계를 단단히 조이는 것으로 이해된다. 혹은, 조금 다르게 말하자면 기술을 인간 노동의 유기적 구성에 외재하는 '고정 자본'으로 보는 마르크스주의적 관념은 자본화 과정이 사회적·문화적·생명정치적 착취의 전 지구적 한계를 향해 나아가고 있다고 제시한다. 다시 말해 사회화된 생산의 새롭게 출현하는 형태에 대한 '지도를 그리는' 가능성은 비판이론의 진정한 목표로 남아 있다. 프랑스 포스트구조주의자의 작업을 관통하는 주제가 있다면 그것은 '실재'the real라는 발상 그리고 그로부터 따라 나오는 구제redemptive 정치라는 발상에 대한 거부이다. 보드리야르, 데리다, 리오타르는 그들 작업의 각기 다른 국면에서 자본주의적 근대성의 진화가 인간 사회의 구성 과정에 항상 내포되어 있던 전치, 연기, 분화, 균열의 과정을 실현하는 것이었음을 보여주고자 한다. 보드리야르의 시뮬라크르, 데리다의 차연, 리오타르의 리비도 경제 같은 개념들은 실재에 대한 우리의 경험이 사회적으로, 기술적으로, 미적으로, 정치적으로 구성되어 있다는 것, 그리고 이러한 구성 과정은 자본주의가 20세기 후반에 고도로 추상적이고, 개별적이며, 아노미적인 '생산양식'으로 발전한 것을 이해하는 데 핵심이라는 것을 가장 일반적인 수준에서 보여주려 한다. 그래서 첫째로는 프랑스 포스트구조주의자들에 의해 신자유주의의 영향이 개념화된 방식을, 둘째로는 이러한 이해가 신자유주의적 세계관의 기술적 진화와 어떻게 관련되어 있는지를 살펴볼 것이다.

해체주의적 스타일에 따라, 질문으로 시작해보자. 자유주의란 무엇인가? 우리는 자유주의 사상의 고전적 전통을 꿰뚫는 공통의 줄기를 상세히 들여다보았다. 개인적 특수성이라는 사실, 인간 삶의 근본적 진실로서 고통과 쾌락이 가지는 자명성, 이처럼 몸을 가진 존재라는 직함으로부터 비롯되는 자연적 권리와 책임, 그러한 직함에 의해 가능해지는 사회적·개인적 복리에 대한 공리주의적 계산(즉 '최대 다수의 최대 행복'), 국가 권력의 윤리적 한계를 국민주권의 수호 및 시민의 형식적 권리 보호로 제한한 것. 이러한 [자유주의의] 기본 바탕이 놀랄 만큼 내구력이 강한 것으로 밝혀진 데는 몇 가지 이유가 있다. 첫째, 그것은 도덕적 절대성(즉, 각 개인의 신성 불가침한 특수성)을 제공하는데, 그것이야말로 민주적 논쟁과 토론의 근원적 목적이다. 둘째, 이 '개인'이라는 관념으로부터 발생하는 보편성의 요구가 있는데, 개인의 특수성은 외부적으로 제약을 받아서는 안 되며 인종, 젠더, 성별, 계급, 종교와 같은 '우연적' 요소와는 아무 관계가 없다는 것이다. 셋째, 각 개인이 사회 이전에pre-societal 분화되어 있다는 이러한 관념은 신자유주의적 정치의 핵심인 권리

     1부 자유주의와 근대성

및 책임 담론을 지탱해왔다. 예를 들어 몽펠르랭 소사이어티에서 나온 판본의 자유주의에서 보았듯이, '국가'는 정치적 강압이나 경제적 타성과 관련된 경멸적 용어가 된다. 마지막으로 자유주의 전통에서 진화한 효용이라는 교리는 계속해서 자본주의적 경제 사고를 지배하는 자유시장 이데올로기의 기초를 형성했다. '행복'이란 본질적으로 신체적이며, 그것은 물질적 요구의 충족을 증진시키는 것과 正의 관계를 맺는다는 발상은 문화, 소비, 복지, 경제성장의 문제를 중심으로 자유주의 정부의 급진적 '실용주의'를 인가했다. 그리하여, 자유주의의 신자유주의로의 진화라는 문제로 되돌아가자면, 포스트구조주의자들이 글로벌-기술자본주의 발전의 특징으로 묘사한 우발성 및 형성의 논리를 검토할 필요가 있다.

쓰기, 문화, 성찰성 사이의 관계에 대한 데리다의 작업은 이러한 맥락에서 중요한데, 그것은 자유, 도덕성, 정치적 주권에 대한 신자유주의적 '구성'이 어떻게 그것들의 구성 과정으로부터의 완벽한 철회로 나타나는지 보여줄 가능성을 열어주기 때문이다. 예를 들어 자유주의 전통에 대한 하이에크의 설명에서 '개인'은 하나의 추상적 양자量子로 여겨지는데, 자기 표현, 자기 규율, 독창적 사고, 도덕적 성찰에 대한 그의 능력은 실재적이지만 알 수 없는 잠재력으로서 삶의 관료적·기술적·경제적 조직에 따라붙는다. 자유로운 사회에 대한 자유주의적 관념은 이 알 수 없는 잠재력을 전제로 한다. 신 또는 자연이 모든 사람에게 분배한 독특한 창조적 불꽃 말이다. 따라서 자유로운 시민의 조직적 순응을 산출하고자 하는 사회제도의 증식은 항상 안타까운 일인데, 그것은 동기가 무엇이건 언제나 인간의 창조적 자율성을 침해할 것이기 때문이다(Hayek, 2013: 50-52). 적어도 해체주의적 관점에서 볼 때 여기서 인식해야 할 중요한 점은, ('고전적' 자유주의에서건 '신'자유주의에서건 준-종교적 지위를 부여받은 원형을 가진) '개인'의 자율성은 본질적으로 그것이 만들어진 문화적·제도적 형태의 역사와 관련이 있다는 것이다. 다시 말해 개인의 자유는 사회의 문화적·경제적·정치적 질서 속에서 적어도 추정상으로는 행사될 수 있었던 자기결정권의 역사에 씌어 있다. 따라서 해체주의적 용어로 말하자면 개인의 절대적 주권은 문자학적grammatological이다. 우리가 그것을 찾을 수 있다고 가정하는 신화적 형태는, 자유로운 시장 경제에서 생겨나는 자발적 질서라는 하이에크의 개념과 같이, 언제나 그 근원적 형태에 대한 이해를 지연시키는defer 텍스트 및 표상 체계 내에서 표현된다. 데리다가 『그라마톨로지』의 서문에서 말하듯 그 기원의 존재는 "단 한 가지 조건에서만 가장 근접하게 사고될 수 있다. [차이라는] 규정을 지우기 전에 그것을 존재적-존재론적 차이로서 규정함으로써 시작하는 것이다(Derrida, 1976: 24)".* 결과적으로 기원이란 그것이 결정적 요인이자 역사적 목적telos으로 깃든 모든 우연성 속으로 분산되어 있는 흔적으로서 현재에 도달하는 한에서만 헤게모니적 요구로 기능할 수 있다.

제프리 베닝턴의 용어를 사용하자면, 자유주의 정치사상의 '속임수'는 '자유' 같은 것은 인간 사회의 조직적 구조 바깥에서 발생하는 자기 결정의 사건 속에서 엿볼 수 있다고 주장하는 유명론의 특정한 분석적 판본에 호소하는 것이다. 이러한 근원적 자유는 공리주의적 의미에서 '조직될' 수 없는데, 그것의 형태는 인간 사회의 기원(사회계약의 가능성)이자 국가 주권의 제약 조건으로 인식되어

---

* 자크 데리다, 『그라마톨로지』, 김성도 옮김, 민음사, 2010, 72쪽.

 1부 자유주의와 근대성

야 하는 개인의 순수한 잠재력이다. 자유주의 철학에서 그것은 개인의 자유에 대한 (절대적으로 과도하고, 절대적으로 확실한) 절대적 요구로, 더 큰 풍요, 정의, 복리를 향한 인간 사회의 진보의 조건으로 나타난다. 물론 여기서 중요한 것은 유럽 계몽주의로부터 비롯된 일단의 역사적·철학적·문화적 조건으로부터 자유주의가 주장하는 최소주의가 실제로 발생하는 방식인데, 사실 그것은 범주적 명령의 형식적 일관성으로서의 자유라는 칸트의 정의에 가깝다. 다시 말해 개인의 본질은 자신의 잠재력을 생산적인 방식으로 실현하고, 다른 시민들과 계약 관계를 형성하며, 예술과 문화의 미적 가치를 식별하고, 자기파괴적 욕망을 개조하고 통제하는 능력으로 이해된다. 그러나 데리다의 작업에서 제기되는 비난과 관련해서 보자면, 경험론적 형태에서나 주관적 관념론의 형태에서나 자유주의의 핵심을 구성하는 유명론적 자유를 이런 식으로 재구성하는 것은 기존의 권력 분화와 공모하게 되는 것을 피할 수 없다. 데리다가 지적했듯이 젠더, 인종, 종족, 종교는 모두 자유주의가 주권과 개인의 권리의 문제에 접근하는 데 사용되는 자유에 대한 논리적-분석적 기술에 대한 대리보충으로 나타난다(Derrida, 1982: 207-272). 베닝턴이 로크의 철학과 관련하여 지적했듯이 자유주의의 속임수는 진실을 재현하는 분석적 양식을, 우리에게서 경험적 세계의 진실이 사라지게 하는 언어의 '비유적'figural·수사적 윤색과 완전히 분리하려는 시도에 있다(Bennington, 1994: 134). 데리다가 「백색 신화」에서 지적한 것처럼 이러한 시도는 항상 헤게모니적 관념의 구성 및 그 헤게모니의 폭력에 대한 형이상학의 참여에 필수적인 은유적 대리보충의 사슬을 생략한다(Derrida, 1982: 211).

　이러한 관점에서 신자유주의적 상상이라는 문제는 미디어-기술과학적 자본주의라는 조건하에서 진화한 텍스트의 경제와 이미지의 경제 간의 관계라는 측면에서 이해되어야 한다.『회화의 진실』에서 데리다는 "문자, 담론, 회화 사이의 연결은 아마도 [책]에서 일어나는 모든 것 혹은 [책을_ 저자가 인용하며 추가] 통해 자신의 길을 누비며 나아가는 모든 것"이라고 언급했다(Derrida, 1987: 8). 이것은 첫째로 쓰기와 미적 표현 사이에 특수한 관계가 있다는 것을, 둘째로 일반적으로는 근대성의 진화에서, 특수하게는 자본주의에서 명운이 걸린 것은 이러한 관계의 전개라는 점을 가리키기 때문에 중요하다. 그렇다면 데리다에게 쓰기와 미적인 것 사이의 관계의 본성은 무엇인가? 간단히 말하자면 그려진 이미지는, 그것의 실재에 대한 관계가 유한성, 필멸성, 실존, 집단적 삶, 사랑, 비극 등의 본성에 대하여 무언가 진실한 것을 제시하는 그런 것이라면, 그 주체가 죽고, 그 문화적 환경이 사라지고, 그것의 속성적 형태가 대체된 이후에도 오랫동안 텍스트적 성찰을 계속해서 유발할 것이다(Derrida, 1987: 1-13). 달리 표현하면 이러한 그림은 그것의 의의가 제작되는 시간과 공간을 넘어선다는 의미에서 '시대를 초월한다'timeless. 그러므로 텍스트와 이미지는 상호적으로 도발하는 매체로서 서로에게 관계되어 있으며, 어느 쪽도 진실에 대한 접근에 특권을 가지고 있지 않다. 그러나 텍스트와 이미지 사이의 관계는 역사적인 것이며, 미적 기법, 경제적 교환, 미디어 기술 등의 진화를 통해서 발전한다. 회화의 진실이란 언제나 진실에 대한 복잡한 '연출'rendering이며, 적어도 암묵적으로는 텍스트 추정상의 축자성과 엄밀성을 지시하는 은유의 미적 경제를 생산한다는 의미에서 그것은 언제나 '가상적'이다. 하지만 이것은 텍스트-이미지 관계의 중추적 변화를 포착하거나, 다양한 기술적 수단을 통해 이미지가 시뮬라크르의 '비문해적' 형태로 전환된 것의 정치적·경제적 영향에 대한 판단을 내리는 것이 불가능하다는 것을 의미하지는 않는다. 물론 데리다에게는 바로 이러한 과정(의 환원주의, 불안정한 정동, 전형화)은 '인종', '젠더', '종족성', '종교' 등이 부르주아 민주주의의 제도적 관계 속에서 미적으로 어떻게 표상되는가 하는 질문을 끊임없이 재개하는, 쓰기에 대한 도발이다(Derrida, 1994: 150-151). 그러나 이러한 주장의 구조는 대중매체에 대한 비판이론을 항상 괴롭혀온 물음, 즉 문화산업의 기술적 기반은 문화산업이 이미지의 상연에서 발생하는 모든 예상치 못한 흔적을 흡수할 수 있는 정교함의 수준에 도달할 수 있을 것인가 하는 질문으로 우리를 되돌려놓는다. 따라서 신자유주의적 상상의 핵심이라 할 수 있는 '탈근대적 순간'과 개인주의의 초-미학적 형태 사이의 관계를 이해하고자 한다면, 1980년대 후반과 1990년대 초반에 출현한 가상 시스템의 발전을 고려해야 할 필요가 있다.

개인주의의 시뮬레이션

내가 채택한 계보학적 관점에서 우리는 '개인'을 문화가 재생산되고 전파되는 기술적 시스템의 변화를 통해 진화하는 개념 또는 관념으로 이해해야 한다. 이는 스티글레르가 지적하고자 애쓰는 것처럼 개인은 사회적 삶의 상징적 질서를 유지하는 기술-미학적 시스템 속의 그저 무력하고 하찮은 존재라는 것을 의미하지 않는다. 오히려 끊임없이 진화하는 정신적 통합 체계의 주체로서 개인은 이러한 체계와 관련하여 어느 정도의 성찰적 행위능력agency을 보유한다(Stiegler, 2014: 69-72). 이러한 점은 중요한데, 삶의 보철-기술적 조직

내에서 유지되는 개인의 '정신적' 잠재력이 스티글레르에게는 경제와 문화적 기여의 새로운 양식의 가능성을 유지하는 예술, 문화, 정치의 반-헤게모니적 형태의 근저를 이루는 것이기 때문이다. 정신의 표현적 활동을 가능케도 하고 제약하기도 하는 파르마콘으로 기술을 구성하는 것에서 비롯되는 문제 중 하나는, 점점 더 자기결정적으로 작동하는 미디어 및 커뮤니케이션 기술로부터 개인의 자율성을 보호하는 것이다. 실제로 그의 작업은 아날로그 레짐의 최종 단계에 대중매체에서 발달한 정신적 통합의 능력이 민주주의의 대의 기구에 치명적 위기를 촉발했을 가능성에 천착한다(Stiegler, 2011a: 1-78). 이것은 본질적으로 장 보드리야르의 작업에서 정교하게 전개되는 파국적 가능성이다. 어디에선가 나는 시뮬레이션 개념에 대한 보드리야르의 작업을 가장 잘 이해하는 방법은 현실에 대한 상연으로부터 '현실적인 것'의 모든 흔적을 지우는 아날로그 기술의 능력에 대한 과장이라고 주장한 바 있다. 따라서 모든 개별적 현실이 기술적으로 생성되는 기호의 무한히 확장되는 우주 속으로 붕괴하는 것에 대한 보드리야르의 설명을, 가장 완벽한 시뮬라크르에서도 예견치 못하게 발생하는 문자학적 효과에 대한 데리다의 설명과 비교하자면, 후자는 현실에 대한 미적-은유적 형상화에 항상 들러붙는 지배와 침묵의 양식을 추적할 기회를 제공한다(Abbinnett, 2008). 여기서 제기되는 질문은 데리다의 작업이 전념하고 있는 윤리적 인정의 문자학적 가능성과 보드리야르의 사상에서 예견된 가상-미학적 프로그램의 끊임없는 진화의 차이와 관계된 것이다. 보드리야르가 말하는 시뮬레이션의 경제가 형식적으로 밀폐될 수 없다는 것을 인정하더라도, 몰입형 가상-미학 기술의 발전은 그것이 정체성 형성 과정에 미치는 막대한 영향을 고려해야 한다는 것을 의미하기 때문이다.

1980년대와 1990년대 초라는 '탈근대적 순간'에 발생한 개인주의의 변형에 대한 이해에서 결정적인 것, 따라서 신자유주의적 상상의 발전에서 결정적인 것은 바로 이 시뮬레이션의 경제이다. 보드리야르가 이미지와 그것에 대한 기술적 복제 사이의 관계를 제시하는 도식이 여기에서 중요한데, 이것이 현대성의 진화를 상이한 프로그램적 형태를 통해 상연되는 스펙터클로서 제시하기 때문이다. 이러한 발전의 세 번째 국면은 마르크스 이데올로기 테제의 텍스트적 경제가 문화산업의 시각적 경제에 자리를 내주는 지점이 된다. 기술적으로 복제 가능한 이미지는 합리적–산업자본주의의 탈주술화된 세계 속으로 의미가 다시 주입되는 형식이 된다(Baudrillard, 2000: 3-7). 마지막 단계는 아날로그 기술의 발전이 1990년대 중반에 출현한 디지털 형태로의 전환을 향해서 진전하기 시작한 시점을 나타낸다. 위성방송, VHS 비디오 레코더, 고화질 컬러 TV 세트는, 이미지의 복제가 곧 실재the real의 경제로부터 이미지가 떨어져 나오는 것이 되는 혁명을 산출했다. 개인의 삶이 배태되어 있는 사회적인 것의 상징적 경제는 문화산업과 광고 산업에 의해 생산되는 하이컨셉트high-concept 시뮬라크르 속으로 붕괴하기 시작한다. 보드리야르의 분석에 따르면 이러한 과정은 밀폐적이고 점증적이다. 개별 주체가 자신을 개인으로 인지하는 시뮬라크르는 욕망을 심화하는 동시에 그러한 욕망이 표현되는 담론적 형태를 제한하는 몰입적 경향을 가진다(Baudrillard, 2000: 207-219). 계보학적 관점에서나 해체적 관점에서나 이러한 과정은 완료될 수 없는 것인데, 그것이 불안정한 형태로 실현되는 것에 대한 보드리야르의 설명에 따르면 하이퍼리얼은 총체적 시뮬레이션의 가능성을 끊임없이 불안정화하는 흔적, 전도율, 리비도 에너지로 들끓는다. 그러나 보드리야르가 기술하는 이미지의 기술적 시간성은 중요한데, 그것이 유발하는 다른 반발에도 불구하고 1980년대에 지배적인 신화로 등장한 남성성, 여성성, 영웅주의, 사랑, 향유 등의 백색 신화적 형태들이 자본주의적 개인주의의 강력한 원형으로 등장했다고 볼 수 있기 때문이다. 이것의 가장 초기적 형태는 롤랑 바르트의 『신화학』에서 찾아볼 수 있지만, 개인적 삶에 대한 새로운 상상으로의 전환을 식별해낼 수 있는 것은 이 시대의 영화, 〈블레이드 러너〉, 〈월 스트리트〉, 〈위험한 정사〉, 〈나인 하프 위크〉에서 펼쳐진 강렬한 초남성성 및 초여성성에서이다.

시뮬라크르의 영화적 시간은 신자유주의적 개인주의의 형성과 포스트모던적 순간의 본질이다. 인류적 삶의 제도에 대한 개인의 관계가 실질적으로 개혁되도록 하는 아날로그 미디어의 몰입적 능력은 기술자본주의의 불안정한 경제 내에서 개인주의에 대한 환등상적phantasmagorical 표상의 출현을 위한 무대를 마련했다. 계보학적으로 말하자면 여기엔 뚜렷하게 구별되는 두 가지 측면이 있다. 하나는 본질적으로 보수적인 것이고, 다른 하나는 1980년대와 1990년대 초에 발생한 사회적·정치적 질서의 급격한 변화에 대한 깊은 불안을 표명한다. 이들 영화 가운데 가장 잘 알려진 것은 21세기 초에 하나의 산업이 된 1980년대에 대한 에로틱한 향수에 들러붙어 있다. 올리버 스톤의 〈월 스트리트〉는 과잉의 과잉에 대한 것이며, 새로운 형태의 가상 자본과 금융 투기의 발전과 함께 생겨난 '신인류'에 관한 것이다. 마이클 더글러스가 연기한 고든 게코는 1980년대 월가 '선수'의 원형이다. 그의 삶은 세계 주식시장의 거래에 의해 좌우되며, 그의 사회적 상호작용은 시장 현실로의 복귀 중간에 끼어드는 짧은 순간의 과시로 축소된다. "점심은 좀생이나 먹는 것", "돈은 잠을 자지 않는다네 친구여", "탐욕은 좋은 것" 등 그의 지혜의 진부함은 한계나 자제를 모르는 영혼 없는 소유욕의 대응물이다. 그는 신흥 시장과 기술 혁신에서 발생하는 새로운 각을 끊임없이 재고 있으며, 과도한 섹스나 마약은 사소한 성공의 쾌락이 뿌리는 유혹에 넘어간 그의 후배 버드 폭스와 같이 나약한 영혼에게나 맡겨두고서 금욕적인 삶을 산다. "내가 너에게 다리엔을 주었지." 버드를 배신한 뒤 그는 마치 자신이 버드가 영영 잃어버린 천상의 여인과의 관계의 입안자이기라도 한 듯 말한다. 고든 게코가 정말로 원하는 것은 권력과 총체적 지배로서 그가 원하는 것은 시장을 통제하는 자, 정치인들이 꽁무니를 쫓게 할 수 있는 자, 자유 개인주의의 복음을 맹렬하게 전파하는 자가 되는 것이다. 그리하여 올리버 스톤이 무자비한 냉소주의의 캐리커처인 그를 기반으로 만들어내려 했던 도덕적인 이야기에도 불구하고 게코는 1980년대 기업가주의의 아이콘과 같은 인물이 되었다. 개인적 분투의 화신으로서 우리가 존경해야 하는 탈신성화된 활동의 정력가.

〈나인 하프 위크〉는 〈월 스트리트〉보다 1년 앞선 1986년에 만들어졌다. 미키 루크가 연기한 남자 주인공 존 그레이는 1980년대 중반에 급격히 일어난 자본의 금융화에 관계되어 있다. 그레이는 월가의 중개인으로 일하는데, 그는 최적의 순간에 이루어지는 거래에서 즉각적인 이익을 확보하기 위해 상품 가격의 차이를 이용하여 글로벌 시장에서 시세를 조작하는 거래자이다. 게코와 마찬가지로 그레이는 추상적 거래의 세계에 살고 있다. 영화의 마지막 장면에서 알게 되는 것처럼 그는 30대 초반인 1980년대 중반의 호황기에 수백만 달러를 번 자수성가한 인물이다. 그는 (그가 직관적인 약탈적 기술을 가지고 조작하는) 시장, 맨해튼의 비싸고 깔끔한 아파트, 그가 추구하는 익명의 성적 관계 사이에서 그의 시간을 쪼갠다. 영화는 그와 엘리자베스 맥그로우와의 관계를 따라가는데, 그녀는 〈월 스트리트〉의 다리엔 테일러와 같이 '예술'에 종사하지만 다리엔의 재능, 돈, 자신감 중 어떤 것도 갖지 못했다. 실은 그가 가진 취약함이 엘리자베스를 규정한다. 그녀는 관계 초반 그레이가 취하는 제스처에 푹 빠진다. 그녀가 갖고 싶었지만 비싸서 살 수 없던 스카프를 단념하고 돌아서는 걸 본 그는 그것을 사서 그녀가 아파트로 돌아가는 길에 건네준다. 이후 영화는 이들 관계의 사도마조히즘적 에로티시즘을 선보인다. 엘리자베스는 그레이의 성적 판타지와 *그가* 데려가는 엄격하고 극단적인 생활양식에 굴복한다. 이 영화는 〈월 스트리트〉와 같이 도덕적인 이야기를 가장한다. 마지막에 가서 엘리자베스가 자신이 당한 굴욕의 악순환을 끊으려는 용기를 내자, 그레이는 그녀를 사랑한다고 주장하고 뉴욕으로 오기 전의 가족생활에 관해 이야기하면서 그녀가 떠나는 것을 막고자 한다. 하지만 이미 때는 늦었고 엘리자베스는 영혼 없는 테크놀로지의 공간인 그레이의 아파트에 그를 남겨두고 떠난다. 그러나 진실은 엘리자베스의 유혹 장면은 끝내 과잉에 대한 도덕적 이야기로 변모될 수 없는 하이퍼-에로틱 판타지라는 것이다. 1980년대 대중문화를 규정하는 순간 중 하나로서 이 영화가 가지는 위상은 결국 말수가 적고 다가서기 어려운 그레이와 예술적이고 감정적으로 취약한 엘리자베스 사이의 성적 관계를 연출해낸 것과 관련이 있다. 그것은 삶이 미적 스펙터클로 변화되는 것을 믿도록 관객을 유혹하는 것이고, 섹스의 흡인력이 그레이의 강박적인 독립성과 엘리자베스의 황홀한 굴복이라는 형태로 제시되는 남성성과 여성성을 형상화하는 것이다.

존 그레이라는 인물은 그가 유혹에 대한 특정한 신화를 체화하고 있는 방식 때문에 흥미롭다. 문명화된 성적 도덕의 제약을 뒤집

    1부 자유주의와 근대성

고, 예술적 문화의 매력과 독립적 삶을 획득한 여성의 욕망을 일깨울 강력한 이성애 남성이라는 발상 말이다. 그는 시장에서의 추상적 관계에 마음이 어지러워지고 불만족스러워하며, 그가 추구하는 성적인 관계에서 강박적으로 보상을 찾는다는 점에서 고든 게코와 다르다. 그런데 그레이에게는 무언가 위험한 것이 있는데, 그의 사도마조히즘이 지나쳐서 그와의 관계를 무릅쓰는 모든 여성이 다칠 수 있다는 것이다.◆ 이러한 위험 요소는 1980년대 문화에 대한 브렛 이스턴 엘리스의 성찰인 『아메리칸 사이코』에서 명민하게 풍자되는데, 여기서 주인공인 패트릭 베이트먼은 그의 유혹에 희생된 이들을 죽이고 먹는다. 여기서 요점은 게코, 그레이 그리고 사이코패스적인 베이트먼까지도 자유와 독립의 의미가 근본적으로 변질된 1980년대 신화의 일부라는 것이다. 시장에서의 추상적 자유는 정복과 지배라는 새로운 형태로 성애화되었고, 기업 금융가, 차익 거래자, 전업 트레이더는 글로벌 금융시장에서 야수적 감각으로 부와 권력을 획득하는 성공한 인물상이 되었다. 이는 '포스트모던 모멘트'가 이러한 유혹의 신화의 과도한hyper 실현을 통해서만 규정되었다는 것을 말하고자 하는 것이 아니다. 오히려 우리가 확인하는 것은 고도로 미적인 형태의 개인주의인데, 첫째로 그것은 개인화의 과정이 일어나는 욕망의 경험을 계속해서 변화시키고, 둘째로는 이러한 과정을 기술자본주의에 의해 창출된 새로운 공간으로 확장시킨다. 이는 내가 채택한 기술-계보학적 관점에서 볼 때, 세계 시장의 디지털화, 새로운 형태의 가상자본 출현, 1980년대 중반 데이터 기반 예측 시

◆ 이러한 유혹적 위험이 소극(笑劇)으로 반복되는 것을 〈그레이의 50가지 그림자〉 시리즈에서 볼 수 있다.

스템의 형성 등으로 인해 경제와 사회가 점점 계산적으로 통합되면서 '개인'의 형성이 문화의 기계장치와 프로그래밍 산업에 넘겨졌기 때문에 중요하다. 따라서 내가 분석한 탈근대적 순간은 아날로그 기술이 디지털 기술로 전환되는 시점인데, 여기서 '자아'는 기술 경제의 기능에 적합하도록 계속해서 개조되는 불안정한 욕망을 가진 가변적 시뮬라크르가 된다.

그러나 이것은 보드리야르가 주장한 의미에서의 '정신'의 종말이 아닌데 인종, 성, 문화, 종교의 시뮬라크르는 알고리즘적 재생산의 논리로 환원될 수 없는 다양한 효과(근본주의, 에큐메니컬 운동, 사이버 페미니즘, 가상 인종주의 등)를 산출했기 때문이다. 따라서 1980년대 이후 신자유주의적 상상의 발전을 이해하고자 한다면 우리는 기술적 가상성의 진화와 이러한 시스템이 낳은 개인적 욕망의 우발적 동학을 모두 개념화해야 한다.

물론 1980년대 대중문화의 무대에 등장한 강박증자obsessives, compulsives, 신경증자, 현대적 낭만주의자는 이전에 존재했던 문화적 유형들의 망령이다. 어떤 의미에서 그들은 빠르게 변화하는 세계에서 일종의 친숙함을 제공하면서 새로운 형태의 경제 및 사회와 낡은 것 사이의 간극을 잇기도 했다. 하지만 이와 같이 삶을 새롭게 상상하는 데에는 불안감이 따랐다. 그것은 인간과 기술적 환경의 관계가 근본적으로 변화하는 시기로 진입하고 있다는 감각이었다. 〈블레이드 러너〉의 데커드라는 캐릭터는 이러한 점에서 흥미로운데, 그가 연기하는 (1940년대 헐리우드 느와르로의 회귀임에 분명한) 거칠고 냉소적인 사설탐정은 자신이 인조인간이라는 의심에 사로잡혀 있기 때문이다. 이 캐릭터는 자신이 처한 애매한 상황 때문에 불안해한다. 그는 무리에서 떨어져 나온 인조인간('레플리컨트')의 삶과 '진짜' 인간만이 지구에 살아야 한다는 법 집행 사이를 오가며 남성적 독립이라는 오이디푸스적 이상을 구현하지만, 다른 인조인간을 찾아내도록 고안된 인조인간이라는 의심을 불러 일으키기도 한다. 이 영화에 대한 데이비드 하비의 해석은, 로스앤젤레스에서 발생한 삶의 기술적 계층화에 의해 예시되는 지구상 사회질서의 세계적 약화는 글로벌 탈근대 자본주의의 고유한 궤적을 표상한다는 것이다. 제3세계의 빈곤은 도시의 하위 계층에 존재한다. 법과 질서는 더 이상 응집된 국가 권위의 관할이 아니며, 사업적 이익에 가장 부합하는 사회적 아노미의 수준을 계속해서 모니터링하는 기업 네트워크의 일부가 되었다(Harvey, 1990: 311). 문화는 어떤 형태의 도덕적·정치적·인지적 일관성도 표현할 수 없는 스타일과 기표의 혼성모방으로 전락하였으며, 글로벌 기술자본주의 시스템에 거주하는 분열적 소비자의 재생산과 직접적으로 관련이 있다. 세계의 상징적 질서는 폭력, 시뮬레이션, 소비의 스펙터클한 구조물 속으로 붕괴했는데, 그것은 노에시스적 문화와 정치적 저항의 가능성을 무력화시켰을 뿐이다(Harvey, 1990: 313).

여기서 중요한 지점은 〈블레이드 러너〉에 투사된 미래의 모습과 관련되어 있다. 영화의 배경은 2019년으로 설정되어 있기에 극에서 묘사된 계층화된 기술적 무질서는 1982년으로부터 37년이 흐른 후에야 실현되었다. 이것은 중요한데, 영화에서 상정된 기하급수적 발전 속도는 1980년대 초반 이후 실제로 달성된 바를 훨씬 앞지른 것처럼 보이기 때문이다. 그러나 〈블레이드 러너〉에서 제시되는 자본, 미학, 기술의 결합은 고딕풍의 환상으로 남아 있으며, 이는 하비의 분석이 주장하는 것보다 과거와 미래 사이에서 훨씬 더 모호한 위치를 점한다. 레플리컨트는 신체적·인지적 능력이 인간 가능성의 한계에 도달한, 유전적으로 향상된 인간인데 향상된 복제 기술에 의해 생산된 '습식'wet 기술이다. 오늘날의 관점에서 보면 이런 유의 기술은 인간이 태양계를 식민화하기 시작하고 세계의 사회적 질서가 가상현실VR과 프로그래밍 산업에 의해 지탱되는 이 영화의 [건식dry] 기술적 맥락과 맞지 않는다. 2019년의 현실은 필립 K. 딕과 리들리 스콧이 상상했던 디스토피아가 아니다. 그것의 기술적 동학에 차이가 있는데, 그것은 하비가 『신자유주의의 간략한 역사』에서 기술한 반복적 착취와 금융화의 과정에 의해 제약을 받아왔다. 하지만 2019년에 도달한 [자본, 미학, 기술의] 결합이 〈블레이드 러너〉에서 제시된 것보다 더 불안한 감도 있다. 불법적으로 지구에 온 다섯 명의 레플리컨트와 데커트의 관계에 대한 이야기는 실제로 자본, 기술 그리고 개인적 삶의 통제 사이의 관계에 대한 것이다. 사실 지난 37년간의 새로운 생물유전 기술, 생의학 기술, 가상 기술, 인공지능 기술, 통신 기술, 정보 기술의 동시적 발전으로부터 제기된 의문과 아포리아는 로스앤젤레스라는 기술적 꿈의 풍경에 집중되어 있다. 하비에게 이것은 위상학적 '계급'이 그가 글로벌 자본주의와 연관시키는 보드리야르적 시뮬라크르의 유희로 변형되는 것을 나타낸다(Harvey, 1990: 314). 그런데 이러한 분석의 경제적·정치적 효용은 레플리컨트에 구현된 '시간이 다 된'out of time 기술에 달려 있다. 이들의 단축된 수명은 탈근대적 우리 시대의 과도한 착취와 폐기처분의 본질을 포착한다. 하지만 우리가 지금 있는 지점으로부터 고려해볼 때 중요한 문제는 그처럼 단호한 정치적 의미의 가능성과 관련이 있다. 지금과 같은 자본과 기술의 결합으로부터 발생하는 다양한 유령spectre, 갈등, 전략, 아포리아 들은 정치적인 것의 상징적 경제를 근본적으로 불안정하게 만들었기 때문이다(Derrida, 1994: 80-84; Morton,

2010: 78-79).

　데커드의 이야기는 포스트모던한 개인주의, 그러니까 인조 생명 및 AI 시스템의 시대에 도덕적 행위 주체가 될 가능성에 대한 의문을 제기하는 것이 분명하다. 하지만 〈블레이드 러너〉라는 고딕풍 세계에서 그의 자리는 오해의 소지가 있는데, 현재 우리의 관점에서 볼 때 그의 혼란과 방향 상실이 다소 불완전하다는 의미에서 그러하다. 사회적인 것의 상징적 질서와 역사가 가상의 네트워크에 의해 소모되고 있는 시대에 하나의 인간적 개체가 된다는 것이 무엇인가 하는 질문은 2019년의 우리에게는 더욱 절박한 무엇이다. 우리는 인조인간, 가상현실 시스템 그리고 이제 막 출현하고 있는 전체적 연결total connectivity의 세계가 자연과 인류의 생태계 전체가 관여되어 있는 포괄적global 궤적의 일부임을 확인할 수 있기 때문이다(Stiegler, 2018: 34-50). 이어지는 장에서는 어떻게 신자유주의적 상상이 첫째로는 1980년대 이래로 발전해온 가상-기술 시스템과의 관련 속에서, 둘째로는 유전 기술, 생의학 기술, 인공지능 기술에 의해 가능해진 인간 삶의 변화와의 관련 속에서 진화해왔는지 살펴볼 것이다. 우리가 신자유주의적 상상의 기원을 추적해야 한다면 그것은 이 두 가지 포괄적 기술 프로그램(가상-미학적 프로그램과 가상-유기체적 프로그램)의 불안정한 궤적 사이에서이기 때문이다.

신자유주의적 변형들

2부

[6]   세계화 그리고 인류세의 미학

이 책의 1부에서는 근대 기술자본주의 내부에서 형성되었고, 그 진화에 핵심적이었던 문화적·경제적·정치적 이상들이 어떤 방식으로 결합되어왔는지를 계보학적으로 추적했다. 내가 집중한 이상들은 우리에게 신자유주의로 알려지게 된 것의 중핵을 이루며, 개인 주권의 원초적 조건이자 궁극적 목적인 순수한 자발성이라는 전제에서 파생된 것이기도 하다. 따라서 법 앞의 형식적 평등, 자신의 노동을 자유롭게 처분할 권리, 개인 양심의 권리는 경제성장과 사회적 효용의 요구를 개인의 삶과 통합하는 조건이 아니라, 그것과 화해하기 위해 필요한 조건으로 제시된다. 니체가 지적한 것처럼, 이러한 화해는 정치적 주권의 진정한 목적이 개인의 삶(시민 사회)에서 스스로를 소거하는 것임을 형식적으로 입증하는 데 그치지 않는다. 개인이 자신의 '개체화'를 능동적 욕망으로 경험하기 위해서는 자신이 처한 사회적·경제적·기술적 환경이 자기 창조와 개인의 성취를 위한 최상의 기회를 제공한다는 인식이 필요하다. 1부에서 본 것처럼,

신자유주의는 20세기 동안 이러한 경험의 변형이 이뤄졌던 미적·이데올로기적 형태로 발전해왔다. 그러나 신자유주의 이데올로기의 핵심인 과도한 성과주의는 지구의 유기적·지질학적 시스템에 심대한 영향을 끼쳤고, 개인의 자유·정치적 주권·경제 성장·기술 발전의 한계에 대한 긴급한 질문들을 불러일으켰다. 최근 이러한 질문들은 '인류세'Anthropocene라는 틀을 통해 제기된다. 인류세란 인간이 지구 행성의 기후와 지질 조건 변화를 가속화하는 주요 원인이 된 지질학적 시기를 가리킨다(Crutzen and Stoermer, 2000). 나는 이 장을 인류세의 기원과 그것이 신자유주의 세계관과 맺는 관계를 살펴보는 것으로 시작하려 한다.

1부에서 내가 제시한 계보학은 신자유주의 세계관이 어떻게 매개하고, 강화하며, 변혁하는 힘을 갖게 되었는지 추적하고, 그러한 힘이 봉건적 생산양식에서 자본주의적 생산양식으로 이행하는 폭력적 단절 속에서 어떻게 등장했는지를 보여주려는 시도였다. 니체는 역사가 단순히 기술적·관료적·경제적 필요의 객관적 필수불가결함을 재구성하는 분석으로만 이해될 수 있는 것이 아니라고 보았다. 우리에게 사회적 행복의 완성이나 완전한 경제적 통합을 향한 움직임으로 보이는 것들은 사실 특정 세계관의 유용성·아름다움·신성성 등을 드러냄으로써 그 지배를 확립하려는 다중적이고 우발적인 투쟁의 결과다(Nietzsche, 1990: 192-194). 이 관점에서 보면 신자유주의 세계관의 초기 모습은 봉건주의와 자본주의 사이의 분기를 야기한 두 가지 핵심 요인과 동시에 나타났다. 첫 번째는 18세기와 19세기 초 산업자본주의를 확장시킨 기술 시스템의 급속한 발전이었고, 두 번째는 봉건 질서를 유지하던 전통적 종교성의 붕괴였다. 마르크스가 『독일 이데올로기』에서 지적한 것처럼 산업화된 생산양식

　　　　　　　　　　　　2부　신자유주의적 변형들

의 발전은 사회의 상징 질서의 복잡한 변화 없이는 불가능했다. 봉건 경제를 지탱하던 전통적 도상학, 집합적 숭배, 텍스트의 권위, 봉건 영주의 권력은 산업혁명과 함께 등장한 강렬한 경제 활동 체제를 수용할 수 없었다. 그 결과 계몽주의 프로젝트에서 비롯된 **인간중심적**anthropocentric 권리 체계가 낡은 질서를 대체했다. 이는 공동 활동을 통해 자신의 운명을 형성할 수 있는 독립적이고 자립적이며 도덕적으로 책임감 있는 인간 존재에 대한 대중 미학의 기초를 형성했다(Marx, 1977a: 64-68). 그러나 니체의 계보학이 '부르주아 이데올로기'의 변혁적 힘에 대한 마르크스의 설명에 추가하는 것은, 봉건 귀족과 상업 자본 사이의 오랜 갈등이 남긴 두 이질적 세계관 사이의 깊은 적대감이다. 상업 자본의 궁극적 승리는 단순히 경제적 효용의 문제가 아니라, 각 개인이 인간으로서 자신의 운명을 이행하기 위해 '누리는' 권리·자유·의무라는 영역이 출현한 결과였다(Nietzsche, 1994: 173).

마르크스의 '부르주아' 생산양식 비판은 계몽주의가 형성한 급진적 개인주의의 교묘한 속임수를 드러낸다는 점에서 중요하다. 마르크스에 따르면 계몽주의 철학의 관념론적 흐름은 헤겔의 절대정신 체계에서 정점을 이루며, 인류의 '본질'을 인간 사회의 경험적 역사 속에서 추적 가능한 추상적 보편으로 가정했다(Marx, 1977b: 26-27). 따라서 근대 사회와 봉건 질서를 구별하는 형식적 권리와 의무의 확립은 전제적 통치의 폭력에 대한 보편적 인정의 승리를 의미했다. 그러나 '인간성'을 모든 개인이 공유하는 추상적 본질로 상정하는 것은, 마르크스에게는 상품 형태의 진화와 결부된 착취적 체제와의 역사적 연관성을 무시하는 일이었다. 따라서 자본이 빚어내는 체계적 빈곤으로부터 인간이 진정으로 해방되기 위해서는, 부르주아 민주주의의 본질인 자유·주권·권리라는 개인주의적 범주를 전면적으로 해체해야 한다. 마르크스가 호소한 보편성은 '프롤레타리아트'를 하나로 묶는 내재적 유대, 즉 모든 무산계급이 공유하는 착취의 물질적 경험이다(Marx, 1998: 3-16). 물론 이러한 계급 정치의 구성에는 상당한 어려움이 따른다. 데리다가 지적했듯 인간의 순수한 '물질적' 이해관계를 존재의 상징 질서를 구성하는 '관념적' 형태로부터 분리하려는 시도는 마르크스주의 정치의 시작부터 그것을 괴롭혀왔다(Derrida, 1994: 3-48). 즉 마르크스가 인간 존재의 '물질성'에 기대는 순간, 인류세의 근원적 질문이 다시 등장한다. 성·인종·자연·신성에 대한 다양한 상징적 표상을 통해 분화된 존재로서 '우리'가 어떻게 다시 자연과, 그리고 우리 자신과 모종의 합일을 이룰 수 있는가 하는 질문이 제기되는 것이다. 물론 마르크스는 인간 사회의 기원을 모든 협동 활동의 기반이 되는 자연과의 실질적인 관계, 즉 유기적 노동에서 찾았다. 그러나 인간과 자연의 상호 충족을 지향하는 '유적 존재'species being 개념은, 기술을 무엇보다도 자본화하는 힘으로 파악한다. 그리고 기술의 작동 방식은 마르크스가 공산주의 사회의 본질로 파악한 창조적이고 비-도구적인 실천 형태를 위협하는 것으로 간주된다(Marx, 1977b: 75-96). 내가 제시하는 계보학은, 18세기 후반부터 20세기 후반까지 자본주의의 진화가 기술과 자연, 그리고 유기적 존재로서의 인간 사이의 관계를 기술적으로 내재화internalization 하는 과정을 통해 진행되었다는 점과, 현대 비판 이론의 주요 관심사가 이러한 내재화의 전개와 효과라는 점을 드러내고자 한다.

베르나르 스티글레르는 초-산업사회의 관계망 속에서 자본과 기술, 그리고 인간의 신체적·정신적 삶이 결합된 것이 바로 '인류세'를 형성했다고 주장한다. 인류의 운명이 점점 더 자본이 스스로를 재생산하는 미디어-기술과학 네트워크(생의학, 유전학, 인공지능, 가상 세계 등)에 얽매일수록, 우리는 디지털 프로그램의 알고리즘 기능에 종속되고 있다는 감각을 갖게 된다. 스티글레르는 최근 저서에서 이 점을 특히 강력하게 주장했다. 그의 견해에 따르면 인류세의 본질은 문화산업과 프로그래밍 산업의 영향력에 인간의 인지적·지적 능력이 종속되면서 초래된 집단적 삶의 퇴화이다(Stiegler, 2018: 34-50). 그에게 오늘날의 생태 위기는 끊임없이 확장되는 생산-소비의 순환에 인간 존재가 전 세계적으로 포획되고, 그 순환이 심화되며 나타난 인지적 어리석음의 결과다. 인류세를 미디어-기술적 및 생명정치적 네트워크가 기능적 자율성을 갖게 된 시점으로 정의하는 것은, 이 과정이 인류 사회·문화의 상징적 경제에 미친 파괴적 영향을 추적한다는 점에서 의미가 있다. 물론 스티글레르의 초-산업사회의 글로벌 역학 관계에 대한 분석은 정확하지만, 그는 개인 삶의 경제가 끊임없이 재-현되는 미적 형상으로서 신자유주의 세계관과, 인류세가 밝고 영웅적이며 무한히 기업가적인 '미래'의 상징으로서 등장한 것 사이의 친화성을 충분히 주목하지 못했다.

내가 제시한 신자유주의 세계관의 역사는 계보학적이다. 왜냐하면 현실의 특정한 형상을 만들어낸 기술 발전이 갈등·전략·모방적 강박의 장으로 간주되기 때문이다. 또한 이러한 갈등·전략·강박은 기술이 개인의 삶과 사회의 상징 질서에 끼친 영향으로부터 발생한 것이기도 하다. 마르틴 하이데거는 근대 세계상의 역사를, 자연과 인간을 기술적 착취 가능성의 체계 안에서 완전히 몰아세우려는en-frame 전 세계적-과학적 합리성의 부상으로 설명했다(Heidegger, 2002: 57-85). 그러나 내가 설명하는 신자유주의의 진화는, 가장 강렬한 개인주의적 형태의 문화가 실제로는 후기 자본주의의 기술적·관료적 합리성과 깊이 얽혀 있음을 보여주려 했던 프랑크푸르트학파의 비판과 더 유사하다(Adorno, 1990; Marcuse, 1961). 내가 설정한 계보학도 비슷한 궤적을 따른다. 다만 나는 인간과 기술적 네트워크 사이의 관계가 내재화되었다는 점을 고려하며, 비판이론의 윤리적 지평이 자본주의가 인간의 욕망과 미래 지향성을 끊임없이 재구성하는 방식을 해명하는 방향으로 전환되어야 한다고 주장한다. 내가 1부에서 제시한 근대성의 계보는 세 가지 핵심 요소를 포함한다. ① 서유럽에서 봉건제 이후 출현한 세속적이고 합리주의적인 도덕·정치·경제 질서, ② 자본의 영역에 체계적으로 통합된 과학 기술 혁신 체제의 발전, ③ 문화 전파와 집단 정체성 형성의 '무대'가 되는 가상·정보·통신 기술의 발전. 1부를 마무리하는 탈근대적 순간은 새로운 가상적–미적 재현의 영역이 출현한 시점이다. 바로 이 시점에 신자유주의는 윤리적·정치적 지향으로서 자리 잡게 되며, 그 안에서 개인의 삶은 정신적·신체적으로 유동적인 것으로 이해된다. 동시에 개인의 삶은 인류의 미래를 보장할 수 있는 유일한 방법으로서, 급진적이고 적응적인 변화를 수행할 수 있는 것으로도 여겨진다. 달리 말하자면 탈근대성 개념은 신자유주의와 인류세 사이의 미학적 관계의 시작을 예고한다. 여기서 인류세의 과학적 근거는 신자유주의의 메시아적 이상 속에 포섭되는 경향이 있다.

인류세의 존재론적 지위를 둘러싼 논쟁은, 지구 기후에 대한 인위적 영향이 얼마나 오래 지속되었는지, 또 얼마나 강력했는지라는 문제에 집중된다. 홀로세Holocene는 약 1만 년 전 시작된 지구 역사상 가장 최근의 간빙기로 이해된다. 만약 뚜렷하게 구별되는 '인류세'가 존재하려면, 홀로세에서 확립된 냉각 추세를 역전시킨 인위적인 지구 기온 상승의 경험적 증거가 필요하다. 지질학자들이 인류세의 시작을 알리는 '황금못'golden spike(결정적 지표_ 옮긴이) 시점에 대해 합의하지 못하면서, 인류세의 시작을 8,500년 전으로 거슬러 올라가는 설명이 제시되기도 하고, 제2차 세계대전 이후 산업기술의 '대가속'Great Acceleration에서 찾는 해석이 나타나기도 했다. 지난 30여 년간 인위적 지구온난화 문제는 자본주의의 미래와 인간종의 생존에 절대적 핵심 사안으로 인식되었고, 이 과정에서 인류세 개념은 과학·정치·문화·경제 담론의 결합 속에서 규제적 이상이자 해석적 체계로서 자리 잡았다. 이 장에서 나는 기후 및 지질 과학을 신자유주의 세계관의 전제들인 기술적 해결책, 기업가적 대담성, 과학적 천재성과 명확하게 분리하는 것은 불가능하며, 인류세의 경제적·정치적 의미를 이해하기 위해서는 그것이 본질적으로 기술과학적 자본주의의 세계적 확장과 관련이 있음을 인식해야 한다고 주장한다. 따라서 인류세의 발생은, 자본주의와 자연에 대한 기술적 지배의 미래적 성취를 연결하는 미적 형상이 신자유주의 세계관의 지배적 원리로 자리 잡는 과정을 통해 전개되었다.

세계관, 또는 세계상Weltanschauung 개념은, 앞서 보았듯 하이데거의 에세이 「세계상의 시대」The Age of the World Picture에서 비롯된 것이다. 이 글에서 하이데거는 산업 근대성의 핵심 특징이 과학적 이성이 인간 사회의 사회적·경제적·정치적·미적 관계를 지배하게 된 사실이라고 주장했다(Heidegger, 2002: 57-61). 그에 따르면 삶의 상징적 질서는 더 이상 사회적·개인적 존재의 본질적 목적을 나타내는, 구별된 형식들의 이질성으로 규정되지 않는다. 오히려 과학적 합리성의 우세로 인해 인간이 '존재'와 맺는 상징적·미적 관계는 신비로운 진리의 계시가 아니라 논리적 일관성과 사회적 유용성에 기반한 반복적인 도식으로 환원되는 상황이 초래되었다. 그러나 세계관 개념의 진화에 대한 나의 접근 방식은 하이데거적이라기보다는 니체적이다. 니체의 계보학은 미적 형상과 인식론적 형상이 일시적으로 결합해 지배의 양식을 이루다가 미래를 더욱 예지적으로 포착하는 다른 형상에게 자리를 내어주는 역동성과 전략적 적응성을 보여주기 때문이다(Nietzsche, 1981: 152-155). 나는 신자유주의 이데올로기가 글로벌-기술과학 자본주의 체제 내에서 개인의 삶을 총체적으로 동원하는 데 초점을 맞춘 세계관으로 진화해왔으며, 인간이 행복과 죽음을 경험하는 방식을 끊임없이 재정향함으로써 이를 달성했다고 주장했다. 실제로 하이에크와 몽펠르랭 소사이어티의 급진적 시장 이데올로기에서 오늘날의 성과 중심의 자기계발과 선택적 라이프스타일 체제로 신자유주의가 진화한 것은, 글로벌 경제의 진화하는 네트워크 속에서 개인의 자유에 대한 자유주의적 요구를 끊임없이 **재발명**reinvent하는 과정으로 이해할 수 있다.

이러한 재발명의 성격은 내가 인류세를 이해하는 방식에서도 중요하다. 니체의 사상에는 '역사'가 재구성되는 과정에 대한 끊임없는 의문이 존재한다. 그의 입장은 「삶에 대한 역사의 공과」On the Utility and Liability of History for Life라는 에세이에서 가장 명확하게 드러나지만, 『인간적인, 너무나 인간적인』과 『도덕의 계보학』에서도 찾아볼 수 있다. 니체의 논지를 여러 갈래로 재구성해보면, 그의 핵심 주장은 우리가 흔히 인류 문화와 문명의 진보를 의미하는 것으로 간주하는 역사적 사건들이(칸트의 사건Begebenheit 개념과 마찬가지로) 사실은 사후적으로만 드러나는 '필연성'의 재구성이라는 것이다(Kant, 1991: 184-185; Nietzsche, 1995: 108-115). 니체에 따르면 특정한 역사적 사건은 항상 그 안에 다른 결과의 가능성을 내포하고 있는 복잡한 상황 속에서 발생한다. 이것은 시간에 대한 하나의 가설인데, 사

　　　　　　　2부 신자유주의적 변형들

건의 황홀경은 권력의지가 행위로 표출되는 비선형적 시간성 속에서 경험된다는 의미에서 그렇다. 역사적 선형성으로 포섭되지 않는 시간이 존재한다. 사건은 그 결과를 누구도 예측할 수 없는 문화적·미적·정치적·종교적·전략적 결합으로서 '발생'하기 때문이다. 니체가 특히 『도덕의 계보학』에서 전개한 계보학은, 서구 문화와 문명의 토대가 되는 '양심의 가책'bad conscience이 발전해온 극단적으로 예측 불가능한 과정을 추적하려는 시도다(Nietzsche, 1990: 190-198). '속박된' 영혼과 '속박되지 않은' 영혼에 대한 그의 설명은, 약자가 도덕과 종교의 타락한 속임수를 통해 강자의 힘과 고귀함, 형성적 잠재력에 맞서 승리를 거둔 과정을 극화한 것이다. 그러나 중요한 점은, 니체가 19세기 유럽에서 목도한 자본·효용·기독교의 지배는 언제나 창조적 의지가 다시 부상할 수 있는 불안정한 힘들의 결합에 의해 유지되었다는 사실이다(Nietzsche, 1981: 319-322).

그렇다면 이러한 계보학적 접근이 신자유주의 세계관의 진화와 인류세 개념의 관계를 이해하는 데 어떤 도움을 줄 수 있을까? 신자유주의가 오늘날과 같은 헤게모니적 이데올로기로 발전하는 과정을 이해하는 가장 좋은 방법은, 제2차 세계대전 이후 자본주의의 기술적 진화와 신자유주의의 관계를 추적하는 것이다. 니체에게서 얻을 수 있는 교훈은, 신자유주의가 세계의 효용을 보는 특정한 방식으로서, 자본주의가 인간의 의지와 욕망에 관여하는 문화적·미적 전략을 끊임없이 변형시켜왔다는 점이다. 이 과정은 순탄하거나 직선적이지 않았다. 그것은 후쿠야마가 1980년대 말 낙관주의의 절정에서 주장했던 것처럼, 인간의 자유 실현을 향한 역사의 흐름이 빚어낸 성취도 아니었다(Fukuyama, 1992). 오히려 선진 산업사회에서 신자유주의 세계관의 헤게모니는 새로운 집단적 삶의 양식을 선점하는 미적·담론적 형태로 끊임없이 변주되며 유지되어왔다. 지난 20년 동안 글로벌 자본주의의 미래를 논의할 때 기후변화 문제가 핵심 요소로 부각되면서, 신자유주의 세계관의 진화 과정은 기후변화 문제로부터 점점 더 큰 영향을 받고 있다. 나는 인류세라는 개념을 둘러싸고 벌어진 논쟁이 지구와 인간종의 미래에 대한 깊은 실존적 불안의 결과라고 주장할 것이다. 인류세는 5장에서 살펴본 성·인종·영웅주의·개인주의의 강력한 신화라는 축과, 새로운 생태 운동이 요구하는 윤리적 성찰과 희생적 경제학sacrificial economics이라는 또 다른 축이 맞부딪히는 무대이다. 다시 말해 인류세는 기술 사회에 특유한 지속적 비상사태의 중요한 일부이며, 기술·생명·경제·희생 사이에 형성될 미래적 관계의 형상화라는 측면에서 이해되어야 한다.

기술과 세계화

헤겔이 '반성 규정'determinants of reflection에 대한 논의에서 지적했듯, 계몽주의적 자유주의의 기본 원리는 일종의 유명론nominalism이다. 첫째, 개인의 '존재'는 손상 없이 보편적 범주에 포섭될 수 없는 근본적 특수성을 지닌다. 둘째, 이러한 기저 원리는 각 개인에게 자기결정권을 보장하려는 차이의 정치와 윤리의 토대를 이룬다(Hegel, 1969: 408-443). 하이에크와 몽펠르랭 학파의 작업에 이르면, 개인의 '삶'에 대한 이러한 설명은 극단적으로 강화된다. 이 지점에서 개인의 삶에 대한 설명은 고전적 자유주의와 구별되며, 전후 자본주의의 세계적 확장을 이끈 주권, 개인주의, 효용 개념의 변형에도 영향을 미쳤다. 이 장에서 나는 신자유주의적 세계관과, 인간 활동이 자

　　　　　　　　　　　2부 신자유주의적 변형들

연환경에 미치는 영향을 개념화하는 방식으로서 '인류세'의 등장이 맺는 관계를 다룬다. 나의 주장은 신자유주의가 요구하는 성과주의의 끊임없는 강화와, 지구의 지질학적 역사에서 인류세를 과학적으로 검증 가능한 시기로 획정하기 어렵다는 사실 사이에 상호 간섭이 있다는 것이다. 실제로 지질 과학은 홀로세의 끝과 인류세의 시작을 알리는 사건(또는 일련의 사건들)에 대해 합의하는 것이 거의 불가능하다는 것을 발견했다. 즉 인류세는 본질적으로 경합하는 개념이며, 그 사회적·경제적·정치적 중요성은 격렬한 논쟁의 대상이 되는 것이다.

자본주의, 신자유주의, 인류세 개념 사이의 관계를 이해하기 위해서는 니체의 계보학 개념을 수정할 필요가 있다. 앞서 살펴본 것처럼 니체의 철학은 서구 문명의 본질적 모순, 즉 '강자'의 창조적 의지가 '약자'의 자기보존적 도덕과 종교성에 종속되는 것을 극화하려는 시도다(Nietzsche, 1990: 199-202). 그러나 니체가 역사적 폭력을 형상화하는 방식이나, 도덕과 종교의 전략적 진화에 의해 무력화되는 창조적 가능성을 형상화하는 방식은 기술이 인간 사회의 문화적·이데올로기적 역학에 미치는 영향을 개념화하기에 부적절하다. 물론 그가 전개하는 근대성 비판에는 기계가 인간종에 미치는 영향에 대한 설명이 포함되어 있기는 하다. 하지만 그러한 설명은 효용이 의지의 자기-결정을 압도하게 되는 것과, '행복'을 인간 사회의 궁극적 목표로 삼는 어중이떠중이 대중의 출현에 관한 일반적 서술에 국한된다. 니체가 사용한 은유가 지닌 도발적인 모호성을 감안할 때, 그의 계보학을 재해석하기 위해서는 보다 신중한 개념 정립이 필요하다. 가장 중요한 첫 번째 쟁점은 인간과 기술의 관계다. 니체의 철학에서 인간은 권력의 자기-의식적 초점들로, 기술은 인간의 약점과 취약성을 보완하기 위해 고안된 보조물로 이해된다. 이 맥락에서 '기계'the machine는 사물의 생산 속도를 높이고, 스스로의 자율성을 확장하며, '대중'의 나약함과 어리석음을 영속화하는 공리주의적 장치로 등장한다(Nietzsche, 1994: 247). 반면에 내가 제안하는 신자유주의의 계보학은 스티글레르의 『기술과 시간』에 제시된 원초적 기술성 originary technicity 개념에서 출발한다.

앞서 살펴본 것처럼, 스티글레르의 기본 아이디어는 인류의 조상이 처음 등장한 시기부터, 인류의 진화가 인간 존재를 보완해주는 기술적 도구들과의 연관 속에서 이루어졌다는 것이다. 그는 인간이 자의식을 갖게 되고 자신의 삶을 초보적으로나마 성찰할 수 있게 된 시점이, 날카로운 부싯돌을 자르고 긁고 뚫는 도구로 사용하게 된 시기와 일치한다고 주장한다(Stiegler, 1998: 150). 이때부터 인간종의 진화(다양한 환경에서의 성공과 실패, 인종 및 민족의 분화, 미적·종교적 문화의 발달 등)는 인간이 항상 외부 세계를 접하고 다루는 데 사용된 기술적 보조 수단과 연관되어 이뤄졌다. 스티글레르는 이처럼 기술과 맺은 숙명이 인류에게 이로움과 해로움을 동시에 안겨주었다고 말한다. 기술적 보조 수단 없이는 문명화 과정이 시작될 수 없었기에, 이는 인류의 문화적 '고양'을 이끈 원동력이라 할 수 있다. 그러나 동시에 기술은 인간이 세계를 이해하고 그 속에서 자신의 위치를 파악하는 데 사용하는 상징적 문화를 심각하게 훼손하는 원인이 되기도 한다(Stiegler, 1998: 186). 즉 기술 시스템은 인간 사회의 물질적 풍요와 문화 수준을 높이는 동시에, 점차 스스로 자율성을 갖게 되는 역사적 궤적을 형성해왔다. 스티글레르는 미적 기술, 문자-정서적 기술, 커뮤니케이션과 생산 기술이 인간 사회를 어떻게 변화시켰는지, 그리고 어떻게 이를 통해 개인들이 주체로 형성되는지를 상세히 설명한다(Stiegler, 2009a: 118-122). 내가 인류세의 역학에 접근하는 방식도 이러한 기술 진화에 대한 스티글레르의 설명과 밀접히 연관된다. 나는 특히 다음 두 가지 측면에 주목한다. 첫째, 신자유주의가 자아와 타자, 자유와 개인주의, 삶과 죽음에 대한 매우 유연한 미적 표상 체제로 발전한 과정과, 둘째, 인류세가 특정한 종류의 기술적 메시아주의로서 출현한 과정이다.

지난 20여 년간 글로벌 경제의 자본 순환 과정은 근본적으로 변화했다. 이러한 변화는 본질적으로 기술적 변화이며, 인공지능, 가상현실 프로그램, 미디어·통신 기술, 생명공학, 유전 과학의 급속한 발전에 의해 주도되었다. 각 분야는 분명 뚜렷한 학문적 독립성과 자체적 규칙 및 절차를 갖고 있다. 그러나 많은 논평가들은 '후기 산업사회' 이후 각각의 기술 전문 분야가 자연과 인적 자원을 네트워크화하여 동원하기 위해 지식·정보·기술을 교환하는 경향이 있다는 점을 지적해왔다. 예를 들어 장 프랑수아 리오타르는 「포스트모던의 조건」에서 초기 자본주의 근대성에서 사회 통합을 유지하는 데 기여했던 정치·종교적 메타서사가, 1960년대 말에 이르러 시간 효율적 교환 원칙에 입각한 정보 통합 모델로 빠르게 대체되었다고 설명한다(Lyotard, 1991: 60-67). 이러한 경향의 근본적 조건이 바로 '기술과학'technoscience이라 불리는 일련의 규범적·절차적·경제적·과학적 프로토콜의 출현이었다.

스티글레르는 과학이 현실의 궁극적 본질에 대한 추측과 완전히 분리될 수는 없지만, 기술 혁신에 직접 적용할 수 있는 유용한 지식을 생산하려는 과정에서 이론 연구는 주변화된다고 지적한다(Stiegler, 2009a: 144). 물론 과학과 기술의 연관성은 마르크스가 기계, 연료, 유지보수 등 고정자본 투자 지출의 지속적인 증가가 자본주의의 과잉

생산과 과소소비 경향의 주요 요인 중 하나라고 분석했을 때 이미 지적된 바 있다(Marx, 1990: 509). 그러나 현대 기술과학 체제하에서 기술과 자본화의 역학 관계는 근본적으로 달라졌다. 스티글레르에 따르면 서구 산업사회에서 구축된 기술 네트워크는 매우 복잡하고 광범위하게 교차하고 있기 때문에, 특정 연구 프로젝트에 흘러 들어가는 자본이 이제는 글로벌 경제의 확장을 추진하는 주요 동력이 되었다(Stiegler, 2014: 8). 한편으로는 디지털·가상·생명공학 시스템의 통합력을 끊임없이 확장하고, 다른 한편으로는 자본화 과정을 고도로 합리화된 예측적 계산의 체제로 전환하는 폐쇄적 시스템이 등장한 것이다. 스티글레르도 인정하듯, 이는 기술적 착취의 한계에 대한 의문을 불러일으킨다. 기술과학의 개념이 가상적·기술관료제적 통제가 확장되는 과정에서 동반되는 상실과 착취의 경험을 전혀 언급하지 않는 것처럼 보이기 때문이다(Stiegler, 2009a: 78-81). 그러나 다시 원초적 기술성 테제로 돌아가 보면, 우리는 마르크스 이후에 진화해온 기술 시스템을 단순히 생산 과정에 점점 더 한계적 이익을 제공하는 것으로만 설명할 수 없다. 마르크스가 기술을 고정 자본으로 설명하며 제시했던 관성적 효과inertial effects라는 관점으로는 더 이상 기술 시스템을 이해할 수 없는 것이다(Marx, 1993: 692). 오히려 디지털 미디어는 자본화 과정을 확장하는 동시에, 집단적 트라우마가 정치적 저항 행위로 구체화되는 것을 지연시키는 사회적 환경을 만들어냈다(Stiegler, 2009a: 122-129).

여기서 내가 발전시키려 하는 인류세의 계보학과 관련된 세 가지 쟁점이 제기된다. 첫 번째는 지구온난화와 대량 멸종이라는 임박한 재앙에도 불구하고, 신자유주의가 어떻게 기술과학 자본주의의 지속적인 확장을 성공적으로 정당화한 세계관으로 작동해왔는가 하는 문제다. 여기서 중요한 부분은, 서구 국가의 생명정치적 온전성을 보호하려는 강력한 권위주의 정치의 흐름과 신자유주의가 결합해온 방식이다. 두 번째는 현재의 이데올로기적 형상 속에서 인류세의 자리에 관한 문제다. 즉 인류세가 어디에서 왔고 어떻게 발전해왔으며, 진보의 이데올로기적 형상으로서 어떻게 작동해왔는지에 관한 것이다. 마지막으로 상품 형태의 글로벌-미디어-기술과학적 진화가 어떻게 세계적 경제성장 추구에 대한 예상치 못한 저항의 가능성을 열어주는지 살펴볼 필요가 있다.

인류세의 가상적 역사

이 절을 시작하기에 앞서 분명히 해야 할 것이 있다. 나는 인류세 개념이 신자유주의적 세계관의 발전과 결부되어서 이해되어야만 하는 엄격한 이데올로기적 구성물에서 발생했다고 주장하려는 것이 아니다. 우리는 마르크스가 상품 형태의 확장과 부르주아 개인주의 사이의 관계를 분석했던 것과 같은 방식으로 인류세 개념과 자본화 논리의 공모를 다루는 것이 아니다. 크루첸과 스토머가 이 용어를 처음 설명할 때 지적했듯, '인류세'란 인간이 지구에 미친 영향의 역사·범위·다양성을 검토하고 인간이 얽혀 있는 자연적·유기적 시스템과 인간 사이의 관계를 재개념화하려는 시도이다(Crutzen and Stoermer, 2000). 이러한 이론화 방식은 근대성 비판에 중요한 기여를 한다. 그것이 자본주의의 기술과학 경제에 대한 우리의 이해 방식을 바꾸도록 요구하기 때문이다. 특히 신자유주의 세계관의 핵심 요소인 지속적 성장, 기술 혁신, 소비 확대라는 공리주의적 이상들과 관련하여 그렇다. 실제로 인류세라는 개념은 전통적 정치경제학의 가정들을 근본적으로 불안정하게 만든다. 생산성 증가·복리 성장·소비 확대라는 관점에서 더 이상 단순히 '선'善을 계산할 수 없게 되면서, 새로운 윤리적·정치적 요구사항들이 구체화되기 시작했다. 글로벌 기술자본주의가 개발도상국, 종 다양성, 그리고 생물권에 미치는 부정적인 영향을 완화하려면 지금까지 세계적 진보에 대한 우리의 이해를 뒷받침해온 노동과 욕망의 경제를 재개념화해야 한다. 하지만 인류세라는 개념이 세계 윤리에 기여한 바에도 불구하고, 인간이 지질 및 기후변화의 가장 중요한 동인이 된 시대라는 개념은 인류의 미래를 둘러싼 문화적·미적·이념적 형상들을 낳았다. 이는 결국 신자유주의 세계관의 재구성이기도 하다. 따라서 이 절에서는 이러한 변화의 역학 관계와, '인류세'가 어떻게 일종의 기술적 메시아주의로서 형성되었는지를 살펴보고자 한다.

'인류세'라는 개념은 본질적으로 논쟁적이며, 앞서 설명한 인류 사회 진화의 기술적 경향에서 비롯되었다. 이 용어는 비교적 새로운 말로, 기후 과학·지질학·지리학·생태학·대중문화 등 여러 학문적 맥락에서 발전해왔지만, 그 용어의 의미와 사용 방식을 명확히 규정한 경우는 거의 없다. 중요한 점은, 인류세 개념을 인간·기술 시스템·지구 환경 간의 복잡한 관계를 명확히 하기 위해 사용할 때 발생하는 심각한 문제가 인식론적 긴장에서 비롯된다는 것이다. 이러한 긴장은 인류세와 같이 시공간적으로 광범위하게 분산된 대상의 존재에 대해 확실한 경험적 증거를 제공할 수 없는 과학의 무능과, 도발적이지만 대체로 '검증 불가능한' 관념이 만들어낸 다양한 해석·전략·미적 형상화 사이에서 발생한다(Morton, 2013: 56). 인간종에 의해 개발된 기술 시스템과 지구의 유기적·지질학적·기후학적 시스템의

2부 신자유주의적 변형들

간의 관계를 정량화하려는 시도로서 인류세라는 개념이 등장한 이래, 인류세라는 개념을 괴롭혀온 일종의 '가상성'virtuality이 존재한다. 인류세가 언제 시작되었는지, 그 핵심 지표는 무엇인지, 이것이 어떻게 진화할 것인지, 최악의 영향을 완화하기 위해 무엇을 할 수 있는지에 대한 확실성이 없기 때문에, 이 개념은 다가오는 생태적 재앙에 가장 잘 대응하는 방법을 둘러싸고 벌어지는 격렬한 이념 투쟁의 장이 되어왔다.

인류세를 뚜렷한 지질학적 시대로 상정하는 것은, 본질적으로 지구에 대한 인류의 영향 규모를 검증하기 위한 일련의 개념 정의·방법론적 프로토콜·경험적 기법을 개발하려는 시도이다. 지질학자·기후학자·고생물학자·역사학자들은 인류세의 시작을 알리는 결정적인 사건, 이른바 '황금못'의 증거를 찾기 위해 노력해왔다. 그러나 애초부터 인류세의 존재를 공식화하는 일은 난점들로 가득 차 있었다. 인류의 영향(기후변화, 생물 다양성 상실, 종과 생태계의 동질화, 대기 중 방사능 수준 증가, 지각의 지형 변화) 가운데 무엇을 새로운 지질 시대의 객관적 지표로 삼을 수 있는지 합의가 이뤄지지 않았기 때문이다. 이런 종류의 과학적 논쟁은 항상 이데올로기로 점철되어 있으며, 푸코가 보여주었듯 특정한 미적·규율적·생명정치적 맥락과 분리될 수 없다(Foucault, 1984: 53-55). 예컨대 인류세의 시작이 언제인가라는 질문은, 인류 문명의 미래를 위협하는 기후변화의 도전에 인간이 어떻게 대응해야 하는가라는 질문과 결코 분리될 수 없다.

윌리엄 러디먼William Ruddiman은 인간 활동이 지구에 미친 가장 오래되고 지속적인 영향이 바로 대기 중으로 인위적으로 방출된 탄소와 메탄 가스로 인한 기후변화라고 주장해왔다. 그의 주장은 '초기 인류세 가설'로 알려져 있으며, 그에 따르면 대기 온도에 인간이

미친 영향은 약 8,500년 전 신석기 시대, 유목 사회에서 농경 사회로
의 전환이 시작된 시기까지 거슬러 올라간다(Ruddiman, 2007). 러디먼
은 유라시아 민족들이 농업을 위해 광대한 삼림을 개간하고 정주 농
경 경제의 일환으로 대량의 목재를 태우기 시작했다고 주장한다. 이
는 삼림 지대의 산소 생산·흡수 수준을 감소시키는 동시에 지구 대
기로의 이산화탄소(CO_2) 배출 속도를 높이는 이중 효과를 가져왔
다. 그는 또한 약 5,000년 전 유라시아에서 농업 생산에 중대한 변
화가 일어났다고도 말한다. 즉 늪지대 벼농사 기술이 개발되며 대기
중으로 방출되는 메탄(CH_4)의 양이 크게 증가했다는 것이다. 러디
먼은 이 점이 인류세와 홀로세 시대를 구분하는 황금못이라고 말한
다. 그는 5,000년~8,500년 전 사이에 인류가 방출한 이산화탄소와
메탄의 양이 상당한 수준의 대기 온난화를 일으켜, 홀로세 기후가
인위적 배출의 영향을 받지 않았다면 도래했을 새로운 빙하기의 시
작을 지연시켰다고 주장한다(Ruddiman, 2007: 34). 물론 이는 매우 논쟁
적이다. 예를 들어 브로커와 스토커Broecker and Stocker는 홀로세 초
기에 빙하기 간격이 짧아진 것은 간빙기 초기 단계에서 대기 중 이
산화탄소 수준이 높아진 경향 때문이라는 증거가 있으며, 이 경향은
러디먼이 홀로세 빙하기 시작의 '지연' 원인으로 언급한 인위적 영
향 이전부터 나타났다고 반박한다(Broecker and Stocker, 2006: 16-17).

　일반적으로는 인류세 시대의 시작을 더 오래전으로 설정할수록
현재 우리가 취할 수 있는 개선 조치의 범위는 줄어든다. 인류가 수
천 년 동안 지구의 기후와 생태계에 미친 영향이 이미 정점에 이르
렀다고 본다면, 기술적·생태학적 수단을 통해 그 영향을 되돌릴 수
있는 가능성은 극히 제한적일 것이기 때문이다. 러디먼의 입장도 이
와 유사하다. 그는 기술 혁신이 "미래의 탄소 배출량 증가를 막을 유

일한 희망"이라고 주장하면서도, 녹색 기술 개발 가속화나 기존 기후 추세를 바꿀 글로벌 메가 프로젝트를 지지하지는 않는다(Ruddiman, 2001: 426). 실제로 그는 지구 기후의 온난화가 인류에게 잠재적으로 재앙적인 영향을 미칠 수 있음을 인정하면서도, 이를 일시적인 '맥박'pulse으로 보아야 한다고 주장한다. 결국에는 지구가 온난화 기간 이후 냉각되는 자연적 경향에 따라 이 '맥박'이 잦아들 것이라는 견해이다(Ruddiman, 2000: 440). 반면 인류세의 시작을 산업혁명이 시작된 시점이나 1945년 트리니티 실험에서 최초의 원자폭탄이 폭발한 이후로 설정하면, 인류의 중대한 영향이 미친 시기는 훨씬 더 압축되며, 기술적 근대성의 시작과 더욱 명확하게 연관된다. 이는 퇴적물에서 블랙 카본을 확인하거나 빙하에서 방사성 미량 원소를 검출하는 등의 방식으로 인류세를 과학적으로 검증하는 것이 기술·경제·사회의 생태적 재편에 동력을 불어넣을 수 있다는 것을 의미한다. 산업기술의 영향이 비교적 짧은 기간에 집중되었다면, 우리는 초-산업적 생산 양식에 실질적으로 개입함으로써 그 영향을 완화할 수 있는 기회를 가질 수 있기 때문이다.

이 절의 서두에서 언급했듯이 인류세라는 개념은 격렬한 이념 투쟁의 장이다. 이는 무엇보다 글로벌 기술자본주의의 환경적 영향을 제한할 책임을 수용하는 것이 신자유주의 세계관의 핵심을 이루는 노동·욕망·개인주의 모델에 정면으로 배치되기 때문이다. 앞서 본 것처럼 신자유주의는 단순한 경제 전략을 넘어서 글로벌 자본의 기술 시스템 내에서 발전해온 포괄적 이데올로기가 되었고, 끊임없이 진화하는 규범적·미적·정치적 이상을 제시해왔다. 따라서 자본주의적 민주주의 국가들에서 생태 운동이 직면한 주된 어려움은 신자유주의적 개인주의의 정신적·미적 영향을 극복하거나 최소한 완화하는 것이다. 그러나 동시에 공공 영역에서 생태주의가 정치적 목소리를 얻게 되며 자유방임적 개인주의가 표현되는 방식에도 변화가 생겼다. 인류 문화사에 대한 계보학적 접근의 본질적인 특징 가운데 하나는, 어떤 확립된 규범 질서의 존속이 가장 불리한 상황에서도 그 질서를 옹호하는 가장 강력한 성자와 사도들을 매개로 스스로를 변형해낼 수 있는 능력에 달려 있다는 생각이다(Nietzsche, 1990: 219-223). 이러한 관점에서 지구와 인간이 구축한 기술 시스템 간의 관계를 정량화하려는 이론적 틀로서 인류세의 출현은 신자유주의 이데올로기의 전략적 재-구성/개혁re-formation을 촉발했다. 이러한 형상화는 매우 위험한 도박과도 같은데, 다음과 같은 주장을 펼친다는 점에서 그렇다. ① 인류의 역사는 끊임없는 기술적 극복의 역사이며, ② 이러한 극복은 서유럽의 자본주의적 근대성의 도래와 전후 기술 발전의 '대가속'Great Acceleration으로 인해 급격히 강화되었고, ③ '중공업' 체제의 부정적 환경 영향은 지구의 미래를 안전하게 지킬 거대 기술에 대한 민간 주도의 대규모 투자를 통해 역전시킬 수 있다.

베르나르 스티글레르는 인류세를 비판하며 그것이 기술적 세계화 과정과 밀접히 관련되어 있다고 주장한 바 있다. 그는 인류세의 발전이 본래 초-산업사회의 정신적·미적 문화와 연관되어 있으며, 기술과학 체제의 전 세계적 확장에서 비롯된 세계관을 구성한다고 본다. 이러한 관점에서 주권·개인주의·효용이라는 신자유주의적 이상이 탈식민적 제국 체제로 진화하는 것은, 지구의 미래가 새로운 기술 시스템의 가속화된 자본화에 의존한다고 보는 행성적 이데올로기의 발전이기도 하다(Hardt and Negri, 2000: 39-40; Stiegler, 2018: 74-91). 따라서 신자유주의적 세계관은 인류와 자연의 급진적 변화를 지향

    2부 신자유주의적 변형들

한다. 이에 따라 새로운 글로벌 미학이 형성되었는데, 이는 인간 활동이 방출하는 빛을 추적하는 궤도 이미지, 지구의 윤곽을 변화시킨 거대 구조물의 파노라마, 인간종이 현재 거주하는 기술 네트워크 전체를 보여주는 도시 풍경으로 구성된다. 이는 지구를 하나의 우주선spacecraft으로 표현하는 문화적 상상의 일부다. 이 우주선의 유기적 시스템은 산업 문명의 네트워크와 얽혀 있으며, (인간종의) 서식지로서 지구의 지속적 생존 가능성은 기술의 가속화된 진화에 달려 있다고 본다. 이러한 버전의 인류세를 대표하는 상징적 조형물은 디즈니의 EPCOT 센터이다. 여기서 '우주선 지구'Spaceship Earth는 기업과 인간의 응용 지능이 갖는 잠재력이 최대한 실현되기를 기다리는 존재로 묘사된다. 그러나 스티글레르의 입장은, 이러한 인류세의 미적 형성이 단지 기술적 메시아주의에 불과하다는 것이다. 이러한 미학은 지구온난화·과잉 착취·환경 파괴 등 후기 근대의 고질적 문제를 단순히 미래의 기술이 해결할 것으로 상정한다. 스티글레르는 인간이 하나의 종species으로서 직면하고 있는 위기가 "근본적으로 예지protention의 문제라는 점에서, 그리고 그 존재의 기관론적organological 운명에 의해 의문에 부쳐지는 원-예지arche-protention의 문제라는 점에서, 사유를 사유해야 하는 의무"라고 주장한다(Stiegler, 2018: 39).* 여기서 스

---

*   기관론(organology) 혹은 '기관-논리적'(organological)이라고도 번역될 수 있는 이 개념은 스티글레르가 제안한 것으로 생리적 기관(뇌, 신체), 기술적 기관(도구, 기계, 장치), 그리고 사회적 기관이 서로 분리될 수 없는 방식으로 상호 구성하고 함께 진화하는 관계를 설명하기 위해 사용된다(Stigler, 2016). 예지(protention)는 파지(retention)와 더불어 후설 시간의식의 핵심 개념으로, 내적 의식 중 미래에 대한 의식을 가리킨다. 원-예지(arche-protention)는 스티글레르가 후설과 하이데거의 시간의식 개념을 확장시켜 제시한 시간의식으로, 특정한 미래를 기대하기 이전에 '미래가 존재할 것'이라는 기대를 뜻한다. 스티글레르에 따르면 인간종이 지속될 것이고, 다음 세대가 있을 것이라는, 미래에 대한 인간의 근원적 기대가

티글레르가 말하는 것은 내가 앞서 설명한 신자유주의의 기술적 변형이다. 그의 요점은 인간이 자아로서의 정체성을 형성하는 개체화individuation 과정이, 사회생활의 정동 경제를 점차 침해하는 가상적·미적 프로그램으로 인해 근본적으로 변형되었다는 것이다. 여기서 우리는 가치 전도transvaluation라는 니체적 질문에 직면하게 된다. 즉 인간이 세계와 관계맺는 근본 문제들인 노동, 죽음, 그리고 효용을 어떻게 다시 사유할 것인가라는 질문이다.

스티글레르의 인류세 설명에는 본질적으로 연관된 두 가지 근본 질문이 있는 것처럼 보인다. 첫째는 초-산업사회에서 등장한 자본주의, 생태학, 그리고 지식의 관계에 관한 것이다. 앞서 본 것처럼 지구온난화와 같은 행성적 현상은 공적 영역에서 명확하게 설명하기 어려운 매우 복잡한 인과관계를 지니기 때문이다. 둘째는 글로벌 자본주의의 미디어·커뮤니케이션 네트워크 내부에서 생태의 윤리와 정치를 어떻게 구성할 것인가 하는 문제다. 신자유주의 세계관의 기술적 메시아주의와 경쟁할 수 있는 생태학적 상상력을 어떻게 발전시킬 수 있을 것인가? 이 질문들을 다음 절에서 살펴보려 한다.

인간 사유와 행위의 지평을 구성해왔다(Stigler, 2018: 38-41). 따라서 이 문장이 뜻하는 바는 인류세가 동반하는 위기는 기후변화나 생태계 파괴뿐만 아니라 미래를 향해 열려 있는 인간의 능력 자체가 근본적으로 위협받고 있다는 것이다. 인류 지속에 대한 근원적 기대가 흔들리고 있으며, 동시에 자동화 알고리즘이 인간의 예지를 교란하고 탈구시킴으로써, 사유의 가능성 자체를 무력화하고 있다는 것이 '기관론적 운명에 의해 의문에 부쳐진다'는 표현의 의미다.

　　　　2부 신자유주의적 변형들

울리히 벡은 그의 매우 영향력 있는 저서 『위험사회』의 서두에서, 기술 시스템에 의해 존재론적 위협이 가해지는 세상에서 산다는 것이 무엇을 의미하는지를 다음과 같이 묘사한다.

> 선진화된 근대성에서는 부Wealth의 사회적 생산에 위험의 생산이 체계적으로 수반된다. 이에 따라, 결핍사회a society of scarcity에서의 분배와 연관된 문제와 갈등은 기술-과학적으로 생산된 위험의 생산, 정의, 분배에서 발생하는 갈등과 중첩된다(Beck, 1986: 19; 강조는 원저자).*

이러한 진술은 기후변화와 관련된 위험을 정량화하고, 재현하며, 공적 영역에서 성찰적/반성적으로 평가될 수 있는 선택들로 변형하는 방식에 대해 여러 가지 심각한 논점들을 제기한다.

벡은 평생에 걸쳐 근대 산업사회의 진화를 단순히 도구적 이성이 공적 영역의 실제적 제도를 침해하는 관점으로만 이해해서는 안 된다고 주장해왔다. 근대성은 생산, 경제, 과학의 과정에 미치는 도구적 영향과 더불어, 개인 주체의 형성과 시민사회의 도덕적·법적 문화의 발전으로도 특징지어진다. 기술 시스템과 관련된 위험이 인간 존재의 사회적 실존에 객관적 요소로서 작용하기 시작하면서, 이러한 위험에 대한 공유된 의식은 개체화 과정을 변형시킨다. 우리 각자는 우리가 의존하게 된 기술 시스템의 영향과 우리가 맺는 관계

---

* 울리히 벡, 『위험사회』, 홍성태 옮김, 새물결, 2006, 52쪽. 번역 일부 수정.

에 대해 점점 더 성찰적이 된다. 우리는 이러한 시스템에서 발생하는 '문명적 위험'이나, 벡의 표현을 빌리자면 위험사회의 윤곽을 형성하는 한계 조건에 점차 적응해간다(Beck, 1986: 63-64). 벡의 주장에 함축된 테마는 인간·사회·자연 사이의 균형 회복이다. 이는 고전 그리스 철학의 피시스physis(유기적 자기 발전이라는 내적 원리에 바탕한 성장의 자연적 질서) 개념을 연상시킨다. 실제로 그가 『위험사회』에서 전개하는 '암묵적 윤리'implicit ethics에 대한 설명은, 인간이 자연의 유기적 총체성 속에서 자신의 위치를 내재적으로 감지하고 있으며, 이것이 어떤 위험이 감수할 가치가 있고 또 어떤 위험은 본질적으로 파괴적이라는 윤리적 판단의 근거가 된다고 주장한다(Abbinnett, 2003: 160-165). 또한 벡은 원자력과 같이 인간과 자연환경의 관계를 근본적으로 변화시키는 기술의 출현이, 우리로 하여금 어떻게 살 것인지, 그리고 인간의 만족·안전·행복의 근본적 원천이 무엇인지를 다시 묻게 한다고 본다(Beck 1986: 28-29).

내게 중요한 점은 벡이 위험사회를 새로운 성찰적 근대성이 발전하는 결정적 단계로 구상했다는 사실이다. 첫째, 기술적으로 생성된 위험의 규모가 과학적으로 밝혀진 후에야 '새로운 근대성'이 가능하며, 둘째, 그러한 위험에 대처하는 길은 일반적으로 인간의 생산·소비·기술 발전에서 민주적으로 합의된 개혁을 통해 열린다는 것을 전제하기 때문에 그렇다(Beck, 1986: 193). 또한 그는 문명적 위험의 특징 중 하나가 국경을 초월하며, '자연'과 '인간성'이라는 보편적 매개 범주를 보존하려는 초국가적 정치의 기반을 형성한다는 점에서, 이러한 발전이 범세계적 성격을 지닌다고 본다. 따라서 벡의 위험사회 이론은 칸트적-하버마스적 의미에서 형식주의적이다. 기술적으로 발생 가능한 모든 위험에 대한 윤리적·정치적 판단을 위

2부 신자유주의적 변형들

한 절차적 합리성을 제공한다는 점에서 그렇다. 그러나 『위험사회』에서 인간이 초래한 기후변화에 대한 언급이 없는 것이 내게는 우발적인 누락으로 보이지만은 않는다. 1980년대 중반에 이미 생태 단체들과 지구과학자들은 인간 활동, 특히 화석연료의 연소가 지구 기후에 중대한 영향을 미친다는 것을 공식화했다. 그러나 기술적으로 생성된 문명의 위험에 대한 인식으로부터 출현할 '새로운 근대성'에 대한 벡의 설명은, ① 정치적 행동으로 쉽게 이어질 수 있는 사례들이나(원자력과 체계적 화학물질의 제조는 『위험사회』에서 반복되는 사례들이다), ② 좋은 생태 거버넌스가 미래 환경에 발휘할 수 있는 효과를 극대화하는 사례들 위주로 도식화되어 있다(Beck, 1986: 235).

여기서 칸트가 『순수이성비판』에서 제시한 '순수 지성개념들의 도식 기능'Schematism of the Pure Principles of the Understanding을 상기할 필요가 있다(Kant, 1982a: 180-181). 칸트는 과학의 분석 범주가 특정 분야에 적용될 수 있는지는 그것이 설명하려는 경험적 자료에 대한 반성적 연역reflexive deduction을 통해서만 정당화될 수 있다고 보았다. 개념적 인식과 경험적 직관이라는 이질적 영역이 순수한 도식적 판단의 작용을 통해 어떻게 결합될 수 있는지 보여주는 작업이 완료되면, 특정 과학의 인식론적 정당성은 그 형식적 범주가 지정된 분야 내의 경험적 변이에 얼마나 엄밀하게 적용되는가에 달려 있게 된다(Kant, 1982a: 180-181). 따라서 인간 지식의 영역에 새로운 과학 분야가 등장할 때는 항상 이론적 원리의 완전성과 설명하고자 하는 경험적 효과 사이에 어느 정도의 괴리가 발생할 가능성이 있다. 이는 특정 분야의 경계를 정의하는 형식적 개념이, 그것이 만들어낼 수 있는 설명의 보편성을 손상시키는 특정한 지역적-경험적 조건을 전제할 가능성이 항상 존재하기 때문이다. 칼 포퍼는 이 점을 발전시켜,

비록 우리가 더 이상 칸트식의 연역에 의존할 수는 없지만, 최고의 과학 이론은 국소적 조건에 가장 적게 의존하는 이론이라고 주장했다. 그러한 이론이 검증 가능성의 범위를 가장 넓게 제공하기 때문이다(Popper, 1979b: 17-22).

다시 벡으로 돌아가자면 우리는 문명적 위험에 대한 그의 도식화, 특히 원자력에 대한 설명은 기술 체제가 인간의 미래를 변화시킨 정도에 인위적 제한을 두고 있음을 알 수 있다.◆ 앞서 언급했듯 문명적 위험과 그 잠재적 관리에 대한 벡의 논의는 다음과 같은 방식으로 표현된다. 문명적 위험들은 상당 부분 기술관료적 체제에서 비롯되는데, 기술관료 체제가 도입될 때 수반되었던 위험이 시간이 지나며 체제의 기능적 진화에 의해 점차 감소되었다는 것이다. 물론 이것은 성찰적 근대화 테제의 기본 전제를 다시 설명하는 것이기도 하다. 즉 근대성의 합리적-도구적 조직은 암묵적으로 하나의 윤리적 궤적을 지탱하고 있으며, 인간이 스스로를 자신이 속한 기술적 환경에 성찰적으로 지향할 때 그 궤적이 비로소 명백해진다는 것이다. 벡의 개념틀은 원자력 등 산업기술로 인한 피해를 둘러싼 '하위 정치적' 운동이 인류의 보편적-범세계적 의제로 발전할 수 있도록 보증한다(Beck, 1986: 235). 다시 말해 위험사회의 출현을 가져온 기술 시스템과 인간 사이의 상호작용은, 기술의 불충분한 규제로 인한 피해와 실제적-법적 위험 관리 시스템의 잠재력 양 쪽 모두로 드러난

◆　우리는 또한 벡이 문명적 위험을 관리하는 방법의 예시로서 원자력을 드는 방식이 다소 순진하다고 주장할 수도 있다. 티머시 모턴이 지적했듯이 반감기가 5,000년 또는 1만 년인 방사성 동위원소와 함께 살아가는 위험은 위험 관리 이론에서 상정하는 기존의 파라미터를 초과하기 때문이다. 즉 다음 세대를 위해 우리는 매우 유독한 물질과 함께 생물권을 공유하는 존재론적 역학을 완전히 재고해야 한다(Morton, 2013: 137-138).

　　　　　　　　　　　　　　　　　　　2부　신자유주의적 변형들

다. 공적 영역에서 과실 기업을 상대로 한 법적 소송을 제기하는 특정한 운동들은 변화의 동력이 되는데, 그것은 ① 기술적 피해의 증가하는 규모를 드러내고, ② 일국 경제 및 세계 경제의 규제 거버넌스를 변화시키는 역할을 한다(Beck, 1986: 239). 따라서 결국 벡의 위험 사회 설명에 내포된 도식은 산업 근대성의 확장을 뒷받침하는 기능적 합리성에 대한 도식이기도 하다. 기술 자본의 세계적 확장을 이끌어온 도구적 관계의 진화 과정을 통해, 실용적이고 범세계적인 문명 위험 규제의 가능성이 노정되기 때문이다.

따라서 벡의 문명적 위험 개념에서 제기되는 핵심 질문은, 초-산업사회의 발전으로 지구에 가해지는 위험을 어떻게 이론화할 것인가 하는 문제다. 티머시 모턴은 그의 저서『하이퍼객체: 세계의 끝 이후의 철학과 생태학』에서 인류가 지구에 미치는 영향력이 기술적으로 증폭되었다는 사실을 인식할 때에야 비로소 '세계-내-존재'로서 우리의 경험이 근본적으로 전환되며, 그때에야 비로소 인간중심성을 탈피한 포괄적인 생태학 프로젝트를 발전시킬 수 있다고 주장한다(Morton, 2013: 89). 모턴은 인간종이 직면한 위험을 개념화하는 유일한 방법은, 우리 모두가 시공간을 가로질러 끊임없이 서로 교차하는 거대한 확장 시스템, 즉 하이퍼객체에 얽혀 있다는 것을 인식하는 것이라 주장한다(Morton, 2013: 1). 예를 들어 생물권biosphere은 여러 의미에서 하이퍼객체이다. ① 그 구성 요소인 암석권, 수권, 대기권이 지구상의 생명체 전체를 지탱하고 있으며, ② 그것의 형성이 본질적으로 지구의 지질학적 역사와 연관되어 있고, ③ 일반적으로 유기 생명체, 특히 인간종에 미치는 영향의 규모가 기존의 '성찰적' 생태학의 도식을 넘어선다는 점에서 그렇다. 자본주의 또한 하이퍼객체이다. 자본주의는 자본화 과정이 이루어지는 모든 기술 시스템의 총합이며, 또한 자연·인류·사회 간의 관계를 끊임없이 변화시키는 전 세계적으로 상호 연결된 시스템이기 때문이다. 자본주의와 생물권이라는 이 두 시스템은 이제 본질적으로 서로 얽혀 있다. 자본주의가 자연을 방대한 에너지원이자 상품화된 대상으로 변환하는 기술과학적 시스템으로 진화하면서, 지구의 유기적 시스템에 막대한 영향을 미쳤기 때문이다(Morton, 2013: 109). 따라서 인간은 하나의 종으로서 자본주의, 생물권, 행성, 태양계, 오염, 방사능, 기후 등으로 이루어진 광대한 연결망에 얽혀 있다. 이 연결망의 역사와 미래는 언제나 불가지한 것이지만, 우리는 하이퍼객체의 확률적 지평에 대응할 수 있는 새로운 표현과 판단 방식을 끊임없이 고안해야 한다. 다시 말해 모턴의 이론에서 제시된 불확정성은 기술 사회가 얽혀 있는 하이퍼객체의 매트릭스를 괴롭히는 영구적 조건이며, 이는 모든 문화적·미적·경제적 지향의 변화를 요구한다(Morton, 2013: 137).

　　내가 앞서 발전시킨 계보학적 테마로 돌아간다면, '인류세'라는 문제는 하이퍼객체들의 불확정적 존재 양태에서 발생하는 압도적이고, 방향 감각을 상실케 하며, 잠재적으로 사기를 저하시키는 '위험'risk의 경험이 문화적·미적으로 어떻게 표현되는가에 관한 것이다. 모턴은 세계에 대한 우리의 경험이 "흐릿함과 미적 거리에 기반한 심미적 효과"이며, 이 "흐릿함은 (하이퍼)객체에 대한 무지에서 비롯된다(Morton, 2013: 104)"고 주장했다. 이는 타당하다. 하나의 종으로서 우리가 세계에서 우리의 위치를 이해하는 방식은 필연적으로 신, 자연, 사회의 규범적 질서에 대한 문화적·미적 표상들과 결부되어 있기 때문이다. 모턴에게 새로운 생태학의 출현은 하이퍼객체가 불러일으키는 방향 감각 상실 경험(체계적으로 발생하는 오염, 생물 다양성의 상실, 지구온난화)으로부터 비롯되는 다양한 미적·담

　　　　　　　　　　　　　2부　신자유주의적 변형들

론적 전략을 발전시키는 것에 달려 있다(Morton, 2013: 201). 그러나 적어도 나에게는, 인간과 비인간 행위자들 간의 관계를 이러한 방식으로 재구성할 수 있는 가능성은 또 다른 하이퍼객체, 즉 삶을 개인주의적 수행실적performance으로 간주하는 미적 상상력으로서의 신자유주의의 출현으로 인해 크게 감소했다. 앞서 지적했듯 전 지구적-기술적 상품화 시스템으로서의 자본주의와, 신자유주의 이데올로기가 지탱해온 자발적이고 자기결정적인 개인주의 신화를 뒷받침하는 미적 비유 사이에는 강한 친화력이 있다. '인류세' 개념은 언제나 이 이데올로기와 밀접히 연결되어 있었다. 인류세 개념의 형성은, 기술혁신의 잠재력이 지구 행성의 기후 및 지질학적 경제를 변화시킬 수 있다고 20세기 과학이 개념화해온 여러 방식들과 동시적으로 전개되어왔기 때문이다. 따라서 계보학적 관점에서 볼 때, 기술 메시아주의의 한 형태로서 인류세의 문화적·미적 형성은, 인류세 시대를 구별되는 지질학적 시대로 표현한 과학적 설명과 궤를 같이 한다.

결론부에서 나는 인류세 시대에 대한 이러한 이해와, 글로벌 기술 자본의 지속적 확장, 그리고 보철적prosthetic 삶의 네트워크 안에서 나타나는 새로운 생태정치의 가능성 사이의 관계를 살펴볼 것이다.

—— **정치와 세계의 끝**

이 장의 서두에서 말했듯이, 인류세 시대라는 개념은 계보학적 전략으로 이해해야 한다. 인류세가 언제 시작되었는지 객관적으로 확정하고, 홀로세와 구별되는 황금못에 대해 설득력 있는 설명을 제시하고, 지구에 미친 인간 영향의 규모에 대해 과학적 합의를 형성하는 것이 매우 어려웠다는 사실은 인류세가 매우 논쟁적인 문화적·미적·정치적 개념으로서 발전해왔다는 것을 의미하기 때문이다. 그래서 나는 인류세의 출현과 전개를 이해하는 최선의 방법이, 글로벌 신자유주의적 자본주의의 정치적·경제적 과정에 대해 인류세 개념이 미친 영향을 평가하는 것이라고 주장해왔다.

서구 산업민주주의에서 출현했던 신자유주의의 특수한 형태는, 기술자본주의의 역사적 모순을 끊임없이 재구성하려는 시도를 통해 발전해왔다. 이러한 모순은 프리드리히 하이에크의 『노예의 길』에서 강조된 것으로, 인간을 대량 생산과 소비의 메커니즘에 점점 더 완벽하게 통합하려는 근대 산업주의의 '조직적' 경향과, 자유주의 정치경제의 근간을 이루는 개인 주권의 원리 사이에 존재하는 긴장이다(Hayek, 1945: 45-58). 신자유주의적 상상의 형성은 본질적으로 계보학적이다. 이는 신자유주의의 비유와 이미지들이 대중 미학의 장을 이루고, 이 대중 미학의 장에서 기술자본주의의 기능성은 개인의 선택·자유·주권이라는 사회적 환경으로 전환된다. 이러한 미학화 과정은 주로 기술적 성격을 띠는데, 이는 정체성 형성의 도덕 경제와 일상생활에 미디어의 가상 네트워크가 긴밀히 엮여 있기 때문이다. 우리가 세계를 바라보는 방식과, 세계가 우리에게 자기-창조적이고 자율적인 행위를 위해 제공하는 기회는 우리가 얽혀 있는 가상 네트워크의 지속적 진화에 의해 조건지어진다. 실제로 권력과 미학에 대한 엄밀한 니체적 계보학과, 신자유주의적 세계관에 대한 나의 '스티글레르적' 접근이 갈라지는 곳은 개인의 경험과 가상-미학 네트워크의 결합이 빚어내는 역학 관계에 대한 관심이다. 미적 시뮬라크르들이 집단적 삶과 각 개인의 심적 구성에 미치는 영향을 이해하려면 ① 가상 기술의 확산이 낳은 만성적인 방향 감각 상실의 경험과, ② 유전학·생의학·사이버네틱 기술이 우리의 '세계-내-존재' 감각에, 현존재Dasein 감각에 영향을 미친 방식을 이해해야 한다(Stiegler, 1998: 53-56).

세계는 지금 가상적 재현의 새로운 단계로 진입하고 있다. 이 단계에서 이미지의 완벽성과 즉시성은, 현재 인류가 직면한 문제를 어떻게 해결해야 하는지, 그리고 미래가 어떤 모습일지에 대한 우리의 상상을 인도한다. 이와 더불어 인류세 개념 역시 신자유주의의 핵심 요소가 되었다. 글로벌 자본은 인류세라는 미적 형상을 통해, 스스로를 지구온난화와 대량 멸종, 그리고 자연 환경 파괴로 야기되는 위험에 대한 유일한 실행 가능한 해법으로 제시한다(Stiegler, 2018: 45). 앞서 언급했듯 디즈니의 EPCOT 센터에 설치된 '우주선 지구'Spaceship Earth는 지구의 모습을 가상으로 구현한 것이다. 이 설치 작품은 지구를 하나의 환경으로서 가상적으로 형상화한다. 이 환경의 진화는 기술적 종technological species으로서의 인간의 발전과 본질적으로 연관되어 있다. 투어는 인간의 독창성을 찬미하는 다음의 문구로 시작된다.

> 거대하고 신비로운 우주선처럼
> 우리의 행성은 시간이라는 우주를 여행해왔습니다.
> 그리고 잠시 동안, 우리는 이 여정의 승객이 되었죠.
> 하지만 우리는 어디로 가고 있을까요? 그곳에서는 어떤
> 미래를 맞이하게 될까요?
> 놀랍게도, 답은 우리의 과거에 있습니다.
> 역사가 기록된 이래로,

우리는 한 걸음씩 미래를 창조해왔으니까요.

자, 함께 시간 여행을 떠나볼까요?

우리 조상들이 오늘의 세계를 어떻게 만들어냈는지 보여드릴게요.

그다음은, 여러분이 미래를 만들어갈 차례입니다.

이 내러티브의 시간성은, 기술적 근대성의 메시아적 형상으로서 인류세의 중요 구성 요소를 드러내는 데 중요하다. 내러티브는 지구가 시간을 여행하는 '거대하고 신비로운' 우주선이라는 이미지로 시작하는데, 이는 지구의 탄생과 함께 생겨난 기술적 운명을 암시한다. 그리고 '잠시 동안' 우주를 여행하는 생명체인 인간은, 자신들의 환경을 이루는 지질·생물·기후 네트워크를 조작할 수 있게 될 기술의 원천으로 제시된다. 기술적 존재로서 우리는 (이 찬가는 인류 종 전체로서의 '우리'를 길게 호명한다) 우주선 지구의 다양한 시스템을 제어함으로써 결국 우리의 운명을 통제할 수 있게 될 것이다. 따라서 인류 문명의 기술과학적 진화에 있어 **정말로** 중요한 것은 집단적 존재로서의 우리 인간의 지속 기간이다. '미래를 만들'어갈 기술 시스템의 가속화된 발전을 통해, 우리는 더 이상 자연의 유기적 사실성에 의존하지 않는 일종의 불멸의 시간으로 진입할 것이며, 이로써 우리와 지구가 창조된 목적을 달성하게 될 것이기 때문이다.

우주선 지구 내부에서 인류의 역사는, 언어·의사소통·지식 생산 시스템이 진화해온 일련의 사건들로 표현된다. 또한 이러한 진화가 인간이 환경을 조작할 수 있게 된 실용적 기술 발전에 미친 결과들을 보여주기도 한다. 이 역사는 분명하게 일종의 메시아주의로서 서사된다. 인류 문명은 지구와 인간종의 기술적 운명이 드러난 지점

2부 신자유주의적 변형들

에 도달했으며, 이제 다음 세대 혁신가들이 나서야 할 때라고 말이다. 기술 혁신과 개인의 진취성이 갖는 미덕을 강조하고, 희생과 성찰의 경제학보다는 중단 없는 진보를 찬탄하는 것이 이 전시의 핵심을 이룬다. 이러한 미학은 신자유주의의 문화적 상상계에 깊이 뿌리내리고 있다. 물론 주류 문화에서도 디스토피아적·종말론적 주제에 대한 천착을 발견할 수 있지만, 영화에서 묘사되는 재앙들은 인간 갈등의 원초적 장면으로 돌아가기 이전의 복잡한 경제적·기술적·지정학적 조건과 거의 연관되어 있지 않다. 결국 〈투모로우〉(2004), 〈2012〉(2009), 〈지오스톰〉(2017) 같은 영화는 우리 모두를 구원할 거대 기술 시스템을 완성해야 할 필요성을 강조하는 데 그치고 말 뿐이다.

EPCOT 내러티브를 관통하는 집합적 '우리'라는 호명으로 잠시 돌아가 보자. 자크 데리다는 「백색 신화」에서 서구 문명의 형이상학에서 언급되는 '우리'가 본질적으로 은밀한 자기-삭제의 제스처를 통해 형성되며, 그 과정이 이성·자율성·주권적 삶의 경계를 만들고 서구 형이상학의 토대를 이룬다고 지적한 바 있다. 이는 "백인이 자신의 고유한 신화를 (…) 자신의 고유한 '로고스'를, 즉 자신의 언어에 담긴 신화를, 자신이 여전히 이성이라 부르고자 하는 것의" 문화적-개념적 운동이다(Derrida, 1982: 213). 데리다의 핵심 주장은 '은유'와 '철학' 사이의 상호 오염, 즉 미적 정동와 순수 분석적 진리 사이의 차이에 있다. 고전 철학의 구분에서 전자는 후자보다 열등하게 여겨진다. 사유의 본질(로고스)은 순수하고 자발적인 움직임인 반면, 은유는 로고스의 부패한 형태로 간주되기 때문이다. 미적 비유는 일종의 축약적 표현에 불과하며, 열등한 정신이 로고스의 복잡성을 어느 정도 파악할 수 있게 마련된 수사적 장치들일 뿐이다. 그럼에도 데리다는 철학 담론에 절대적 순수성은 없으며, 순수 분석성analyticity 에 대한 호소는 항상 은유적 형상들에 의해 구성된다고 주장했다. 이러한 은유적 형상들은 자신의 역사, 기원, 그리고 자신의 영역 밖 에 있는 것들에 대한 의존성을 지워버린다(Derrida, 1982: 211). 이는 계 몽주의 사상과 유럽 제국주의의 관계를 이해하는 데 중요한 함의를 갖는다. 칸트, 헤겔, 루소, 로크의 저술에서 나타나는 보편주의가 처 음부터 백인 인류와 흑인 야만이라는 은유적 구성에 오염되어 있었 다고 한다면, 계몽주의 '프로젝트'는 서구 문화와 합리성에 늘 내재 해 있던 인종주의적 비유에 대한 의존을 끊임없이 전복해야 하는 과 제가 된다. 이러한 관점에서, 우리는 EPCOT 센터의 '우주선 지구'가 서구 과학을 역사의 종착점으로 설정하는 진보의 서사를 제시하고 있음을 보게 된다. 각 문화는 그 문화가 보유한 지식의 '미래-창조' 잠재력에 따라 평가되고, 인류의 기술적 완성을 향한 여정을 보여주 는 전시 장면들은 역사 속에서 문명에서 문명으로 전해져온 혁신 정 신의 정거장들로서 제시된다. 우주선 지구의 이야기는 암묵적으로 인간 집단의 '운명'fate과 '숙명'destiny 사이에서 발생한 분열을 다룬 다. 즉 인류세의 미래를 만드는 자들과, 문화적 수동성으로 인해 역 사의 합리적-기술적 흐름에 예속된 자들 사이의 이야기인 것이다.

인류세는 궁극적으로는 죽음의 형상, 곧 인간종의 임박한 멸종 과 구원의 가능성에 대한 현상학적 조형이다. 그러나 인류세 개념 에 암시된 파괴와 붕괴의 형상은, 인류세가 글로벌 자본주의의 기술 적 조직에 미치는 영향을 제대로 반영하지 못한다. 내가 제시한 기 술 계보학의 관점에서는, 인류세는 그 효과를 통해 평가되어야 한 다. 즉 자본화 과정에 동반되는 문화적 강화와, 이러한 강화가 후기 근대의 시대적 문제를 해결할 수 있는 유일한 경로로서 구성되는 방식이라는 측면에서 평가되어야 한다. 신자유주의는 개인을 사랑·여성성·영웅주의·아름다움·민족성 등 삶의 긍정들로 이뤄진 밀폐된 세계 안에 위치시킨다. 이러한 긍정의 형태들이 자유의 동시대적 환경이다. 이 '환경'은 자신이 재생산하도록 설계된 형식적 자유의 산물로서 이해된다. 끊임없이 생산하고 소비하라는 요구가, 자유시장과 그 도덕적·미적 형태가 생겨나도록 한 우발적 승리들을 이끌었기 때문이다. 신자유주의의 '대안은 없다'There Is No Alternative는 생각은 본질적으로 과거와 현재의 이러한 역동적 관계와 연동된다. 인류의 미래가 개인의 재능을 지구와 인류의 구원에 쏟는 데 달려 있다고 여겨지는 것이다. 따라서 인류세 개념은 신자유주의 세계관에 통합되었다. 인류세 개념은 생태와 글로벌 민주주의라는 장기적 목표와, 소유적 개인주의·대량 소비·극단적 자본화·기술 혁신이 양립 가능하다는 것을 표상하는 미적-담론적 복합체가 된 것이다. 실제로 최근 여러 기업이 '녹색' 제조 기술을 채택하고, '친환경 소비'를 장려하고 있다. 이를테면 테슬라는 '기가팩토리'(미국 2곳, 상하이 1곳) 건설에 막대한 투자를 단행했다. 물론 이러한 자본화 과정의 재구성은, 그들이 약속하는 기술-생태적 미래를 효과적으로 실현할 수 있을지 의문을 남긴다. 과연 약속된 변화는 추출적이고 착취적인 세계화 과정을 근본적으로 바꿀 수 있는 방식으로 이루어질 수 있을 것인가? 혹은 '인류세 시대'의 미학-담론 복합체는 기존의 기술과학적 생산 체제를 조금 수정하는 데 그칠 것인가?

이렇게 삶을 수행실적에 따라 조직하는 이데올로기 안에 죽음이 자리하고 있다는 사실은, 태양광을 굴절시키고, 극지방을 얼리며 대기에서 이산화탄소를 추출한다는 거대 기술의 약속들에 강력한 호소력을 부여한다. 그러나 인류세의 형성과 동시에 진화해온 이러한 세계 시민적 내러티브를 의심해야 한다는 점은 분명하다. 인류세 개념을 인간종의 구원으로서 제시하는 미적·담론적 체계에, 현존하는 환경 위기 압력은 갈수록 큰 부담을 가한다. 조르조 아감벤이 『호모 사케르』에서 지적했듯, 미래를 '희망'으로 형상화하던 이미지의 힘은, 국경 밖 타자의 위협으로부터 제1세계 민주주의를 보호하는 것을 목표로 하는 생명공학 시스템에 의해 빠르게 대체되고 있다(Agamben, 1998: 126-135). 이러한 기술 시스템의 배치에 영향을 미치는 윤리적·정치적 판단은 '인류'와 '야만'을 구분하는 문화적·미학적 경계로부터 결코 자유로울 수 없다. 지구를 '제1세계', '제2세계', '제3세계'로 구분하는 것은, 비-백인 인구의 생물학적 규모가 가하는 위협으로부터 자유로운 혁신의 중심지를 보호해야 한다는 요구를 반영한다. 따라서 교토의정서·파리협정 등 인류세의 정치적 동원을 둘러싸고 형성된 실질적인 희생의 경제는, 본질적으로 기술자본주의가 전 세계로 체제를 확장하는 데 동반되었던 고통과 착취의 분배라는 문제와 얽혀 있다. 이 견해는 다니엘 하틀리Daniel Hartley가 제시한 '자본세'Capitalocene 논지의 한 버전과 유사하다. 하틀리는 자본주의가 '세계-생태학'으로 발전했으며, 그 괴멸적인necrotic 착취 양식에는 서구 산업민주주의에서 형성된 젠더·인종·민족의 대중문화가 포함되어 있다고 주장한다(Hartley in Moore, 2016: 154-165).

따라서 신자유주의 이데올로기와, 실험적 의제를 추구하기 위해 전폭적으로 자유를 요구하는 기업 사이의 결합은, 인류세를 자기-극복을 위한 인류 능력의 최종 시험대로 미적으로 구성함으로써 정당화되어왔다. 스티브 잡스, 일론 머스크, 제프 베이조스와 같은 기술 기업가들은 지구와 기술, 그리고 인류가 맺는 관계를 열어젖히는 미래를 제시한다. 바로 모두가 혜택을 받을 뿐 아니라 지구와 인

    2부 신자유주의적 변형들

류의 미래를 보장할 세계시민적 운동으로서 말이다. 그러나 이러한 비전은 결국 현재의 비상사태를 구성하는 조건들의 복잡성을 포착하는 데 실패한다. 기술에 대한 대규모 민간 투자는 모두에게 보편적인 혜택을 가져다주지 않는다. 아이폰이나 테슬라 전기 자동차 등으로 대표되는 이 모델에서 나오는 기술 혁신은 대개, 현재의 소비 시장에 대응하는 기존 시스템의 반복iterations일 뿐이다. 따라서 글로벌 경제의 구조적 불평등을 심화시키고, 제1세계 기술 발전의 지평 너머에 사는 사람들이 겪는 착취를 영속화하는 경향이 있다. 인류세 경제는 모든 자원을 개발하고, 모든 시장을 포화 상태로 만들고, 모든 노동력을 추출하는 글로벌 확장의 메커니즘이 되었다. 다만 이러한 상황이 낳는 역학은 극도의 변동성을 지녀서, 서구의 인류세 신화가 야기한 긴급성을 인식하는 새로운 생태 운동을 낳기도 했다. 예를 들어 '대지의 저주받은 자들 연합'The Wretched of the Earth Collective은 지구온난화로 인한 해수면 상승으로 최악의 영향을 받을 남반구 국가들 간의 연대라는 아이디어를 중심으로 결집했다. 이들은 식민지와 신식민지를 착취하여 혜택을 받은 제1세계 국가들이 역사적 배상의 일환으로서, 절멸의 위기에 처한 문화를 구하기 위한 글로벌 경제·기술 조치에 자금을 제공해야 한다고 요구한다.*

그렇다면 인류세의 기술 이데올로기와 그것이 인류에 미치는 전 지구적 영향 간의 커져가는 불일치 속에서 새로운 생태학의 가능성이 열릴지도 모른다. 앞서 보았듯, 인류세 개념의 문화적 형성은 전후 신자유주의 이데올로기의 확장을 통해 형성되고 강화된 인종적·남성적·개인주의적 이상과 본질적으로 관련이 있다. 그리고 인류

---

*   https://realmedia.press/wretched-of-the-earth-global-climate-strike/

세 개념에는 인류의 구원을 백인-남성-합리성이라는 프로필에 부합하는 일부 인류의 구원과 동일시하는 경향이 존재하는 것도 분명하다(Morton, 2013: 130-132). 물론 이는 명시적인 것은 아니다. 그러나 기후변화의 최악의 영향이 남반구에서 집중될 것이라는 사실과, 제3세계가 여전히 무자비한 인종적 자본화의 현장이라는 사실은, 서구 민주주의 국가들이 지구 대기 온도 상승률이 감내할 만한 수준이라고 예측하는 안일함을 떠받쳐왔다. 생산·소비·희생에 대한 분명한 생태학적 결정이 내려져야 하는 시점을 끊임없이 연기함으로써, 인류세에 담긴 기술의 약속은 자본의 세계화를 억제하는 것이나 복리 성장을 중단하는 조치를 미루는 방식으로서 기능한다. 그럼에도 대안적 가능성을 여는 것 또한, 바로 이 인류세를 통한 삶과 죽음의 전략적 관리다. 모든 국가, 모든 문화, 모든 인종의 미래가 위태롭다는 것이 우리 시대의 가장 중요한 문제로 부상하며, 미래의 모든 정치에서 반드시 고려되어야 할 정당한 폭력의 경제가 대두하고 있다. 프란츠 파농이 지적했듯, 식민지의 권리 체계가 그것을 구성하는 배타적 폭력에 대해 원리상 눈을 감는다는 사실은, 그 주권적 권위의 희생자들에게 대항폭력의 변혁적 정당성을 부여한다(Fanon, 2001: 69-74). 따라서 우리에게 필요한 것은 인류세의 신자유주의적 공모를 넘어서는 방식으로 지리·기후·기술·경제·철학·역사 지식을 통합하는 새로운 세계시민적 과학을 구축하는 일이다. 이것이 없다면 데리다와 스티글레르가 민주적-세계시민적 기관으로서의 대학의 미래에 대해 언급하면서 지적했듯, 인류와 자연의 기술과학적 고갈은 무한히 반복될 운명에 놓일 것이다(Derrida and Duformantelle, 2000: 230-235; Stigler, 2015: 167-172).

7장과 8장에서는 이 재앙적 고갈의 위협이 강화된 방식을 두 측면에서 살핀다. 첫째는 기술 가속주의의 교리이고, 둘째는 글로벌 자본화 과정에서 생겨난 주권 양식들이다. 7장에서는 신자유주의적 상상과 '트랜스휴먼'적 미래 사이의 관계를 검토할 것이다. 특히 가 속주의자들에게 이 트랜스휴먼적 미래는 인간종의 미래를 보장하는 열쇠가 된다. 구체적으로는 신자유주의적 자유의 교리가 인간 삶의 '보철적' 양식으로의 임박한 전환을 수용하기 위해 어떻게 재구성되 었는지 살핀다. 8장에서는 글로벌 기술자본주의의 출현 이후 주권 개념이 어떻게 변형되었으며, 이러한 변형이 정치가 이루어지는 방 식에 어떤 영향을 끼쳤는지 검토한다. 구체적으로는 9/11 사태와 글 로벌 금융 위기의 발발 이후 회귀한 인종적 신화와 종교적 근본주의 를 다룰 것이다.

[7]　　　포스트휴머니즘과 가속주의

6장에서 우리는 특정한 세계관으로서의 신자유주의와 인류세 개념의 관계를 검토하였다. 우리가 보았듯 후자는 지구과학의 지질학적·기후학적 관점의 변화를 나타내며, 여기서 인간은 지구의 유기적 시스템에 점점 더 강력한 영향력을 행사하는 것으로 여겨진다. 산업적 근대성의 역사에서 비교적 최근에 발생한 이러한 관점의 전환은 매우 중요하다. 기술적 산업화의 결과가 단순한 공리주의적 음역대에서 계산될 수는 없다는 것, 그리고 '자연'은 제한 없이 끌어다 쓸 수 있는 공짜 자원이 아니라는 것이 인식되면 새로운 생태적 의식의 기초가 형성되기 때문이다. 산업화의 과정이 지구 대기 중의 이산화탄소, 메탄, 방사성 동위원소의 수준을 엄청나게 증가시켰다는 지식에 의해 사회적·경제적·정치적 실천에 대한 인간의 기존 지향은 중심을 잃었다. 인간은 지구의 기후를 변화시켰고, 지구의 지질학적·수문학적 체계를 바꾸었으며, 자연환경의 파괴를 통해 생물종의 대규모 멸종에 기여하였다. 산업적 근대의 진보는 시민사회의 문화에, 그리고 자본주의 및 인류 자신의 미래를 둘러싼 정치적 담론에까지 영향을 미친 과학의 부상을 가져왔다. 그래서 예컨대 원자력 무기의 폭발이 대기의 점화를 유발할 수 있는가 하는 우려는 핵무기 대기 실험이 지구의 기후에 미칠 영향에 대한 보다 일반적인 우려로 이어졌다(McBrien in Moore, 2016). 따라서 기술과학적 사회, 테크노-산업사회의 진보는 근대성의 혜택을 산출해낸 바로 그 시스템을 통해 멸종이 일어날 수 있다는 불안한 인식의 진화와 맞물려 있다.

우리가 본 것처럼 인류세 개념으로부터 제기되는 몇 가지 근본적인 의문들이 있다. 인류세는 언제 시작되었는가? 인류의 활동이 기존의 충적세 기후 패턴을 어느 정도로 심화 또는 완화하였는가? 생태주의는 자본주의와 양립할 수 있는가? '기술적 해결'technological fix은 가능한가? 인류에 의한 지구온난화로 누가 가장 큰 피해를 입을 것인가? 이러한 질문들은 매우 긴급한 동시에, 지금으로서는 근본적으로 답할 수 없는 것이기도 하다. 인류세가 시작된 시점, 그것의 발전을 표시하는 객관적인 지표, 지구온난화의 최악의 결과를 저지하기 위해 취할 수 있는 최적의 조치 등에 대한 과학적 합의는 없다. 나의 입장은 신자유주의적 세계관과 인류세에 대한 특정한 이해 사이의 진화하는 공모는 정확히 이러한 모호성으로부터 생겨났다는 것이다. 어떤 면에서 이것은 제이슨 W. 무어가 제시한 자본세 테제에 가까운데, 그것은 인류세라는 발상이 인간을, 지구를 생태적 위기로 밀어 넣은 자연의 나쁜 자손으로 이해한다고 주장한다. 이러한 주장은 작금의 생태적 위기의 본질을 적절히 이해하고자 한다면(자본세 테제는 15세기 후반 산업 생산이 처음 꿈틀거리면서 문제가 시작되었다고 주장한다) 그것이 자연의 자본화 과정으로의 포섭과 상품 형태 사이의 고유한 관계를 통해 발전해왔다는 것을 이해해야 한다는 것이다. 다시 말해 자연은 창조의 상징적·미적 맥락으로부터 떨어졌다는 사실, 그리고 (자본주의의 교환체계의 원초적 조건이라는 의미에서) 가치를 초월한 것이면서도 (자연의 유기적 체계는 이윤, 효용, 교환의 추상적 계산에서 인정되지 않는다는 의미에서) 가치가 없는 무언가로 변형되었다는 사실에 의해 '값이 떨어졌다'(Moore, 2016: 97-109). 그리하여 자본세 테제는, 인류세라는 관념이 자연과 인간 활동 사이의 관계를 이론화하는 데에 상당한 기여를 한 것이 사실이지만, 자본주의적 교환에 본질적으로 내재한 추상화 체제가 현대 기술 문명의 파국적 경향을 몰아가는 것임을 파악하는 데 실패한다고 주장한다. 자본주의에 내재한 자연 파괴적 지향을 극복하는 데 실패함으로써 인간은 과학과 기술의 상품화에 의해 추동되는 멸종의 순환에 갇혀버렸다.

하지만 내가 6장에서 주장한 바는 자본세 테제와는 상당히 다르다. 「축적하는 멸종」에서 저스틴 맥브리엔은 자본주의가 탄생시킨 것은 인류세가 아니라, 그가 죽음세necrocene라고 부르는 자본세의 변종이라고 주장했다. 그는 "죽음세 개념은 자본을 통한 멸종의 물질적 전개와 그것의 과학적 탐구의 역사 사이의 관계를 추적한다"고 주장한다(McBrien in Moore, 2016: 118). 다시 말해 자연에 대한 체계적 전유로서 자본주의는 그것이 의존하는 유기적 자원(이를테면 화석연료)을 파괴하면서도, 생물권을 오염시키고, 동시에 자연의 비축분을 전유하는 새로운 방식(이를테면 원자력이나 유전과학)을 개발한다. 맥브리엔의 죽음세 개념은 기술과학적 자본주의에 의해 행사되는 엄청난 파괴적 잠재력은 인정하지만, 그것이 멸종의 체제로 기능하게 만드는 메커니즘이 이데올로기적으로나 미적으로나 과잉결정된, 요동치는 죽음의 경제의 일부라는 것을 인식하는 데는 실패한

　　　2부　신자유주의적 변형들

다. 내가 전개해온 계보학적 접근은 신자유주의적 세계관 특유의 죽음에 대한 의식이 매우 특수한 유형임을 주장한다. 우리 각자는 자신의 삶에 대한 일종의 수행적 책임이 있음을 믿도록 권장된다. 자리에 걸맞게 행동할 것, 적응할 것, 건강할 것 등. 하지만 자기 존재에 대한 개인적 책임의 수준은 자연환경에 지속적으로 가해지는 훼손에 대한 집단적 책임이 커짐에 따라 오염된다. 따라서 기술자본주의에 고질적인 멸종의 논리는 교묘한 손재주, 미적 형상화를 통해서 재생산되는데, 이러한 수단을 가지고 문화산업은 세계 경제 속에서 개인적 행위의 효과성을 드러낸다. 그러나 '죽음세'에 대한 맥브리엔의 설명에서 이러한 멸종의 논리는 확장된 삶에 대한 신자유주의적 이데올로기 주변을 어른거리는 죽음의 현상학 바깥에서 작동한다. 자본주의와 기술과학의 친화성이 초래한 재앙으로의 무모한 돌진에는 멈춤도, 반성도, 반대도 없는 듯하다. 그것의 코나투스는 모든 것(문화, 정치, 그리고 삶 자체)이 자본화라는 죽음의necrotic 나선으로 빨려 들어가는 총체화하는 운동으로 작동하는 것처럼 보인다(McBrien in Moore, 2016: 120-124).

내가 보기에 이러한 입장은 산업자본주의의 구조, 관계, 기술이 자연을 일소하는 데 완전히 자동화되는 운명을 성취했다고 간주하는 일종의 결정론에 해당한다. 나의 입장은 맥브리엔이 죽음의 자본화 체제 내에서 작동하는 것으로 식별한 피드백 고리loop가 죽음에 대한 개인적 경험을 주요 형상으로 하는 복잡한 재현의 정치를 낳았다는 것이다. 맥브리엔이 주장하길 자본세 테제의 핵심은 "자본은 멸종이지만, 우리는 아니라는 것이다." 인간은 더 이상 체계적으로 멸종을 향하지 않도록 생산의 기술적·경제적 조건을 바꿀 수 있는 능력을 가지고 있다(McBrien in Moore, 2016: 135). 그러나 자본세의 입장은 바로 이러한 조건들이, 멸종의 체계 내에서 예견하지 못한 생명의 표출을 모두 파괴한 기술과학적 체제하에 인간과 자연을 포괄했음을 수반하는 것으로 보인다. 나의 입장은 인류세 개념이 기술자본주의의 파괴적 잠재력과 공모한다는 것은 확실히 사실이지만, 이러한 공모는 죽음에 대한 문화적·실존적 경험 내에서 예상치 못한 다양한 가능성을 열어주는 것으로 이해되어야 한다는 것이다. 이러한 관점에서 신자유주의란 동시에 두 가지를 의미하는데, 그것은 첫째로 개인의 권리, 제한된 정부, 자유로운 기업이라는 절대적 가치를 주장하는 경제적 독트린이며, 둘째로 존재론적으로 불확실한 가치나 위험한 상황에 직면했을 때의 분투와 성과에 대한 실존적 요구이다. 따라서 멸종 직전의 생명에 대한 신자유주의적 상상은 기술 가속주의자들의 메시아주의, 트랜스휴머니즘의 생물유전학적 전략, 문화산업 및 프로그래밍 산업에 의해 제공되는 가상 환경 사이를 계속해서 오가는 불안정한 경제를 구성한다. 그러나 이러한 보철적 삶의 체제 모든 국면에는 죽음이 임재해 있는데, 마지막 장에서 보게 되듯이 그것은 비사멸적non-necrotic 경제의 가능성이 출현하기 시작하는 형태이다.

이 지점에서 우리는 신자유주의적 정치와 경제의 기본 원리로부터 매우 멀리 떠나온 것처럼 보일 수 있다. 사실 통상적으로 이해되었던 것과 같이 신자유주의가 메가-테크놀로지의 진화 및 인간의 생물유전학적 변형에 대한 사변적 추측과 무슨 관계가 있냐는 물음이 정당하게 제기될 수 있다. 그것의 관련성이 현재의 지구화에 대한 정치적·경제적 조건에만, 그리고 서구 산업민주주의 국가에서 '혁신적' 형태의 자본화, 작업 관행, 금융화, 법적 인정의 출현에만 국한되는 것처럼 보일 수 있기 때문이다. 하지만 내가 발전시켜온

　　　　　　　　　　　　　　2부　신자유주의적 변형들

입장은 신자유주의가 후기 자본주의의 분석적 준거점(하이에크, 프리드먼 등) 이상, 그리고 시민사회의 착취적 관계 내의 계급 지배에 대한 전략적 개혁(하비, 캘리니코스 등) 이상이 되었다는 것이다. 오히려 그것은 이러한 요소들을 모두 유지하면서도 작금의 생태적 위기라는 무아지경의 시대에 우리가 인간으로서 어떻게 방향을 설정할 것인지에 대한 미적 형상화로서 기능하는 하나의 세계관이다. 나는 신자유주의와 전 지구적 자본 사이의 관계를 이해하기 위해서는 후자가 민주주의의 이상적 공간이라는 주장을 견지할 수 있게 했던 미적 비유의 발전이 미디어 산업과 문화산업의 기술적 네트워크 내에서 이루어졌다는 것을 인식해야 한다고 주장했다. 호르크하이머와 아도르노의 초기 작업은 기록된 음향과 운동감각적 이미지에 대한 대중적 미학의 형성이 소비경제의 기하급수적 성장에 어떻게 기여했는지 보여주었다. 그러나 이러한 프로젝트는 한계를 갖고 있는데, 특히 재현의 기술적 형태들(영화, TV 등), 그리고 이들이 재생산하는 특정한 삶의 경제와 관련하여 그러하다. 1950년대의 소비주의에 대한 아도르노의 후기 작업은 대중이 개인의 필멸성에 대한 경험으로부터 거리를 두는 것을 심리적 목적으로 하는 반복적인 위안과 순응의 경제에 휘말려 있는 것으로 묘사한다(Adorno, 1991: 187-197). 그러나 오늘날의 정동적 삶과 자본의 경제는 이처럼 비교적 안온한 정체/통제 모델로부터 벗어났다. 개인의 신체는 생의학 기술의 영향에 종속되었고, 애착에 대한 상징적 경제는 가상 네트워크 및 통신 네트워크로 분산되었으며, 실존의 현상학에는 생태적 파국이라는 집요하고 불안한 감각의 손길이 뻗쳐 있다.

베르나르 스티글레르와 티머시 모턴은 자연에 대한 인간의 지향이 어떻게 가상 기술, 생의학 기술, 정보 기술, 사이버네틱 기술에 의해 바뀌었는가 하는 질문을 다루었다. 두 사람 모두 첫째로는 초-산업사회가 자연의 유기적 시스템을 활용하고 착취하는 방식에, 둘째로는 가속화된 자본화 과정에 인간이 관계되도록 하는 체제에 근본적인 변화가 일어났다고 주장했다. 스티글레르는 각 개인의 인지적·정동적 능력이 기억과 표상의 자동적 체계 속으로 통합되는 방식을 강조한다. 반면 모턴은 하이퍼객체(자본주의, 지구, 생물권 등)의 확장된 시간적 네트워크 내에서 생태적 피해의 관념을 다시 틀 지어야 할 필요성에 가장 큰 관심을 두고 있다. 하지만 스티글레르와 모턴의 발상 사이에는 현재의 비상사태에 대한 인간의 경험이 재현되는 방식에 있어 미적인 것이 가지는 중요성에 관하여 일정한 수렴이 존재한다. 지구온난화와 환경파괴라는 도전에 맞서기 위해 우리는 과학의 수준에서만이 아니라 희망, 욕망, 믿음과 같은 수준에서도 개입해야 한다는 것이다. 헤겔의 표현을 빌리자면 그러한 개입은 "권총의 한 방처럼" 시작될 수 없다. 인간의 존재가 절멸의 위협하에 있으며 노동, 욕망, 정동적 만족에 대한 인간의 상징적 문화 전체가 바뀌어야 한다는 앎에 사로잡히는 순수한 계시의 순간은 있을 수 없다(Hegel, 1967a: 131-145).* 아마도 이것이 위험사회에 대한 벡의 작업이 범한 오류일 것이다. 인간과 자연 모두를 책임 있게 살피는 성찰적 양상의 개인주의가 출현하는 것이 근대성의 기저에 깔린 경향이라고 상정하는 것 말이다. 하지만 기술-계보학적 관점에서 볼 때, 현대 개인의 사회적·문화적·경제적 형성은 본질적으로 초-산업사회의 수행적performative 체제 내에서 진화한 미적 기법techniques과 기술에 결부되어 있다. 우리의 자기 이해는 자본의 상징적 언어, 즉

---

* 게오르크 빌헬름 프리드리히 헤겔, 『정신현상학 1』, 김준수 옮김, 아카넷, 2022, 26쪽.

신자유주의의 대중 미학을 통해 수행되는 존엄성, 고결함, 독립성, 영웅성, 욕망에 대한 항시적 재구성에 힘의 원천을 둔 개인적 삶의 이미지를 통해 형성되어왔다. 따라서 현재의 비상사태를 그리고 자신의 집합적 미래에 대한 인간의 문화적 개입을 이해하려면 21세기로의 전환 이후 신자유주의적 세계관에 일어난 특정한 변화들을 먼저 이해해야 한다.

이 장은 특정한 종류의 기술적 메시아주의와 신자유주의적 세계관 사이의 관계의 발전에 관한 것이다. 「역사철학테제」에서 벤야민은 근대성이라는 사건을 파국의 관점에서 기술한다. 그는 파울 클레의 그림 속 새로운 천사Angelus Novus의 곤경을 묘사하는데, 이 천사는 지상의 사건들이 만들어내는 폭풍에 붙들려서, 인류의 운명이라 할 수 있는 파괴적 진보의 돌진에 개입할 능력을 박탈당했다. 천사는 "머물고 싶어 하고, 죽은 자들을 일으키고, 또 산산이 부서진 것을 온전하게 만들고 싶어" 하지만 그럴 수 없는데, 세계의 낡은 질서는 사라져버렸고 그의 카타르시스 및 회복의 능력은 압도당해버렸기 때문이다(Benjamin, 1992: 249).** 이것은 근대의 본질을 규정하는 모순이다. 한편으로 낡은 상징적/종교적 질서는 근대적 삶의 유용성에 지향되어 있는 세속적 개인주의에 의해 대체되었고, 다른 한편으로 산업사회의 기술적 시스템은 자본이 자신의 전유 양식을 정당화했던 기존의 규범 체제를 크게 초과하는 위기를 산출했다는 것이다. 다시 말해 기술적 근대성은 낡은 질서를 파괴했는데, 우리는 종교의 구제 능력이 없는 채로 우리가 저지른 일들에 맞닥뜨리게 된

** 발터 벤야민, 「역사의 개념에 대하여」, 『발터 벤야민 선집5』, 최성만 옮김, 길, 2008, 339쪽.

것이다. 이러한 위기의 기원은 물론 서구 자본주의의 세속적 동학과 프로테스탄티즘 사이의 관계에 관한 막스 베버의 작업에 등재되어 있다. 실제로 『프로테스탄티즘의 윤리와 자본주의 정신』은 노동 윤리의 종교성이 시장경제의 공리주의적 이기심에 의해 일단 대체된 이후 개인의 삶과 경험이 맞게 될 운명에 대한 경고로 끝맺어진다(Weber, 1978: 182-183). 20세기의 역사는 베버 예언의 실현이었다고 볼 수 있는데, 스티글레르와 모턴이 공히 지적한 바와 같이 자본주의의 파국적 잠재력과 상징적 문화의 침식이 서로를 강화하게 되었다는 의미에서 그러하다. 자본주의의 문화가 더욱 문화산업 및 프로그래밍 산업에 의해 관리될수록 미래에 대한 미적 상상력은 인류의 구원에 있어 메시아의 역할을 떠맡을 수 있는 기술의 힘 그리고 기술 기업가의 힘에 대한 믿음에 의해 식민화되어왔다.

이어지는 절들에서는 이러한 기술적 메시아주의가 지난 20년 동안 발전해온 방식을 살펴볼 것이다. 첫 번째 절에서는 신자유주의적 세계관의 근본 원칙에 뿌리를 두고 있는 것으로 보이는 현재의 지구적 비상사태에 대한 특정한 접근 방식의 발전을 살펴볼 것이다. 이러한 접근은 가속주의로 알려져왔는데, 그것은 인간이 생성해내는 이산화탄소 및 메탄을 줄이는 것만으로 지구온난화의 최악의 결과를 피하는 것이 가능한 지점을 인간 사회가 이미 지나버렸다는 주장에 기초한다. 가속주의자들은 인류가 장기적으로 생존하기 위해서는 현재의 기후 평형 상태를 유지할 수 있게 하는 거대 기술을 구축하는 것이 필요하다고 주장한다. 그러니까 우리는 대기에서 온실가스를 제거하고, 극지의 빙하를 다시 냉각시키고, 태양 복사의 상당 부분을 지구로부터 비껴가도록 하는 기술에 대해 말하는 것이다. 가속주의의 핵심 주장은 지구온난화와 환경파괴의 효과에 단호하게 대처하기 위해서는 과학과 기술 혁신에 대한 투자를 대폭 증가시켜야 한다는 것이다. 이러한 투자 없이는 하나의 종으로서 우리는 멸종할 운명이기 때문이다. 물론 이는 내가 6장에서 펼친 주장, 즉 인류세 개념은 결국에는 기술 혁신의 속도를 높이고 방향을 바꾸는 데 의존하는 특수한 형태의 생태학을 의미하게 되었다는 것과 매우 유사하다. 이어지는 절에서 나는 개인적 삶에 대한 신자유주의적 상상, 기술 기업가에 대한 물신화, 그리고 과학적 가능성과 인간적 가능성이 통합되는 허구적-미적 공간의 출현 사이에 존재하는 구체적인 연관을 살펴볼 것이다.

세 번째 절에서는 신자유주의와 포스트휴머니즘 사이의 관계를 검토할 것이다. 포스트휴머니즘 테제는 2003년 인간 게놈 염기서열이 완성된 이후 우리가 인간의 유기적 구성을 변형시키는 것이 가능해지는 시기에 진입했다고 주장한다. 호모 사피엔스의 진화적 궤적은 더 이상 그것의 특수한 계통발생적 코드를 통해서만 전개되지 않을 것이며, 인간종의 유전적 변형을 허용하는 기술을 개발하는 것이 가능할 것이다. 물론 이는 그러한 변형이 무엇을 위한 것인가 하는 질문을 제기한다. 그것의 특수한 '효용'은 무엇일 것이며, 인간 개인에게 특유한 '존재'의 유형을 어떻게 변형시킬 것인가 하는 질문들 말이다. 근래에 트랜스휴머니즘이라는 발상이 미적 경합의 장소로 부상했는데, 여기서 몸은 보철적 변형을 통해 아름다움이 증진되는 무한히 가변적인 형식으로 제시되거나, 또는 신성한 용기容器로서 그것의 취약성이 우리의 인간성을 신에게 이어주는 것으로 제시된다. 이러한 대립은 초-산업사회의 기술적 환경의 발전, 그리고 이러한 사회의 문화 일부가 된 특수한 인류세 개념과 관련이 있는 것으로 보인다. 인간의 보철적-인공적 진화는 초-산업주의의 진화와 직접적으로 묶여 있으며, 그것은 지금 우리의 사회적 환경을 형성하는 가상기술, 정보기술, 사이버네틱 기술의 체계적 발전과 동전의 양면을 이룬다. 따라서 우리가 트랜스휴먼적 존재로 발전하는 방식은 우리가 통합되어있는 시스템이 우리에게 부과하는 효율성, 회복력, 자립, 적응력에 대한 요구와 본질적으로 관련이 있다. 미국의 미래학자 레이 커즈와일의 용어로 표현하자면 우리는 생유전학적 시스템, 전산학적computational 시스템, 사이버네틱 시스템이 자율적으로 기능하는 전체 속에 통합된 '특이점'을 향해 나아가고 있는 것처럼 보인다(Kurtzweil et al., 2005: 369-390).

트랜스휴먼적 미래를 향한 이 생의학적/생유전학적 운동에서 흥미로운 것은 그것이 서구 개인주의에 불러일으킨 실존적 긴장이다. 앞선 장들에서 반복되는 주제 가운데 하나는 신자유주의적 세계관이 자본주의적 민주주의의 구조와 관계를 형성한 백인 남성 개인주의의 이상을 개조하도록 꾸준히 기능한다는 관념이었다. 생의학기술 및 생유전학 기술의 출현은 이전에 존재하지 않았던 새로운 가능성의 영역을 열어젖혔으며, 이는 신자유주의적 세계관에 심대한 난관을 제기한다. 자유주의 전통은 제레미 벤담의『도덕과 입법의 원칙에 대한 서론』에 집약된 몸에 대한 특정한 이해에 뿌리를 두고 있다. "자연은 인류를 두 주인의 통치 아래에 두었는데, 바로 **고통과 쾌락**이다. 우리가 무엇을 할지 결정할 뿐만 아니라 우리가 무엇을 해야 하는지 지시하는 것은 오직 이들이다(Bentham, 2007: 1-2, 강조는 저자가 인용한 원문)."* 그 기본적인 발상은, 자연이 인간에게 씌운 필요의 멍에는 벤담이 "신체의 근본구조"라 부른 것으로부터 비롯된다

---

* 제러미 벤담,『도덕과 입법의 원칙에 대한 서론』, 강준호 옮김, 아카넷, 2013, 47쪽.

는 것이다(Bentham, 2007: 55-57).** 그는 하나의 종으로서 우리가 고통과 괴로움을 겪는다는 사실에도 불구하고, 인간의 기본 생리학은 고통을 삶의 정상적 조건으로 하는 적응적 적합도의 원칙에서 크게 벗어날 수 없다고 주장한다(Abbinnett, 2013: 20). 자유주의 철학의 기본 원리는 신체의 이와 같은 적응적 적합도, 그리고 그것을 가능케 하는 개인적 행복의 형태들이다. 그것은 공리주의 전통 내에서 진화해온 권리, 자유, 주권 등의 발상을 뒷받침하는 존재론적 사실로서 기능한다. 하지만 생의학 및 생유전학 기술은 이러한 신체의 존재론을, 더 나아가 남성적 독립성과 여성적 종속성, 백인의 도덕성과 흑인의 야만성이라는 신화를 약화시켰는데, 이들은 자유와 정의라는 자유주의적 이상의 암묵적 배경을 형성해왔던 것이다. 그리하여 세 번째 절에서는 신자유주의와 트랜스휴머니즘 선언 사이의 관계, 특히 자본주의의 오이디푸스적 동학에 대한 전자의 집착과 인종적·성적 존재론에 대한 후자의 거부 사이에 존재하는 긴장을 살펴볼 것이다.

마지막 절에서 나는 신자유주의적 세계관이 인류세의 출현을 동반한 실존적 불안을 타개하는 방법인 동시에, 서구의 산업 민주주의에서 헤게모니를 갖게 된 개인주의의 정치와 문화를 변화시키는 방법이기도 하다는 발상으로 돌아올 것이다. 이 두 요소는 종교의 문자적 요소와 해석적 요소가 그러하듯 이미 항상 서로를 오염시켜왔다. 지구의 임박한 파국에서 비롯된 죽음의 경험은 청결한 순백의 기능이라는 이데올로기를 낳았는데 종을 보존할 수 있는 역량은 기술-자본가의 손에 놓여 있다. 나의 논지는 실존적 불안과 기술적 통

** 제러미 벤담, 『도덕과 입법의 원칙에 대한 서론』, 강준호 옮김, 아카넷, 2013, 141~144쪽.

합이 결합된 결과는 세계 경제에서 그저 '평소와 같은 일'이 아니라는 것이다. 오히려 신자유주의적 상상에 의해 성취된 삶과 죽음, 두려움과 욕망의 상호 유발은 고도로 수행적인hyper-performative 새로운 양상의 자본주의를 낳았다. 다시 말해 모든 것은 상품 형태의 논리를 인간이라는 종을 살릴 기술적 '특이점'의 출현과 합치시키려는 노력에 물길이 닿아 있다. 이는 그러한 합치의 가능성에 대해서, 그리고 가능한 한 최단 시간 내에 최대의 수익을 약속하는 분야로 자본이 흘러드는 방식에 대해서 중대한 질문을 제기한다. 다시 말해 임박한 파국에 대한 응답으로 신자유주의가 제시할 수 있는 최선은 아마도 서구의 과학, 문화, 경제 사이의 기존 연결을 보존하고, 거기에서 육성된 생유전학적 향상 및 가상적 관심분산virtual distraction의 양상을 심화시키는 것 아닐까?

가속주의 그리고 종의 미래

일찍이 울리히 벡의 『위험사회』에는 그의 작업의 지평인 다가오는 지구적 재앙이 선명하게 두드러지는 지점이 있다. 그는 기술적으로 생산된 후기 근대의 효과들이 세계 인구의 상당수를 "우리의 언어와 상상력이 담지 못하고, 우리가 그에 대한 여하한 도덕적 및 의학적 범주를 결여하고 있는" 재앙적 파괴의 위험에 처하게 한다고 주장한다. 다시 말해 일개 종으로서 우리는 우리 자신의 부정, 궁극적인 소멸, "절대적이고 무한한 없음NOT"을 생각하는 사태에 직면했다(Beck, 1986: 52).* 글로벌 기술 사회에서 이미 위태로워진 것에 대한 이러한 진술은 벡에게 근대적 성찰성의 특징인 시간 경험에 있어 매우 중요하다. 개인으로서 우리는 인류의 집단적 운명이 우리 자신의 인생 기획과 긴밀하게 묶여 있으며, 우리가 지구적 파국을 면할 수 있는 기회는 근대성의 진화에서 상대적으로 짧고 사라져가는 기간에 국한된다는 것을 깨닫게 된다. 우리는 이런 상황을 선로 위의 갈림길로 향하는 기차에 비유할 수 있다. 한 갈래는 새로운 종류의 생태적 민주주의로 향하는데, 여기서 인간의 일, 만족, 욕망은 지구의 유기적 시스템의 보존에 지향되어 있다. 다른 갈래는 지구의 유기적 시스템의 통제되지 않는 고갈로, 그리고 인간 문명의 문화적·경제적 관계에 깊이 새겨지는 유독한 숙명론으로 이어진다. 따라서 위험사회에 대한 벡의 발상은 기차가 선로의 갈림길에 도착하기 직전에 떠오른 것으로 생각될 수 있다. 이는 기차의 속도를 늦추고 성찰적-생태학적 미래를 향한 전환을 이루도록 하는 것이 가능한 기간이다. 다른 선택지는 단순히 기술개발의 속도를 높이고, 국지적인 기술적 해법에 더욱더 많은 돈을 쓰고, 자본세 테제에서 묘사된 죽음의 순환 같은 것 속으로 경제를 밀어붙이는 것이다. 우리가 6장에서 본 것처럼 벡의 테제는 기술이 인간 문명을 죽음의 궤도로 몰아넣는 객관적이거나 결정적인 힘이 아니라고 주장한다. 오히려 그의 논지는 현대 과학이 경제에 공급할 수 있었던 장비와 그것이 하나의 종으로서 우리가 노출되어 있는 위험의 수준에서 산출해낸 변화는, 우리가 거주하는 세계에 대한 우리의 윤리적·정치적 지향을 근본적으로 재고하도록 요구한다는 것이다. 다시 말해 우리는 부르주아 민주주의를 그 시작부터 지배해온 기능적-공리주의적 윤리 모델을 재고해야 하며, 유기적 삶에 대한 돌봄과 보존의 성찰적 경제를 향해 나아가

---

*   울리히 벡, 『위험사회』, 홍성태 옮김, 새물결, 2006, 101~102쪽.

야 한다(Beck, 1986: 29-31).

데리다의 「백색 신화」는 현재의 비상사태를 사고할 때 우리가 사용하는 은유의 종류와 관련해서 흥미롭다. 우리가 보았듯이 데리다는 은유가 서양철학 내에서 애매모호한 위치를 점한다고 주장한다. 한편으로 그것은 진리의 감각적 형상화로 간주되어왔는데, 그것의 표현 매체(감각적-미적 형상화)는 진리에 대한 순수 분석적 운동보다 열등하다. 다른 한편으로 철학적 사유의 과정은 은유로부터 완전히 결별하는 플라톤적 묘책을 결코 성취할 수 없었다. 미적인 것은 항상 진리의 철학적 이해에 대한 대리보충으로서 현존하므로 가장 형식적-분석적 사고조차도 '세계', '자연', '인간', '사회'의 근본 구조가 형성되도록 하는 일단의 은유의 확립에 의존한다(Derrida, 1982: 239). 그렇다면 이는 기술적 근대성의 미래를 가장 잘 사고할 수 있게 하는 은유적 형상화에 대한 질문을 제기한다. 어떤 의미에서 질주하는 기차는 현재의 인간종이 마주한 전례 없는 상황에 대한 '좋은' 비유이다(데리다에 따르면 비유는 서양 철학사상에서 은유의 '특권적 형태'이다(Derrida, 1882: 243)). 하지만 좀 더 자세히 살펴보면 비유는 답보다는 질문을 더 많이 제기한다. 예를 들어 그 기차를 통제하는 사람은 누구인가? 승객들은 자신들의 상황에 대하여 어떤 정보를 가지고 있는가? 누가 가장 높은 수준의 위험에 노출되어 있는가? 재난을 피하기 위하여 제때 기차의 경로를 바꾸는 것이 기술적으로 가능한가? 결국 우리는 보다 정교한 은유가 필요하다. '비상사태'가 표상되는 사회적·문화적·경제적 형상화의 복잡성을 이해할 기회를 더 많이 제공하는 은유가. 『근대성의 귀결들』에서 앤서니 기든스는 우리의 현 상황에 대한 더 나은 비유는 크리슈나라는 신성한 우상과 그것을 싣고 거리를 헤쳐 나아가는 거대한 수레의 신화적 결합, 즉 저거노트juggernaut라고 제안한다(Giddens, 1997: 151-173). 기든스는 근대성의 진화가 사회적 삶과 연대에 대한 인간의 경험을 근본적으로 불안정하게 만든 기능적·과학적·기술적 효과의 연쇄를 가져왔다고 주장했다. 전통적인 종교적·가족적 유대가 삶의 기능적-도구적 조직화에 의해 희석되었을 뿐만 아니라, 이러한 추상적 유형의 통합을 산출한 기술적 시스템은 그 자체가 리스크와 불확실성의 원천이다. 다시 말해 저거노트는 최대의 기능성을 창출하기 위해 항구적으로 변화하는 부분들을 가진 총체적 시스템이지만, 그 방대한 조직적 패러다임은 기술적 효율성과 전반적인 위험 감축의 완벽한 수렴을 결코 이뤄낼 수 없다(Giddens, 1997: 151-153).

물론 기든스에게 저거노트로부터 비롯되는 존재론적 위협은 바로 현대 산업사회의 특징인 개인주의의 양상을 변화시키는 것들이다. 우리 각각은 근대성의 기능적-생명정치적 체제를 우리에게 결부시키고 개인적 성찰성의 수준을 높이는 의료적·미용적·영양학적·문화적·보철적 편제의 일부이다(Giddens, 1997: 21-29). 다시 말해 근대적 주체를 사회적 연대의 전통적 형태로부터 떼어내는 것은 공적 영역을 재활성화시키고 민주적인 위험평가의 문화가 등장할 수 있도록 한다. 이러한 새로운 민주주의의 모델은 기든스가 "유토피아적 현실주의"라 부르는 것이다. 윤리적인 글로벌 거버넌스를 위한 최상의 전략을 산출할 수 있는 방식으로 개인이 개인적-국지적personal-local 문제와 객관적-경제적 문제에 동시적으로 관여하는 것이다(Giddens, 1997: 154-158).* 하지만 내가 발전시켜온 입장은 첫째로는 현대적 개인이 형성되도록 해온 은유적이고 미적인 형상화가 본

---

* 앤서니 기든스, 『포스트 모더니티』, 이윤희·이현희 옮김, 민영사, 1991, 160~163쪽.

질적으로 자본화 과정과 결부된 이미지의 기계적 복제 가능성으로 부터 비롯된다는 것이고, 둘째로는 시민사회를 지배하게 된 실존적 욕망과 안도에 대한 형상화가 신자유주의의 수행적 에토스에 속한 다는 것이다. 기든스의 저거노트 비유는 기술적 근대성이 이미 항상 통제불능이었다고 묘사한다는 점에서 좋은 비유일 수 있지만, 중요 한 점은 우리가 그 위에 올라타기보다는 그것에 의해 소모되는 경향 이 있다는 것이다. 수레에 올라탄 종교적 우상의 덜컹거리고 쿵쾅거 리는 모습에 대한 비유는 그것을 제어해보려는 사람이 그들의 성찰 적이고 인간적인 욕망과는 무관하게 형성된 무언가와 씨름하고 있 다는 의미에서 오해의 소지가 있다. 내가 제시한 계보학의 관점에서 보자면, 이러한 형상은 인간이 자신이 창안하여 그 속에서 활동하는 기술적 환경에 의해 형성된 정도를 결코 파악할 수 없다. 저거노트 의 형상은 경제적 이성이라는 기본 양상으로부터 인간 문화의 독립 성을 계속해서 재규정하는 실존적 변형의 과정을 암시한다. 하지만 기술적 근대성의 진화에 대한 보다 강력한, 그러나 문제적인 비유는 가속주의자들에 의해 제안된 것인데, 이들은 자신들이 '특이점'이라 부르는 것으로 우리가 접근해가고 있다고 주장한다. 따라서 우리는 이것이 과연 무엇인지, 그리고 이것이 자본주의와 인간종의 미래에 대한 신자유주의적 상상에 대하여 어떤 영향을 미쳤는지 살펴볼 필 요가 있다.

가속주의 운동의 주요 원천 중 하나의 작업을 한 레이 커즈와일 은 지구상의 생명의 진화를, 기술의 발명을 통해 자기 자신과 자신 의 환경을 변형시키는 인간종에 이르게 된 일련의 발전이라는 관점 에서 이해한다. 커즈와일은 하나의 종으로서 우리가 실현하게 되어 있는 미래와의 관련 속에서 우리가 어디에 있는지 이해하기 위해서는 역사, 기술, 그리고 생물학적 삶 사이의 관계에 대한 우리의 관념에 패러다임의 전환이 있어야 한다고 주장한다(Kurzweil, 2005: 5-33). 커즈와일이 명시하는 여섯 개의 시기 가운데 처음 세 시기는 물질의 물리적·화학적 특수화[제1기]로부터 유기적 생명의 유전적 분화[제2기] 및 유기체적 뇌의 발달로의 경과[제3기] 및 자연선택 과정에 대한 이들의 영향을 나타낸다. 커즈와일의 유형론에 따르면 우리는 인간이 기술적 보완물을 발명하고 배치하는 능력을 통해 현재의 한계를 넘어서 살아가는 종이 된 지점[제4기]에 도달했다. 우리가 우리의 환경을 변형시키고, 우리의 신체적 구현을 바꾸고, 전산처리 속도를 크게 향상시킬 수 있는 한 우리는 완전히 새로운 존재 양식의 문턱에 서 있는 것이기 때문이다. 이 새로운 국면은 커즈와일이 '제5기'라고 부르는 것으로 기술이 인간 지능과 합쳐져 전산 시스템, 생유전학적 시스템, 생의학적 시스템, 사이버네틱 시스템, 인공지능 시스템의 통합 네트워크를 형성하는 지점이다(Kurtzweil, 2005: 20-21). 이 다섯 번째 시대는 마침내 '특이점'이 우리의 서로에 대한 관계와 세계에 대한 관계를 완전히 바꾸게 될 포괄적이고 자기-결정적인 전체로 존재하게 되는 시점이다. 여기서 더 나아가, 혹시라도 언젠가 우리가 도달하게 된다면 물질과 지능의 '융합'infusion, 즉 특이점 밖에 놓인 "멍청한" 물질을 "지능의 극히 숭고한 형태"로 변형시키는 전망[제6기]이 놓여 있다(Kurzweil, 2005: 21).* '옛' 신자유주의자(하이에크, 프리드먼, 그리고 그 밖의 몽펠르랭 소사이어티 회원)의 관점에서 이는 살아 있는 죽음이나 다름없을 것이다. 커즈와일이 묘사하는 기술적 존재 양식은 인간 경제의 필수적-신체적vi-

---

* 레이 커즈와일, 『특이점이 온다』, 김명남·장시형 옮김, 김영사, 2007, 42쪽.

tal-somatic 토대인 자연의 거친 경험적 목소리에 대한 파괴를 구성할 것이기 때문이다. 커즈와일의 미래 전망은 생산적 삶에 의의를 부여하는 감각적 정동의 양상을 넘어선다. 그것의 체계적 네트워크는 은유적 또는 상징적 애착을 생성할 수 없으며, 그리하여 사회적 개체화의 과정은 사회적 슈퍼컴퓨터의 확장된 알고리즘 능력에만 기초한 순전히 기술관료적인 것이 될 것이다.

우리가 보았듯 기술적 근대성의 위기에 대한 가속주의적 해법은 임박한 생태학적 파국에 대응할 수 있는 새로운 기술에 막대한 투자를 하는 것이다. 곤경에서 벗어나기 위해 우리는 자연과 인간이 기술적 특이점에 통합될 수 있게 하는 시스템의 개발 속도를 기하급수적으로 높여야 한다. 물론 여기서 제기되는 질문은 자유, 개성, 욕망의 미적 형상화를 갖춘 신자유주의적 세계관과, 기술과학적 기능의 제한 내에 삶이 봉쇄되는 것 사이의 관계와 관련된다. 나의 주장은, 최근 마르크스주의적 버전이 등장하긴 했어도 가속주의적 입장은 그 지향에 있어 본질적으로 신자유주의적이라는 것이다. 특이점이 가까워졌다는 커즈와일의 설명은 기술이 진화한 방식에 대한 매우 특수한 이해, 즉 인간종의 기술적 운명과 생명을 의식하게 되는 것에 대한 행성적 설명에 기초하고 있다. 내가 다른 곳에서 설명하였지만, 이러한 관점은 기술적 발전의 동학에 대한 자본의 영향력을 무시하는 경향이 있다(Abbinnett, 2017: 62-70). 이것은 마르크스가 고정자본과 과잉자본에 대한 설명에서 제시한 결정론적 형태를 취하지는 않지만, 기업이 어떤 기술을 개발할 것인지 선택하는 방식, 그들이 투자할 연구의 종류, 인간 사회에 대한 그들 각각의 전망을 제시하는 미적 형상화에 심대한 영향을 미친다. 커즈와일이 말하는 '제4기' 말에 이루어지는 자본과 기술 사이의 이와 같은 상호작용의 성격이 중요한데, 그것이 특이점의 근접에 대한 그의 주장을 복잡하게 만들기 때문이다. 그가 "거의 다 왔다"고 보는 미래는, 진정으로 창의적인 사고와 혁신보다는 제3세계에 대한 착취, 시장의 과포화, 반복적인 투자를 선호하는 임시방편적 결정 때문에 계속해서 도중에 발목이 잡힌다. 이는 혁신이 일어나지 않는다는 것이 아니라, 상품 형태가 혁신을 특정한 한계 내에 묶어두는 경향이 있다는 말이다. 마지막 장에서 신자유주의적 세계관의 허용된 제한 범위에 대한 질문으로 돌아올 것이다. 하지만 일단은 그것이 지구적 '특이점'의 발현적 구조 내에서 어떻게 재-형성되었는지 살펴보겠다.

'탈근대적 순간' 이후 신자유주의적 세계관은 점점 더 많은 갈등을 빚어왔지만 그것의 정치적·경제적 영향력이 약화된 것은 아니다. 실제로 2008년 글로벌 금융위기가 시작된 이래로 신자유주의적 세계관은 놀라운 성공을 통해 그것이 존립 가능한 유일한 삶의 방식이자 경제라는 주장을 옹호해왔다. 이러한 성공은 단순히 우익 포퓰리즘으로의 회귀를 통해서 성취된 것은 아니다. 물론 그것이 8장에서 살펴볼 이야기의 중요한 부분이긴 하지만 말이다. 신자유주의는 과학 및 기술 기업과 대중을 향한 호소의 일관성을 깨지 않는 듯하면서도, 과거와 미래, 노스탤지어와 미래주의 사이에서 움직이는 시간에 대한 복잡한 미적 형상화를 통해 그 힘을 유지해왔다. 시간에 대한 이러한 형상화는 초-산업사회에서 현실이 무대화되는 가상적-미적 프로그램과 본질적으로 결부되어 있다. 내가 생각하기에 커즈와일이 '특이점이 가까워졌다'고 느끼는 것은 부분적으로는 미래를 시뮬레이션하고 그것을 현재에 대한 우리의 미적 경험에 엮어 넣을 수 있는 시스템의 힘에 기인한다. 하지만 시간에 대한 신자유주의적 재현은 커즈와일의 순진한 미래학보다 이데올로기적으로 더욱 복잡한데, 그 비유에서 관건은 서구 개인주의의 바탕이 되는 일, 만족, 욕망이라는 근본적 이상이기 때문이다. 그리하여 이를테면 우리가 긴장을 늦추지 않고 자유주의적 자본주의의 핵심 원리에서 벗어나지 않는다면 기대할 수 있는 미래에 대한 특정한 설명이 최근 몇 년 사이에 등장했다. 그것은 임박한 파괴로부터 결국 인류를 구원해낼 혁신의 천재성을 지닌 기술 기업가의 모습에 초점을 맞춘다. 기술-기업가는 신자유주의적 이데올로기 속에서 물신화되었다. 그는 부르주아 민주주의의 과거 요소들(독존적 개인주의, 태생적인 불손함, 불굴의 의지, 무한한 낙관주의, 자선, 삶에 대한 사랑 등)과 사물의 새로운 질서(불붙는 천재성, 선지적 지혜, 이론적 과학을 실제 문제에 적용하는 능력)를 재생하며, 이들 두 요소의 궁극의 화신이라 할 수 있다. 여기서 중요한 것은 기술-기업가의 모습이 실적수행성의 꾸준한 상승의 원천이 되었다는 것이다. 우리 모두는 다가오는 기술적 미래의 도착을 가속하기 위하여 최대한 열심히 자신을 밀어붙여야 하고, 가능한 한 위험을 무릅써야 하며, 도덕적 가책을 극복해야 한다. 그러나 이러한 미래의 특성이 정확히 어떠한가 하는 점은 매우 모호하다. 기술진보의 이름으로 제기되는 수행실적에 대한 요구는 '특이점'이 현실이 되는 지점을 계속해서 미루고자 하는 정치적 상상에 속하기 때문이다.

그리하여 신자유주의적 상상은 거의 종교적인 신앙 권유가 된다. 내가 말했듯 그것은 그저 '평소와 같은 비즈니스'가 아니라 '평소와 같은 하이퍼 비즈니스'를 요구하며, 그것은 자연과 인간 모두를 살릴 것이라 약속한 거대 기술이 도래하기 전의 기간을 무기한 연장하도록 기능하는 행위의 지평이 된다. 가속주의적 전망은 생태학적 파국을 막을 수 있는 유일한 방법이라고 스스로 주장해왔지만,

  2부 신자유주의적 변형들

자본의 활성화하는 힘이 언제나 그 속에 관성의 요소를 담고 있다는 사실은 간과한다. 이것은 우리가 "노동력의 고정자본으로의 전이"에 대한 마르크스의 설명에서 배울 수 있는 계보학적 교훈이다. 마르크스 시대의 기계에 특징적이었던 물질적 효용이 가상 및 정보 프로그램으로 대체되었지만, 기술 혁신은 여전히 그 진보의 순수성을 방해하는 반복적 경쟁의 사이클에 깊게 휘말려 있기 때문이다(Marx, 1993: 190-195). 그리하여 우리로 하여금 자연의 근본 구조를 조작하며 자본과 정보를 즉각적으로 전파하고, 외부 현실의 감각적 구성을 시뮬레이션할 수 있도록 한 기술이 자본화 과정을 변형시킨 것은 확실한 사실이지만, 그것은 마르크스가 보기에 자본주의의 본질이었던 착취 및 죽음의 경제와는 아직 단절하지 않았다. 따라서 내가 보기에 기술-기업가 숭배는 이러한 낡은 연관이 기술자본주의의 새로운 체제에는 더 이상 적용되지 않는다는 것을 보여주기 위해 이를 몰아내려는 시도로 이해되어야 한다. 여기서 2008년 『파이낸셜 타임스』의 '비즈니스 혁명가' 특집에서 리처드 브랜슨이 체 게바라로 묘사된 것이 흥미롭다. 브랜슨의 비즈니스 모델의 진화는 더 이상 착취적 경쟁의 낡은 체제에 맞지 않으며, 그것은 기술 혁신 경제에서의 급진적 변화의 일부라는 발상이다(https://www.ft.com/content/3c1f02c4-c719-11dd-97a5-000077b07658). 비슷한 주제가 대니 보일의 2015년 스티브 잡스 전기 영화에서도 등장하는데, 여기서 그는 자신의 분야에서 최고인 사람은 정의상 "그 밖의 모든 것에 대해서는 완전히 아마추어"라는 니체의 관찰에 대한 표본으로 그려진다(Nietzsche, 1994: 166).* 그는 몇몇 동료들보다 기술적 능력은 좀 떨어질지 몰라도 미적 디자인

---

* 프리드리히 니체, 『인간적인, 너무나 인간적인 I』, 김미기 옮김, 책세상, 2001, 307쪽.

과 기술적 기능성의 완벽한 융합 속으로 온갖 것을 한데 모을 수 있었던, 흠결 있는 천재로 제시된다. 그는 '미래를 발명한다는' 과업을 해나가기 위해 감정적으로 거리를 두고, 기꺼이 우정을 희생하거나 심지어는 딸과 연을 끊으려 하는 사람으로 나타난다. 그리하여 브랜슨과 잡스는 자본주의의 착취적 형태를 그 내부에서부터 바꾸는 혁명을 시작한 것으로 보이며, 이는 기술-기업가라는 개인적 천재성에 의해 주도된 것이다.

일론 머스크는 이러한 혁명의 차세대에 해당한다. 애초에 그의 자본은 엑스닷컴(X.com)을 통해 축적되었는데, 그것은 1990년대 후반 온라인 뱅킹 부문의 급속한 확장과, '금융화'가 전 지구적 신자유주의 경제의 주요 요소로 급속히 발전하는 데 일조하였다(Harvey, 2005: 161-162). 2001년 엑스닷컴은 컨피니티Confinity와 합병하여 페이팔PayPal을 설립하였고, 이는 온라인 마케팅의 성장과 가상 소비의 확대에 기여하였다. 하지만 일론 머스크에게 흥미로운 점은 세계시장의 발전을 촉진한 가상적 형태의 자본을 개발한 것에 대한 기여가 아니라, 인류의 미래에 대한 그의 비전과 그러한 비전을 실현하기 위해 거대-기술 프로젝트를 '시작하려는'start-up 그의 시도이다. 예를 들어 그는 2001년 스페이스엑스SpaceX를 설립했는데, 그것은 저렴하고 재사용이 가능한 우주선의 개발을 가속화하기 위한 상업적 벤처로 구상되었다. 스페이스엑스는 BFRBig Falcon Rocket을 개발하는 과정에 있는데, 그것은 궤도 우주 플랫폼, 우주 탐사 임무, 그리고 최종적으로는 화성과 달의 식민화를 지원하도록 고안된 차세대 발사체이다. 머스크는 또한 탄소 배출을 줄이도록 과감하게 설계된 지상 기술에도 투자했다. 머스크의 전기자동차 회사인 테슬라Tesla는, 적어도 잠재적으로는 탄소 배출을 0으로 하면서도 기존 차량의

2부 신자유주의적 변형들

성능과 맞먹을 수 있는 지점까지 기술을 개발하였다. 테슬라 프로젝트는 기가팩토리, 즉 태양광전지를 사용하여 자체 전력을 생산하는 평평한 지붕으로 된 거대한 공장을 통해 생산의 기술적 체제를 혁신하려는 머스크의 시도와 맞닿아 있다. 이러한 시설 두 곳이 이미 미국에 건설되었으며(네바다, 뉴욕), 중국 상하이에도 한 곳이 건설 중이다.* 하이퍼루프 계획은 테슬라 프로젝트를 보완하려는 시도로서, 감압 기술을 활용한 터널을 통해 신속한 도시 교통을 구현할 가능성을 제공한다. 따라서 머스크의 투자는 창의적 자본화와 기술개발의 협력이 지구와 인류의 미래를 보장하는 최선의 방법으로 옹호되는 비전에 따라 이루어진 것이다.

일론 머스크와 관련하여 중요한 점은 그가 현재의 생태학적 논쟁에 참여하고 있으며, 화석연료를 태우거나 휘발유차와 경유차를 생산하는 기업에 대한 탄소세 도입에 공개적으로 지지를 표명했다는 것이다(www.carbontax.org). 그의 주장은, 인류가 유발한 기후변화에 대한 과학적 합의를 받아들인다면, 그리하여 지구의 대기를 생산하고 이산화탄소를 흡수하는 유기적 시스템에 경제적 가치를 부여해야 한다면, 석유, 석탄, 자동차 산업에 대한 탄소세가 있어야 한다는 것이다. 그들의 생태적 영향은 그들이 유발하는 생물권 감소에 대한 비용을 지불하지 않음으로써 현재 사실상 막대한 보조금을 받고 있는 것과 같다는 것이다. 여기서 흥미로운 것은 머스크의 탄소세 옹호가 자유시장의 용어로 표현된다는 점이다. '건전한 시장'에서 자신이 사용하는 모든 자원에 대해 비용을 지불하면서도, 세금

---

* 2026년 현재 이 시설은 텍사스, 베를린, 멕시코를 포함해 6곳으로 늘었고, 테슬라는 계속해서 세계 각지에 기가팩토리를 증설할 계획을 세우고 있다.

이 부과되지 않는 환경파괴라는 부정적 외부성으로 혜택을 보는 산업과 경쟁해야 하는 이들에게 불공정하다는 것이다. 앞서 말했듯 신자유주의적 상상은 깊은 갈등을 겪게 되었는데, 그것은 초-산업사회의 구조적·생태학적 귀결과 급진적 개인주의의 이데올로기적·실존적 문화 사이를 헤쳐 나갈 방법을 찾아야 한다. 이러한 갈등은 생태학적 위기에 대한 머스크의 대응에서 잘 드러난다. 그의 비전은 극도로hyper 개인주의적이며 극도로 기술적이다. 한편으로 보편적 탄소세에 대한 주장은 자유지상주의적libertarian 관점(건전한 자유시장에서는 누구도 불공정한 편의를 누려선 안 된다)에서 정당화되고, 다른 한편으로 기술적 프로젝트는 종들의 생명이 가장 중요해지는 미래를 목표로 한다. 따라서 내가 제시한 기술적 계보학으로 돌아가자면, 생태학적 비상사태에 대한 머스크의 대응은 초-산업사회의 가상적-미적 공간에 부합한다. 그의 기업들이 개발하려고 노력하고 있는 거대-기술들은 기후변화라는 전 지구적 위기에 대한 실행가능한 해법으로 제시된다. 그것들은 기업의 영상물, 개념미술 전시회, 미래학 포럼, SF 영화, 대학의 학과 등에서 우리가 지구에서의 삶에 대한 윤리와 정치를 이해하는 시간적 지평 속에 들어온 것으로 제시된다. 하지만 이는 생명, 효용, 개인주의의 형상에 관하여 신자유주의적 상상과 분리할 수 없는 질문들을 제기한다. 우주 탐사는 인류의 생존을 위하여 실행가능한 전략인가? 누구를 구해야 할 것인가? 누가 방주에 자리를 얻을 것인가? 가장 발전된 국가를 방어하기 위해 배치되고 있는 생명기술 시스템은 어떠한가?

　계보학적으로 보았을 때 일론 머스크가 옹호하는 것과 같은 유의 가속주의는 가상 기술, 인공지능 기술, 산업 기술의 특정한 성좌 속에서 기능하는 일종의 전략적 권력 놀음이다. 스티글레르는 이러한 결합을 초-산업사회라 부르며, 그것의 향후 발전을 구성하는 가상적-미적 공간은 중·단기적으로 세계 경제성장의 심화를 가져오는 기술 발전에 대한 자극으로 작용한다고 주장한다(Stiegler, 2009a: 138-143). 모턴은 자본주의와 하이퍼객체 사이의 관계에 대한 그의 작업에서 비슷한 논점을 제기한다. 그는 전자가 본질적으로 추상적 양자(연료, 원자재, 노동력 등)를 추상적 가치(상품)로 변환하는 기계라고 주장한다. 순전히 경제적인 관점에서 볼 때 이러한 변환은 빨리 일어날수록 더 좋다. 그러나 추상적 노동력과 추상적인 자연의 계속해서 가속화되는 변환 과정은 원치 않는 상품과 폐기물의 방대한 비축을 만들어내는 효과가 있다. 예를 들어 태평양의 거대 쓰레기 지대는 기술적 자본화 과정과 불가분의 존재인 오염물질의 하이퍼객체의 일부로 만들어진다(Morton, 2013: 109-112). 따라서 상품 형태의 시간 체제는 인간 및 비인간 객체를 '돌볼' 수 없다는 것이다. 그것의 '생태학적'이고자 하는 시도들은 대개 '녹색 소비주의'라는 위선 또는 수십 년 내에 기대할 수 있는 세계주의적cosmopolitan, 트랜스휴먼적, 다중행성적 미래에 대한 시뮬레이션으로 귀착되고 만다.

이는 일론 머스크와 같은 기술 기업가가 인간 및 비인간 생명의 마지막 흔적이 사라질 때까지 자본주의 기계를 돌리려는 그저 나쁘고 냉소적인 개인이라는 것이 아니다. 오히려 요점은, 그들의 경제적 모델은 그들이 장려하는 혁신의 과정이 현재의 위기에 대한 기술적 해법의 가능성을 열기 위한 것이었다고 할지라도 기존 시장에 대한 과도한 착취에, 그리고 그 지향에 있어 '생태학적'인 것과는 거리가 먼 욕망의 재생산에 휘말리는 경향이 있다는 것이다. 그래서 우리가 테슬라 자동차를 자유로운 개인주의와 생태학적 혁신이라는 양극 사이의 분열적 운동의 예로 든다면, 테슬라를 모는 것은 지구의 보호에 참여하는 것이며 이는 개인의 자유를 '비생태적' 차를 모는 사람들과 '경쟁'하는 것으로 제한하지 않는다는 주장을 하게 된다. 최근 광고에서는 모델 S가 구현한 테슬라의 기술적 컨셉이 '자연을 훼손하지 않고 자연을 움직이는' 것을 가능하게 한다고 내세웠다.◆ 그러나 다른 한편으로 최신 버전의 테슬라 모델 3 출시와 함께 올린 트윗에서 머스크는 기존의 모든 시험에서 BMW M3를 능가하는 이 모델의 성능을 강조했다. 그러니까 기술적 미래(다중행성적 삶, 하이퍼루프 교통수단 등)에 대한 머스크의 선지적 요소는 낡은 방식의 소비주의적 삶에 대한 그의 의지에 의해 지속적으로 약화되는 감이 있다. 실제로 그의 프로젝트의 미적 요소는 행복한 수행적 기능으로서의 삶에 대한 구식 '포스트모더니즘적' 편성과 계보학적 연관을 가지는 것으로 보인다. 이는 스티브 풀러의 표현을 빌리자면 기술적 진보가 인간을 더 오래 살고, 더 열심히 일하고, 더 열심히 놀 수 있게 하는 시대로 미래를 그리는 신자유주의적 상상의 특정 요소와 이어진다(Fuller, 2011: 242). 그러나 미래에는 기술적 진보와 개인적 욕망의 충족이 수렴할 것이라는 가정은 인간종의 미래의 '인간성'에 대한 긴급하고도 심오한 질문을 촉발시킨다. 그리하여 다음 절에서는 신자유주의적 상상의 모순이 트랜스휴머니즘적 삶에 관한 논쟁과 표상 속에 어떻게 반영되어 있는지 살펴볼 것이다.

◆ 다음 유튜브 영상을 보라: https://www.youtube.com/watch?v=RqVWGLEwyyo

벤담의 『도덕과 입법의 원칙에 대한 서론』으로 돌아가서 시작해보자. 앞서 보았듯이 벤담은 자연이 인간을 유기적 삶의 두 가지 근본적 결정요소인 고통과 쾌락의 지배하에 살도록 결정했다고 주장하였다(Bentham, 2007: 1-2). 그의 요점은 올바른 도덕적·법적·정치적 판단의 조건은 '신체의 근본구조', 즉 인간 삶의 유기적 구성에 속하는 만족에 대한 능력과 취약성을 감수하는 것에서 찾아볼 수 있다는 것이다. 따라서 인간 사회에서 고통의 총량을 증가시키거나 쾌락의 총량을 감소시키는 행위는 그것들이 초래하는 신체적 박탈에 근거하여 부도덕한 것으로 여겨진다. 이러한 신체적 영향의 원리는 고전적 자유주의 전통의 기초이다. 그것은 첫째, 인간 경험의 주요 구성요소는 감각적 영향과 경험적 직관이라는 것, 둘째, 이러한 경험에 대한 미적, 인지적 재구성은 인간적 오류의 원천이라는 것, 그리고 마지막으로 인간 사회의 참된 목적은 가능한 한 많은 수의 시민에게 최대한의 감각적–신체적 행복을 보장하는 것이라고 주장한다. 물론 이로부터 발생하는 질문은 인간 행복의 진실이 경험되는 감각중추로서의, 그리고 우리가 진정으로 인간의 쾌락이라 여기는 바의 주재자로서 신체의 본성에 대한 것이다. 존 스튜어트 밀은 '더 높은' 쾌락과 '더 낮은' 쾌락을 구별함으로써 효용에 대한 벤담의 원리를 정교화하려 한 것으로 유명한데, 여기서 후자는 신체적 삶에 대한 반성적이고 미적인 매개로부터 파생된 것이다(Mill, 1987: 119-140). 나는 신체, 지성, 쾌락 사이의 관계에 대한 고전적 공리주의의 구성이 신자유주의가 인간 삶의 생의학적, 유전적 변형의 효과와 이로부터 제기되는 도덕적·법적·정치적 질문을 배치하는 방식에서 중요한 요소라고 주장할 것이다.

　스티브 풀러는 자유주의 철학이 인간의 신체적 구성과 인지적 능력을 개선할 가능성을 생각한 방식에 대하여 흥미로운 지적을 한다(Fuller, 2011: 150-160). 그는 존 해리스가 자신의 책 『진화를 강화하기』에서 제시한 신체적 강화에 관한 신공리주의적 주장과 논전을 벌인다. 해리스는 한편으로는 자유롭고 자기결정권을 가진 개인주의에 대한 공리주의적 요구와, 다른 한편으로는 인간의 유기적 형성이 수백만 년에 걸친 진화의 결과라는 사실 간에 존재하는 시너지의 잠재력을 제시하고자 시도한다(Harris, 2007: 72-85). 그는 생의학 및 생물유전학 기술의 활용을 통한 인간 생명의 증진에 윤리적 반대를 제기하는 것은 우리를 자의식적 존재로 만든 자연선택의 과정이 선행인류, 원시인류, 인간 조상의 DNA에서 일어난 무작위적 돌연변이로부터 비롯된 것임을 인식하지 못하는 것이라고 주장한다. 그러므로 호모 사피엔스의 신체적 구성이 아름다움, 권리, 도덕과 같은 근본적 원리를 파생시키는 플라톤적 형태와 같은 무엇이라고 주장하는 것은 본질적으로 실용적인 공리주의 철학의 요구를 간과하는 것이다. 다시 말해 자유주의 전통에서 우리가 진지하게 받아들여야 하는 것은 전반적인 행복의 수준을 높이고 인간이 감내하는 전반적인 고통의 수준을 줄이자는 단순한 요구이다. 이를 받아들인다면 공리주의적 윤리의 형이상학적 요소(진실이 드러나는 감각적-신체적 형태를 인간의 진화가 만들었다는 것)가 극복되고, 인간의 신체를 개선하려는 기획(즉 질병, 노령, 장애 등의 고통에 대한 민감성을 줄이는 것)이 잘못된 도덕적·감정적 반대에 의해 방해받지 않고 진행될 수 있다(Harris, 2007: 1-7). 이러한 상황에서 인간의 진화를 '향상시킬' 수 있는 생의학 및 유전 기술과 개인적 자유 사이의 시너지가 촉진될 수 있다. 로버트 노직이 보기에 자유주의 사회의 이상이었던 '실험적 삶'experimental living은 21세기의 초입에 출현하고 있는 생의학 및 유전공학의 실험적 형태에 자신을 내맡기기로 자유롭게 선택하는 것으로까지 확장될 수 있다(Nozick, 1974). 이러한 주장에 대한 풀러의 반대는, 첫째, 해리스가 위험한 과학 실험에 대한 참여를 사회의 전반적 이익을 위하여 '의무적'이라고 여긴다는 것, 둘째, 해리스는 그가 옹호하는 인간 진화의 향상이 여전히 신체화된 삶의 특정한 본질적 특성과 결부된 지평 내에서 작동한다는 것을 인식하지 못한다는 것이다. 그러나 풀러의 요점은 유전공학이 인간 존재의 신체적-유기적 경제를 완전히 변형할 가능성을 열어준다는 것으로, 이는 인간 삶의 윤리와 존재론을 근본적으로 재고하도록 요구하게 될 발전이다(Fuller, 2011: 159-160).

풀러가 지적했듯이, 진화 과정에 대한 생명공학적 향상의 보편적 이점에 대한 해리스의 주장에는 다윈주의적 측면이 있다. 본질적으로 그것은 인간이 강제되는 변형과 처분의 전략에 점점 더 취약해지는 일종의 생명정치적 사회조직으로 향하는 문을 연다. 이러한 발전에 대해서는 8장에서 살펴볼 것이다. 하지만 일단은 신자유주의적 상상이 생명공학의 출현과, 그것이 인간 삶의 도덕경제와 정치경제의 변화에 관여한 방식을 살펴볼 것이다.

트랜스휴머니즘은 20세기 후반 이후 생의학적, 유전학적, 보철적 기술의 체제와 함께 등장한 가능성이다. 1984년에 쓴 놀라울 정도로 예지적인 에세이에서 해러웨이는 보철 기술과 인간 사이의 인터페이스의 발달이 결국에는 인간의 성차에 대한 기본default 이데올로기로서의 자연을 대체하는 것으로 이어질 것이라고 제안했다. 육체적·정신적 힘의 '자연적으로' 불평등한 분배의 마지막 흔적이 보편적 보철에 의해 극복되면, 해러웨이가 말하길 우리는 가부장적 지배의 '물질적' 기초가 효과적으로 지워진 지점에 도달해 있을 것이다(Haraway, 1985). 따라서 하나의 개념으로서 트랜스휴머니즘은 부르주아 민주주의의 제도 속에 기입된 상징적 질서를 위협하고 있는 것이다. 그것은 자연스럽게 비인간 생명체의 권리와, 그리고 최근까지도 그저 인간의 경제 활동의 '처분 가능한' 자원으로 여겨졌던 자연의 유기적 시스템과 보조를 같이하게 된다(Heidegger, 2002: 57-72). 분명 해러웨이의 글이 나온 후 기술은 상당히 발전했고, 기술적-보철적 네트워크에 대한 인간의 동화는 인간 생명의 보편적 조건으로 등장하고 있다. 스티글레르가 『기술과 시간』 3권에서 지적했듯이 우리는 디지털 기술, 가상 기술, 미적 기술, 생유전학 기술의 진화하는 네트워크 속에 존재하며, 이들 기술의 개별 시스템은 인간의 인지적·유기적 힘을 점점 더 많이 전유해왔다(Stiegler, 2011a: 80-102). 그리하여 이제 우리는 단기 혹은 중기적 미래에 치료적 복제로 맞춤형 대체 장기를 제공할 수 있고, 유전 및 생의학 기술에 의해 평균 수명이 증가하고, 보철적 대체물이 신체 및 정신 능력을 개선하거나 회복하고, 인간의 아름다움과 기능을 지속적으로 개선하는 새로운 '미용술'이 개발되는 그런 시점에 도달하였다. 그러면 우리는 해리스가 『진화를 강화하기』에서 제기한 근본적인 지점으로 돌아가게 되는데, 그것은 제정신인 사람이라면 가능한 한 많은 사람이 이러한 목표를 성취하는 데 헌신하는 사회에서 살 기회를 마다하지 않을 것이라는 점이다. 하지만 이는 이러한 '좋음'the good이라는 개념이 등장한 문화적·이데올로기적·미적 맥락을 무시하는 것이다. 풀러가 지적한 것처럼 해리스는 신자유주의적 상상에서 본질적인 것이 된 수행적 삶의 이데올로기와 기술 사이의 연결을 보존하려고 하면서도

2부 신자유주의적 변형들

동시에 진화의 '향상'을 일, 만족, 욕망의 신체화된 경제에 속하는 효과에 제한한다(Fuller, 2011: 159-160).

　계보학적 관점에서 볼 때 영구적인 기술적 향상과 기존의 체화된 삶의 형식 사이의 긴장은 매우 중요하다. 초-산업사회는 그것의 미래에 대한 방향을 설정하는 가상적·미적·생의학적·보철적 기술의 복잡한 혼합이다. 그리하여 인간의 운명은 가상-미학적 기술이 문화의 실존적 기능을 재생산하는 방식에 의해 언제나 근본적으로 영향을 받는다. 우리가 될 수도 있는 것에 대한 표상은 여전히 신체화된 존재의 이상(대칭, 조화, 온전함, 힘, 활기 등)에 의해 크게 영향을 받는 가상-미학적 영역에서 이루어지며, 그리하여 트랜스휴머니즘의 골치 아프고 불안한 미학은 주류 문화의 주변으로 밀려나는 경향이 있다. 예를 들어 윤리적·미적 입장으로서의 트랜스휴머니즘은 로버트 앤디 쿰스의 사진에서 탐구된다. 그는 전직 체조선수로, 더블 백 플립을 연습하다가 척수 손상을 입어 사지가 마비되었다. 자신을 "미시간의 웅장한 어퍼반도에서 온 배짱 좋은 사지마비 동성애자"라고 묘사하는 쿰스는 재활 후 그가 사고 이후에 살았던 삶의 성적이고 에로틱한 가능성을 탐구하기 시작했다(『토폴로지 매거진』 Topology Magazine, 2016년 2월호). 그의 사진은 이러한 가능성이 그의 새로운 존재 조건에서 어떻게 펼쳐지는지 보여주는데, 그것은 그의 생존을 종착지를 기다리는 탈선으로서가 아니라 그와 세계를 공유하는 누군가의 돌봄, 성애, 욕망을 갈구하는 보철적 삶의 다른 형태로서 보여준다. 이 사진들은 로버트 메이플소프의 작품을 연상시키는 성적 노골성을 띠지만, 체조선수의 체격이 가진 완전성을 파괴하면서도 동시에 그의 트랜스휴먼적 존재를 떠받치는 아직은 서툰 기술들을 포함하고 있다. 쿰스의 사진은 트랜스휴먼이라는 개념 속에 모인 몇 가지 상충하는 주제들에 호소한다. 첫째, 그의 작업은 보철 기술이 미용적 이상에 따를 것이며, 기술적 해법은 신체를 '비장애'able 사회의 미적 기준 속으로 완벽히 통합하게 될 것이라는 발상에 의문을 제기한다. 둘째, 게이 문화가 공적 영역을 지배하는 이성애 규범적 이상을 개혁하고자 했음에도 불구하고 여전히 그 속에서 지속되는 남성성의 미적·수행적 이상에 대한 문제제기가 있다. 마지막으로 그 사진들은 트랜스휴머니티에 대한 우리 경험의 진화에 들러붙어서 그것을 방해하는 쾌락과 고통, 괴로움과 황홀경의 경험을 드러낸다고 볼 수 있다.*

나는 신자유주의의 힘과 지속성을 이해하기 위해서는 그것을 현대성의 변화하는 과학적·기술적·경제적 동학을 해석하는 세계관으로 간주해야 한다고 주장하였다. 이러한 해석적 과정은 대체로 '실제 세계'가 구성되는 시각적 시뮬라크르를 통해서 이루어지며, 이러한 시뮬라크르는 도덕적 개인주의의 이상에 핵심이 되는 독립성, 수행성, 자유 같은 기준에 따르는 경향이 있다. 따라서 트랜스휴머니즘이라는 관념은 신자유주의적 세계관을 크게 교란시킨다. 그것은 보철적·생의학적 혁신이, 인간의 비율에 대한 고전적 이상에 따르지 않는 휴머노이드 생명체를 낳을 가능성을 제시하며, 이는 도덕성 및 미학과 조화롭고 생산적인 윤리적 삶의 전체성 사이의 기존 관계를 의문에 부친다. 이처럼 불안한 모호성에 대한 대응은 가상적-기술적 문화 자원과 프로그래밍 산업을 통해 관리되어왔으며 생명기술의 효과를 전략적으로 분해하는 형태를 취했다. 한편으로 휴머노

---

*　저자가 언급한 로버트 쿰스의 사진들은 다음을 참조하라. https://www.coeval-magazine.com/coeval/robert-coombs?rq=Coombs

　　　　2부 신자유주의적 변형들

이드 생명체의 증식은 우리의 특정한 존재 형태에 대한 만족을 포기하기 전에 그것의 결과를 매우 조심스럽게 고려해야 하는 먼 미래의 사변적 가능성으로 제시되며, 다른 한편으로 생의학 및 보철 기술을 통해 신체화된 생명의 특정한 양식을 '향상'시키는 것은 빠르게 달성할 수 있고 모두에게 이득이 되는 것으로 제시된다. 우리에게 남겨진 것은 모든 사람이 기술적 미용술로 만들어졌으며, 형식, 기능, 아름다움에 대한 이상이 진행 중인 향상의 과정 속에 한데 모인 세계에 대한 가상적 상상이다. 이러한 버전의 '트랜스휴머니즘'은 신자유주의적 상상계에 필수적인 것이 되었고, (이를테면 〈블랙미러〉, 〈휴먼스〉, 〈웨스트월드〉 같은 TV 시리즈에서) 그것의 문제적 결과가 다루어졌을 때도 인조인간의 지각, 복제의 도덕적 함의, 인간과 인조인간의 상호작용을 둘러싸고 전개되는 서사는 신체화된 생명을 향상시키는 것이 불가피하며, 그것이 적절히 기능하도록 하는 것은 우리에게 달렸다는 생각을 강화한다.

여기서 제기되는 질문은 생명기술 및 사이버네틱 기술의 트랜스휴머니즘적 잠재력을 신자유주의 세계관에 새겨진 신체화된 생명의 이상 속에 제한하는 것에 관한 질문이다. 이것은 계보학적 질문인데, 지배적 이데올로기로서의 신자유주의가 기술자본주의의 진화에 행사할 수 있었던 힘을 통해서 형성되기 때문이다. 스티글레르 후기 작업의 주요한 테마 가운데 하나는 그가 '자동화 사회'라 부르는 것의 출현, 즉 디지털, 보철적, 생의학적 프로그램에 의하여 인간의 신체적·인지적 능력이 전유되는 것이다. 그는 윤리적 삶의 정동적 토대를 구성하는 상징적 유대가 침식되어왔으며, 통합의 양식이 '노에시스적'noetic이라기보다는 '시냅스생성적'synaptogenic인 사회가 급속히 출현하고 있다고 주장한다(Stiegler, 2014: 45-80). 후자는 개체화의 시간성을, 사회적 삶의 반성적 경제를 단락시키는short-circuit 자동적이고 충동에 기초한 반응으로 축소시키는 기술적 효과이다. 이는 문화와 프로그램 산업이 개인적 욕망의 인지적·정동적 기초를 형성할 수 있는 방식 때문에 중요하다. 인간의 미래 지향은 신체화된 개인주의의 특정한 모델과 소비주의적 욕망을 재생산하도록 고안된 가상-미학적 영역으로 통합된다. 이러한 모델의 매듭점 가운데 하나는 들뢰즈와 가타리가 『안티 오이디푸스: 자본주의와 분열증』에서 살펴본 개체화의 오이디푸스적 형태인 것으로 보인다. 인간의 진화에 대한 그들의 설명은 유기적 생명체의 코나투스, 개인의 심적psychical 형성, 욕망의 사회적·경제적·문화적·정치적 동학 사이의 관계에 살을 붙여 구체화하려고 시도한다(Deleuze and Guattari, 2000). 우리의 젠더, 인종, 감각적 이해, 성애적 욕망을 형성하는 근본적인 충동은 우리에게 너무나도 깊게 박혀 있어서 우리가 그것을 존재의 본질로 경험하는 문화적 체제의 일부이다. 들뢰즈와 가타리에게 이러한 경험은 '분열적'인데, 기계적 욕망의 강도는 항상 오이디푸스적 개인주의의 체제를 초과하는 예견치 못한 정동을 일으킨다는 의미에서 그러하다(Deleuze and Guattari, 2000: 273-283). 그러나, 그리고 이것이야말로 스티글레르의 요점인데, 디지털 기술 및 가상-미학적 기술의 새로운 체제는 욕망의 프랙탈적·트랜스휴먼적 요소를 포착하는 데 극히 효과적이었다(Stiegler: 2011b: 107-119). 실제로 이러한 기술은 매우 친숙한 방식으로, 즉 영원히 살고, 영원히 아름답고, 육체의 쇠락을 피하고, 질병과 죽음이라는 재앙의 뿌리를 뽑고 싶은 필사적 욕망의 강화를 통해 우리의 미래 삶에 대한 기대를 형성하게 되었다.

여기서 중요한 점은 이러한 인간의 욕망은 벤담이 신체의 근본 구조라고 부른 것 속에 깊게 박혀 있고, 그리하여 계보학적 관점에서 볼 때 그것은 개체화 과정에 심대한 문화적·실존적·종교적 힘을 행사한다는 것이다. 신자유주의적 세계관은 그것의 가상-미학적 체제를 통해 이러한 힘을 동원할 수 있었다. 그것은 오이디푸스적 자아의 고도로 개인주의적 욕망을 생명기술적 목표로 설정할 수 있었는데, 그러한 목표의 성취는 누구나 욕망할 법한 것으로서 시장화될 수 있다. 더 나은 외모를 갖추고, 더 많이 섹스하고, 더 오래 살고, 더 성한 몸을 가지고, 발기 지속도 더 잘되는 등. 그러나 생명기술 자본주의의 체제는 풀리지 않는 긴장으로 휩싸여 있다. 개인적 삶의 자본화에 집중해왔던 변형적 힘은 트랜스휴먼적 존재에 관한 질문에 시달리는 지점에까지 이르렀다. 예를 들어 마이클 크라이튼이 쓴 〈웨스트월드〉의 HBO TV 버전은 원작의 전제, 그러니까 인조의 카우보이, 창녀, 총잡이 들을 통제하는 '믿을 만한 컴퓨터 기술'은 절대로 충분히 믿을 만하지 않다는 것을 넘어서, 의식의 기계적 기원, 보철적 인간의 직감sentience, 인간과 보철 사이의 상호작용에 대한 훨씬 더 복잡한 분석으로 나아간다. 웨스트월드를 채우고 있는 '호스트'들은 모호한 지대를 점하고 있는데, 이들의 인간으로의 수렴은 차오르는 끔찍한 폭력 및 있을 법하지 않은 돌봄care 활동으로 인간 고객들guests을 교란하거나 괴롭히는 점근선이다. 이러한 주제는 〈블랙 미러〉의 「돌아올게」Be Right Back 에피소드에서도 다루어진다. 이 에피소드는 디지털 기술이 죽은 사람에 대한 일견 자율적인 시뮬레이션을 제공할 수 있을 때 사별 경험에 어떤 일이 생기는지 탐구한다. 그러니까 주인공인 마사는 남자친구 애쉬의 가상-미학적 시뮬레이션에 대한 인공 신체를 구매하고, '그'는 '현실 세계'의 그녀와 상호작용할 수 있게 되는 것이다. 그러나 그의 '개성'은 마사가 견딜 수 없는 고분고분하고 비자발적인 무언가에 의해 사로잡혀 있으며, 끝내 그녀는 인조인간에게 그의 존재를 종료하라고 명령한다. 하지만 그녀는 인조인간의 겉모습이 애쉬와 너무나도 완벽하게 닮아 있어서 그의 자기파괴를 지켜보지 못한다. 그래서 마지막 장면에서는 슬픔에 빠진 그들의 딸을 주말에 달래주는 것이 유일한 기능인, 다락에 갇힌 미래 없는 모조품으로 '그를' 그린다.

〈블랙 미러〉와 〈웨스트월드〉는 모두 '마이너리티'적 삶의 양식의 존재에 대하여, 그리고 자유주의 전통의 공리주의적 윤리가 클론, 사이보그, 인조인간 등의 출현과 함께 무너지기 시작하는 방식에 대하여 근본적인 질문을 제기한다. 특히 부상하는 신자유주의적 우생학이 그것이 열어젖힌 보철적·생유전학적·미용적 자본화의 영역 내에서 생명기술적 혁신의 효과를 얼마나 억제할 수 있을 것인가 하는 의문이 있다. 마지막 장에서 나는 초-산업자본주의의 보철적·생명기술적 체제에서의 가속화된 혁신이 예상치 못한 트랜스휴머니즘적 정치를 낳았다고 주장할 것이다. 인간-기술 관계를 드러내는 이러한 형상은 보철적·우생학적 수행성의 신자유주의적 모델에 출몰하는 마이너리티 삶의 경험을 중심으로 형성되는 경향이 있다. 하지만 일단은 이러한 혼란스러운 경험이 신자유주의적 세계관 내에서 전략적으로 다루어진 방식을 살펴보고자 한다.

새로운 촉진제

H. G. 웰스의 단편 「새로운 촉진제」New Acceleators는 시간 경험, 인간 생명의 유기적 과정, 그리고 약물적 혼합물이 객관적 현실에 대한 우리의 통각統覺과 참여 모두를 바꿀 수 있는 능력 사이의 관계

　　　　　　　　　　　　　2부 신자유주의적 변형들

를 다룬다(Wells, 2007). 어떤 유명한 연구교수가 인간의 신체적·신경학적 과정을 2000배나 빠르게 할 수 있는 약물을 만들어내는데, 이는 일반인의 통각 범위 바깥에 존재하게 된다는 것, 매일의 삶을 꾸물거리는 정체 상태로 체험하게 된다는 것을 의미한다. 이 선집의 편집자가 지적하듯 이 이야기는 웰스의 소설들 가운데서 이례적인데, 세계에 대한 과학의 때 이른 개입이 발명자나 그의 동료들을 미치게 만들거나, 재앙적일 만큼 파괴적인 사건으로 이끌지 않는다는 점에서 그러하다. 결국 교수와 그의 친구는 그것을 사용한 사람들이 얻게 될 불공평한 이점에 대한 의문과 역겨움의 여운만을 가지고서 가속화된 삶의 경험을 견디며 살아낸다. 웰스의 이야기는 흥미로운데, 그것은 갖가지 색깔의 병에 담긴 다른 농도의 화합물을 판매하는 것에 대해 기이한 묘사를 하면서도 근대성의 근본적인 질문에 사로잡혀 있기 때문이다. 기술 혁신에 대한 관리를 이뤄낼 수 있을까? 인간 삶에 대한 끊임없는 가속을 규제할 수 있을까? 경제 활동의 수그러들지 않는 가속이 의문의 여지 없는 선으로 간주될 수 있을까?

웰스의 이야기는 20세기의 위대한 보철적·생명기술적 혁명이 일어나기 전인 1901년에 출판되었다. 그래서 '새로운 촉진제'에 대한 그의 발상은 제1차 세계대전 이전의 서유럽에서 지배적이었던 자유방임적 개인주의의 틀 속에서 제시된다. 하지만 웰스의 거북한 SF 이후에 도래한 기술적 가속의 역사를 보게 되면, 우리는 그것이 재능 있는 아마추어나 애호가, 또는 비범한 천재의 우연한 발견을 넘어선 것임을 확인할 수 있다. 그 이유는 원래 (자본화 과정이 과학적 혁신, 기술적 혁신, 시장 혁신의 새로운 영역을 끊임없이 열어준다고 주장한) 막스 베버의 합리화 테제에 제시되어 있는데, 여기엔 세 가지 주요 요인이 있다. 첫째, 과학 연구와 기술 혁신 사이의 관계가 점점 더 긴밀해지고 있다. 둘째, 기술적 생산수단의 계속적인 변형을 통해 발생하는 자본의 공간적·시간적 경제의 변이가 있다. 그리고 셋째, 글로벌 자본주의의 네트워크 내의 유기적 구성요소로서 인간의 수행실적을 지속적으로 가속화할 필요가 있다. 따라서 산업사회에서 시간, 기술, 인간의 삶 간 관계의 발전은 자본의 진화하는 조직적 체제에 의해 설정된 제한 내에서 이루어졌다고 말할 수 있다. 혹은 이를 약간 다르게 표현하자면, 신체화된 존재의 수행적 강화라고 내가 제시한 트랜스휴머니즘의 개념은 원래 상품형태의 기술적 동학 속에 함축되어 있다. 이것은 중요한데, 이러한 입장을 고수하는 것은 신자유주의적 세계관의 핵심인 추상적이고 탈중심화된 개인주의로부터 '기술과학'의 진화를 분리해내는 것이 불가능하다는 것을 의미하기 때문이다. 그것은 또한 지구적 생태 위기를 해결하는 열쇠가 거대-기술 프로젝트에 대한 투자를 자극하는 것이라고 주장하는 '가속주의'라는 발상이 마르크스주의적 정치와 전적으로 양립할 수 없음을 의미한다. 마르크스주의가 정치적 독트린으로서 지속되려면 자본, 기술, 노동 사이의 관계에 대한 이해를 변화시켜야 한다는 것이 분명한 사실이겠지만, 그것은 '기술'이야말로 혁명적 힘으로 동원될 수 있는 잠재력을 지닌 사회적·경제적 실천의 이상적 형태라고 가정한다고 되는 것이 아니기 때문이다(Nergi, 2003; Williams and Srnicek, 2017).

계보학적으로 생각해보면 가속주의의 정치는 본질적으로 신자유주의적인데, 그것이 기술의 위반적 효과를 일, 자유, 효용에 대한 기존의 관념에 의해 결정되는 한계 속에 제한하는 것을 목표로 하는 미적 체제로 진화했다는 의미에서 그러하다. 아마도 이러한 관계를 이해하는 가장 좋은 방법은 하이퍼객체의 제한된 무한성에 대한 티머시 모턴의 발상일 것이다. 우리가 살펴본 것처럼 모턴은 작금의 생태적 비상사태가, 거대하게 확장되었지만 무한하지는 않은 어떤 객체들이 서로에 대해 미치는 상호적 영향으로부터 비롯된 것으로 이해되어야 한다고 주장한다. 이를테면 '자본주의'는 글로벌 기술 네트워크로 진화하여, 첫째로는 상품화의 조건을 지속적으로 변형시키고, 둘째로는 생물권의 자연적 시스템, 인간의 인지적·신체적 능력, 지구상 유기적 생명체의 보철적 통합에 걸쳐 그 흔적이 퍼져 있는 '객체성'을 결정한다(Morton, 2013: 109-116; Morton, 2010: 69-81). 모턴에 따르면 이러한 결합의 파괴적 효과는 초-산업사회 내에서 진화한 거대한 가상-미학적 장치에서 나타난다. 이러한 장치는 자본주의의 미래 조직을 끊임없이 진화하고 끊임없이 개선되는 기술적 삶의 체제로 제시하는 매체인 동시에, 새로운 생태학의 조짐이 출현하는 리비도적 공간이다(Morton, 2013: 161-201). 신자유주의적 상상은 이러한 미적 긴장의 필수적인 부분이다. 그것이 글로벌 자본주의가 자신의 미래를 보철적 인간의 무한히 성과적이고, 생태적으로 책임성 있고, 극도로hyper 생산적인 삶으로 상연하는 미적 형식인 한, 그것은 또한 후기 자본주의 사회의 윤리-정치적 지평이 지속적으로 개조되는 공간이기도 하다. 여기서 요점은 완벽해질 수 있는 개인에 대한 이러한 전망이 기술적 구원이라는 이데올로기의 본질적인 부분이라는 것이다. 이것은 나를 '더 나은' 개인으로 만드는 그러한 기술적 수단은 장기적으로 모두에게도 더 나은 상황을 만들 것이라는 원칙으로 공리주의적 윤리를 축소하게 된다. 스티글레르가『부인류세』The Neganthropocene에서 언급하듯이 트랜스휴머니즘적 주장은 "완벽한 인간에 대한 담론, 즉 [유기적 인류의] 결함, 노에시스라는 디폴트를 없애려는 프로젝트와 유사하다(Stiegler, 2018: 84)." 그러나 신자유주의적 세계관에서 유지되는 완벽해질 수 있는 삶이라는 이상은 서구 민주주의에서 진화해온 추상적 자유와 주권이라는 신화에 그 기원을 두고 있다. 그러니까 보철 및 생의학 기술에 대한 지속적인 투자 증대와 기업가적 위험 감수를 요구하는 지지자들을 지닌 가속주의적 교리는 코스모폴리탄 정치의 매우 모호한 버전에 상응한다.

『탈근대 윤리학』에서 바우만은 그가 말하는 서구의 소비자 경제의 '관리되는 놀이터'와 현대 국가에 의해 실천되는 '낯선 이들에 대한 관리' 사이에 관계가 있다고 주장했다(Bauman, 1993: 153-168). 전자는 소비주의의 영역을 강화한 문화산업의 기술적 확장을 통해서 구성된다. 관리되는 놀이터는 우리가 자유로운 개인으로서 미적 기술에 의해 열린 모든 쾌락으로 즐거움을 누릴 수 있는 곳이다. 바우만이 책을 출간한 1993년 이후 욕망의 '미학화'는 가상 기술, 보철 기술, 생의학 기술의 출현에 따라 급진적으로 강화되었다. 그리고 우리가 보았듯이 '관리되는 놀이터'는 인간 삶의 가변성이 계속해서 조작되고 변형되는 믿을 수 없을 정도로 정교한 공간이 되었다. 바우만이 주장하길, 이처럼 불안정한 공간의 상관물은 자유로운 시장의 역동성과 자유로운 소비자의 활력을 지키는 것에 관심을 둔 정치적 주권의 특정한 형태이다. 이러한 종류의 주권의 주된 관심은 첫째로는 국가가 부, 행복, 욕망의 재생산에 방해물로 작용할 뿐인 낯선 이들로 '넘쳐나지' 않도록 하는 것, 둘째로는 자유와 번영의 천적인 이들에 대한 두려움을 생산하는 것이다. 이러한 이중성은 바우만이 '낯선 이의 아포리아'라고 부르는 것으로, 이들이 민주주의 국가 존립의 주요한 위협인 동시에 존속의 조건으로 나타난다는 사실이다(Bauman, 1993: 159-165). 서구 소비주의의 관리되는 놀이터의 일부인 사람들이 외부로부터 오는 이들에 대한 두려움에 빠져 있는 한에서

2부 신자유주의적 변형들

만, 기술적으로 완벽해진 코스모폴리스적 미래에 대한 관념이 지속될 수 있기 때문이다. 따라서 윤리적 정치의 종말에 대한 바우만의 설명으로부터 4반세기가 지난 후, 국가가 민주주의, 부의 축적, 기술 혁신에 있어 가장 중요한 장소를 보호함으로써 인류 전체를 보호한다고 주장하는 주권의 양상이 출현했다. 8장에서는 인간 삶의 미래에 대한 신자유주의적 표상, 가속화되는 생명정치적 주권, 특히 치명적인 형태의 인종주의, 가부장제, 제노포비아의 귀환 사이의 관계에 대해 살펴볼 것이다.

[8]   권력, 주권, 그리고 억압된 것의 귀환

신자유주의적 상상에 대한 나의 설명에는 부재하는 것이 있다. 아니, 오히려 부재-존재가 있으며, 결국에는 이를 명확히 해야 할 필요가 있다. 이는 신자유주의의 도덕적·법적·정치적·경제적 계율과 동시에 진화해온 정치적 주권 개념이다. 이 장에서 내가 전개할 입장은 신자유주의가 진리의 이상에 대해, 또한 그 이상이 인간의 정치적 통치와 맺는 관계에 대해 특정한 지향을 가지고 있다는 것이다. 이러한 지향은 공리주의 전통에서 비롯하는 것이다. 공리주의는 인간에게 진리에 관한 절대적 확신은 존재할 수 없으며, 그 결과 제대로 구성된 민주주의 조직은 그 입법 선언의 불완전함을 인정하는 것이어야 한다고 보았다(Popper, 1979a; Hayek, 2013). 따라서 공리주의 전통에서 등장한 주권 개념은 첫째로 계몽주의 철학의 이상(과학적 엄밀함, 성찰적 자율성, 개인의 권리 등)과, 둘째로 권력과 합법적 지배에 대한 자신의 신화들을 끊임없이 의문에 부치는, 본질적으로 '근대적'인 권위 개념과 밀접한 관련이 있다. 공리주의 관점에서

'주권'은 모든 개별 입법 행위를 초월하는 규제적 이념으로서, 자유주의 국가의 권위 행사에 지침이 되어야 한다. 따라서 주권의 이상은 특정한 제도, 조직, 기업, 입법 기구의 집합을 통해 실현되는 것이 아니다. 오히려 그 이상은 국가가 다른 국가들 사이에서 자생적 행위자로 존재하는 것을 훼손하지 않으면서, 가능한 한 개인의 차이, 개인의 가치, 개인의 권리를 최대한으로 인정하는 데 있다. 따라서 몽펠르랭 소사이어티가 옹호했던 급진적 자유는 이러한 주권 개념, 즉 인간의 자유가 국가의 문화적·기술적·경제적·정치적 조직을 넘어서는 이상적 영역에 속한다는 생각과 밀접히 관련되어 있음을 알 수 있다.

물론 이러한 최소주의적 정부에 대해서는 주관적 관념론의 도덕 경제와는 다른, 공리주의 특유의 정당화가 존재한다. 예를 들어 칸트 철학에서 국가가 개인의 권리를 존중해야 하는 이유는 이성적 지성이라는 **개념**을 통해 정당화된다. 우리 각자가 실천적 자기입법의 능력을 가지고 있다는 사실은 국가가 시민들의 사유와 행위에 대해 타율적인 영향을 미치는 것을 제한해야 할 충분한 이유가 된다. 사실 인간이 지닌 실천이성에 대한 칸트의 언급은 국가 주권의 궁극적 목적이 인간 개개인에게 피조물의 다양성 속에서 신의 관념에 이르는 길을 찾는 자유를 허용하는 데 있음을 시사한다(Kant, 1991: 203). 반면 공리주의 전통은 시민 개개인의 자유를 보호하는 국가의 역할을 보다 세속적으로 이해하는 경향이 있다(비록 로크, 홉스, 스미스가 묘사한 '자연 상태'와 이것이 사회계약을 형성하는 데 있어 수행하는 역할이 명백히 창조에 대한 종교적 이해에 근거하고 있더라도). 공리주의자들의 도덕적·정치적 경제학은 결국 지금 여기 현세에서 인간의 육체적 삶에 관한 것으로, 개인의 권리, 생산성, 자기 표현,

자유로운 결사의 극대화를 통해 인간 존재의 행복을 증진하기 위한 공식을 제시한다. 정부의 목적은 시민들의 우연적 상호작용을 조율하는 데 있지 않다. 그러한 조율은 인류의 진보를 추동하고 행복의 총합을 점점 더 크게 만드는 예기치 못한 사건들로 인한 창조성을 억제할 뿐이다. 따라서 공리주의 프로젝트의 절묘함은 (a) 경제와 시민사회의 영역을 구성하는 개인들의 자유로운 창조성, (b) 시민들의 행위가 자연 상태의 폭력으로 돌아갈 위험에 의해 규정되는 한계 내에 머무르도록 통제하는 법, 그리고 (c) 독립성이나, 심지어 존재할 권리 자체를 위협하는 다른 국가들 사이에서 하나의 행위자로서 국가가 지닌 주권, 이 세 가지 사이에서 결정적인 균형을 유지하려는 시도에 있다. 따라서 국가의 '주권'은 다른 국가들의 침략이나, 합법적으로 성립된 국가의 권위를 훼손하려는 '내부의 적'들에 맞선 보호자로서의 역할과 관련하여 정의된다. 그 결과 국가의 권력은 언제나 공리주의적 관점에서 세속적 존재의 신성불가침한 원칙들인 결사의 자유와 개인의 권리 원칙에 의해 제한되어야 한다.

니체 계보학의 규율 중 하나는 인간의 신체적·정신적 구조에 심대한 영향을 미치는 것들을 단순히 더 상위의 진리의 과도기적이고 불완전한, 또는 부분적인 현현으로 간주해서는 안 된다는 것이다. 그것들은 오히려 인간이 자신의 운명을 스스로 결정할 수 있는 능력, 또는 적어도 자신이 처한 상황에 힘과 자기 결정을 통해 대응할 수 있는 능력에 미치는 실질적인 결과를 통해 이해되어야 한다. 예를 들어 『도덕의 계보학』은 양심의 진화를, 첫째, '인간'을 동정심의 신성한 불꽃을 부여받은 존재로 명명하는 기독교적 규정과의 관계를 통해, 둘째, '최대 다수의 최대 행복'을 목표로 하는 공리주의적 힘으로서 의지를 경제적·정치적으로 조직하는 과정을 통해 제시한다(Nietzsche, 1990: 168-173). 따라서 계보학적 관점에서 공리주의는 인간 자유의 보편적 형식이 표현되는 권리를, 그리고 또한 그 자유를 개인적 혹은 집단적 폭력의 침해로부터 보호할 수 있는 의무와 책임을 동시에 규정하는 것이 가능하다고 주장하는 '순수한 자유'의 교리로서 발전해왔다. 앞서 보았듯이 로크에서 시작해 벤담, 스미스, 밀의 사상을 거쳐 전개된 영국의 자유주의 전통에서 그 기원을 찾을 수 있는 이 교리는 여전히 막대한 영향력을 발휘하고 있다. 실제로 영미권의 대학들, 독립적인 싱크탱크들, 그리고 국제통화기금과 세계은행 같은 국제기구에서 이 교리는 강력한 영향력을 유지하고 있다. 그러나 자유에 대한 공리주의적 교리와 이에 상응하는 최소주의적 주권 개념은, 이것이 하나의 세계관으로 자리 잡음으로써 불러온 상반된 힘들과 사상들에 의해 항상 끊임없이 흔들려왔다. 이는 조르주 바타유에게서 욕망이 합리화될 때 언제나 나타나는 '저주받은 몫'과 유사하다. 이는 공리주의적 계산을 통해 삶을 분석적으로 조직할 때 결코 완전히 제거될 수 없는 잉여적 차이이며, 이 차이는 (개인과 국가 모두의) 합리적이고 자기결정적인 주권 경험을 끊임없이 불안정하게 만든다(Bataille, 2013: 19-41). 이러한 '타율적' 형식들 중 가장 자명한 것은 물론 마르크스주의를 통해, 또한 마르크스주의 이전과 이후의 여러 형식들을 통해 발전해온 사회주의이다. 이에 대해 논의하기에 앞서, 먼저 헤겔이 그의 철학적 저작 전반에 걸쳐 전개한 자유주의에 대한 비판을 살펴보고자 한다.

매우 단순화해서 말하자면 헤겔의 자유주의 논의는 두 극 사이를 오간다. 『대논리학』에는 공리주의의 본질인 계산을 통한 존재의 규정이 절대정신의 실체로부터 언제나 주관적으로 소외되어 있는 개인주의의 무매개적 형식을 재생산한다는 생각이 표현되어 있다(Hegel, 1969: 408-443). 『정신현상학』에서는 이렇게 고도로 개인화된 주체가 헤겔이 근대성의 결정적 특징이라 본 윤리적 혼란의 감각과 어떻게 공모하는지가 다양한 방식으로 묘사된다. 따라서 예를 들어 (『정신현상학』 '정신' 장의 B 부분에서) '자기소외된 정신'에 대한 헤겔의 서술은 인간이 생리적 욕구의 총합으로 환원되는 과정을 보여주는 '계몽주의' 비판에서 시작하여, '인간의 권리'에 대한 주장이 강박적인 문화적 정화 과정으로 변모했던 프랑스혁명으로 이어진다(Hegel, 1967a: 559-610). 헤겔이 강력히 주장하는 것은 프랑스 계몽주의가 (자연과학과 생물학의 확장에 따라) 인간의 물질성을 강조함으로써 문화로부터 정신이 완전히 제거되었다는 것이며, 그 결과 정부의 기술적-행정적 기능이 윤리적이고 종교적인 공동체의 직관적 형식으로부터 벗어나게 되었다는 점이다. 헤겔에게 이는 자코뱅 공포정치의 근본 논리이자, 프랑스혁명이 감정도 동정심도 종교성도 없는 절대 주권으로 전락한 이후 자유주의의 기초적 계율을 다시 개혁하고자 시도했던 칸트의 근본 논리였다(Hegel, 1967a: 599-610). 헤겔에 따르면 칸트가 실천이성을 특정한 행위의 준칙이 자율적 주체성, 즉 '나=나'라는 개념과 일치하는지의 문제로 파악한 것은 윤리적 삶 전체의 맥락을 개인의 자기 결정의 형식적 조건 속에 구축하고자 한 시도이다(Hegel, 1967a: 439-453). 헤겔의 요점은 칸트의 도덕 철학이 사실상 인간 사회를 이기적 욕망의 어느 정도 효율적인 균형으로 환원하는 공리주의적 사고와 공모 관계에 있다는 것이다. 헤겔은 인륜성 Sittlichkeit의 실체를 구성하는 정동과 상징, 미적 관계에 대한 집단적 인식이 없다면 시민사회는 총체성의 집단적 삶을 고려하지 않는 변덕스러운 개인적 행위들로 붕괴되는 경향이 있다고 주장한다(Hegel, 1967a: 130).

질리언 로즈Gillian Rose가 헤겔 철학의 사변적 차원에 관한 저작
에서 지적한 것처럼, 헤겔의 칸트 비판은 공동체적 삶의 실체적인
제도적 표현에 의존하지 않고도 도덕적으로 스스로 방향을 잡을 수
있는 '순수 자유'의 개념이 어떤 행위도 정당화할 수 있음을 보여준
다는 점에서 중요하다(Rose, 1981: 150-154). 즉 자유방임적 자유주의를
뒷받침하는 도덕적 자율성과 형식적 자유의 이념은 맹목적이고 타
율적인 필연성의 영역(경제적 욕구의 체계)의 재생산에 연루되어
있으며, 이는 국가의 존재를 정당화하는 1차적인 근거로 나타난다.
또는 달리 표현하면, 국가의 정당한 주권은 경제에서 실현되는 자유
의 원칙을 결코 타협하지 않는다는 조건에 달려 있다고 간주되는 것
이다(Hegel, 1967b: 127-134). 이러한 논의는 사실상 마르크스가『독일 이
데올로기』의 '소유에 대한 국가와 법의 관계' 장에서 제시한 주장과
매우 가깝다. 마르크스는 이렇게 말한다.

> 민법에서 기존의 재산 관계는 일반 의지의 결과로 선언된
> 다. '사용하고 소비할 권리'jus utendi et abutendi는 한편으로
> 는 사유재산이 공동체로부터 완전히 독립되었다는 사실
> 을, 다른 한편으로는 사유재산이 사적 의지, 즉 자의적인
> 처분에 기초하고 있다는 환상을 주장한다(Marx, 1977a: 81).

마르크스의 주장에 따르면 '부르주아 사회'의 법적 토대는 계약
이며, 재산 소유의 조건을 규정한 '법학자들'은 재산이 성립하는 근
거가 되는 수탈 행위를 시민사회의 상호 의무 속에서 사라져버리는
순간으로 처리했다. 따라서 부르주아 국가의 주권은 본질적으로 개
인적 자율성에 대한 주관적 관념론의 개념과, 또한 사회적 관계들

을 적절히 통치하기 위해서는 그것들을 외부의 강제보다는 자유의 지의 표현으로 간주해야 한다는 생각과 관련되어 있다. 물론 마르크스에게 헤겔은 시민사회의 현실을 물질적이기보다는 정신적인 것으로 간주한 '법학자' 중 한 사람으로 남아 있었으며, 그럼으로써 순수한 자유라는 신화를 묵인한 셈이었다(Marx, 1977b: 96-109). 그럼에도 불구하고 마르크스와 헤겔의 입장은 자유주의적 주권 개념에 있어 중요한 지점을 강조하고 있는데, 주권은 스스로 주장하는 바 그대로일 수 없으며, 주권이 비합리적이거나 그릇되었다고 할 수 없고, 또는 단순히 명백한 악이라고 여기는 타율적 요소들로부터 벗어나지도, 그것들을 완전히 흡수하지도 못한다는 것이다.

물론 마르크스도 헤겔도 자유주의 철학이 상정하는 법적 권리를 단순히 환상이라거나 인간 자유의 본질에 대한 왜곡이라 여긴 것은 아니다. 그들 모두 개인의 권리와 윤리적 책임을 공식적으로 성문화하는 것이 어떤 형태의 인간 사회를 구성하는 데에도 필수적인 부분임을 인식했다. 그러나 요점은 두 사람 모두 자유주의 전통(독일의 주관적 관념론자들, 프랑스의 계몽철학자들, 영국의 공리주의자들)에서 제시된 순수 자유의 원칙들이 항상 그 구체적인 내용을 형성하는 경제적·정치적·종교적·문화적 역사와 얽혀 있다고 보았다는 것이다(Hegel, 1967a: 439-443; Marx, 1977a: 64-95). 예컨대 헤겔은 공포정치의 파국을 프랑스 계몽주의가 교회로 대표되는 직관적 초월성을 완전히 거부한 결과로, 또한 사회적 삶을 최대 다수의 최대 행복이라는 '과학적' 계산으로 환원하려는 자코뱅의 결단의 결과로 제시한다. 헤겔에게는 공안위원회가 앙시앵 레짐의 저항 세력에 가한 폭력은 형식만 남은 자유의 교리가 도덕적 감정이나 윤리적 구속 없는 순수히 전제적인 가치 계산이 되어버린 결과였다(Hegel, 1967a: 599-610). 따라서 헤겔의 변증법적 역사의 관점에서 볼 때, 공포정치 이후 개인의 삶의 절대적 가치를 회복하려는 칸트의 시도는 순수 자유의 교리가 절대적 한계에 부딪히는 지점이다. 칸트가 실천이성의 토대로서 옹호하는, '나=나'라는 형식적 원리는 그 문화적 형성이 만들어낸 혼란스럽고 비도덕적이며 이질적인 욕망의 영역으로부터 독립성을 유지할 수 없다(Hegel, 1967a: 439-453). 물론 마르크스에게 있어서 『독일 이데올로기』 전반에 걸쳐 집요하게 다루어진 부르주아 개인주의의 위선이 정신의 사변적 동일성의 왜곡으로 이해되어서는 안 된다. 오히려 인간 사회에 대한 순수한 법학적 개념에서 파생된 국가, 교회, 개인, 시민사회의 상대적 주권은 그것이 유지되도록 기능하는 자본주의적 생산양식의 요소들로 이해되어야 한다. 다시 말해 부르주아-관념론적 사상에서 비롯한 정치적 주권 개념은 경제적 필연성의 변덕스러움에 종속되어 있는 사람들(프롤레타리아)로부터 보호되어야 하는 추상적 권리와 의무의 체제(시민사회)를 가리킨다.

인간 사회의 발전 궤적에 대한 견해 차이에도 불구하고 헤겔과 마르크스는 모두 자유주의가 자유 개념과 그 안티테제를 형식화하는 추상화 과정을 이해하고 있었다. 3장에서 살펴본 것처럼 바타유의『헤겔, 죽음과 희생』은 인간 존재의 모든 에로틱-미학적인 잠재력을 인륜성Sittlichkeit의 통일로서 통합하려는 헤겔의 시도가 제한경제에서 해소될 수 없는 잠재적으로 해방적인 죽음의 감각을 내포하고 있음을 보여주고자 했다. 다시 말해 죽음의 저주받은 몫은 항상 세속적 지배를 선언하는 진리의 체제를 불안정하게 만들기 위해 돌아온다. 인간의 만족과 욕망을 계획된 집단 노동의 수행 속에서 총체화하려는 마르크스의 시도에 대해서도 마찬가지의 말을 할 수 있다. 따라서 바타유의 주장은 헤겔의 '정신' 개념의 내재성도, 마르크스의 '유기적 노동' 개념도 주권적 권력으로서 자기 붕괴의 원인이 되는 (이성적 신앙, 감성, 종교성, 사랑과 같은) 삶의 특정한 위계를 규정하는 것을 피할 수 없음을 함의한다(Bataille, 2013: 147-168). 바타유에게 이는 진리의 체계적 조직으로서 규정된 어떤 형태의 '주권'도 선험적으로 세속적 불멸의 진정한 형태로서의 존재를 위협하는 리비도적 욕망의 근원이라는 것을 의미한다. 그러나 바타유의 욕망의 일반 경제는 개인적 욕망과 생산적 활동, 그리고 국가의 세속적 권위를 통합하는 데 어떤 체제가 가장 성공적이었는지에 대해 질문을 제기하게 한다. 『저주받은 몫』 1권에서 그는 마셜 플랜이 제2차 세계대전 이후 미국 경제가 직면했던 고립된 경제 성장의 한계에서 비롯한 것으로 이해되어야 하며, 미국이 세계적 헤게모니를 유지하기 위해서는 국내총생산을 끊임없이 증가시켜야만 한다는 자명한 요구를 넘어서는 전략(서유럽 경제에 130억 달러를 지원하는 것)이 필요했다고 주장한다(Bataille, 1991: 181-182). 여기서 중요한 점은 바타유가 미국 경제에서 최대한의 강도에 도달한 것으로 보이는 '순수한 자유'의 관계에서 암묵적으로 세계주의적인 형태의 욕망이 나타나고 있음을 포착했다는 것이다. 그러나 나의 요점은 그러한 세계주의적 증여 경제의 출현 가능성은 첫째로 바타유가 묘사한 맹목적으로 축적하는 기술적 자본화 모델의 지속성과, 둘째로 신자유주의적 주권의 특징인 내부와 외부, 폴리스polis와 코라khôra의 변증법을 형성해 온 강력한 미적 양식들과의 관련 속에서 이해되어야 한다는 것이다.

그렇다면 우리는 신자유주의적 상상이 자본주의적 민주주의의 실질적 주권에 미친 영향을 매우 주의 깊게 살펴봐야 한다. 시민사회가 어떤 대가를 치러서라도 보호되고 확장되어야 하는 순수한 기술적 수행의 영역으로 간주된다면, 그에 따른 필연적 귀결은 자유

  2부 신자유주의적 변형들

주의 국가들의 기본적인 입장이 생명정치적 보호주의가 된다는 것이다. 조르조 아감벤이 『호모 사케르』에서 지적했듯이 지구상에서 가장 부유한 국가들에 접근하는 난민, 망명 신청자, 이민자들은 이제 그들의 생리적·역학적·생식적 특성이라 추정되는 것에 근거하여 점점 더 엄격해지는 배제 체제의 지배를 받고 있다(Agamben, 1998: 160-166). 이에 따라 서구 자본주의 사회 밖에서 살아가는 인류의 저주받은 몫은, '국경 너머'에서 일어나고 있다고 여겨지는, 인종, 젠더, 섹슈얼리티, 질병, 종교의 교차 지점들에 집착하는 정치적 미학 속으로 흡수되어왔다. 따라서 이어지는 절들에서는 ① 자본주의 근대성과 인간 삶의 기능적 환원 간 관계의 역사를 추적하고, ② 신자유주의가 스스로를 나치즘과 파시즘, 공산주의에 대한 실천적 반박으로 제시하는 방식을 검토하며, ③ 신자유주의적 세계관과 그것의 주권을 규정하는 '불가피한 적들' 사이의 관계를 분석할 것이다.

파시즘, 생명정치, 자유민주주의

데리다는 마르틴 하이데거에 관한 책 『정신에 대해서』Of Spirit에서 하이데거의 악명 높은 국가 사회주의 연루에 대해 언급했다.

> 나치즘은 사막에서 탄생한 것이 아니다. 우리 모두는 이를 알고 있지만, 끊임없이 상기해야 한다. 그리고 그것이 사막과는 거리가 먼 유럽의 숲속 고요함 속에서 버섯처럼 자라났다고 해도, 큰 나무들의 그늘 아래에서, 그들의 침묵과 무관심의 보호 속에서, 그러나 같은 토양에서 자라났

을 것이다(Derrida, 1991: 109-110).

데리다의 지적은 하이데거의 근본적 존재론과 관련하여 매우 구체적인 것으로, 기술적 근대성이 초래하는 비인간화 효과를 따라다닌다고 여겨지는 '정신' 개념으로의 암묵적인 회귀가 바로 그로 하여금 국가 사회주의의 기본 원칙에 어떤 메시아적 의미를 부여하게 만들었다는 것이다. 살펴본 것처럼 데리다는 이러한 정신 개념이 자유와 주권, 윤리, 미학이라는 이상의 모체로서, 또한 인류를 운명짓는 파국적 사건들 이후에도 윤리적 공동체에 대한 탐색을 다시 시작하기 위해 끊임없이 되돌아오는 잔여로서 서구 철학에 언제나 존재해왔다고 주장한다. 그렇다면 데리다의 하이데거 독해, 특히 기술 근대성의 방향 감각 상실 효과로부터 우리를 구원할 수 있는 동력으로서의 '정신'에 대한 그의 생각은 어떤 의미에서는 헤겔 철학을 죽음의 연대기로 독해하는 데서 비롯한 것일 수 있다. 데리다의 주장에 따르면 헤겔의 '정신'은 역사적 시간이 주기적으로 격렬히 불타오른 뒤에, 각 시대의 선의 정수를 보존하는 '숭고한 발산'으로서 스스로를 구성한다(Derrida, 1991: 99). 이러한 정신 개념을 불러옴으로써 하이데거는 데리다가 보기에 그의 철학의 핵심적인 통찰, 즉 '존재'를 그가 '존재자'라 지칭한 유한성의 양태들(법, 폴리스, 문화, 개인, 윤리, 가족, 종교 등)로 분배하는 것은 언제나 인간의 궁극적 책임으로서 '존재'의 타자성을 드러낸다는 통찰을 배반했다. 하이데거의 정신으로의 '전회'는 그의 사유의 방향 전체를 바꾸어놓았다. 현존재의 소명은 자신의 '세계-내-존재'를 물음에 부치는 것으로부터 기술 사회의 문화를 괴롭혀온 실존적 불안을 극복하기 위한 불타는 민족주의적 영감으로 변모하였다(Derrida, 1991: 107-113). 다시 말해 정신의 진화에 내포된 죽음과 회복의 논리는 1920년대 말, 1930년대 초 하이데거에게 진정으로 **민족적인** 문화를 재건하고 민족국가의 원초적 유대를 회복하려는 국가 사회주의자의 열망에 활기를 불어넣는 구원의 힘으로 보였다.

이는 여러 이유로 논쟁적인 주장이다. 먼저 데리다의 헤겔 독해가 헤겔의 정신 개념을 정당하게 묘사하고 있는지에 대한 문제제기가 있다. 특히 질리언 로즈는 이 점에서 데리다를 강하게 비판했다. 데리다가 죽음의 회복적 운동을 통해 헤겔의 형이상학이 형성된다고 이해한 것은, 실제로는 인륜성이라는 아포리즘적 총체성 내에서 구현된 자기의식이 지속적으로 변형되는 과정이라는 것이다. 둘째로 데리다의 해체적 기획이 하이데거가 존재라는 개념에 기웃거리며 빠져들었던 과도함과 구별될 수 있는 것인지에 대한 의문이 있다(Rose, 1993: 65-87). 데이비드 하비와 위르겐 하버마스는 이것이 불가능하며, 차이의 해체적 윤리와 정치를 추구하려는 데리다의 시도는 사회 정의를 위한 합리적-담론적 토대를 확립할 수 없다고 주장해왔다. 따라서 우리에게는 주권적 권위의 원천으로서 힘과 카리스마에 호소하는 '하이데거적' 전략만 남게 된다(Harvey, 1990: 328-259; Habermas, 1994: 161-184). 그러나 내가 보기에는 두 가지 문제제기 모두 데리다의 하이데거 비판의 핵심을 놓치고 있다. 첫째로 로즈의 주장은 데리다에게 근대성의 아포리즘적 구조에 대한 개념이 없다는 것이고, 둘째로 하버마스와 하비의 주장은 데리다가 민주주의의 윤리적이고 정치적인 실천을 조직하는 방법에 대해 어떤 지침도 제시하지 못한다는 것이기 때문이다. 주권의 신화적 본성, 서구 형이상학을 구성하는 은유와 담론의 경제, 국가의 성립에 내포된 환대의 정치에 대한 데리다의 언급들은 주권의 정치적 실천이 그의 철학의 주요 관심사 중 하나임을 명백히 보여준다. 따라서『정신에 대해서』에서의 하이데거 독해는 반복해서 되돌아오는 파시즘에 대한, 즉 근대성의 기능적·기술적·과학적 전개 속에서 인종과 섹슈얼리티, 젠더, 역사, 운명이 신화적으로 구성되는 것이 반복되는 방식을 형상화한 것으로 이해되어야 한다. 정신을 대화재로 비유한 데리다의 수사가 보여주는 것은, 우리가 파시즘 정치의 유혹을 끊을 수 없다는 것, 나치 학살 이후에도 파시즘의 죽음과 복종에 대한 숭배를 근대사회의 합리적-의사소통적 네트워크로 흡수하는 것은 불가능하다는 것이다(Derrida, 1991: 120-122).

자본주의와 근대성, 그리고 정치적 권위를 구성하는 데서 반복되는 특정한 파시즘적 비유 사이의 관계에 대한 나의 접근은 정신의 인종주의적이고 가부장적이며 민족주의적인 공모 관계에 대한 데리다의 논의와 맞닿아 있다. 그러나 내가 발전시켜온 계보학은 베르나르 스티글레르를 따라 자본주의적 민주주의의 사회적·경제적·정치적·미적 관계에 미치는 기술의 영향력을 강조했다. 특히 나는 신자유주의가 어떻게 후기 자본주의 사회에 특징적인 기술적 변혁을 문화적이고 미적으로 재현하는 해석 체계로서 등장했는지를 보여주었다. 이 절에서는 계몽주의 합리성, 기술자본주의, 근대성의 정치사를 끊임없이 따라다녀온 '피와 땅'의 신화와 원초적 정체성으로의 회귀 사이의 관계가 어떻게 전개되는지 살펴볼 것이다.

『암흑의 대륙』에서 마크 마조워는 양차 대전 사이의 기간을 승리한 제국주의 열강(주로 영국과 프랑스)이 자유방임 경제로 돌아가려는 욕망과 1차 대전 동안 자본주의 국가들이 발전시켜온 조직력이 계속해서 확대되는 상황 사이의 긴장이 점점 고조되는 시기로 특징지었다(Mazower, 1998: 106-110). 마조워는 이 긴장이 탈식민지화의 시작과, 미국에서의 기술자본주의 가속화, 그리고 1920년대 중반부터 시작된 세계 경제 공황에 따라 유럽 경제에 가해진 압력으로 인해 더욱 심화되었다고 지적한다(Mazower, 1998: 114-116). 따라서 1차 대전 이전 유럽을 지배했던 공리주의적 자조와 개인적 책임의 체제로 돌아가려는 프랑스와 영국의 노력은 1945년 이후 그 체제가 어떻게 지속되고 발전했는지를 이해하는 데 있어 결정적인 자유주의 정치와 경제 철학의 위기의 일부로 보아야 한다. 어떤 면에서 마조워가 '정상성'이라 칭한, 1914년 이전 세계로 돌아가고자 하는 노력은 산업화된 전쟁의 전례 없는 충격 속에서 상실된 무언가, 즉 19세기 제국 문화의 기반이었던 도덕적 개인주의에 대한 어떤 향수를 드러낸다(Mazower, 1998: 106). 앞서 보았듯이 이러한 유형의 개인주의는 합리적 주권이라는 특정한 이념을 (지성의 형식적 개념에서든, 자기의 체화된 삶을 향한 정신의 성찰적 지향에서든) 전제하는 것으로 특징지어지며, 이러한 이념은 다시 국가 권위와 법적 권리의 조건으로 제시된다. 이와 같은 실천적 자유 개념은 19세기의 윤리와 정치에 막대한 영향을 미쳤다. 이 개념은 어떤 사회든 정치적·윤리적으로 과중한 입법으로 짓눌리게 된다면 경제적 활력을 잃고 시민들의 도덕적 자율성을 상실할 수밖에 없다는 생각의 토대를 이루었다. 하지만 이러한 유형의 개인주의는 언제나 스스로 감당할 수 없는 실질적인 결과들을 야기했다. 경제적·과학적·기술적 혁신을 추동하는 과정에서, 효용성과 도덕Moralität의 원리가 산업주의와 자본화의 조직적 필연성과 점점 더 구별되기 어려운, 진화하는 장치를 만들어낸 것이다. 따라서 우리는 이 과정이 두 차례 세계대전 사이 유럽에서 어떤 방식으로 전개되었는지 검토할 필요가 있다.

확실히 바이마르 공화국의 형성과 뒤이은 붕괴, 그리고 프랑크푸르트학파가 전개한 근대성 비판 사이의 관계에는 대단히 중요한 무언가가 있다. 프랑크푸르트학파는 1923년 칼 그륀베르크Carl Grünberg의 지도 아래 결성되었으며, 초기부터 근대 사회에서 산업화 과정과 기술 발전, 문화의 운명 사이에 발전하는 관계에 관심을 기울였다. 프랑크푸르트학파는 그 시작부터 자본주의와 기술 혁신의 결합 속에서 나타나는 최신의 전개 과정을 추적하는 데 관심을 두고 있었다. 따라서 자본화 과정에 대한 프랑크푸르트학파의 비판이 놓여 있는 개념적이고 역사적인 지평은, 호르크하이머와 아도르노가 '문화산업의 수도'라 지칭한 곳, 미국이었다. 프리드리히 폴록Friedrich Pollock과 아도르노, 호르크하이머가 미국으로 이주했던 것은 그들의 비판이론이 세계에서 가장 발전한 산업 체제와, 유럽 전반에서, 특히 바이마르 공화국에서 무질서하고 불균등하게 전개된 기술자본주의 사이에서 움직였음을 반영하는 것이다. 『계몽의 변증법』이 단지 호르크하이머와 아도르노가 1930년대 할리우드에서 발전한 산업 문화에 대해 느낀 환멸감을 반영하고 있을 뿐이며, 이들이 이를 만일 유럽이 제1차 세계대전에 따른 문화적·경제적·정치적 위기를 극복할 경우 맞닥뜨리게 될 운명으로 여겼다고 보는 것은 지나치게 단순한 시각이다. 오히려 1930년대 후반 뉴욕 망명 시절에 쓰인 이 책의 구조는 미국에서 나타난 완전히 통합된 형태의 기술 자본주의와 유럽에서 이루어지고 있던 미흡한 사회경제적 변혁의 시도 사이를 오가는 전개를 나타내고 있는 듯하다. 달리 말해 이 책의 서술은 자본주의와 기술과학적 이성이 맺어온 역사적 관계('계몽의 개념'), 할리우드에서 생겨난 무한히 완벽해질 수 있는 미적 생산 체제('문화산업'), 그리고 윤리적 삶이 급격히 붕괴하면서 발생하는 개인의 폭력적인 심리적 왜곡 가능성('반유대주의의 요소들’)을 동시에 추적하고 있다.

'계몽의 개념'을 먼저 살펴보면, 호르크하이머와 아도르노에게 기술 혁신과 자본화 사이의 관계가 상품 형태의 본질로서 확립된 것은 유럽에서라는 점을 알 수 있다. 계몽 철학은 자기의식이 그 자체로 목적으로서 간주되어야 한다는 요구를 표현하고 있음에도 불구하고 결국 권력의지의 형식화로 귀결된다. 다양한 갈래의 과학적 지식이 증대됨에 따라 자연에 대한 인간의 통제 능력을 증진시키는 기술이 발전하였고, 그 결과 자연을 자본화할 수 있는 가능성 또한 높아졌다. 이것이 바로 호르크하이머와 아도르노가 계몽주의를 비판하는 핵심으로, 동일한 도구적 이성이 생산 조건에도 적용된다는 점이다. 사회적·경제적 관계의 총체적 통합은 운동하는 물질의 양자라는 유물론적 존재론에서 파생된 속도, 효율성, 표준화의 기준에 따라 사고된다. 따라서 부르주아 사회의 발전은 그 시작부터 공리주의자들이 경제적 생산성을 촉진하는 동력으로 여긴 개인적 자유와, 인간 주체(신체와 정신 모두)가 자본의 생산 장치에 보편적으로 통합되는 것 사이의 긴장이 전개되는 과정이었다(Horkheimer and Adorno, 1986: 36-42). 마셜 매클루언이 지적했듯이 이 과정은 언제나 18세기와 19세기에 발달한 기록 장치(인쇄술, 사진술 등)를 통해 개인 주체를 형성하는 과정을 포함했다(Mcluhan, 2005: 1-80). 다시 말해 상업 사회와 초기 산업사회에서 진행된 개인화 과정은 갑자기 생겨난 것이 아니라, 이미 인쇄 문자라는 정서법적orthographic 경제를 통해 시작된 주체 형성의 변화들을 거쳐 발전해온 것이었다. 여기서 요점은 개인의 특수한 욕망을 표현할 수 있는 상징 형식인 '문화'의 발전이 합리적 자본주의의 기능적이고 경제적인 필연성에 점점 더 종속되어간다는 사실이다.

호르크하이머와 아도르노가 『계몽의 변증법』에서 제시한 문화산업론은 1920~1930년대 미국에서 형성된 미적 정동과 신체적 욕망, 경제적 생산성이 고도로 합리화된 방식으로 조직화된 결과물이다. 물론 2차 대전이 시작될 당시 미국 경제는 여전히 불황에 빠져 있었기 때문에, 문화산업이 대공황에 대한 기적적인 해독제로서 등장했다고 가정해서는 안 된다. 그러나 루즈벨트의 뉴딜 정책은 실업률을 낮추면서 생산성을 높이기 시작했고, 호르크하이머와 아도르노는 이 맥락에서 문화산업이 막 등장하고 있는 대중 사회의 네트워크에서 개별 주체들의 정신적 구조를 조작할 수 있는 엄청난 잠재력을 가졌다는 점을 인식했다. 순응의 미학은 최악의 상황도 견딜 만하게 보이게 하고, 사랑과 희생에 대한 가장 조잡한 묘사조차 매력적으로 보이게 하며, 가장 위선적인 권위 수행도 카리스마 있게 보이게 할 수 있다. 할리우드 뮤지컬, 갱스터와 카우보이 영화, 틴 팬 앨리 재즈 문화는 문화적·경제적 삶의 일종의 '윤리적' 기반을 지탱할 수 있는 허구적 개인주의의 토대를 형성했다. 그러나 유럽에서 이와 같은 문화산업을 통한 미적 개인화 과정은 더욱 문제적이었는데, 식민지 역사와 정체성이 깊이 얽혀 있는 옛 제국주의 국가들에서 특히 그러했다. 바이마르 공화국이 물론 이 경우에 해당했다. 바이마르 공화국에서는 연합국이 요구한 전쟁 배상금과 1차 대전에서 독일의 패배에 따른 문화적·정치적 혼란으로 인해 대공황의 영향이 더욱 증폭되었다. 따라서 『계몽의 변증법』의 '반유대주의의 요소들' 장은 첫째로 도덕적 개인주의 문화를 재생산하는 데 필요한 물질적 조건들이 사회의 총체성에 전체적으로 영향을 미치는 급진적인 무질서 상태에 빠질 때, 둘째로 이렇게 만연한 혼란이 야기한 정신적 트라우마가 문화산업의 대중적 미학을 통해 표출될 때, 도덕적 개인

　　　　　　　　　　　　　　　　　2부 신자유주의적 변형들

주의 문화에 어떤 일이 발생할 수 있는지에 대한 설명을 제시하고 있다. 독일 민족의 집단적 활력을 묘사한 리펜슈탈의 〈의지의 승리〉나, 유대인의 인종적 타락을 묘사한 히플러의 〈영원한 유대인〉 같은 나치 선전 영화들은 바이마르 공화국을 가로질러 나타난 경제 위기와 사회적 합의의 위기를 독일과 아리아 민족의 역사적 정신의 위기로 변모시키는 데 기여했다(Horkheimer and Adorno, 1986: 168-208; Derrida, 1991: 99-113).

아도르노에게 1930년대 바이마르에서 일어난 일들은 대중문화의 표준화된 미적 형식을 통해 사회적 결속의 메커니즘을 관리하는 사회들이 가지게 되는 고질적인 가능성을 드러내는 것이었다. 아도르노는 후기 저작, 특히 『부정변증법』에서 후기 산업사회는 표준화된 소비주의적 '정상성'이 주는 만족과, 그 과정에 내재된 심리적 트라우마를 주기적으로 인종, 민족, 국민이라는 반동적 신화로 전환시키는 것 사이에서 치명적으로 동요하는 것으로 특징지어진다고 주장했다(Adorno, 1990: 361-408). 이 운동 내에서 법의 힘과 주권의 구성은 문제적이다. 법적-합리적 시민이라는 이상은 자유의 장으로서 국가의 존속을 위협하는 자들을 배제하고, 규율하고, 감시하며, 파괴하는 국가의 기술적-도구적 권력에 어느 정도는 항상 연루되어 있기 때문이다. 따라서 히틀러의 권력 '장악'이 쿠데타에 의한 것이 아니었다는 점, 힌덴부르크가 1933년 3월 전권 위임법을 통해 그를 총리로 임명했다는 점을 인식하는 것이 중요하다. 이는 나치당(NS-DAP)에 독일 민주주의의 법적 구조를 변화시킬 수 있는 정당성을 부여했다는 점에서 중대한 의미를 가진다. 1935년 시행된 뉘른베르크법은 '독일 혈통'에 대한 증명을 근거로 하는 시민권 개념에 기초함으로써, 인종적이고 생명정치적인 '민족공동체'Volksgemeinschaft

의 이상에 부합하지 않는 모든 사람들의 지위를 완전한 시민이 아닌 '국가의 신민'으로 변화시켰다(Pinson, 1966: 485-511). 이로써 유대인과 독일 시민 간의 결혼과 성적 관계를 규제하고, 유대인이 법조계나 학계, 의료계에 종사하는 것을 금지하는 일련의 '조항'들이 작성되었다. 아감벤이 지적한 바 있듯이 히틀러 정권 내내 나치 법학자들은 '아리아인'인 독일인과 비유대인이자 비아리아인, 그리고 유대인 사이의 모든 관계에 대해 정확한 법적 지위를 규정하고자 하는 노력에 집착했다(Agamben, 1998: 26-42). 실제로 1942년 1월 '유대인 문제'에 대한 '최종 해결책'Endlösung을 논의했던 반제 회의는 유럽의 유대인 집단에 대해 곧 이루어질 학살의 '합법성' 문제에 사로잡혀 있었다. 예컨대 한스 글롭케Hans Globke와 『독일 인종법 주석서』를 공동 저술한 법률가 빌헬름 슈투카르트Wilhelm Stuckart는 '혼혈' 독일인의 경우 즉결 처형하기보다는 강제 불임 수술을 해야 한다고 주장함으로써 회의 과정에 기묘한 법적 휴머니즘의 색채를 도입했다(Pinson, 1966: 579).

여기서 요점은 주권과 민주적 자유라는 자유주의적 이상의 정수인 합법성의 형식적 개념이 기술적 근대성하에서 발전해온 사회적·심리적·경제적·문화적 조건들에 대해 주권적 지배를 확립할 수 없다는 것이다. 리오타르의 용어를 빌리자면 노동, 문화, 도덕적 개체화, 정동적 욕망, 미적 감수성의 체제를 통제하게 된 미디어-기술과학적 장치와 법 체제 사이에는 '쟁론'differend이 존재한다(Lyotard, 1988: 1-46). 이는 근대 자본주의 사회가 도덕 문화와 경제적 불평등, 정치적 주권에 전례 없는 위기를 초래하는 경향을 이해하고자 한다면 첫째로 이러한 위기들이 '윤리적 삶'의 기준들을 끊임없이 변화시키는 기술과학적 발전에 의해 발생한다는 점을, 둘째로 그 위기들은 전례 없다는 사실에서 비롯하는 실존적 심각성을 지니고 있다는 점을 인식해야 한다는 뜻이다. 바로 이와 같은 방향 상실에 대한 환상적 감각을 포착하고자 했던 것이 발터 벤야민의 '지금시간'Jetztzeit 이라는 개념이다(Benjamin, 1992: 249). 이러한 관점에서 볼 때 1차 세계대전의 종전과 2차 세계대전의 발발 사이 바이마르 공화국에서 일어난 일들(초인플레이션, 참혹한 수준의 실업률, 심각한 사회적·문화적 혼란)은 유럽 민주주의 역사에서 하나의 위기점으로 여겨져야 한다. 위기의 규모와 속도, 다차원적인 영향력이 산업화된 세계에서 전례가 없었던 만큼, 이를 계몽주의에서 비롯한 도덕 문화와 윤리적 삶의 철학적 역사와 더불어 시장 경제의 규제 효과에 대한 공리주의 이론이 사회의 대중적 삶과 접점을 잃은 시점이라 보아도 무리는 아닐 것이다. 합리적-도구적 근대성은 사회의 상징적 질서에 너무나 거대한 단절을 일으켜, 통제 불능의 기술 시스템을 관리하는 것과 민족의 정신적 쇠퇴를 되살리기 위한 미적 형식을 조작하는 것에만 관심을 두는 기술 관료적 장치로 국가를 변모시킨 것처럼 보였다(Benjamin, 1992: 234-235). 따라서 바이마르에서 일어난 사건들은 자유주의적 자본주의 국가들이 문화산업의 기술을 통해 끊임없이 강화될 운명에 처한 소속감의 신화를 재구성함으로써 위험과 기술로 인한 방향 감각 상실의 경험에 대응하는 경향을 드러낸다는 점에서 비극적 의미를 지닌다.

하이에크, 폰 미제스, 프리드먼을 비롯한 몽펠르랭 소사이어티의 회원들이 윤곽을 그린 급진적 자유지상주의 관점에서 보자면, 서구의 주권이 미적이고 기술 관료적인 개입 체제로 퇴락한다는 견해는 완전히 잘못된 것이다. 사실 이는 형식적 합법성과 성찰적 자유의 영역을 미적 형상화의 타율적 정동 아래에 포섭하는 '신자유주의적 상상'에 대해 이야기하는 데 내재한 모순을 드러낼 수 있다. 그러나 인간의 취약한 육체적 실존, 사회적 삶의 상징적 질서, 필멸성에 대한 집단적 인식 사이의 관계는 계보학적 관점에서 볼 때 서구 근대성의 정치경제를 이해하는 데 있어 매우 중요하다. 1933년 이후 독일을 새롭게 부흥시키는 데 나치의 인종적 프로파간다가 지녔던 놀라운 효과는 부르주아 민주주의에서 법의 힘, 그리고 '타자'를 인간 이하의 존재로서 재현하는 신화적–미적 기형학teratology 간의 공모 관계를 드러낸다. 이어지는 절에서는 먼저 1945년 이후 자유시장 경제로의 회귀를 살펴보고, 다음으로 제3제국의 수립과 나치의 집단 학살이라는 정점에 달한 이후 이러한 회귀가 주권의 생명정치적 형식을 재생산한 구체적 방식들을 살펴볼 것이다.

과거를 일깨우지 않기

이 절에서는 2차 세계대전 이후 신자유주의 이데올로기의 진화 과정에서 작동하게 된 경제적 자유, 도덕적 보수주의, 정치적 권위주의의 모호하고도 상충된 뒤섞임을 살펴볼 것이다. 이 경제를 이해하기 위해서는 1945년 이후 신자유주의가 좌우를 막론한 전체주의 이데올로기의 주장에 반박하려는 실천적·윤리적·철학적 시도로서 등장했다는 문제를 다루어야 한다. 실제로 1947년 창립선언문을 발표한 몽펠르랭 소사이어티는 나치즘과 공산주의 모두가 인간 개개인을 거대한 사회 기계의 톱니바퀴로 취급하는 '조직주의' 이데올로기에 영향을 받았다는 점을 드러내려는 시도였다고 볼 수 있다. 이러한 관점에서 나치 학살이라는 사실은 사회 계획과 경제 계획의 사

　　　　　　　　　　　　　　2부　신자유주의적 변형들

이비 과학적인 주장과, 법의 분석적 합리성을 오염시킨 인종 신화
가 결합하여 나타난 '주권'의 일탈적 형식의 결과로 간주되어야 한
다(Hayek, 1945: 33-44). 따라서 나치즘, 파시즘, 공산주의라는 비인간적
우회로와는 달리 '인류 역사'가 재개되는 것은 합법성과 개인의 자
유라는 원칙들, 그 부재에 따른 대학살로써 진실된 의미를 드러낸
원칙들을 적극적으로 추구하는 것에 달려 있다고 여겨진다. 이는 우
리가 살펴본 바와 같이 계몽된 유럽 근대성의 도덕적 궤적은 인간사
에서 근대성의 존재를 부정하는 것처럼 보이는 중대한 사회적·정치
적 퇴보 속에서도 엿볼 수 있다고 주장한 칸트의 섭리사관과는 명백
히 다르다(Kant, 1991: 176-190). 하이에크, 포퍼, 미제스의 관점에서 나치
정권과 '최종 해결책'은 인류 역사의 근저에 있는 도덕적 목적론을
증명하는 사건으로 받아들여질 수 없다. 오히려 이 사건들에 '도덕
적'이라고 부를 수 있을 만한 의미가 있다면, 세계 평화와 번영, 자
유를 보장하는 유일한 길이 자유주의임을 드러내는 반박할 수 없는
힘에 있다. 따라서 전후 초기부터 미국 자본이 주도하는 자유방임주
의 시장 이데올로기로의 회귀는 개인의 자유와 경제적 자유의 원칙
을 위협하는 어떤 존재나 상황으로부터 이들 원칙을 지키고자 하는
강력한 결의를 수반했다. 다시는 아우슈비츠와 같은 일이 일어나지
않도록 하고, 전 세계적으로 공산주의가 확산되는 것을 저지하려는
굳은 의지는 2차 세계대전 이후 미국에서 나타난 고도로 군사화되
고 개입주의적인 주권 형식으로 이어졌다.

　이러한 초기 형식의 '신자유주의적 주권'이 어떻게 진화해갔는
지 살펴보기 전에, 나는 이 주권 형식과 나치즘하에서 전개된 인종
정치, 또한 히틀러 정권이 추구했던 절멸주의 이데올로기 사이의 관
계를 좀 더 면밀히 살펴보고자 한다. 2차 대전이 끝나고 14년 후, 아

도르노는 「과거를 일깨우는 것의 의미」라는 글을 발표했다. 이 글은 아우슈비츠라는 사실, 즉 나치 정권이 '최종 해결책'을 통해 600만 명이 넘는 유대인과 롬인, 정치범을 조직적으로 말살한 사실을 어떻게 계승할 것인지에 대한 성찰이다. 이는 문화적 자성의 문제로, 평범한 시민들로 하여금 일상생활에서의 모든 일반적인 기준을 넘어서는 사건의 막대함에 주의를 기울이도록 설득하는 문제이며, 미국과 유럽에서 자리 잡기 시작한 소비자 자본주의의 새로운 형식과는 점점 더 동떨어진 것처럼 보인다. 다시 말해 역사는 다음 단계로 나아간 것처럼 보이고, 1950년대 독일의 '경제 기적'은 인류 역사의 궤도를 올바른 방향으로 되돌릴 수 있는 자유주의의 힘을 예증하는 것으로 나타난다. 그러나 아도르노는 다음과 같이 주장했다.

> [아우슈비츠를 망각하고자 함으로써] 살해된 자들은 우리의 무력함이 그들에게 제공할 수 있는 것으로 유일하게 남은 것, 기억마저도 빼앗긴다. 그 어떤 것도 듣고 싶어 하지 않는 이들의 완고한 확신은 실제로 강력한 역사적 경향과 일치한다(Adorno, 2005: 91).

물론 여기서 제기되는 질문은 평화와 안보를 유지할 수 있는 사회적·경제적·정치적 구조를 재건하려는 세계에서 기억의 가치가 무엇인가 하는 것이다. 신자유주의적 관점에서 기억은 반드시 필요한데, 기억 없이는 바이마르의 실수를 반복할 가능성이 더 커지기 때문이다. 그러나 나치의 학살과 그에 이르게 했던 사건들에 대한 강박적 되새김은 필연적으로 자본주의의 낙관적 정신을 약화시키고 자유민주주의의를 적극적으로 재천명하는 것을 방해할 것이다. 그러나 아도르노에게 과거를 '마무리 짓고' 더 나은 미래를 건설하는 과업에 매진하려는 시도는 바이마르 시대에 기승을 부렸던 인종주의 신화가 다시 닥쳐오는 것을 방조하는 일이다. 아우슈비츠라는 사실을 기억하지 않는다는 것은 팽창된 자본화에 복무하기 위해 삶을 총동원할 때 언제나 따라붙는 트라우마와 비합리성을 망각하는 것이다.

그런 의미에서 아우슈비츠라는 사건은 니체가 『즐거운 학문』에서 묘사한 신의 죽음과 유사한 면이 있다. 광인이 신의 죽음을 선언하러 나타났을 때 시장 광장을 서성이고 있던 무신론자들은 인간 삶에 한계도, 선악도, 어떤 윤리적 지평도 없는 세상이 도래할 것이라는 전망 앞에서 공포에 질린다. 그러나 광인의 말에 따르면 인간이 신앙을 잃었기 때문에 자행되었다고 하는, 신의 죽음이라는 사건은 단순히 '일어날' 수 있는 일이 아니다. 그 무시무시한 사건은 "아직 오는 중이고, 여전히 배회하고 있으며, 아직 사람들의 귀에 닿지 않았다(Nietzsche, 1974: 182)." 신의 죽음은 모든 창조의 근본 원리인 신을 상실하는 데서 오는 문화적·종교적·윤리적 위기에 우리 자신을 노출시킬 것을 요구한다. 우리는 우리가 저지른 일을 직시하고, 신을 죽임으로써 요구되는 가치 전도 작업을 줄기차게 해나가야 한다. 아도르노가 지적한 것처럼 아우슈비츠라는 사건의 막대함 역시 유사한 성격을 지니고 있다. 600만 명이 넘는 사람들에게 행해진 체계적이고 산업화된 학살은 전례가 없는 일이며, 단기적으로는 유럽의 전쟁터에서 삶의 기본 조건을 회복하고 세계 경제 활동의 조건을 복원하기 위한 공동 행동을 가능하게 하는 대응을 필요로 한다. 이것이 곧 마셜 플랜의 궁극적인 목적으로, 서유럽이 새롭게 형성되는 세계 경제에 참여할 수 있는 산업 기반을 재건하도록 하는 것이었다. 아도르노의 요점은 파시즘에 대한 연합군의 승리가 도덕적 의지의 결집보다는 기술-경제적 불가피성과 더 관련이 있으며, 전쟁은 나치즘의 나르시시즘적 정서를 거의 건드리지 않은 '치안 활동'에 불과했다는 것이다. 그러한 조치가 제3제국의 학살 장치에 종지부를 찍고 유럽의 경제적·정치적 질서를 회복하는 데 불필요했다고 말하려고 하는 것은 아니다. 그러나 아도르노는 독일의 경제 기적이 자유민주주의에 대한 헌신을 낳기는 했으나 이는 대체로 피상적인 것이었으며, 독일 국민 대부분을 여전히 사로잡고 있던 원한 감정을 근본적으로 없애는 데는 실패했다고 주장한다(Adorno, 2005: 98). 내가 보기에 과거를 '청산'하지 못하고, 전간기 바이마르에서 인종 공동체라는 망령이 다시 등장했다는 사실을 성찰하는 데 실패한 것은 2차 대전 이후 헤게모니를 이룬 글로벌 자본주의와 신자유주의 이데올로기, 신식민주의의 수렴을 이해하는 데 있어 결정적으로 중요한 점인 듯하다(Adorno, 2005: 103).

4장에서 살펴본 것처럼 1945년 연합국이 추축국에 승리함으로써 미국은 군사적·경제적·지정학적으로 세계를 지배하는 강대국으로 부상했다. 전쟁 지원의 일환으로서 제조업 부문이 근대화되면서 생산성이 대폭 향상되었고, 미국 경제의 기술적 우위가 강화되었다. 더군다나 히로시마와 나가사키에 투하된 원자폭탄은 기술과학적인 면에서 미국 군대의 압도적인 위력을 각인시켰다. 내가 제시한 계보학적 관점에서 보자면, 이와 같은 헤게모니가 형성됨으로써 자유민주주의의 법적·경제적·윤리적·정치적 원칙은 급진적으로 변화하게 되었다. 2차 대전 이후 (중화인민공화국과 소련이 자유와 민주주의에 대한 가장 큰 위협으로 여겨지는) 지정학적 맥락에서 미국의 권력이 행사됨에 따라, 1940년대 후반에는 새로운 형식의 주권이 나

2부 신자유주의적 변형들

타났으며 이 모델은 1970년대 초 데탕트 시기까지 지속되었다. 이 주권은 할리우드의 문화산업 장치가 재현해낸 자유와 민주주의, 미국적 삶의 방식에 대한 전통적인 신화를 재생산하는 데 기반을 두고 있었다. 그러나 아도르노가 후기에 미국의 문화산업에 대해 논한 바에 따르면, 미국 민주주의에 대한 이와 같은 묘사는 또한 자본화된 미의 경제를 교란시킬 수 있는 이질적이거나 낯선 모든 것들(흑인 시민, 여성 지식인, 여성적인 남성, 남성적인 여성 등)을 철저히 배제하는 것이기도 했다. 이로부터 '모든' 개인의 권리를 가장 열렬히 부르짖으면서도 미국식 민주주의와 양립할 수 없다고 여겨지는 차이의 형태들에 대해서는 극도로 거부 반응을 보이는 형식의 정치적 주권이 나타났다. 이러한 관점에서 미국 민주주의에 대한 할리우드의 키치한 재현은 본질적으로 그 순수성을 오염시킬 '불순물'을 거부하는 것이며, 따라서 오직 일부만이 온전히 거주할 수 있는 이상적인 삶의 영역을 창출하는 데 일조한다. 문화적이고 생명정치적인 '위생'의 변화하는 기준에서 벗어나는 사람들은 국가의 응징 조치로 인해 끊임없는 위협을 받는다(Adorno, 1991: 61-97).

스튜어트 제프리스가 프랑크푸르트학파에 관한 저서에서 지적했듯이, 미국 망명 중에도 미국 문화가 나치가 행했던 대중 통제 기술을 반복하고 있음을 끈질기게 비판하고자 했던 아도르노의 결단은 쉽지 않을 뿐만 아니라 충격적일 만큼 대담한 저항 행위였다(Jeffries, 2017: 206-207). 전후 미국에서 발전한 거대한 문화산업 장치에 대한 아도르노의 연구가 보여준 것은 공동체, 정체성, 영웅주의, 남성성, 섹슈얼리티의 이상을 표현하는 문화 형식들이 고도로 미학화되었으며, 이것이 국가 권력이 행사되는 방식에 근본적인 변화를 일으켰다는 점이다. 흑인과 백인, 남성과 여성, 건강한 사람과 병든 사람,

정상인과 비정상인 사이의 시민사회 내부의 분열은 미국 민족공동체Volksgemeinschaft에서 미와 도덕성을 계속해서 재구성하는 격렬한 이데올로기적 활동의 장이 되었다. 계보학적으로 볼 때, 이 과정은 문화산업이 묘사하는 미학적 개인주의와, 시민들 사이에서 품위와 합의, 도덕 공동체의 경계를 끊임없이 다시 그리는 고도로 신화화된 정치적 통치 방식이 형성되는 것이 수렴되는 지점을 나타냈다. 이러한 내부에서의 헤게모니 폭력의 역사는 1950년대와 60년대 흑인 민권 투쟁(특히 분리 정책의 종식이 전망됨에 따라 남부 여러 주에서 나타난 반응)과 베트남전쟁이 미국 문화에 남긴 깊은 균열을 통해 추적할 수 있다. 여기서 가장 중요한 점은 초-미학적이고 초-유연한 신자유주의적 주권 형식이 등장한 것은 전후 미국의 지정학적 지배에서부터 시작된다는 것이다. 미국 민주주의의 존립을 위협하는 '내부의 적'에 대한 격렬한 내부 갈등과 편집증적 불안은 전후 미국의 대외 정책이 보였던 폭력성과 편집증의 이면으로 이해되어야 한다. 물론 이는 스스로를 핵 보유국으로서 미국의 힘에 맞선 확실한 적수로 내세우고자 했던 소련의 위협이라는 맥락에서 살펴져야 한다. 그러나 요점은 공산주의 반란 세력의 위협에 맞선 외교적 개입을 통한 대외 권력 행사와, 민주주의의 섬세한 견제와 균형을 파괴할 수 있는 잠재적인 위험을 가진 자들에 맞선 내부 통치가 상호 강화하는 관계에 있다는 것이다. 각각은 미적 재구성과 정동적 영향의 힘을 통해 주권적 폭력 행사를 정당화하는 근거로서 서로를 활용할 수 있다.

이러한 내부적 주권과 외부적 주권 간의 관계는 매우 복잡하며, 백인 개인주의라는 새로운 신화의 출현을 보여준다. 앞서 살펴본 것처럼 전후 등장한 미국식의 자유방임적 개인주의는 유럽 파시즘과

나치 대학살이라는 참혹한 사건을 의도적으로 일깨우지 않는 망각
에 기초하고 있다. 이는 2차 대전 이후 미국에서 나타난 급진적으로
반공주의적이고 반집단주의적인 세계관에 반영되어 있다. 데리다와
사이드가 서구 철학의 정전에 대한 저술에서 언급한 바 있듯이, 계
몽주의 전통의 한 부분에는 합리적 개인주의의 영역에 통합될 수 없
는 '외부'를 상정하는 경향이 있다(Derrida, 1982; Said, 1995). 이 바깥은 일
반적으로 서구 민주주의의 부정적인 대립항으로 나타나며, 자유롭
고 자치적인 시민이 되기 위한 소양을 결여하고 있는, 비합리적이고
잉여적이며 통제 불가능한 존재들의 이미지를 불러일으킨다. 물론
야만적 타자에 대한 서구의 신화들은 새로운 것이 아니며, 사이드가
지적했듯이 그것들은 유럽 식민주의에 의해 더욱 확산되고 강화되
었다(Said, 1995: 31-110). 그러나 전후 미국 헤게모니라는 조건하에서 이
는 새로운 국면에 접어들었다. 공산주의라는 개념과 비인간적인 아
시아적 힘이라는 개념이 동의어가 되었고, 이것이 미국의 군사 기술
적 우위와 전쟁 준비 태세를 지속하기 위한 끝없는 추진력의 기반이
된 것이다. 1950년대와 1960년대 아도르노의 비판이론의 전개 방향
은, 아이젠하워가 군산복합체라 칭했던 현상의 등장 배경에 문명 충
돌이 임박했음에 대한 일종의 숙명론, 그리고 그 전쟁은 기술 우위
로써 승리할 수 있다는 확신이 자리하고 있었음을 시사한다. 다시
말해 자유주의적 의미의 자유를 수호하기 위해서는 정보기관, 핵 무
기와 재래식 무기, 그리고 전략적 군사 개입에 대한 막대한 정부 지
출이 요구되었다. 이와 더불어 소위 미국식 삶의 방식과 개인주의와
민주주의의 가치에 반대한다고 여겨진 내부의 구성원들을 이념적-
미적으로 재창조하는 작업 역시 필요했다. 흑인 민권 투쟁은 이러한
형식의 문화적 헤게모니의 전형적인 사례라 볼 수 있다. 명목상으로

는 백인과 동등한 권리를 가진 미국 흑인들의 시민권이 실질적으로는 부정된 상황으로부터 비롯한 이 투쟁은 백인들만을 위한 미국식 민주주의에 힘을 싣기 위해 동원된, 인종주의에 기초한 도덕적 보수주의의 부활을 초래했기 때문이다. 이에 대해서는 곧 다시 논의할 것이다.

여기서 핵심적인 점은 1950년대와 60년대 형성된 '미국식' 정치적 주권은 서구 자본주의 민주국가들에서 헤게모니가 된 정치적 통치 방식의 청사진이 되었다는 것이다. 유럽에서 전개된 신자유주의가 단순히 미국 모델을 따른 것이고 개별 국가들과 유럽 연합의 여러 전신들의 정치적·경제적 원칙들이 미국의 자유시장 이데올로기를 모방한 것이라고 주장하는 것은 분명 지나친 일반화일 것이다. 그러나 하비가 보여준 것처럼 신자유주의의 핵심 원칙들은 미국에서 형성되었고, 전쟁 이후 미국의 문화적·경제적·정치적 영향력으로 인해 이러한 원칙들은 유럽에서 가장 사회민주주의적인 국가들에까지 상당한 영향을 미쳤다. 1970년대에 유럽은 '스태그플레이션' 문제에 대해 신자유주의적 해법을 주장하는 이들과 사회 복지에 대한 전념을 주장하고 사회·경제적 변화를 관리하려는 이들 사이의 이념적 갈등의 무대였다(Harvey, 2005: 70-81). 유럽경제공동체(EEC)는 (회원국에게 유럽 환율 메커니즘European Exchange Rate Mechanism을 통해 적용된 경제적 규제 형태의) 자유시장 경제와 (유럽 사법 재판소European Court of Justice를 통해 적용된) 인도주의 윤리, 그리고 (유럽 위원회European Commission를 통해 집행된) 사회 발전 프로젝트와 같은 상반된 요소들의 혼합으로서 형성되었으며, 그 결과 일관되고 민주적인 유럽 국가 공동체를 향한 명확한 방향성을 파악하기 어려운 경우가 많았다(Hix, 2008: 29-86). 이러한 긴장들은 물론 현재의 위기와도 깊이 연관되어 있으며, 영국이 유럽연합을 탈퇴할 것이라는 임박한 전망과 이에 따라 다른 회원국들 사이에서 촉발된 불안은 유럽연합 내부에 내재된 긴장을 더욱 심화시켰다. 그러나 어쩌면 2008년 경제 위기 이후 대두된 국가 주권을 둘러싼 논쟁들은 세계 경제에서 정치의 운명과 관련하여 보다 근본적인 무언가를 감추는 역할을 했을지도 모른다. 울리히 벡, 하트와 네그리처럼 서로 다른 견해를 가진 논자들조차 유럽연합은 지속적이고 결정적인 신자유주의 경제 정책의 우위에 의해 특징지어져왔다고 주장했다(Beck, 1986; Hardt and Negri, 2000). 가장 부유한 국가들(독일, 프랑스, 영국)은 재정 기준을 고수함으로써 유럽연합 내에서 그들의 경제적 지배력을 강화하고 그러한 실질적 헤게모니에 항상 수반되는 정치적 긴장을 심화시켜왔다.

그렇다면 이와 같은 유럽연합 내 경제적 주권 행사가 정치적 이데올로기로서 신자유주의의 계보학적 발전에 대해 우리에게 말해주는 것은 무엇인가? 첫째로 신자유주의의 정치, 그리고 그것이 활용하는 주권 개념은 본질적으로 생명정치적인 것으로 이해되어야 할 것이다. 양식상의 분명한 차이에도 불구하고, 유럽과 미국의 자유시장 경제와 자유방임 통치의 접합은 추상적 자유의 영역에 가해질 수 있는 위험을 최소화하기 위해 생명정치적 전략을 반복적으로 사용하는 형식으로 드러난다. 따라서 가장 강력한 국가들과 그들이 결성한 글로벌 경제 기구들은 자신들의 존재를 위협하는 국가들에 대한 군사 개입과 경제적 제재, 재정 지원 중단을 정당화하기 위해 학문적 담론과 인종 신화의 체제를 동원해왔다. 아감벤이 지적했듯이 이 체제는 세 가지 수준에서 작동하는, 무한히 유연한 주권 형태이다(Agamben, 1998: 119-188). 첫째로 특정한 '타자'를 법적으로 보장된 자유에 대한 생물학적 위험으로서 신화적으로 규정하는 것은 자유주의적 자본주의 국가들이 내외부에서 그들을 위협하는 '비인간적' 세력들과 맺는 관계 속에 스며든 하나의 메커니즘이다. 둘째로 동지와 적의 구별을 끊임없이 생명정치적으로 재구성하는 것은 미디어 기술과 대중 사회의 역학의 공진화와 밀접하게 연관되어 있다. 일례로 헌팅턴이 말한 동서양 문명의 충돌은 인터넷이라는 가상 환경에서 열광적으로 반복됨으로써 '테러와의 전쟁'으로 나타날 수밖에 없었다. 셋째로 생명정치적 주권의 형성으로 인해 국가들 간에 냉전시대와는 근본적으로 다른, 본질적으로 불안정한 관계가 야기되었다. 소련이 붕괴되고 공산주의와 자본주의 사이에 마치 지질학적 단층처럼 보였던 균열이 사라지면서, 그들의 진실성과 정당성을 끊임없이 재확인하고 미적으로 재현할 것을 요구하는, 변동적이고 불안정한 동맹이 생겨났다. 예컨대 영국의 유럽연합 탈퇴는 잔류 캠페인이 영국 독립당(UKIP)에서 표명한 백인 제국주의적 주권의 꿈과 맞설 만한 이미지들을 제시하지 못한 데서 비롯한 것이라 볼 수 있다. 내가 보기에 이처럼 가변적이고 불안정한 주권 양상은 도덕적 관여가 점점 결여된 새로운 형태의 정치적 공리주의를 낳았다. 국가들은 경제적·정치적 동맹을 상호 이익이 유지되는 한에서만 지속되며 번영의 중심 밖에 있는 사람들의 필요를 지원하는 것과는 거의 무관한 임시적인 협정으로 간주하곤 한다. 이러한 도구적 합의를 도덕적으로 정당화하려는 시도가 있다면 이는 대개 세계화로 인한 경제적·기술적 발전이 장기적으로는 인류 전체에 이익이 될 것이라고 주장하는 방식을 택하는 경향이 있다(Bauman, 1988: 103-127; Derrida and Duformantelle, 2000: 74-155).

이제 우리는 과거의 폭력을 일깨우지 않았다는 문제, 나치 학살

2부 신자유주의적 변형들

의 끔찍한 생명정치의 원인을 성찰하지 못했다는 문제로 다시 돌아온다. 계보학적 관점에서 볼 때, 오늘날 드러나고 있는 것은 끊임없이 변주되는 대립적 표상들 속에서 정치의 도덕적 규정을 상실한 은폐된 폭력의 경제이다. 그러나 우리는 흔히 이야기되듯 '탈진실'의 세계에 살고 있는 것은 아니다. 2008년 이후 주권 국가라는 개념이 특별한 힘을 지닌 채 돌아왔다. 각국은 글로벌 경제의 변동성에 대응하는 버팀목으로서, 또한 외세, 이단자, 자유의 적에 맞서 지지를 모으는 방법으로서 민족적·문화적·종교적 정체성의 진실을 추구하고 있다. 따라서 문제는 '탈진실'의 세계가 아니라, 오히려 '진실'이 민족국가에 의해, 특히 신자유주의 민주주의 국가들에 의해 표현되고 동원되는 기술적 과정이 가속화되고 있다는 점이다. 이로써 오늘날 일어나고 있는 주권의 충돌에 대해 이해하게 되는데, 이는 개인, 국가, 종교, 경제, 섹슈얼리티를 비롯해 사실상 모든 것에 대한 사실의 진실성을 둘러싼 폭력적인 다툼으로, 사유와 공동체적 삶의 마지막 남은 상징적 자원마저 파괴하고 있다(Stiegler, 2014). 우리는 이와 같은 진실의 경제가 어떻게 발전해왔는지, 그리고 이것이 2008년 이후 나타난 맹렬한 민족주의와 종교적 근본주의의 양상과 어떻게 관련되어 있는지 살펴볼 필요가 있다.

가짜 주권, 가짜 뉴스, 끝없는 전쟁

1989년 베를린 장벽이 무너지고 소련 공산주의가 종식된 후, 서구 사회가 도덕적·경제적·정치적 자유를 결합하는 최선의 방법으로서 신자유주의에 대한 신뢰를 되찾은 것은 어쩌면 당연한 일이었다. 2

차 대전 종전 무렵 몽펠르랭 소사이어티의 태도를 연상시키는 방식으로, 프랜시스 후쿠야마는 공산주의와 파시즘 모두 삶을 부정하는 이데올로기임이 판명된 이상, 과거의 모든 비극적 어리석음을 꿰뚫는 지혜를 가진 '최후의 인간'으로서 자유시장의 미덕을 펼쳐 나가는 과업을 자신 있게 완수할 수 있다고 주장했다(Fukuyama, 1992). 유럽 계몽주의에서 비롯한 형식적 평등의 원칙이 서구 민주주의에서 온전히 실현되지는 않았더라도 영구적이고 자발적인 민주적 진보의 토대가 마련되었고, 이제 인류 역사는 20세기에 절정에 달했던 이데올로기적 폭력 없이 전개될 것이라고 기대할 수 있게 되었다. 다시 말해 역사는 과학적 지식과 합리적 민주주의 원칙의 전 지구적 확산을 통해 인류의 삶을 계속해서 개선해가는, 점점 더 기술적인 과정이 될 것이었다. 그러나 소련 공산주의의 몰락 이후 몇 년간은 후쿠야마가 예상했던 바와 같은 평화롭고 다소 지루한 역사가 이어지지는 않았다. 사실상 이 시기는 치열한 이념 투쟁, 파시즘과 초민족주의의 부활, 전 세계의 경제적·지정학적 영역을 가로지르는 맹렬한 종교적 근본주의의 출현으로 특징지어졌다. 따라서 이 결론 부분에서는 신자유주의적 주권이 이러한 '퇴행적' 형태의 사회적·정치적·종교적 연대의 부활을 어떻게 촉발했고 또한 이에 어떻게 대응해왔는지 살펴볼 것이다.

앞선 논의에서 나는 세계 자본이 개인의 자유라는 미학을 계속해서 재구상하는 데 활용해온 해석 체계로서 신자유주의의 진화는 기술적 과정으로 이해되어야 한다고 주장했다. 미디어, 생의학, 정보 기술의 결합은 글로벌 지식 경제의 급속한 확장을 이끌었고, 이 확장과 함께 가상 자본화의 형식도 등장하게 되었다. 냉전 종식 이후 이러한 과정은 서구 자본주의, 특히 IT 혁명을 주도한 미국 기업들에 의해 주도되어왔다. 지금까지도, 심지어 미국 경제가 중국에 상당한 부채를 지고 있음에도 4차 산업혁명 관련 기술에 대한 미국의 투자는 커뮤니케이션과 유통, 재현, 자본화의 새로운 방식을 개척하는 데 있어 여전히 선도적 위치를 점하고 있다. 스티글레르가 지적했듯이, 바로 이 기술들은 현실을 우리에게 '연출'하는 조건이 되었을 뿐만 아니라, 더 나아가 끊임 없는 조작을 통해 변형 가능한 매체로서 현실을 구성하는 수단이 되었다(Stiegler, 2011a: 187-224). 다시 말해 '세계'가 효용의 대상으로 코드화되는 방식은 가장 발전한 자본주의 국가들과 기업들의 과학과 기술에 대한 투자에 의해 좌우된다. 이러한 관점에서 세계 경제에 새로운 위계가 만들어지고 있음을 알아볼 수 있다. 연구개발(R&D)의 체계적 조직이 지속적인 경제 성장의 조건이 됨에 따라 기술 인프라와 과학적 전문성이 부족한 국가들은 경제 생산의 가장 수익성 높은 부문에서 가장 심하게 배제된다. 이 점이 글로벌 기술과학 자본주의의 기본적인 특징 중 하나로, 자본이 자본화의 조건 자체를 변화시키는 기술로 유입되면서 글로벌 시장에서 경쟁하는 국가들 사이에 심각한 경제적·정치적 긴장을 초래하게 되는 것이다. 중국과 미국의 사례로 돌아가 보면, 중국이 일정한 형태의 신자유주의적 자본주의를 받아들여왔음에도, 2000년대에 접어들며 달성한 전례 없는 성장률은 대체로 노동 착취에 매우 유리한 사회적·문화적 조건에 의존하고 있다(Harvey, 2005: 120-151). 중국 경제가 이러한 '정치적' 형식의 착취에서 한계에 다다르고 있으며, 국가가 과학 연구와 기술 혁신을 위한 투자를 장려하는 방향으로 나아가고 있다는 징후들이 나타나고 있다.

주목해야 할 사실은 자본주의 경제 발전과 맞물려 있는 세계관으로서 신자유주의가 과학, 기술, 그리고 경제 성장 사이의 관계가 발전하는 속도를 결정적인 요인으로 하는 세계 질서의 위계를 만들어냈다는 것이다. 이것이 바로 하트와 네그리가 '생명정치적 생산'이라는 개념을 통해 의미했던 바로, 기술과학적 자본주의의 확장된 네트워크 안에서 자연과 인간의 윤곽을 끊임없이 그려내고 재구성하는 것이다(Hardt and Negri, 2000: 22-41). 따라서 G8 국가들 간에 나타난 갈등과 '제2세계', '제3세계' 국가들이 겪고 있는 방식의 착취에 대해 이해하고자 한다면, 새로운 기술 자본화 양식의 발전으로 인해 상품 형태의 글로벌 구조가 어떻게 변화했는지 이해해야 한다. 데이비드 하비, 프레드릭 제임슨, 하트와 네그리가 모두 지적했듯이, 1980년대 중반에 형성된 탈식민주의적 지배 구조는 그 시기에 등장한 디지털 미디어와 정보 기술로부터 비롯되었다(Harvey, 2004; Jameson, 1995; Hardt and Negri, 2000). 서구 경제는 기존의 '중공업' 체제에서 벗어나 지식과 정보를 가장 수익성 있고 효율적인 자본화 형식으로 삼는 방향으로 나아갔다. 그 결과는 세계화의 윤곽을 변화시켰다. 기존의 탈식민주의적 착취 모델은 국가 경제가 지식과 정보 교환에 참여할 수 있는 정도에 따라 경제 생산의 '주변' 또는 '중심'으로 규정되는 새로운 체제로 대체되었다. 자본주의의 착취 기능은 (자연, 인간, 생명, 인종, 젠더 등) 실재를 재생산하는 기술 시스템과 본질적으로 결합되었다. 이로 인해 신자유주의적 세계관은 첫째로 삶의 총체적 자본화를 위한 필수 자원을 확보하고, 둘째로 '개발도상국'을 글로벌 생산 네트워크에 빠르게 통합시키고자 하는 세계화 체제의 지배적 이데올로기로 부상했다. 이 체제는 본질적으로 생명정치적이다. 세계 경제의 주변부에 위치한 국가들과 개인들이 취급되는 방식은 그들을 승인하는 세계시민적 이상을 경제적이고 기술적인 효용 계산에 따라 점점 더 약화시킨다(Agamben, 1998: 126-135). 따라서 생명정치적 자본주의의 탄생은 글로벌 경제 내에서 극심한 사회적·경제적·정치적 긴장을 야기해왔으며, 이러한 긴장은 냉전 종식 이후 오늘날 우리가 익숙하게 목격하는 파시즘, 민족주의, 종교 근본주의의 귀환을 통해 표출되는 경향을 보여왔다.

우리는 이러한 귀환의 동학을, 즉 신자유주의가 어떻게 초민족주의와 극단적인 형태의 종교적 보수주의를 재발명하게 했는지, 또한 이들 각각이 제기하는 위협에 신자유주의가 어떻게 대응해 왔는지를 살펴볼 필요가 있다. 「신앙과 지식」에서 데리다는 종교와 기술과학적 이성이 같은 원천을 가지고 있으며, 근래에 들어 나타난 세속적인 것과 신성한 것 사이의 분리는 이성이 자기 자신에 대해 반작용적으로 분열한 것이라 주장했다(Derrida, 2002: 67). 이러한 분열의 조건들은 2000년대로 접어들며 등장한 신자유주의적 주권의 특수한 형태가 어떻게 진화해왔는지 이해하는 데 중요한 역할을 하는 듯하다. 첫째로 자본주의와 글로벌 미디어-기술과학적 생산 조직 사이에 밀접한 관계가 형성되었다. 이 체제는 단순히 자본화의 효율성을 높이기 위한 기술 네트워크의 확장에 불과한 것이 아니다. 이는 신자유주의 세계관의 세속적 개인주의로 표현되는 노동, 만족, 욕망에 관한 미적 이데올로기의 발전이기도 하다. 둘째로 이러한 세계관은 서구 국가들 내에서 진화를 이루면서, 세계화 과정을 조율하고 감독하는 국제기구들(세계은행, IMF, G8, NATO 등)을 통해 전 세계적으로 확장되었다. 셋째로 이와 같은 자본의 전 세계적 확장의 조건은 데리다가 '백색 신화' 논지를 통해 규명한 반복의 논리를 재연한다. 생명공학 프로그램이 완성되는 과정과 인간 존재를 '인간'으로 인정하는 도덕적 범주 사이의 관계는 이 도덕적 범주가 서구 산업 민주주의에서 발전한 생산적 삶의 윤리에 점점 더 종속되도록 만들었다. 마지막으로 이는 세계 경제의 확장을 통해 나타난 주권 정치에 심대한 영향을 미쳤다. 한편으로는 문화와 프로그램 산업의 광범위한 영향력으로 인해 합의에 대한 상징적 질서가 약화되면서 서구 민주주의 사회의 전통적인 집단 정체성이 약화되었다. 다른 한편으로 신자유주의적 기술자본주의 모델의 지속적인 확장은 전 세계적으로 새롭고 매우 첨예한 민족적·종교적·문화적 대립을 초래했다.

앞서 살펴본 것처럼 데리다가 제시한 '종교의 귀환'이라는 개념은 9/11 이후 동서양 사이에서 벌어진 갈등을 종교적 신앙과 과학적 이성의 원초적 분기라는 맥락에 위치시킨다. 이는 두 가지 주요한 결과로 이어진다. 첫째로 종교와 과학이 공통된 원천에서 비롯했다는 사실은 그들 사이의 갈등의 지평이 언제나 변동적이고 우발적인 형태의 화해의 가능성을 내포하고 있다는 것을 의미한다. 둘째로 '문명의 충돌' 양측에서 나타난 종교의 신성하고, 구속력 있고, 권위주의적인 요소로의 회귀로 이끄는 것은 바로 이러한 인정의 가능성이다(Derrida, 2002: 70-72). 결론에서 나는 과학과 종교가 화해할 수 있는 가능성에 대해 검토해볼 것이다. 우선은 기술과학적 혁신과 공리주의 윤리, 지식 자본화의 신자유주의적 모델이 어떻게 종교적·민족주의적 근본주의로의 강력한 회귀를 초래했는지 살펴보고자 한다.

데리다의 '백색 신화' 논의에서 중심적인 주제 중 하나는 개념적 이성을 미적으로 구성하는 방식으로서 '시각의 장'이 서구 이성의 이른바 시간을 초월한 보편성을 형성하는 데 미치는 영향에 대한 것이다(Derrida, 1982: 209-219). 이 과정은 21세기 초부터 신, 인간, 자연의 재현 방식이 정치적 주권의 동학에 어떤 영향을 미쳐왔는지 이해하는 데 매우 중요하다. 많은 논자는 유대교, 기독교, 이슬람교를 가릴 것 없이, 종교적 근본주의의 귀환은 기술적으로 생산된 이미지를 통해 '하나님의 말씀'을 급진적으로 생동감 있게 만드는 형식을 취함으로써 하나님이 공포스러운 위엄 속에서 현존하도록 하려는 시도임을 지적했다(Baudrillard, 2000; Derrida, 1994; Hardt and Negri, 2000; Jameson, 1995). 이러한 이미지들은 대개 종교의 '성스러움'과 관련된 장면을 묘사하는데, 불신자들의 침입에 맞서 용감하게 저항하는 신앙인들의 모습, 신성한 유물과 유적지를 지키는 모습 등과 같은 것이다. 이 이미지들은 기술과학적 자본주의의 지속적인 팽창으로 인해 발생하는 문화적·경제적·인적 피해와 동시적으로 존재하면서, 남성의 힘과 여성의 복종, 영웅적 자기 희생과 영원한 보상, 또한 하나님께서 본디 하신 말씀을 따르지 않는 이들이 맞이할 운명에 대한 계시를 나타내는 이상화된 이미지들을 통해 신앙심을 불러일으키려 한다. 니체가 바리새인들에 대해 언급한 것처럼, 종교는 항상 처벌하려는 충동, 종교에서 결코 지워질 수 없으며 신의 응징이라는 이미지를 통해 언제나 동원될 수 있는 충동을 야기한다(Nietzsche, 1981: 124).

물론 서구의 유대-기독교적 관점에서는 종교가 끝없는 응보의 순환으로 붕괴하는 것을 이슬람교에 특유한 현상으로 보고자 하는 유혹이 존재한다. 자유주의 철학과 정통 기독교 신학에서 자주 반복되는 이러한 주장은 두 부분으로 이루어져 있다. 첫째로 이슬람교는 윤리적 삶의 원칙을 세속적 공동체의 형태로 구현해내지 못한 개혁되지 않은 종교이며, 둘째로 그로 인해 무슬림 국가들은 신에 대한 봉사의 가장 큰 표현으로서 '성전'을 추구하게 되었다는 것이다. 따라서 이슬람 '신정국가'(이 용어는 우리 서구인들이 이슬람의 세속적 삶은 종교적 율법하에 완전히 종속되어 있다고 너무 쉽게 전제하는 것처럼 읽힐 수 있다는 점에서 문제적이다)가 글로벌 자본주의의 혜택을 거부하거나 이를 오용하고, '근대화' 과정에 있는 국가들에 미치는 영향력을 확대해가며, 전 지구적인 '지하드'를 추구하는 테러리스트 단체들을 비호할 것이라는 점은 당연하다. 그러나 현실은 훨씬 더 복잡하다. 무엇보다 종교가 세속적 권력으로서 귀환하고, 이로 인해 주권이 변형된 것은 한쪽에서만 일어난 일이 아니다. 이슬람 급진주의와 그와 연관된 운동들(알카에다, ISIS, 파키스탄 탈레반, 보코 하람, 이슬람 지하드 등)의 등장은 동서양 간에, 이슬람교와 기독교 간에 고조된 '종교적' 적대의 일부이다. 앞서 보았듯이 미국에서 신자유주의가 성공할 수 있었던 주요 요인 중 하나는 종교적 신념의 보수적 요소들에 다시 활력을 불어넣는 능력이었다. 1970년대 후반과 1980년대에 공화당은 '복지 자본주의'로부터 급진적으로 벗어날 것을 주장하는 당의 경제 정책에 대한 대중의 지지를 유지하려면 기독교 우파의 도덕적 의제에 자신들의 노선을 일치시켜야 한다는 사실을 인식했다. 이러한 동맹 관계는 레이건 정부에서 나타난 소박한 인종주의와 반공주의, 가부장주의를 시작으로 형성되었으며, 소련이 붕괴하고 이슬람이 자유와 민주주의의 '천적'으로 부상함에 따라 더욱 강화되었다. 9/11 이후 미국에서 테러와의 전쟁이 시작된 이래로, 이슬람을 악의 화신이자 오늘날 미국 민주주의에 대한 가장 큰 위협으로 규정하는 기독교 근본주의 세력이 눈에 띄게 증가했다. 일례로 2010년 도브 월드 아웃리치 센터의 목사 테리 존스Terry Jones는 미국인들이 9/11 테러 9주기를 기념하기 위해 쿠란을 불태워야 한다고 주장했다. 요점은 지난 20년간 발전해온 주권의 방식이 9/11 이후 등장한 기독교, 이슬람교, 유대교 근본주의 간의 적대와 밀접하게 연관되어 있다는 것이다.

내 생각에 미국에서 대안 우파alt-right의 부상과 트럼프 행정부로 대표되는 포퓰리즘적 주권의 등장은 동양과 서양 간에, 이슬람교와 기독교 간에 심화되고 있는 긴장의 맥락에서 이해되어야 한다. 대안 우파라는 용어는 2008년 글로벌 경제 위기가 시작된 후 미국에서 등장한, 서로 이질적인 여러 우익 집단을 가리킨다. 흥미로운 점은 이 명칭이 대체로 백인 우월주의 의제와 연관되어 있음에도 불구하고, 그 '인구학적 구성'은 다양한 정치적·종교적·민족주의적 집단들을 포괄하며, 각 집단 모두가 이 운동의 주요 목표가 무엇이어야 하는지에 대해 저마다의 관점을 제시하려 했다는 것이다. 2010년 리처드 스펜서Richard B. Spencer는 『대안 우파』The Alternative Right라는 웹진을 창간하면서, 급진적 이슬람주의, 흑인 운동, 페미니즘, 기업 문화, 세계화, 유대 금융 자본의 영향력이 커져가는 상황에 미국 우파가 어떻게 대응해야 하는지를 둘러싼 논쟁을 불러일으키고자 했다. 이 플랫폼은 9/11과 테러와의 전쟁, 경제 불황 이후로 미국적 이상을 재평가하는 맥락에서 자신들의 견해를 제시할 수 있었던 여러 급진 우익 집단들에게 하나의 구심점이 되었다(Neiwert, 2017: 236-237). 그러나 대안 우파의 등장이 제기하는 가장 중요한 질문은 그 핵심 이념에 관한 것이 아니다. 이 운동은 파시즘과 백인 우월주의의 전통적인 표어와 내부 갈등을 되풀이하는 데 그치고 있다는 것이 명백해 보이기 때문이다. 우리가 다루어야 할 문제는 이 운동이 미국 내 여론에 어떤 영향을 미쳤는지, 그리고 그것이 자본주의 민주주의 체제의 정치적 미래에 어떤 의미를 갖는지에 관한 것이다. 이 지점에서 중요한 것은 대안 우파가 트럼프를 지지했다는 사실이다. 이는 나치즘의 생명정치적 수사와 매우 유사한 새로운 포퓰리즘이 '민주적 자유'에 대한 열렬한 지지로서 등장하였음을 나타내기 때문이다. 국가 주권이라는 인종적 언어는 '피와 땅' 이데올로기의 독특한 미국적 버전으로 나타났다. 빨갱이, 흑인, 무슬림, 혹은 퀴어를 받아들이느니 차라리 죽겠다는 것이다.

　바이마르 공화국의 암흑기 이후 파시즘에 펼쳐진 상황은 더 이상 제복을 입거나, 준군사 부대를 훈련시키거나, 자유민주주의의 기존 제도를 정면으로 공격할 필요가 없어졌다는 것이다. 물론 대안 우파에 동조하는 많은 집단에게 이러한 것들은 여전히 극도로 중요하다. 미국적 삶의 방식의 구원자인 그들은 자신들이 바로 영웅임을 보여야 하기 때문이다. 반면 트럼프 행정부에게 항상 문제가 되었던 것은 트럼프의 인종차별, 여성 혐오, 동성애 혐오가 가져올 정치적 효과의 균형을 계산하는 일이었다. 공화당은 살아남기 위해, 스티글레르가 상징적 빈곤에 관한 연구에서 그 현대적 효과를 추적한 바 있는 '어리석음의 정치'를 받아들인 것처럼 보인다. 우파가 도덕 경제를 포기하고, 트럼프가 즉흥적으로 발언하는 비난들로 대표되는 생명정치적 포퓰리즘을 수용함으로써, 진실을 생산하고 검증하는 것이 정치 수행과 거의 무관하게 된 국가적 분위기가 조성되었다. 트럼프가 여성과 소수 민족, '거지 같은' 나라들을 향해 퍼부은 비인간적인 모욕은 미국 안팎에서 일종의 리비도적 충격처럼 폭발한다. 이 모욕들은 곧바로 분열을 일으키는 동시에 결속을 불러왔으며, 미국 사회에서 자신들이 소외되고 버려졌다고 느끼는 주로 백인으로 이루어진 집단들을 결집시키는 잠재력을 심지어 코로나19 팬데믹이 진행되는 와중에도 다 소진하지 않았다. 계보학적 관점에서 볼 때 이러한 상황은 서구 민주주의 국가들에서 나타난 정치적 주권의 위기를 보여주는 전형적인 사례로, 오늘날 '가짜 뉴스'와 '탈진실' 사회의 출현을 둘러싸고 벌어지고 있는 논쟁에 집약되어 있다(Neiwert, 2017: 321-322). 정치적 지지층에 호소하는 메커니즘이 특정한 공포와 욕망을 자극하도록 설계된 알고리즘을 통해 이미지, 밈,

　　　　　　　　　　　2부　신자유주의적 변형들

블로그 등을 확산시키는 것이라면, 정치적 대표의 과정은 미적 이미지와 정동의 가속화된 재생산으로 붕괴된 듯하다. 트럼프와 같은 우파 신자유주의 정권의 극단적인 냉소주의자들에게조차 이러한 붕괴의 사건은 감당하기 어려운 것일 수 있다. 공동체적 삶을 파괴하는 반동적 과정에 대항할 수 있는 대안의 가능성은 결론에서 살펴볼 것이다. 그러나 우리는 미국에서 이루어진 이와 같은 '권력 장악'이 초래할 위험성을 인식할 필요가 있다. 2016년 선거에서 공화당이 승리하는 데 결정적인 역할을 한 수사적이고 미적인 장치들은 대안 우파가 활용한 노골적으로 인종차별적인 도상과 밀접한 관련이 있다. 예를 들어 개구리 페페의 밈 '기분 좋네'Feels Good Man가 자아내는 불안한 도발, 윈터 챈Winter Chan과 에볼라 챈Ebola Chan 같은 키치적 절멸주의는 민주주의와 개인주의의 도덕 문화를 공격적인 방식으로 유치하게 만든 밈 산업의 일부이다.

주권이라는 개념은 본질적으로 서로 이질적이고 다차원적며 대립적인 요소들을 하나로 묶어 일반적으로 정당한 것으로 인정받을 수 있도록 하려는 시도이다. 데리다의 『짐승과 주권자』는 '주권자'라는 개념이 문화의 영역(미적 취향, 도덕적 세련됨, 성찰적 판단 등)과 동물적 공격성(본능, 폭력, 무자비함 등) 사이를 오가는 권력에 대한 신화적 형상을 언제나 내포해왔음을 보여주고자 한다(Derrida, 2011: 1-31). 데리다가 홉스, 마키아벨리, 보댕의 저작에서 추적한 왕이나 군주에 대한 고전적 신화들은 정당한 폭력으로서의 주권 개념의 기초를 이루는 젠더, 동물성, 이성의 복합적인 경제를 보여준다는 점에서 현재 우리의 논의에서 중요한 의미를 가진다. 계약주의 전통에서 법은 단순히 지배적인 권력을 성문화한 것이 아니다. 법은 인간과 동물의 속성(신중함과 폭력성, 본능과 이성) 모두를 체현하고 있는 한 개인이 인간 사회의 근본적인 유대를 유지하도록 신을 통해 임명받은 존재임을 공적으로 승인하는 것이다(Derrida, 2011: 32-62). 그러나 이러한 질서는 취약하다. 주권자는 폭력을 사용하거나 자제력을 발휘하는 것 사이에서 균형을 잡아야 한다. 폭력 행사를 소홀히 하면 외부의 적으로부터 국가를(또한 내부의 반란으로부터 정부를) 보호할 수 없다. 자제력 발휘를 소홀히 하면 통치는 파괴적이고 무분별한 폭력으로 전락하고 말 것이다. 따라서 주권은 가장 엄격한 계약주의적 형식에서도 일정 수준의 인정과 동의를 필요로 한다. 홉스, 보댕, 마키아벨리의 수사적 장치들에도 불구하고, 주권은 군주나 왕의 순수한 남성적 생명력으로서만 기능할 수는 없다. 그럼에도 불구하고 트럼프 행정부는 오늘날 서구 민주주의가 권력의 전략적 행사가 우위를 점하게 된 주권, 말하자면 미디어에 의해 구축된 주권으로 퇴행하는 경향을 보여주는 것 같다. 주권자의 이미지는 정치적 성찰을 대신하는 신화들과 조작된 진실들이 그 주위에 모여 결집하는 토템적 상징으로 부상했다.◆ 이미 1930년대에 호르크하이머와

◆ 〈어프렌티스〉(The Apprentice)에서 트럼프의 모습은 그의 대통령직을 불안하게 예고하고 있다. 이 프로그램에서 트럼프는 자신의 인정을 구하는 아름다운 젊은 이들에게 절대적인 권리를 가진 일종의 오이디푸스적 아버지로 등장한다. 그들 중 한 사람이 순수한 경쟁의 열기 속에서 자신의 능력을 증명해 보인 후에야 트럼프는 그에게 견습의 기회를 하사함으로써 사랑을 표현할 수 있다. 세계무역센터의 잔해처럼, 〈어프렌티스〉는 자본주의의 내적 진실을 미적으로 시뮬레이션한 것이다. 이 프로그램은 인간의 삶에 활력을 불어넣는 힘을 의인화하고, 미국을 세계무역의 엔진이자 개인의 자유에 대한 등대로서 묘사하려는 시도이다. 그럼에도 불구하고 이 프로그램은 어떤 후보자도, 심지어 트럼프 자신조차도 피할 수 없는 어리석음을 노출하는데, 이는 한계나 절제를 모르는 절대적 과장의 유혹이다. 이 프로그램의 매력 중 하나는 이 프로그램이 표면적으로는 찬양하고자 했던 것, 즉 자신이 상업이라는 세계에 내려진 신의 선물이라고 확신했던 사람들의 자기중심주의를 조롱하는 것이었다. 그러나 트럼프의 대통령직은 그러한 아이러니를 완전히 결여한 채, 잔인하고 반복적인 무지를 통해 스스로를 지속시켜왔다.

아도르노가 깨달았듯이, 이처럼 이성으로부터 등을 돌리는 것은 본질적으로 파시즘적이다. 이는 주권자와 그의 정부에게 자유와 민주주의를 위해, 혹은 더 정확히 말해 그 이상을 보존할 자격이 있다고 여겨지는 사람들을 위해 무엇이든 할 수 있는 권리를 부여하기 때문이다.

나는 신자유주의적 자본주의 사회에서의 '주권'은 스티글레르가 말한 '노에시스적' 요소, 즉 주권이 권력의 미적 신화로 붕괴되는 양상을 중재해야 할 인정과 성찰의 요소를 상실하는 경향이 있다고 주장해왔다. 스티글레르는 문자를 통한 지식의 확산(글과 책의 현상학)으로부터 가상 커뮤니케이션으로의 전환이 정치적 판단의 저하를 초래했으며, 이로 인해 힘과 개인적 능력의 제스처를 과대평가하는 경향이 생겼다고 주장했다(Stiegler, 2015: 31-41). 이러한 조건에서 '자유의 수호'는 어떤 행위도 정당화할 수 있는 절대적 가치가 되었다. 이것이 아감벤이 서구 민주주의가 난민과 이주민, 쫓겨난 사람들에 대해 세계시민적 책임을 다하는 문제에 있어 '예외 상태'에 계속해서 의존하고 있다고 지적한 점이다(Agamben, 1998: 160-165). 그러나 내가 보기에 아감벤의 분석은 신자유주의와 미적 영역의 영향력, 특히 개인 주체를 형성하는 과정과 자본주의적 민주주의의 정치 문화에 미치는 영향력 사이의 관계를 제대로 다루지 못하고 있다. 텍스트와 이미지 중 어느 것도 가장 기본적인 인권과 책무에 대한 성찰적 합의를 만들어내지 못하며, 둘 사이의 자극적인 상호작용이 점점 더 가속화되는 가운데 '주권'은 자의적 권력 행사로서 표출되는 경향이 있다. 그 결과 '불량국가'rogue states(또는 신정 권력을 통해서만 존재하는 '가짜 주권')를 식별하거나, 이슬람 근본주의에 동조하는 세력을 군사-기술적으로 제거하고, 질병 보균자를 배제하며, 부유한 경제의 자원을 고갈시키는 자들을 추방하는 데 초점을 맞추는 새로운 형식의 생명정치적 세계시민주의가 등장했다. 그러나 티머시 모턴이 지적한 것처럼 이처럼 고도로 전략적이고 생명정치적인 형식의 주권의 계보학적 발전은 진공 상태에서 이루어지는 것이 아니다. 그 영향은 사회적·경제적·정치적 교류의 네트워크에 치명적으로 빈번히 영향을 미치는 대규모의 인도주의적이고 생태적인 효과의 맥락 속에서 전개된다(Morton, 2013: 38-54; Morton, 2010: 28-38). 따라서 결론에서는 이러한 영향들이 어떻게 사회적 삶과 경제적 삶의 대안적 형식을 만들어낼 수 있을지 고찰할 것이다.

결론　대안적 상상

근대 개인주의

본질적으로 내가 신자유주의에 대해 말하고자 하는 바는 다음과 같다. 신자유주의가 만들어내는 효과는 불안정하고 역동적이며 예측 불가능하기 때문에, 이를 이해하는 데 계보학적 접근이 가장 적절하다는 것이다. 니체가 계보학적 접근을 고안한 이유는 우리가 미적 표상이나 종교적 경험, 도덕적 욕망, 경제적 효용 사이의 관계를 조화롭게 진화하는 어떤 형태로서 바라봐서는 안 되며, 변화무쌍하고 우연적인 권력의지의 표현으로서 이해해야 한다고 여겼기 때문이다(Nietzsche, 1990). 예를 들어 18세기 말 유럽에서 나타난 공리주의적 경제생활의 형식과 부르주아 시민의 열렬한 양심 사이의 관계는 계몽주의가 신과 인간의 관계를 근본적으로 변형시킨 데서 비롯된 것으로 이해해야 한다. 신의 존재가 지니는 필연성은 더 이상 구약에서처럼 아버지, 입법자, 구원자 같은 인격적 형상에 기반하지 않는다. 그것은 세계가 비롯된 불가지한 최초 원인의 추상적 필연성으로 옮겨갔다. 이런 관점에서, 결국 구체제를 파괴하고 상품 형태의 조건들을 확립한 부르주아 혁명의 힘은 카를 마르크스나 애덤 스미스가 상상했던 것보다 훨씬 더 정량화할 수 없으며, 훨씬 더 개방적인 성격을 지닌 것으로 이해되어야 한다. 부르주아 혁명은 교회, 군주제, 귀족제라는 전통 질서를 끝없는 공리주의적 활동에 종속시키는 체제를 수립했다. 여기서 이윤 확대라는 기준에 부합하지 않는 모든 것은 인간의 생산적 잠재력에 대한 장애물로 간주된다. 따라서 니체에게 '근대성'과 '계몽주의'는 신의 죽음을 지시하는 또 다른 이름이다. 이들은 신이 세계로부터 사라졌다는 사실이 불러오는 상실감을 은폐하며, 적어도 표면적으로는 인간의 불안을 집단적 행복의 총합을 증가시키는 생산 활동 체제로 전환하는 방식으로 기능한다. 결국 우리가 과학적 지식의 정련을 통해 신을 죽이는 행위를 '감당해낼 수' 있는가의 여부는, 이윤과 효용, 그리고 모든 인간의 형식적 권리라는 교리에 대한 '종교적' 애착을 통해 그 상실의 충격을 견뎌낼 수 있는 능력에 달려 있다(Benjamin, 1997: 288-291).

계보학적으로 이해할 때, '자본주의'는 인간의 삶을 변형시키는 과정에서 등장한 것이다. 이 변화의 영향은 노동, 만족, 욕망의 가속화된 체제를 통해 끊임없이 진화해오고 있다. '윤리적 삶'의 하나의 양식으로, 혹은 인륜성Sittlichkeit으로 기능하기 위해 신흥 부르주아와 상업자본주의는 세계 속에서의 또 다른 존재 방식으로 스스로를 진화시켜야 했다. 이는 봉건 질서를 떠받치던 종교성, 공동체적 삶, 미적 정동, 법적 인식의 전통적 양식을 변형시켜, 자본주의가 이윤과 효용의 지속적인 증대를 지향하는 체계로서 발전하는 데 전통의 신성한 권위가 장애물이 되지 않도록 하는 과정을 포함한다. 따라서 봉건주의에서 자본주의로의 이행은 한 세계관이 다른 세계관에 의해 폭력적으로 단절되는 방식으로 이루어졌다. 부르주아적 생산 양

식의 구성은, 한편으로는 봉건 질서의 핵심이었던 종교성과 상징적
의무라는 특정한 경험을 해체하는 과정으로, 다른 한편으로는 종교
성과 신성함의 요구로부터 분리된 표상과 노동, 그리고 행복의 개념
을 중심으로 하는 체계의 발전을 통해 이루어진 것이다. 니체의 관
점에서, 이는 계몽주의 이후 등장한 경제적·과학적 효용 체제가, 여
러 면에서 구체제ancien regime보다 열등한 노동과 욕망의 체계를 만
들어낸 것이었다. 종교적 숭배의 황홀경은 사라지고, 가난한 자들
의 구원적 고통은 점진적이고 이름 없는 형태의 비천함으로 전락했
으며, 봉건 귀족사회에 마지막 흔적으로 남아 있던 강자의 창조성마
저 상품 생산의 이성적-기술적 체제 속에서 소멸되었다. 니체의 근
대성 비판은 힘, 활력, 생명, 의지, 영웅주의, 그리고 권력에 대한 특
정한 이상을 암묵적 조건으로 전제한다. 그의 계보학은 결국, 부르
주아나 프롤레타리아트 등 다양한 집단에 속한 범인凡人들의 원한
감정ressentiment이 어떻게 인간 삶의 진정한 목적이라 할 수 있는 강
렬한 고통과 창조성의 경험을 지배하게 되었는지 보여주려는 시도
이다(Nietzsche, 1990: 190-198). 그럼에도, 니체에 따르면, 효용을 중심으
로 조직된 근대적 삶은 그 조건이 아무리 다루기 어려워 보일지라도
여전히 예측 불가능한 미래로 이어지는 통로로 남아 있다. 왜냐하면
근대가 만들어낸 기술적·미적·정치적 권력의 분열은, 그 효과가 반
복적으로 재생산되는 체계로는 포착할 수 없는 불안정한 갈등과 욕
망의 형식을 끝없이 만들어내기 때문이다.

　　니체의 근대성 비판에서 중요한 점은 그가 제시하는 권력, 욕
망, 표상의 리비도 경제가 그의 철학 전반에 출몰하는 권력, 성, 인
종, 문화의 위계를 끊임없이 전복한다는 데 있다. 심리학자, 예술사
학자, 언어학자, 문화 비평가로서 니체의 역량은 우리가 살펴본 백

색 신화의 단순한 반복을 넘어, 서구 문화의 형성 과정에 언제나 내재되어 있던 권력 투쟁을 사유하게 한다. 이 지점에서 제기되는 질문은, 니체의 근대성 비판이 현대 사회의 초-기술적 조직화에도 여전히 관련성을 지니는가에 관한 것이다. 물론 20세기 후반 자본주의의 진화 방식에 광의의 니체적 분석을 적용하려는 시도는 꾸준히 있어왔다. 예를 들어 들뢰즈의 『니체와 철학』은 근대성이 인간 욕망을 경제, 섹슈얼리티, 그리고 합법성이라는 도식적 체제로 조직해온 방식과, 이러한 체제의 원활한 재생산을 방해하는 우발적인 차이의 분출을 강조한다(Deleuze, 1983: 39-72). 물론 이는 들뢰즈와 가타리가 기획한 『자본주의와 분열증』Capitalism and Schizophrenia 프로젝트의 일종의 서론이기도 했다. 이 프로젝트에서 들뢰즈와 가타리는 후기 자본주의 사회에서 자본주의가 야기하는 분열적 욕망과, 이러한 욕망을 기술관료적 통제 아래 두려는 시도 사이의 긴장에 대한 포괄적인 비판을 제시했다. 데리다는 니체를 독해하며, 그의 철학 전반에 드러나는 반동적 캐리커처와 숭고한 교란 사이의 유희를 여성이, 혹은 '여성적인 것'이 어떻게 예증하는지를 강조했다(Derrida, 1979: 83-94). 여성에게 가려거든 '채찍을 잊지 말라'는 요구가 아무리 단호하다 하더라도, 의심과 불확실성의 유령은 만남과 여정에 언제나 동반된다는 것이다. 이러한 맥락에서 우리는 후기 자본주의 사회에서 정체성과 욕망의 재생산이 어떻게 이루어지는지, 그리고 이와 같은 표준화된 삶의 형식들을 불안정하게 만드는 예기치 못한 문화적·미학적 사건을 추적해야 하는 과제에 직면한다. 기술-계보학의 관점에서 나는 들뢰즈와 가타리가 1970년대 중반에 기계적 욕망의 운명에 대해 글을 쓰면서도, 정작 '기술'technology을 놀라울 정도로 비-정신적인 방식으로 다루고 있다는 점을 지적하고 싶다. 정보 기술과 가상-미학 프로그램이 개별화 과정에 미치는 영향은 거의 논의되지 않았다. 반면 데리다의 이미지 현상학은, 각 개인의 인지적·정동적 구성을 선결하는 가상-미학적 기술의 힘을 과소평가하는 경향이 있다(Derrida, 1994: 125-176). 그의 정치 미학은 미디어-기술과학 사회의 진화 속에서 위태로운 상태에 놓여 있는 성찰적 감각의 지속성을 전제하고 있는 듯 보인다.

내가 신자유주의의 진화에 접근하는 방식은 베르나르 스티글레르가 제시한 원초적 기술성 개념에 대한 특수한 독해에 기반한다. 스티글레르의 주저 『기술과 시간』은 인간 존재의 진화가 인간의 '세계-내-존재'로서의 경험을 가능하게 하는 기술 장치와 불가분의 관계에 있다는 사유를 발전시켰다. 즉 우리는 부싯돌에서 인공지능(AI)에 이르기까지, 기술 장치는 항상 인간의 인지 능력과 신체 능력을 보완해 왔다는 점을 인식해야 한다(Stiegler, 1998). 이러한 보조 장치는 사회성의 경험을 구성하기도 교란하기도 하며, 현실이 우리 앞에 상연되는 방식을 결정짓는 조건이 되기도 한다. 따라서 개인을 특정한 종류의 '주체'로 구성하는 '정신적' 기술들(가상 기술과 인공지능 프로그램)의 진화는 초산업사회에서 노동, 경제, 민주주의의 운명을 이해하는 데 결정적 중요성을 갖는다. 나는 오늘날 우리가 신자유주의라고 부르는 체제가, 기술 프로그램과 시스템의 발전을 포함한 복잡한 진화 과정 속에서 출현했다고 주장한 바 있다. 이 책의 1부에서는 고전적 자유주의의 이상이 어떻게 부르주아 자본주의의 부상과 맞물려 진화해왔는지 살펴보았다. 이 분석이 중요한 이유는, 18세기 말과 19세기 초 유럽이 지주 귀족과 새롭게 부상한 부르주아 사이의 충돌로 인해 발생한 격렬한 이념적 대립의 장이었기 때문이다. 계보학적 관점에서 이 갈등은 인간이 자연과 사회의 상징적 질서 내에서 자신의 위치를 이해하는 방식이 근본적으로 변화한 데에서 비롯되었다. 봉건제는 군사적 위신과 신성한 권리에 기초한 권위 체계를 재생산하려 했고, 토지, 자본, 노동, 재산에 대한 귀족의 권력을 장원권seigniorial right에 기반하여 유지하려고 했다. 서유럽에서 일어난 부르주아 혁명은 계몽주의에서 표출된 '인간의 권리'를 실천적으로 표현한 사건이었다. 따라서 상업 자본가들과 산업 자본가들이 귀족의 절대주의에 도전한 것은 단순히 경제적 이기주의의 발현이 아니라 자유와 경제적 자율성이라는 새로운 개념을 주장하는 행위였다. 자유 시민은 농노나 가신처럼 속박된 존재가 아니라, 노동자로서의 자기 결정권을 가지며, 동시에 국가의 징벌적 권력으로부터 보호받을 수 있는 형식적 권리를 소유하는 존재로 정의되었다. 계보학적 관점에서 본다면, 봉건적 절대주의를 해체하는 데 결정적인 역할을 한 것은 법적 권리, 경제적·기술적 효용, 정치적 자유의 동시적 동원이었던 것이다.

고전적 자유주의가 법, 경제, 도덕적 주체성을 하나로 엮어 인간의 자유 실현을 궁극적 목적으로 하는 통합적 체계를 만들어냈다는 점에는 분명 매우 설득력 있는 측면이 있다. 하지만 로크, 스미스, 벤담, 밀의 철학이 그 자체로 특정 권력 관계의 발전과 밀접하게 얽혀 있던 계보적 힘이었음을 인식해야 한다. 공리주의는 존재를 둘로 나눈다. 하나는 제약과 동일시되는 관성적 힘(교조적 정부, 종파주의, 장자 상속제 등)이고, 다른 하나는 생명과 동일시되는 역동적 힘(개인주의, 도덕적 자율성, 형식적 권리 등)이다. 이러한 구분은 세속적 진보와 근대화에 대한 강력한 교리의 토대가 되었다. 세상이 전반적으로 점점 나아지고 있다는 믿음과, 그 진보를 가능하게 하는 것이 개별 시민의 형식적 자유를 촉진하는 일이라는 관념은 자유주의 전통의 미적·담론적 상상력에 지속적인 영향을 받았다. 앞서 언급했듯 내가 주장하는 바는 자유주의 전통이 단순히 잘못되었거나 본질적으로 나쁘다는 것이 아니다. 오히려 자유주의 전통을 그것이 가져온 경제적·정치적 효과의 맥락 안에서 이해해야 한다는 것이다. 자본주의가 점차 합리적-기술적 시스템으로 발전한 것은 유럽 부르주아 민주주의에서 등장한 새로운 법적 권리 체제와 경제적 자유 체제에 의한 것이었다. 따라서 19세기 동안 전개된 자본주의의 기술적 조직화가 부분적으로는 형식적 자유와 법적 권리라는 자유주의적 이상의 산물이었음을 인식해야 한다. 또한 그러한 자유주의적 원칙이 실현 가능한 것으로 여겨질 수 있었던 조건 자체가 부르주아 경제의 기술 발전에 의해 근본적으로 변화했다는 점도 중요하다. 새로운 생산 기술, 커뮤니케이션 기술, 미적 기술의 발전과 통합은 두 가지 결과를 낳았다. 첫째는 자유와 법적 권리에 대한 자유주의적 개념의 변화(예: 존 스튜어트 밀의 대의민주주의 개념)였고, 둘째는 자본주의 정치경제학과 밀접한 관련이 있는 이념 형식으로서 자유주의의 출현이었다(Mill, 1987). 이는 마르크스가 『독일 이데올로기』의 '지배 계급과 지배 이데올로기'The Ruling class and Ruling Ideas에서 언급한 내용이기도 하다. 다만 마르크스의 입장은 주로 회고적 성격을 띤다. 마르크스는 칸트, 헤겔, 슈티르너가 '정신'을 존재의 근원으로 상정하고, '주체'를 모든 정치적 권리와 정당성의 원천으로 실체화했다는 점을 비판했다(Marx, 1977a). 20세기 이후에 벌어진 일들을 고려할 때, 우리가 자유주의 전통으로부터 물려받은 자유라는 관념 자체가 자본의 지속적인 기술적 진화를 가능하게 한 핵심이었다는 점을 인식하는 것이 중요하다고 생각한다.

앞선 장들에서 나는 글로벌 기술 자본주의의 발전 체제 내에서 일어난 사회적·경제적·정치적 투쟁을 통해 신자유주의적 상상력의 발전 과정을 추적했다. 특히 1920년대 초부터 프랑크푸르트학파가 주목했던 기술적 합리화와 대중매체의 결합, 그중에서도 영화와 이후 텔레비전이 개인의 정체성 형성에 미친 영향력에 초점을 맞췄다. 이러한 기술이 중요한 이유는, 그것들이 공적 영역을 변형시켰기 때문이다. 발터 벤야민이 지적했듯이, 영화의 대중 미학은 자기-성찰의 경제를 근본적으로 바꾸어놓았다. 이미지의 운동감각적 전진은 이전에는 불가능했던 노동, 만족, 욕망의 현대적 형식들에 대한 공적 해부를 가능하게 했다(Benjamin, 1992). 반면 문화산업이 전유한 영화는, 모든 '정상'인들이 열망해야 할 섹슈얼리티, 영웅주의, 그리고 자유의 미적 형상을 재창조하는 수단이 되었다. 음향과 색채 기술이라는 영화의 기술적 매체가 발전하면서 할리우드가 대중 소비 패턴에 미치는 영향력은 더욱 커졌다. 이처럼 신자유주의적 상상은 엔터테인먼트 산업을 통해 2차 세계대전 이후 미적·기술적 체제로 자리 잡았다. 미국의 지정학적 패권은 영화와 텔레비전 산업을 통해 연출되었고, 공산주의라는 악과 자유주의 진영의 적들에 맞서는 정의로운 성전으로 변모했다. 이는 또한 행복과 성취에 이르는 최선의 방법으로 소비를 장려하는, 고도로 순응적이고 극도로 편집증적인 사회 질서의 대중미학적 메커니즘으로 작용했다. 여기서 중요한 점은 자본주의가 들뢰즈와 가타리가 말하는 통제 사회, 즉 경제와 대중매체, 그리고 과학 지식의 관계가 더욱 밀접해지는 사회로 발전하면서, 자본화 과정을 끊임없이 확장하는 미적 매체에 의해 고전적 자유주의의 원리들이 변형된다는 것이다(Deleuze and Guattari, 2000). 다르게 말하면 자유의 경험은 하나의 시뮬레이션이다. 자유주의가 인간 행동의 기원이자 목적으로 여겼던 형식적 권리와 개인의 자율성이라는 체제는 이제 대중문화의 미적 비유 속에서 끊임없이 변형되는 기술적 필요성에 종속되었다.

내가 제시한 자본주의와 기술, 그리고 신자유주의적 상상 사이의 관계에 대한 계보학 역시 베르나르 스티글레르의 원초적 기술성 테제에 대한 특정한 독해를 바탕으로 한다. 스티글레르의 작업이 중요한 이유는 기술적 진보가 동반하는 극심한 모호성에 대한 감각과, 새로운 기술적 시대가 도래할 때 언제나 수반되는 위험에 대한 감각을 일깨우기 때문이다(Stiegler, 2011a). 스티글레르에 따르면, 1970년대 중반 들뢰즈와 가타리의 통제 사회 개념을 제시한 이후, 기술 시스템은 점점 더 '보철적' 성격을 띠게 되었다. 우리 각자는 생명공학적이고 가상-미학적인, 그리고 점차 자율화되는 디지털 정보 시스템 속에 통합되어왔다. 자유주의 전통이 계몽된 사회의 목표로 간주했던 인간 삶의 자발성은 이제 생산과 소비, 욕망과 충족 사이의 간극을 줄이기 위한 알고리즘적 과정에 종속되어 있다(Lyotard, 1988; Stiegler, 2014). 이러한 체제가 위협하는 것은 자유민주주의의 본질이라 할 수 있는 성찰 능력의 상실이다. 사회적 행위가 문화산업과 프로그래밍 산업이 조장하는 자기중심적 욕망이 실현되는 방식으로 나타나는 한, 자유주의의 운명은 '개인'이라는 존재가 끊임없이 재형성되고 이상화되는 미적·정치적 형상들 사이에 분산될 것이다. 스티글레르에 따르면 이는 서구 자유민주주의에서 정치문화의 파국적 퇴보로 이어졌다. 국가가 구현하는 이상과 국가에 대한 동일시를 통해 형성되었던 상징적 질서는, 이제 자신의 불행의 원천을 인식하지 못하는 불안정하고 변덕스러우며 알고리즘에 의해 유도되는 개인주의에 자리를 내주었다(Stiegler, 2014). 이 책의 2부에서는 바로 이러한 체제의 형성 과정과 진화 과정에서 신자유주의적 상상이 어떤 역할을 했는지 살펴보고자 했다. 특히 신자유주의가 계속해서 진화하는 세계관으로 자리 잡는 과정에서 증식한 상상적이고 담론적인 형식들과, 기술과학적 자본주의가 생물권의 자연 시스템에 끼친 영향 사이의 관계를 명확히 밝히고자 했다.

이렇게 우리는 신자유주의와 기술 자본주의가 맺는 관계가 진화하는 과정 속에서 등장한 '대안의 가능성'에 도달하게 된다. 이 지점에서 티머시 모턴의 하이퍼객체 개념 연구가 중요한 함의를 갖는다. 그의 작업은 '자본주의'를 끊임없이 확장하는 기술-경제적 힘의 총체로 간주하며, 동시에 기술적 생산 수단의 무한한 확장으로 인해 심각하게 변화된 기후학적·지질학적·유기적 체계로서의 '지구'와 자본주의의 연관성을 추적한다. 이런 관점에서는 '대안의 가능성'이란 단지 '하나의 가능성'에 불과하다. 지속 성장을 최우선 목표로 삼아 발전해온 선진 산업사회 체제는 다양한 사회적·정치적 맥락에서 신자유주의적 합의에 도전하는 새로운 형태의 생태적 인식을 낳았다. 하지만 이러한 도전들조차도 신자유주의 세계관의 핵심 특징인 무력화와 전유의 논리를 완전히 벗어나지는 못한다. 다음 절에서는 현재의 비상사태에 내재된 두 가지의 가능한 미래를 간략히 제시하고자 한다.

죽음에 이르는 병?

계보학적 분석의 지평은 새로운 삶의 양식들을 실현할 수 있는 가능성에 놓여 있다. 이 삶의 양식들은 지금까지 인간 삶을 제약해온 도덕, 윤리, 효용이라는 낡은 질서 내부에서 발전해왔다. 이러한 가능성이 오늘날의 경제적·기술적·정치적 영향의 결합 속에서 어떻게 발생할 수 있는지 예감하고 직관하기 위해서는, 우리가 무엇이 가능할지 상상하는 능력을 그러한 결합이 어느 정도로 식민화해왔는지 검토하는 데서 출발해야 한다.

쇠렌 키르케고르Søren Kierkegaard의 저서 『죽음에 이르는 병』 Sickness Unto Death은 참된 절망, 즉 자신을 상실한 자의 병이 구원의 조건이라고 주장한다. 인간은 오직 절대적 상실과 소외의 경험을 통해서만 신의 무한성과 인간 삶의 유한한 만족으로 돌아갈 수 있다는 것이다(Kierkegaard, 2004: 43-51). 이는 스티글레르의 사상에서도 읽어낼 수 있는 것이지만, 그렇기에 우리 인간이 하나의 종species으로서 신자유주의적 자본주의 사회를 특징짓는 과잉-생산, 과잉-소비, 과잉-흥분의 순환에서 벗어날 수 있는 유일한 길은, 신자유주의라는 수행적 행복의 체제에 내재된 심적 트라우마의 표현을 허용하는 것일지도 모른다(Stiegler, 2014). 스티글레르의 주장은 오늘날 정신의 정치가 처한 운명을 이해하기 위해서는 인간의 개체화 과정에 무슨 일이 발생한 것인지 인식해야 한다는 것이다. 키르케고르의 철학에서 자아의 개체화는 세계의 미적 산만함을 통해 길을 잃을 수 있는 종교적-실존적 과정으로 여겨진다. 우리 모두는 결국, 신과의 화해를 열정적으로 추구하는 데서 오는 영적 만족을 제공해주지 못하는 욕망과 유혹에 예속되어 있다. 스티글레르가 강조하는 바는, 이런 종류의 노에시스적 활동, 즉 우리를 인간답게 만드는 영혼의 탐구가, 가상-기술 프로그램이 개인의 성찰과 욕망의 재생산 기능을 전유하게 되면 사실상 불가능해진다는 것이다. 가상-기술 프로그램의 작동 논리는 한 사람 한 사람의 정신적·육체적 삶이 생명정치적 통제, 미적 조작, 경제 성장이라는 상호 연동된 시스템 속에 통합되도록 설계되어 있다. 다시 말해 신자유주의 이데올로기와 모든 것의 기술적 자본화 사이의 관계는, 경제를 끊임없이 확장시키는 미적 영역(섹스, 소비, 시뮬레이션 등)에서 '정신'의 존재를 배제할 수 있는 신자유주의 이데올로기의 능력에 달려 있다. 그러나 스티글레르에게 이러한 정신의 무화 과정은 단순히 미디어-기술 네트워크의 진화에 따라 파생된 결과가 아니다. 오히려 경제 성장의 주요 동력으로 출현했던 미적 욕망과 즉각적 만족의 양식은, 자본주의의 글로벌-기술과학적 진화에서 나타나는 특정한 경향의 발전에 필수적이었다. 서구 산업사회의 윤리적 세계관은, 제한적이지만 매우 유연한 미적 표상의 레퍼토리에 의해 형성되었기 때문에 글로벌 시장의 정치적·경제적 공리주의가 오늘날과 같은 방식으로 발전할 수 있었던 것이다.

티머시 모턴의 신생태학 연구는 이 지점에서 중요한 의의를 갖는다. 그는 자본, 기술, 그리고 미학 사이의 관계가 점차 폐쇄적으로 변화함에 따라, 이러한 관계가 생물권에 미치는 영향 역시 문화산업과 프로그래밍 산업의 렌즈를 통해 표상된다고 주장한다(Morton, 2013; 2010). 다시 말해 신자유주의적 세계관은 가상-미학적 프로그램을 통해 임박한 생태 재앙을 상연할 수 있게 된 것이다. 앞서 보았듯 이러한 표상은 주로 두 가지 형태를 띠는 경향이 있다. 한편에는 기술 가속주의자들이 제안하는 미래 지향적 해결책이 있다. 다른 한편에는 선진 산업민주주의 국가들이 표준적으로 취하고 있는 보다 실용주의적이고 생명정치적인 대응이 있다. 내게는 이 대응들이 동일한 전략의 양면처럼 보인다. 전자는 인간이 초래한 지구온난화의 무한히 복잡한 인과관계와 막대하게 확장된 시간 축 속에서 결국 기술적으로 해결할 수 있을 것이라 믿는 입장이고, 후자는 과학 연구와 기

408

술 혁신의 중심지를 보호하기 위해 단기적 방어 조치가 필요하다고 여기는 입장이다. 여기서 문제는 실용주의적 관점이 일종의 기본값이 되는 경향이 있다는 것이다. 기후변화와 글로벌 경제 불평등이 결합되며 나타나는 경제적·정치적·인도주의적 위기에 국가들은 윤리적이기보다는 생명정치적 방식으로 대응하고 있다. 주권의 보호란 이제는 초-산업사회의 과학 네트워크에서 생성되고 있는 미래를 보호하는 것이 되었다. 그리고 이 과정에서 국가들이 공언해온 민주적-세계시민적 원칙들은 계속해서 유예되고 있는 실정이다(Agamben, 1998). 그 결과 난민, 경제 이주민, 망명 신청자들은 부와 기술 문명의 중심지로부터 차단되어야 할 위험한 유기물로 격하된다. 점점 더 세계 정치는 경제 성장, 자산 보호, 그리고 국경을 위협하는 인간-이하의, 정치-이전의 타자들에 대한 자동 방어 시스템 개발에만 관심을 갖는, 고도로 전략적이고 극도로 과민한 형태의 공리주의에 따라 작동하고 있다. 이 체제는 이미 현실화되었으며, 우리는 신자유주의적 자본주의가 단기 및 중기적으로 취하고 있는 지향을 파악할 수 있다. 국가들이 '멸종 반란'과 같은 생태 지향적 단체들에 냉소적 태도를 보이고, 특히 미국에서 기후 변화에 회의적인 우파 정치가 부상하면서, '기술적 해결책'은 1세계 국가들이 자국의 자산과 인구를 보호하기 위해 고안하는 시스템의 형태로 발전할 가능성이 더욱 높아지고 있다.

실제로 일종의 생명정치적 권위주의의 윤곽이 이미 대안 우파의 이데올로기적 의제 속에 뚜렷하게 드러나고 있다. 이는 자유와 민주주의의 생존을 위협하는 타자들에 맞서 자신들을 방어하기 위한 백색 신화로 작동한다. 우리가 앞서 살펴보았듯, 이러한 방향성은 냉전 종식 이후 재등장한 종교적 근본주의에 내재되어 있었다. 글로벌 기술자본 체제는 경제 발전이나 국경을 초월한 인정이라는 세계 시민주의적 이상에 거의 관심을 두지 않는 착취의 메커니즘이 되었다. 세계은행, 국제통화기금(IMF), 세계무역기구(WTO) 등 글로벌 발전을 조정하는 국제기구들은 비서구 문화의 문화적·종교적 특수성을 거의 고려하지 않은 형식적 신자유주의 의제를 추구해온 경향이 있었다. 그 결과 새뮤얼 헌팅턴이 냉전 종식 후 가장 개연성 있는 시나리오로 제시했던 동서양의 '충돌'은, 우리가 집단적 삶과 정체성을 경험하는 문화적·종교적·미적 형태를 통해 더욱 격화되었다(Huntington, 2002). 한편으로는 서구 사회의 가상적 상상 속에 새로운 형태의 오리엔탈리즘과 이슬람 공포증이 대두되었고, 다른 한편으로는 극단적 이슬람 근본주의가 출현했다. 이들은 전략적 테러 행위를 통해 각자의 세력을 유지하며, 끝없는 수행실적이라는 신자유주의적 삶의 비전을 위협하고 있다. 자크 데리다가 『불한당들』Rogues과 『종교 행위』Acts of Religion에서 지적했듯이, 신자유주의적 세계화가 진전시킨 기술, 경제 관계, 제도의 총체로서의 '서구'는 합리적-기술적 문명이 정한 문화적·민족적·종교적 규범에 대한 순응을 강제하고 있다. 따라서 이에 순응하지 않는 '불량 국가'rogue state는 그 자체로 생명의 적으로 간주되며, 무제한적인 징벌 조치의 대상이 된다(Derrida, 2005).

바로 이 '동양'과 '서양'이라는 깊고 반복적인 존재론적 맥락에서, 신자유주의적 세계관은 안보화된 주권과 기술적 방어의 교리로 형성되었다. 신자유주의는 무엇보다도, 지금까지 경제 성장을 가장 효율적으로 자극해온 특정한 형식적 원칙들을 보존하려는 일종의 전면 도박vabanque 전략이다. 이러한 원칙들은 지금의 체제가 관리하거나 해결할 수 없는 일련의 전 지구적 조건들을 야기했다. 전 지구적 불평등의 지속적 심화, 환경의 체계적 황폐화, 인위적 지구온난화, 그리고 첨예한 문화적·종교적 대립이 그것이다. 물론 신자유주의 체제는 근대성 너머로 나아가기 위한 새로운 형태의 책임 있는 개인주의를 낳기도 했다. 예를 들어 친환경 소비와 생태적 삶의 방식이 개인의 도덕성, 공적 윤리, 경제적 효용의 원칙들을 결합시키는 삶의 양식으로 장려되었다. 그러나 결국 스티글레르와 모턴이 주장했듯이, 자본과 기술, 그리고 개인주의 간의 관계는 상품화의 논리를 확장하기 위해 설계된 시스템으로 진화해왔다. 그리고 현재의 비상사태 속에서 이 과정은 고도로 정치화되었다. 경제 성장과 사회 진보에 대한 신자유주의적 상상은 전례 없는 규모로 인도주의적·생태학적 질문들과 충돌하고 있다. 실제로 우리는 이미 임박한 대멸종을 맞닥뜨리고 있으며, 그 영향이 인류의 취약 계층에까지 확대될 것이 분명하다. 앞서 살펴보았듯, '대지의 저주받은 자들 연합'The Wretched of the Earch Alliance은 지구 기온이 섭씨 2도 상승하면 삶의 터전을 잃게 될 토착민들의 권리에 관심을 환기시키기 위해 결성되었다. 따라서 핵심은 신자유주의적 자본주의의 이 전면 도박 전략에 있다. 이는 가장 부유한 국가들이 점차 빈번해지고 더욱 파괴적인 사건들로 가득 찬 세계 속에서 자신들만의 기술적 구원을 추구하는 방어적 주권의 형태로 신자유주의가 진화하는 것을 말한다. 그렇기에 우리는 이 전략에 대한 대안이 무엇일 수 있는지, 그리고 그 대안들이 어떻게 이 초-공리주의적 전략이 빚어내는 갈등 속에서 등장할 수 있을지 숙고할 필요가 있다.

신자유주의적 상상은 그 내부에서 일어난 경제적·기술적 변화로 치유될 수도, 완화될 수도 없는 '죽음에 이르는 병'인가? 우리가 행복, 개인주의, 섹스, 영웅주의, 사랑이라는 시뮬라크르에 너무 깊이 매몰되어 있기 때문에, 인간과 자연이 기술적 자본화 과정에 종속되는 방식을 바꿀 수 있는 어떤 희망도 존재하지 않는 것인가?

내가 일관되게 주장했듯, 신자유주의는 자본주의의 기술 및 경제 네트워크 안에서 진화한 매우 유연한 미적 전략으로 이해하는 것이 가장 적절하다. 그것은 고전적 자유주의 전통의 일종의 시뮬레이션으로서 진화해왔으며, 끊임없이 팽창하는 미디어-기술과학 생산체계 안에서 경제적 효용, 형식적 자유, 법적 권리라는 이상들을 재구성해왔다. 계몽주의 시기부터 이어져오며 유럽 부르주아 민주주의의 토대를 형성한 '개인' 개념은, 오늘날의 역사적 국면에서 근본적인 변화를 겪었다. 관념론과 공리주의 전통은 모두 성찰적으로 조직된 시민사회의 필요성을 강조했다. 이 시민사회 안에서 각 '개인'은 입법과 통치의 필수 요소로 간주되었다. 근대적 개인은 복잡한 문자-정서적textual-orthographic 경제 안에서 형성되며, 이 경제는 개인이 자신의 특정한 필요와 욕구를 표현하고 인식할 수 있게 한다. 물론 이는 하나의 이상형이다. 왜냐하면 상품 형태의 확장은 언제나

◆　여기에서 '희생'(sacrifice)이라는 개념은 이중적 의미를 갖는다. 한편으로 희생은 선진국들이 이산화탄소 배출을 줄이고, 자원 채굴과 소비 수준을 낮추기 위한 결단을 내린다는 긍정적인 함의가 있다. 다른 한편으로는 조르조 아감벤이 서구 민주주의 연구에서 강조한 생명정치적 의미도 존재한다. 이는 서구 국가들이 국경 너머에서 극빈 상태로 유입되는 이들을 기꺼이 희생시키려는(sacrifice) 의지를 말한다(Agamben, 1998).

상호적 이기심에 기반한 '자유시장'의 이상이 실현되는 것을 방해하고 전복해왔기 때문이다. 그러나 19세기 자본주의의 진화가 보여준 핵심 특징은, 전통적인 종교적·정치적 애착을 담지한 문자-정서적 경제에서 사진의 경제로, 그리고 더 나아가 영상의 경제로의 이행이었다. 이러한 이행은 개인의 형성 과정에도 급격한 변화를 초래했다. 1920년대에 이르면 '자아'는 미적 형식으로 변모하고, 세계에 대한 개인의 지향성은 점차 시각적 효과의 조작을 통해 욕망을 자극하는 문화산업에 종속되기 시작했다. 이러한 변화 과정은 계보학적이며, 지금도 계속되고 있다. 문화산업의 발전을 통해 형성된 자본-이미지-정동 관계는 사회적 삶의 정동 경제를 근본적으로 변화시켰고, 각 개인은 반복적이고 정형화된 개성의 틀에 종속되었다. 여기서 제기되는 질문은 프랑크푸르트학파가 처음 제기했던 것이기도 하다. 즉 미학의 산업화가 부르주아 민주주의의 도덕적 기반에 가한 손상에 대한 물음이다. 아도르노의 후기 연구는 고통의 미적 표현을 통해 손상의 경험이 발화될 수 있으며, 이러한 표현들이 그가 '사회적 명령'Social Imperative이라 부른 것의 지배를 교란할 수 있다는 점을 보여주려 했다(Adorno, 1996).

물론 아도르노의 테제는 본질적으로 반동적이라고 비판받기도 했다. 산업화된 문화 한가운데에서 간헐적으로만 분출되는 부정성의 미학이 문화산업의 장치들에 매우 쉽게 흡수될 수 있기 때문이다. 마르쿠제도 물론 1968년 여름부터 학생 운동가들과 적극적으로 교류하며 비판 철학을 아카데미 밖으로 끌어내려고 노력했다. 마르쿠제는 『일차원적 인간』에서 소비 자본주의의 요구에 복무하는 영혼 없는 개인을 형성하는 데 기술이 점점 더 결정적인 개입을 하고 있다는 문제를 제기했다. 『일차원적 인간』의 마지막 장인 '대안의 가능성'The Chance of Alternatives에서 그는, 사회 전반에 문화적 순응이 뿌리내린 이후에는 학생 운동가들이나 제3세계 활동가들과 같은 경계 집단 안에서 대안적 저항의 형태를 모색해야 한다고 제안한다(Marcuse, 1961). 그러나 마르쿠제가 사회·문화의 급진적 변화에 헌신했음에도, 그의 비판 철학은 여전히 전통적인 프랑크푸르트학파의 기술을 바라보는 관점, 즉 기술을 사회문화적 관계의 총체를 동질화하는 힘으로 바라보는 시각에 머물러 있었다. 들뢰즈와 가타리는 『안티 오이디푸스』에서 기술관료제에 대한 이러한 설명에 의문을 제기하며, 기술적으로 유도된 욕망의 계보학적 토대를 마련하기 시작했다. 그들의 분석은 억압적인 기술이 사회 통합이라는 과제를 달성하기 위해, 특정한 형태의 강렬한 욕망과 만족을 유도해야만 한다는 데 초점을 맞춘다. 그들은 오이디푸스적 섹슈얼리티 체제를 통해 조직되는 사회경제적 재생산 구조가, 예상치 못한 리비도적 사건들을 야기한다고 주장한다. 이러한 사건들은 '전쟁 기계'로 발전할 수 있는데, 이는 복종과 통제의 재생산에 저항하는, 자발적으로 조직된 연합체를 의미한다(Deleuze and Guattari, 2004: 387-467). 앞서 말했듯 이러한 접근법은 여전히 기술적 형성을 공리주의적 관점에서 이해하고 있다는 한계를 지닌다. 들뢰즈와 가타리가 개념화한 '오이디푸스적 주체' 역시 고도로 기능화된 통제 사회의 네트워크 속에서 형성되기 때문이다. 이와 구별되는 방식으로 신자유주의의 계보학적 역학을 이해하기 위해, 특히 그것이 21세기에 들어 어떻게 전개되어왔는지 이해하기 위해, 나는 베르나르 스티글레르의 원초적 기술성 이론을 활용했다.

나는 이 책 전반에 걸쳐 스티글레르 이론에서 사용된 용어들을 여러 차례 소개했다. 그의 분석의 핵심은, 인간의 신체적·정신적 진화가 인간이 세상을 접하는 기술적 수단의 진화와 함께 진행된다는 점이다(Stiegler, 1998). 인간 사회의 진화는 항상 기술에 의해 촉진되어 왔지만, 이러한 진화가 가능했던 것은 사회적 인정과 소속감을 매개하는 상징 질서를 통해서였다. 실제로 문화의 지속적인 단절과 재구성은 새로운 기술 체계가 인간 사회의 제도적 삶에 통합될 수 있는 환경을 형성해왔다. 이 과정은 20세기에 들어 미디어의 급속한 발전으로 개인의 자유에 대한 미학이 변형되며 급격히 가속화되었다. 1990년대 후반에 이르러 이미지의 리비도 경제, 특히 '자아'의 형상화가 개인의 욕망 경제를 조작하는 방식은 인터넷, 정보통신기술, 가상 기술의 등장으로 근본적으로 변화했다. 개인이 미적 시뮬라크르의 네트워크에 연결되는 통로는, 디지털 경제가 제공하는 정보, 이미지, 의견, 상품에 '반응'할 수 있는 가능성을 열어주는 방식으로 작동하게 되었다. 하지만 스티글레르의 시간과 디지털화의 관계에 대한 설명에 따르면, 정보통신기술과 가상-미학 기술이 제공하는 이러한 반응의 형식적 가능성은 시민사회의 성찰적 구성 자체를 위협하는 주체적 문화의 상실과 동시에 일어난 것이다. 우리의 반응은 이제 '노에시스적'이라기보다는 '시냅스 생성적'이 되었고, 시민적 책임보다는 끊임없이 갱신되는 주관적 욕망의 이기주의로 향하는 경향이 있다.

스티글레르는 그가 '소비주의적 어리석음'이라 부르는 현상이 끊임없이 확산되고 있다는 데 우려를 표명하면서도, 자신은 기술에 대해 비관주의자도 결정론자도 아니라고 주장한다. 그의 최근 연구는 새로운 '기여 경제'economy of contribution라는 개념을 발전시키는 것에 초점을 맞추고 있다. 이 개념은 일work의 정의를 근본적으로 재구성하여 성찰적 시민 문화를 형성하는 것에 기여할 수 있는 미적 생산 형태를 그 정의에 포함하려는 시도다. 스티글레르는 이러한 종류의 일이 본질적으로 기술적technological이라고 말한다. 이러한 일이 수행되고 확산되는 방식이 그 자체로 하이퍼-자본주의의 문화를 구성하는 가상 커뮤니케이션 네트워크가 될 것이라고 주장한다(Stiegler, 2010: 45-70). 나는 이러한 현재의 비상사태에 대한 스티글레르의 분석이, 자유·권리·개인주의라는 신자유주의적 이상이 어떻게 글로벌 자본주의의 발전에 핵심이 되는 포괄적 세계관으로 변모해왔는지를 이해하는 데 중요하다고 생각한다. 그러나 스티글레르가 묘사하는, 욕망과 순응을 조직하는 체계로부터 출현할 수 있는 '대안의 가능성'을 이해하려면, 자본이 전 지구적 불평등과 생태계에 초래한 파국적 영향을 살펴봐야 한다. 6장에서 언급했듯 세계화의 진전은 본질적으로 자본의 논리와 과학적 혁신이 매우 밀접하게 결합되어 자기-생성적인 관계를 형성하는 체제의 확장이라고 할 수 있다. '인류세' 개념은 기술 개발을 의도적으로 가속화하는 것만이 지구온난화, 빈곤, 질병, 불평등 등이 낳는 최악의 영향을 극복할 수 있는 유일한 방법이라는 믿음과 연결되어 있다. 그러나 이러한 미래투사적 기술 담론은 기술 시스템 개발에서 자본화가 초래하는 불균등한 영향을 간과하는 경향이 있다. 글로벌 기업들이 명확한 세계시민적·생태적 목적을 가진 기술에 투자할 것이라는 가정은 분명 잘못된 것이다. 물론 친환경 기술 분야에서 상당한 진전이 있었던 것은 사실이나, 그조차도 여전히 수익성과 시장 임팩트를 요구하는 경제적 성과라는 틀 안에서 이루어졌다. 또한 자본화 과정에서 일정한 수준의 관성이 발생하는 경향이 있는데, 이는 노후화된 기술이 제2세계 또는 제3세계 경제로 재유입되어 제2의 삶을 살게 되는 현상으로 나타나기도 한다. 따라서 신자유주의의 보다 전통적인 경제학적 측면은 기술 자본화를 촉진해왔을 뿐 아니라, 동양과 서양, 부자와 빈자, 이슬람과 기독교 등 이들 사이에 존재하는 여러 긴장을 심화시키는 데 결정적인 역할을 해왔다(Harvey, 2005; Jameson, 1995).

그러나 이러한 실용적 결정을 넘어서, 신자유주의는 무한히 유연하고 매우 광범위한 세계관으로 발전해왔다. 그것은 기술의 계획된 발전과 자본화 과정, 그리고 지구에 거주하는 모든 개인들의 혐오와 욕망, 불안과 사랑, 황홀과 고통 속 어디에서든 그 존재를 찾아볼 수 있는 하이퍼객체이다. 계보학적 관점에서, 이러한 전 지구적 결합은 결국 신자유주의 장치 내에서 진화해온 수행성과 관성의 미학으로는 무한히 흡수될 수 없는 갈등과 가능성들을 야기했다.

프란츠 파농과 한나 아렌트는 모두 정당한 폭력이라는 개념에 대해 사유한 바 있다(Fanon, 2001: 69-74; Arendt, 1970: 83-84). 그들은 이 개념이 그 자체로 민주주의의 이념에 속한다고 본다. 민주주의적 이상이 현실에서 항상 소수자의 배제로 이어지는 한, 그로 인해 배제된 이들은 폭력의 사용을 통해 그들의 인간성을 회복할 수 있는 가능성을 부여받는다는 것이다. 파농과 아렌트는 이러한 폭력이 보편적 인권이 부정되는 상황에서 비롯되며, 특정 집단이나 개인이 보편적 인권에 접근할 수 없게 된다면 그러한 폭력은 절대적 정당성을 갖는다고 본다. 동시에 이러한 정당성은 억압자가 피억압자를 인정하고 협상할 가능성을 열어주는 순간 (혹은 억압적 체제가 피억압자의 폭력에 의해 전복되는 경우) 폐기된다고 주장한다. 글로벌 기술과학 자본주의 시대에 이러한 정당한 폭력에 대한 설명이 중요한 이유는, 지구 생명체들의 통합성이 이미 괴사 상태에 도달했기 때문이다(Moore, 2016). 지구온난화는 해수면 상승과 환경 파괴를 야기하여 수천만 명의 목숨을 앗아가거나 이들을 극심한 빈곤 상태로 몰아넣을 수 있다. 이러한 파국적 미래는 제1세계 안팎에서 정당한 폭력이라는 강력한 위협을 낳고 있다. 이 폭력은 계보학적 성격을 띠며, 두 가지 주요 원천에서 비롯된다. 하나는 초-산업 경제의 특징인 개인주의의 미적 자극이 야기하는 심리적 혼란이며, 다른 하나는 제1세계 경제 체제가 제2세계와 제3세계 국가들에 지속적으로 자행하는 생존 수단으로부터의 소외다. 이러한 폭력의 정확한 본질은 예측할 수 없다. 왜냐하면 그것은 결국 숭고에 가까운 어떤 것, 즉 지구와 자연, 그리고 인류 전체가 맺고 있는 관계를 낯설고도 심오하게 변형시키는 것을 지향하기 때문이다(Morton, 2013: 134-158). 이 폭력은 시민 불복종, 미적 교란, 신자유주의적 형태의 노동 및 소비의 중단을 공통의 이상으로 조율하는 제1·2·3세계 운동들 사이의 유동적 동맹 형태로 나타날 수 있다. 즉 G8, 국제통화기금(IMF), 세계은행, 세계무역기구(WTO) 등 글로벌 자본의 '공식' 기관들과 1세계 국가들 자체를 변화시키는 것을 목표로 하는 폭력의 형태가 될 수도 있다는 것이다. 그러나 설령 이러한 변화가 일어난다고 하더라도, 대안적 상상과 그에 상응하는 대안적 세계 정치의 실천은, 필연적으로 세계 신자유주의 질서를 줄곧 뒤따라다닌 군사적 개입과 테러 행위를 수반하게 될 것이다.

우리가 지금 마주하고 있는 것은, 신자유주의적 세계관에 대한 대안이 가질 수 있는 '가능성의 가능성'이다. 즉, 내가 신자유주의적 상상이라고 부른 미학적 개인주의 체제로부터 생태 민주주의를 향한 요구와 정치적 실천이 솟아나올 수 있는 가능성이 점점 더 희미해지고 있는 것이다. 어쩌면 우리는 이러한 가능성마저 전 지구적 초-개인주의의 유독한 효과 속으로 증발해버리기 직전인 시점에 도달해 있는지도 모른다. 그리고 날마다, 심지어는 매 시간마다, 우리가 놓친 기회들의 역사는 희생적 선택과 급진적 변혁이 불가피해지는 시점을 더욱 앞당기고 있다. 어쩌면 우리는 이미 지구를 거주 가능한 행성으로 유지하기 위해 미래의 기술적 해결책에 의존할 수밖에 없는 단계에 도달했는지도 모른다. 이 역사적 순간에서 유일하게 확실한 것은, 신자유주의적 세계관과 그것이 만들어낸 추상적 개인주의 문화의 근본적 변화 없이는 지구온난화와 환경 파괴가 야기할 최악의 결과들을 막아낼 수 있는 집단적 행동의 여지조차 거의 남지 않는다는 사실이다. 그 행동이 어떤 형태를 띠게 될지는 아무도 알 수 없다. '인류세'에서 진화해온 복합적이고 상호 교차하는 시스템들이 너무나 빠르게 진화하고 있어, 미래의 '기여 경제'가 어떤 모습을 갖게 될지 정확히 예측할 수 없기 때문이다. 그러나 하나의 종으로서 우리는, 노동과 만족, 그리고 욕망에 대한 기술 경제를 변혁시킬 수 있는 가능성을 유지하기 위해 지금 당장 문화적·경제적·정치적·학문적·기술적 삶의 모든 영역에 걸친 협력적 행동이 필요하다는 사실을 인식해야 한다. 신자유주의적 상상이 빚어내는 무궁무진한 환상들에 대한 이러한 세계시민적 저항이 없다면, 생태적 전환을 이뤄낼 수 있는 '가능성의 가능성'은 사라지고 말 것이다.

후기: COVID19

코로나19 팬데믹이 시작된 이후 이데올로기 전쟁이 벌어지고 있다. 한편에서는 우파 싱크탱크, 경제 연구소, 경제학과, 기업 단체 등이 계절성 독감과 비슷한 수준의 바이러스 때문에 경제를 붕괴시키는 것은 재정적으로 터무니없다고 주장한다. 이들은 가장 취약한 계층을 보호한다는 명분으로 봉쇄 조치를 취하면 미래 세대에게 막대한 부채를 떠넘기게 되고, 결국 세계 경제가 수년간의 불황에 빠지게 될 것이라 주장한다. 따라서 이성적으로 우선순위를 판단해서, 수명이 다해가는 사람들은 자연스럽게 사망하도록 두는 것이 낫다는 것이다. 반면 점점 더 많은 학자들, 정치 활동가들, 시민들, 생태학자들은 코로나19로 인한 위기가 글로벌 신자유주의 자본주의에 내재된 문제들이 격화된 결과라고 본다. 이들의 주장은 다음 세 가지 테마를 중심으로 전개된다. 첫째, 지속적인 성장 없이는 존립할 수 없는 경제시스템의 회복 탄력성 부족. 둘째, 이윤 추구로 인해 조장되는 단기주의와 계획성의 부재. 셋째, 신자유주의적 세계관에 내재된 생명정치적 해결책으로의 회귀가 그것들이다. 전 지구적 팬데믹의 발생은 활발한 정치적 논쟁을 일으켰다. 문화산업 및 프로그램 산업 체제를 통해 이뤄지던 개인의 가상-미학적 형성은, 우리 모두가 노출되어 있으며 필연적으로 반복될 수밖에 없는 계산 불가능한 위험의 경험으로 인해 불안정해졌다. 바로 이러한 이유로 코로나19를 둘러싼 이데올로기 전쟁은 이제 막 시작되었다고 할 수 있다. 미국·영국·독일·프랑스의 보수 정부들이 코로나19의 여파에 어떻게 대응하는지 보아야만 이것이 신자유주의적 상상에 미치는 영향을 평가할 수 있을 것이다. 아마도 그 대응은 1970년대 스태그플레이션 위기에 대한 대처-레이건식 해결책의 보다 강화된 권위주의적 버전이될 수도 있다. 하지만 이런 방식의 대응이 더는 작동하지 않을 수도있다. 팬데믹의 압도적인 규모와, 이러한 사태가 단순히 '외부성'이아니라는 자각은, 이를테면 글로벌 기여 경제와 같은 보다 창의적이고 책임감 있는 사회경제적 계획 체제와 같은 대안을 요구하는 흐름으로 이어질 수 있다. 그러나 이는 아직 지켜봐야 할 문제다.

다른 대학에 근무하는 동료가 얼마 전에 들려준 이야기다. 학기가 끝나고 성적처리까지 마친 후 한 학생이 자신의 학점에 실망하며 찾아왔다고 한다. 그런데 조금은 난감한 마음으로 맞이한 그 학생의 이야기는 다짜고짜 성적을 올려달라거나 이의를 제기하는 것이 아니었다. 선생님께서 어쩔 수 없으시다는 것 잘 안다고, 하지만 자기는 이번 학기에 진짜 재미있게 공부 열심히 했다고, 그냥 그것을 말씀드리고 싶었다는 것이다. 사태의 부조리함을 느끼면서도 단 1점의 차이일지라도 경쟁을 통해 우열을 가리는 것이 공정한 것이라는 원칙을 온전히 받아들이는 그 '착한' 학생에게 선생은 대학이 원래 이랬던 것은 아니라고, 상대평가를 하는 게 당연한 게 아니었다고 말해주었다. 그리고 자신이 대학에 다니던 시절, 상대평가제 전면 실시를 핵심으로 하는 조치가 '학사관리 엄정화'라는 이름으로 추진될 때 그에 맞선 학생들의 교육투쟁에 적극적으로 참여하지 않고 방관한 탓이라고, 그때 막아내지 못하고 이런 대학을 물려주어 미안하다고, 지금이라도 내가 바꿀 수 있는 것을 바꿔보겠다고, 그러니까 학생도 이런 문제에 꾸준히 관심을 가져보길 바란다고. 상대평가가 아닌 평가는 생각조차 해보지 않았던 학생은 충격을 받았고, 힘껏 저항하지 못했던 과거의 '착한' 자신을 떠올린 교수는 약 20년 사이에 무엇이 얼마나 달라졌는지 생각하게 되었다.

신자유주의, 그것은 '학사관리 엄정화'에 반대한다며 가수 엄정화의 사진이나 노랫말을 아무렇게나 가져다 쓰기도 했던 그 20여 년 전의 교육투쟁 인쇄물에서, 각종 집회의 마이크를 잡았던 선배들의 발언에서, 그리고 '우리 편'이었던 소수의 진보적 교수들의 인터뷰에서 쉽게 접할 수 있었던 단어였다. 대학의 신자유주의화를 막아냅시다, 신자유주의를 넘어 민중이 주인이 되는 시대를 만들어냅시다, 신자유주의에서 벗어나 노동과 교육의 공공성을 확보해야 합니다…. 풍문처럼 혹은 거대한 음모처럼 떠돌았던 그 단어는 이라크전쟁에도, 한미FTA에도, 명예박사학위를 주며 CEO를 모셔오고 기업의 이름이 붙은 건물을 올려대던 대학에도, 700만과 800만을 넘어 나날이 늘어나던 비정규직에도, '좌파 신자유주의'를 표방한 노무현에게도 달라붙었다. 모든 사태의 중심에는 신자유주의가 있었다.

그로부터 20년이 지난 지금, 신자유주의는 보이지 않는다. 이제는 누구도 신자유주의가 문제라고, 신자유주의를 막아내자고 말하지 않는다. 우리가 겪는 모든 문제적 사태의 근원에 신자유주의가 있다는 자못 근엄하고 진지한 선언에 고개를 끄덕일 이들은 이제 없다. 오히려 즉각적인 반문을 내뱉게 될 것이다. 신자유주의라고? 뭐가 신자유주의인데? 그게 온갖 문제의 근원이라고? 설령 그렇다 한들, 뭘 어떻게 할 건데? 이제 신자유주의는 무언가에 대한 설명항으로서 효력을 발휘하지 못한다. 그것은 다양한 사태에 대한 하나의 원인으로 지목될 수 있을 만큼 단일한 성격을 가진 실체가 아니라 종적 다양성과 내적 이질성을 가지고 있는 복잡하고 다면적인 무언가이고, 온갖 것의 원인으로 겨냥되는 과녁의 한 지점이 아니라 도처에 퍼져 있어서 비판의 대상으로 수렴되지 못하는 무언가이며, 모든 현상의 배후에 음험하게 도사리고 있는 낯설고 생경한 것이 아니라 이미 우리 자신과 한 몸이 되어 있어서 너무나 일상적이고 친숙한 무언가이다. 이러한 신자유주의를 새삼스럽게 지목하고 폭로하는 것은 어떠한 설명적 효과도, 어떠한 실천적 효과도 내지 못한다. 이미 신자유주의의 힘은 말로 포획될 수 있는 수준을 넘어섰다. 신자유주의는 능력과 수행실적을 바탕으로 보상 체계가 만들어져야 한다는 믿음이나, 삶을 일종의 커리어 구축 과정으로 여기며 미래를 기획해나가는 전략에 앞서서 존재하는 것이 아니다. 신자유주의는 마치 본성처럼 자연스럽고 당연한 것으로 여겨지며 이것 이외의 다른 삶은 상상조차 어렵게 되어버렸다. 이처럼 너무나도 정상적이면서 강력한 것이 된 신자유주의는 온갖 현상들의 원인이라기보다는 결과이며, 설명항이라기보다는 설명되어야 할 사태에 가깝다. 어떻게 해서 신자유주의는 자명한 삶의 양식으로 자리 잡게 되었는가? 그리고 앞으로는 어떻게 전개될 것인가?

이 책은 신자유주의를 '상상'想像, imaginary의 차원에서 분석할 것을 제안한다. 여기서 말하는 상상이란 담론, 표상, 그리고 미학의 복합체로서, 기술적 양식을 통해 매개되고 생태학적 사건들과 함께 변형되는 인간 경험의 총체이다. 그것은 세계에 대한 관점이나 전망인 동시에, 그러한 관념을 가진 사람들이 만들어내며 살아가고 있는 세계의 풍경이기도 하다. 이처럼 상상에 주목하는 것은 신자유주의를 좁은 의미의 경제 체제로 파악하지 않고 문화라는 보다 넓은 범주로 이해하고자 한다는 것을 의미한다. 하지만 그것은 문화를 상부구조, 즉 경제라는 하부구조의 파생물로서 바라보는 것이 아니다. 오히려 이 책에서 말하는 상상은 더 넓은 의미의 문화, 즉 신자유주의라는 결과물을 배양해낸culture 어떤 풍토, 내지는 토양으로서의 문화에 가까운 것이다. 따라서 신자유주의적 상상을 탐구한다는 것은 신자유주의를 우리 삶의 압도적인 조건으로만 바라보는 것이 아니라, 그와는 반대로 신자유주의가 이 정도까지 강력한 힘을 가지게 된 조건을 살펴보는 것이고, 나아가 신자유주의가 아닌 다른 삶의 양식은 어떤 조건에서 가능할 것인지 타진하는 시도이다.

이와 같은 신자유주의적 상상이 역사적으로 전개되어 오늘날에 이르기까지의 궤적을 추적하는 것이 이 책의 주된 내용을 이룬다. 저자인 로스 아비넷은 니체로부터 시작된 계보학적 방법론을 그가 '기술-계보학'이라고 부르는 방식으로 변형시켜 그 궤적을 재구성한다. 그는 삶의 모든 양식들을 포괄하는 자본주의 이데올로기를 '상상'으로서 포착하려는 자신의 시도가 프랑크푸르트학파에 기원을 둔다고 밝히면서, 자본화의 미학적 과정에서 미디어 기술이 수행하는 역할에 주목한 비판이론의 전통에 자신을 위치시킨다. 그러니까 신자유주의적 상상에 대한 이 책의 분석은 기본적으로는 디지털 미디어에 기초한 자본주의의 진화와 심화된 전 지구적 착취를 배경으로 하는, 비판이론의 새로운 버전이라 할 수 있을 것이다.

그의 논의를 따라가다 보면 문화산업론이 포착하고자 했던 아날로그 미디어 기술의 작동 방식을 초기의 정동 경제로, 자본주의의 기술적 조작 능력에 대한 비판이론의 분석을 욕망, 생명, 위험, 미래 등이 기술을 매개로 재구성되고 포획되는 위기에 대한 진단의 초기 형식으로 독해할 수 있게 된다. 아비넷의 논지는 비판이론의 단순한 갱신에 그치지 않는다. 그가 비판이론의 확장과 재구성을 모색하는 지점을 다음과 같은 세 측면에서 찾아볼 수 있을 것이다. 첫째, 아비넷이 보기에 기술 장치는 이성을 도구화하고 삶을 총체적으로 합리화하는 수단에 머무르는 것이 아니라, 끊임없이 변모하는 자본주의 자체의 조건이 된다. 둘째, 따라서 최신의 자본주의는 가상-기술 프로그램 속에 인간을 종속시킴으로써, 사유하는 정신의 능력을 근본적으로 상실하게 하는 체제로 파악된다. 셋째, 이로 인한 결과는 '인류세' 논의에 집약되어 있는 행성 단위의 생존 가능성에 대한 위협으로서, 전체주의와 전후 자본주의가 마주한 인간 이성 및 자율성의 위기는 이제 미래가 존재할 것이라는 기대 자체의 붕괴로 확대된다. 세 지점 모두 인간을 구성하는 내재적 조건으로 기술을 이해하는 스티글레르의 관점과, 또한 인간의 직접적 인지 범위를 넘어선 실체들과의 미적 얽힘을 드러내는 모턴의 논의에 근거하고 있다. 이에 따라 비판이론의 논지는 기술 매개적 주체를 형성하는 생태적 조건의 맥락에 새롭게 자리매김한다.

이와 같은 이 책의 작업에 대해 여러 각도에서 논평과 토론이 가능할 것이다. 저자가 주요하게 참조하는 니체와 푸코가 그러했던 것처럼, 이 책 역시 중요한 문헌에 대한 참조를 누락했다거나 자료를 선택적으로 참조하여 특정한 서사를 구성했다는 비판에서 자유롭지 못하다. 또한 결론에서 제시되는 새로운 상상의 가능성이 막연하거나 믿음직스럽지 못하다고 여겨질 수도 있다. 이러한 잠재적 비판에 충분히 공감하면서도 이를 바탕으로 우리가 기대하는 것은 결국 한국의 현실에 대한 토론이 활발해지는 것이다. 기술적으로는 인공지능이 온갖 영역의 모든 문제에 대한 유일한 만능의 해법으로 제시되고 있고, 문화적으로는 음악, 영화 등의 분야를 중심으로 한류가 세계적인 산업으로 성장하였으며, 경제적으로는 양극화, 고령화, 금융화, 플랫폼화 등의 흐름 속에 생산과 노동의 관행이 급격히 변화하고 있는 한국은 신자유주의의 첨단이 어떻게 진화하고 있는지 보여주는 대표적인 사례이다.

기술, 미학, 경제의 급진적 변화 속에서 자살, 빈곤, 수도권 집중, 차별, 증오 등 온갖 유형의 사회문제가 심화되고 있는 한국이 과연 지금과는 다른 경로를 모색하는 것이 가능할까? 그리하여 경제활동을 통해서는 환경 속에서 타인과 함께 살림살이를 해나가는 존재로서의 능력을 확인하고, 문화생활을 통해서는 다양한 감각과 문제의식을 접하면서 대안적인 삶의 가능성을 체험하며, 기술적 혁신을 통해서는 신자유주의적이지 않은 새로운 사회에 대한 시적인 상상을 구현해내는 사회가 가능할까? 어떻게? 신자유주의적이지 않은 다른 상상을 통해서? 그런 상상은 어떻게 만들어질 수 있는가? 물론 미래는 결코 예측할 수 없고 역사는 결국 변화하는 것이다. 하지만 상상, 혁신, 창의성 같은 것이 신자유주의의 가장 상투적인 미끼로 전환된 지도 이미 오래인 지금, 가끔씩만 희미하게 피어나는 자유롭고 평등한 사람들이 함께 살아가는 미래에 대한 유토피아적 상상에 어떻게 불을 지필 것인가? 또한 자신의 정체성이 있는 그대로 받아들여지는 것을 개인의 절대적인 권리로 여기는 가운데 어떻게 나와 다른 타자를 만나 서로를 변화시키면서 차이를 교섭하고 연대하여 새로운 상상을 구현하는 집합적인 움직임까지도 만들어낼 수 있을 것인가? 이 책을 통해 많은 독자들과 함께 답을 모색하고 싶은 질문들이다.

이와 같은 토론에 기여할 수 있다면 더할 나위 없이 기쁘겠지만, 우리의 작업을 독자들 앞에 내놓으며 조심스러운 마음이 앞선다. 이 책의 서문과 한국어판 서문은 세 명의 역자가 함께 옮겼다. 1장·4장·8장은 김해원, 2장·6장·결론은 전경모, 3장·5장·7장은 김정환이 초벌 번역을 맡았으며, 모든 역자가 원고 전체를 함께 읽고 검토하였다. 수시로 의견을 나누고, 여러 차례 모여서 토론하고, 함께 참고도서를 읽으며 공부하고, 동료들에게 자문을 구하고, 저자와 연락하여 원문의 오류를 수정하고, 수차례 윤독과 교정의 과정을 거쳤지만 이러한 나름의 노력으로 어딘가에 있을지 모를 오류에 대한 역자들의 책임을 면제받을 수는 없을 것이다. 계획된 일정보다 훨씬 늦어진 작업을 믿고 기다려준 돌베개 출판사, 까다로운 편집 작업을 맡아주신 하명성 선생님, 가르침과 배움의 장소에서 만난 은사-선후배-학생 동료들, 번역하는 동안 버팀목이 되어주었던 가족들, 연대의 경험을 선사했던 어떤 현장에 함께 있었던 모든 이들에게 감사드린다.

2026년 1월, 옮긴이 일동

참고문헌

Abbinnett, R. (2003) *Culture and Identity: Critical Theories*. London: Sage.

Abbinnett, R. (2008) 'The Spectre and the Simulacrum: History After Baudrillard', *Theory, Culture and Society*, 25 (6).

Abbinnett, R. (2013) *Politics of Happiness: Connecting the Philosophical Ideas of Hegel, Nietzsche and Derrida to Political Ideologies of Happiness*. London and New York: Bloomsbury Press.

Abbinnett, R. (2017) *The Thought of Bernard Stiegler: Capitalism, Technology and the Politics of Spirit*. London: Routledge.

Abbinnett, R. (2018) 'Living After Auschwitz: Memory, Culture, and Biopolitics in the Work of Bernard Stiegler and Giorgio Agamben', *Theory, Culture and Society*, online.

Adorno, T.W. (1990) *Negative Dialectics*, trans. E.B. Ashton. London: Routledge.

Adorno, T.W. (1991) *The Culture Industry*. London: Routledge.

Adorno, T.W. (1996) *Minima Moralia*, trans. Edward Jephcott. London: Verso.

Adorno, T.W. (2005) *Critical Models: Interventions and Catchwords*, trans. Harry W. Pickford and Lydia Goehr. New York: Columbia University Press.

Agamben, G. (1998) *Homo Sacer: Sovereign Power and Bare Life, trans. Daniel Heller-Roazen*. Stanford, CA: Stanford University Press.

Arendt, H. (1970) *On Violence*. Orlando, FL/Austin, TX/New York/San Diego, CA/ London: Harcourt Inc.

Arendt, H. (1977) *Eichmann in Jerusalem: A Report on the Banality of Evil*. Harmondsworth: Penguin.

Arendt, H. (1979) *The Origins of Totalitarianism*. San Diego/New York/ London: Harcourt, Brace, Jovanovich.

Bataille, G. (1991) *The Accursed Share Volumes Two and Three*, trans. Robert Hurley. New York: Zone Books.

Bataille, G. (1997) *The Bataille Reader,* Bolting, F. and Wilson, S. (eds.). Oxford: Blackwell.

Bataille, G. (2001) *Eroticism, trans. Mary Dalwood*. Harmondsworth: Penguin.

Bataille, G. (2013) *The Accursed Share: An Essay on General Economy Volume One, trans. Robert Hurley*. New York: Zone Books.

Baudrillard, J. (1995) *The Transparency of Evil: Essays on Extreme Phenomena*, trans. James Benedict. London: Verso.

Baudrillard, J. (1998) *Selected Writings*, Mark Poster (ed.). Cambridge: Polity Press.

Baudrillard, J. (2000) *Simulacra and Simulation*, trans. Sheila Faria Glaser. MI: University of Michigan Press.

Bauman, Z. (1993) *Postmodern Ethics*. Cambridge: Polity Press.

Bauman, Z. (1998) *Globalization: The Human Consequences*, trans. James Benedict. London: Verso.

Beck, U. (1986) *Risk Society: Towards a New Modernity*, trans. Mark Ritter. London: Sage.

Bell, D. (1999) *The Coming of the Post-Industrial Society: A Venture in Social Forecasting*. New York: Basic Books.

Benjamin, W. (1992) *Illuminations*, trans. Harry Zohn. London: Fontana Press.

Benjamin, W. (1997) *One Way Street*, trans. Edmund Jephcott and Kingsley Shorter. London: Verso.

Bennington, G. (1994) *Legislations: The Politics of Deconstruction*. London: Verso.

Bentham, J. (2007) *An Introduction to the Principles of Morals and Legislation*. New York: Dover Press.

Boltansky, L. and Chiapello, E. (2007) *The New Spirit of Capitalism*, trans. Gregory Elliott. London: Verso.

Broecker, W.S. and Stocker, T. (2006) 'The Holocene C02 Rise: Anthropogenic or Natural', *EOS*, 87 (3): 1–27. doi:10.1029/2006EO030002

Burke, E. 1973. *Reflections on the Revolution in France*. Harmondsworth: Penguin.

Callinicos, A. (2002) *Against Postmodernism: A Marxist Critique*. Cambridge: Polity Press.

Callinicos, A. (2009) *Imperialism and Global Political Economy*. Cambridge: Polity Press.

Crutzen, P.J. and Stoermer, E.F. (2000) 'The "Anthropocene"', *Global Change Newsletter*, 41 (17): 45–54.

Dallek, R. (2018) *Franklin D. Roosevelt: A Political Life*. London: Penguin.

Deleuze, G. (1983) *Nietzsche and Philosophy*, trans. Hugh Tomlinson. London: Athlone.

Deleuze, G. and Guattari, F. (2000) *Anti-Oedipus: Capitalism and Schizophrenia*, trans. Robert Hurley, Mark Seem, and Helen R. Lane. London: Athlone Press.

Deleuze, G. and Guattari, F. (2004) *A Thousand Plateaus: Capitalism and Schizophrenia*, trans. Brian Massumi. London/New York: Continuum.

Derrida, J. (1976) *Of Grammatology*, trans. Gayatri Spivak. Baltimore, MD: Johns Hopkins University Press.

Derrida, J. (1979) *Spurs: Nietzsche's Styles*, trans. Barbara Harlow. Chicago, IL/London: University of Chicago Press.

Derrida, J. (1981) *Positions*, trans. Alan Bass. Chicago, IL: University of

Chicago Press

Derrida, J. (1982) *The Margins of Philosophy*, trans. Alan Bass. Hemel Hempstead: Harvester Wheatsheaf.

Derrida, J. (1987) *The Truth in Painting*, trans. Geoff Bennington and Ian McLeod. Chicago, IL/London: University of Chicago Press.

Derrida, J. (1991) *Of Spirit: Heidegger and the Question*, trans. Geoffrey Bennington and Rachel Bowlby. Chicago, IL: University of Chicago Press.

Derrida, J. (1994) *Spectres of Marx: The State of the Debt, the Work of Mourning and the New International*, trans. Peggy Kamuf. London: Routledge.

Derrida, J. (2002) 'Faith and Knowledge: The Two Sources of "Religion" at the Limits of Reason Alone', in *Acts of Religion*, Gil Anidjar (ed.). New York/London: Routledge.

Derrida, J. (2005) *Rogues*, trans. Pascale-Anne Brault and Micheal Nass. Stanford, CA: Stanford University Press.

Derrida, J. (2011) *The Beast and the Sovereign, Volume One*, trans. Geoffrey Bennington. Chicago, IL: University of Chicago Press.

Derrida, J. and Duformantelle, A. 2000. *Of Hospitality*, trans. Rachel Bowlby. Stanford, CA: Stanford University Press.

De Maistre, J. (2006) *The Political Works of Joseph de Maistre*, edited and translated by Richard A. Leburn. Cambridge: Cambridge University Press.

Doray, B. (1988) *From Taylorism to Fordism: A Rational Madness*, trans. David Macey. London: Free Association Press.

Fanon, F. (2001) *The Wretched of the Earth*, trans. Constance Farrington. London: Penguin.

Foucault, M. (1980) *The History of Sexuality Volume One: An Introduction*, trans. Robert Hurley. New York: Vintage Books.

Foucault, M. (1984) *The Foucault Reader*, P. Rabinow (ed.), Penguin: Harmondsworth.

Friedman, M. (1962) *Capitalism and Freedom*. London/Chicago, IL: University of

Chicago Press.

Friedman, M. (1970) *The Counter-Revolution in Monetary Theory*. London: Institute of Fiscal Affairs.

Fukuyama, F. (1992) *The End of History and the Last Man*. London: Penguin.

Fuller, S. (2011) *Humanity 2.0: What It Means to be Human Past, Present and Future*. Basingstoke: Palgrave.

Fussell, S. (1988) *Muscle: Confessions of and Unlikely Bodybuilder*. New York: Poseidon Press.

Giddens, A. (1997) *The Consequences of Modernity*. Cambridge: Polity Press.

Gramsci, A. (1998) *Selections From the Prison Notebooks*, trans. Quentin Hoare and Geoffrey Nowell Smith. London: Lawrence and Wishart.

Habermas, J. (1992) *The Structural Transformation of the Public Sphere: An Inquiry Into a Category of Bourgeois Society*, trans. Thomas Burger with the assistance of Frederick Lawrence. Cambridge: Polity Press.

Habermas, J. (1994) *The Philosophical Discourse of Modernity*, trans. Frederick Lawrence. Cambridge: Polity Press.

Hall, S and Jacques, M. (eds.) (1983) *The Politics of Thatcherism*, London: Lawrence and Wishart.

Haraway, D. (1985) 'A Manifesto for Cyborgs: Science, Technology and Socialist Feminism in the 1980s', *Socialist Review*, number 80.

Hardt, M. and Negri, A. (2000) *Empire*. Cambridge, MA/London: Harvard University Press.

Harris, J. (2007) *Enhancing Evolution: The Ethical Case for Making Better People*. Princeton, NJ: Princeton University Press.

Harvey, D. (1990) *The Condition of Postmodernity: An Enquiry Into the*

Conditions of Cultural Change. Oxford: Blackwell.

Harvey, D. (2005) *A Brief History of Neoliberalism*. Oxford: Oxford University Press.

Hayek, F. (2001) *The Road to Serfdom*. London: Routledge.

Hayek, F. (1945) 'The Use of Knowledge in Society', *American Economic Review*, XXXV (4): 519–530.

Hayek, F. (2013) *Law, Legislation and Liberty: A New Statement of the Principles of Justice and Political Economy*. London: Routledge.

Hegel, G.W.F. (1967a) *Phenomenology of Mind*, trans. J.B. Baillie. New York: Harper and Row.

Hegel, G.W.F. (1967b) *Philosophy of Right*, trans. T.M. Knox. Oxford: Oxford University Press.

Hegel, G.W.F. (1969) *Hegel's Science of Logic*, trans. A.V. Miller. London: George Allen and Unwin.

Hegel, G.W.F. (1979) *Hegel: System of Ethical Life and First Philosophy of Spirit*, trans. H.S. Harris and T.M. Knox. Albany, NY: State University of New York Press.

Heidegger, M. (2002) *Off the Beaten Track*, edited and translated by Julian Young and Kenneth Hayes. Cambridge: Cambridge University Press.

Hix, S. (2008) *What's Wrong With the EU and How to Fix It*. Cambridge: Polity Press.

Hobbes, T. (1885) *Leviathan*. Harmondsworth: Penguin.

Horkheimer, M. (2004) *The Eclipse of Reason*. London/New York: Continuum.

Horkheimer, M. and Adorno, T.W. (1986) *Dialectic of Enlightenment, trans. John Cumming*. New York: Continuum.

Huntington, S.P. (2002) *The Clash of Civilizations and the Remaking of World Order*. London: Free Press.

Israel, J.I. (2008) *Contested Enlightenment: Philosophy, Modernity and the*

Emancipation of Man 1670-1752. Oxford: Oxford University Press.

Jameson, F. (1995) *Postmodernism, Or, the Cultural Logic of Late Capitalism*. London: Verso.

Jameson, F. (1998) *The Cultural Turn: Selected Writings on the Postmodern*. London: Routledge.

Jeffries, S. (2017) *Grand Hotel Abyss: The Lives of the Frankfurt School*. London: Verso.

Kant, I. (1982a) *Critique of Pure Reason, trans. Norman Kemp-Smith*. London: MacMillan.

Kant, I. (1982b) *Critique of Judgement, trans. James Creed Meredith*. Oxford: Oxford University Press.

Kant, I. (1991) *Kant: Political Writings*, H. Reiss (ed.). Oxford: Oxford University Press.

Kant, I. (1993) *Critique of Practical Reason*, trans. Lewis White Beck. New York: Macmillan International Press.

Kant, I. (1996) *Anthropology From a Practical Point of View*, trans. Victor Lyle Dowdell. Carbondale and Edwardsville, IL: University of South Illinois Press.

Kierkegaard, S. (2004) *Sickness Unto Death*, trans. Alastair Hannay. London: Penguin.

Klein, N. (2000) *No Logo*. London: Flamingo Press.

Kurzweil, R. (2005) *The Singularity Is Near: When Humans Transcend Biology*. London: Duckworth Overlook.

Lacan, J. (1989) *Ècrits: A Selection*, trans. Alan Sheridan. London: Routlege.

Lefebvre, G. (2001) *The French Revolution: From Its Origins to 1793*, trans. Elizabeth Moss Evanson. London: Routledge.

Lenin, V.I. (1999) *Imperialism: The Highest Stage of Capitalism*. Newtown, Australia: Resistance Books.

Levinas, E. (1994) *Totality and Infinity: An Essay on Exteriority*, trans.

Alphonso Lingis. Dequesne University Press: Pittsburgh.

Locke, J. (1988) *Two Treatises on Government*. London: J.M. Dent and Sons.

Lyotard, J.-F. (1988) *The Differend: Phrases in Dispute*, trans. Georges Van Den Abeele. Manchester: Manchester University Press.

Lyotard, J.-F. (1991) *The Postmodern Condition: A Report on Knowledge*, trans. Geoffrey Bennington and Brian Massumi. Manchester: Manchester University Press.

Marcuse, H. (1964) *One Dimensional Man: Studies in the Ideology of Advanced Industrial Society*. London: Routledge and Kegan Paul.

Marcuse, H. (2009) *Negations: Essays in Critical Theory*, trans. Jeremy J. Shapiro. London: Mayfly Books.

Marcuse, M. (1961) *Eros and Civilization: A Philosophical Inquiry Into Freud*. New York: Vintage Books.

Marx, K. (1977a) *The German Ideology*, C.J. Arthur (ed.). London: Lawrence and Wishart.

Marx, K. (1977b) *Selected Writings*, McLellen (ed.). Oxford: Oxford University Press.

Marx, K. (1990) *Capital Volume One*, trans. Ben Fowkes. Harmondsworth: Penguin.

Marx, K. (1993) *Grundrisse*, trans. Martin Nicolaus. Harmodsworth: Penguin Books.

Marx, K. (1998) *The Communist Manifesto*. Oxford: Oxford University Press.

Mazower, M. (1998) *Dark Continent: Europe's Twentieth Century*. London: Penguin.

McGoey, L. (2018) 'Bataille's Compromise: Reassessing Gifts, Debt and Economic Surplus', *Theory, Culture and Society*, Volume 35, Issue 4-5. pp. 12-14.

McLuhan, M. (2005) *Understanding Media: The Extensions of Man*. London: Routledge.

Mill, J.S. (1987) *On Liberty*. Harmondsworth: Penguin.

Mirowski, P. and Plehwe, D. (2015) *The Road From Mont Pelerin: The Making of the Neoliberal Thought Collective*. Cambridge, MA/London: Harvard University Press.

Morton, T. (2010) *The Ecological Thought*. Cambridge, MA: Harvard University Press.

Moore, J.W. (ed.) (2016). *Anthropocene or Capitalocene? Nature, History and the Crisis of Capitalism*. Oakland, CA: PM Press.

Morton, T. (2013) *Hyperobjects: Philosophy and Ecology After the End of the World. Minneapolis*, MN: University of Minnesota Press.

Neiwert, D. (2017) *Alt-America: The Rise of the Radical Right in the Age of Trump*. London: Verso.

Nietzsche, F. (1981) *Thus Spoke Zarathustra*, trans. R.J. Hollingdale. Harmondsworth: Penguin.

Nietzsche, F. (1974) *The Gay Science*. New York: Vintage Books.

Nietzsche, F. (1990) *The Birth of Tragedy and the Genealogy of Morals*, trans. Francis Golfing. New York/London: Anchor Books.

Nietzsche, F. (1994) *Human, All Too Human*, trans. Marion Faber and Stephen Lehmann. Harmondsworth: Penguin.

Nietzsche, F. (1995) *Unfashionable Observations*, trans. Richard T. Gray. Stanford, CA: Stanford University Press.

Nolte, E. (1965) *Three Faces of Fascism: Action Francaise, Italian Fascism and National Socialism*. trans. Leila Vennewitz. New York and Toronto: New American Library.

Nozick, R. (1974) *Anarchy, State, and Utopia*. Oxford: Blackwell.

Orwell, G. (1983) *Nineteen Eighty Four*. Harmondsworth: Penguin.

Pinson, K.S. (1966) *Modern Germany: History and Civilization*. New York/London: Macmillan Publishing.

Pollock, F. (1941) 'State Capitalism: Its Possibilities and Limitations'. *Studies in Philosophy and Social Science.* 9: 200.

Popper, K. (1979a) *The Poverty of Historicism.* London: Routledge.

Popper, K. (1979b) *Objective Knowledge: An Evolutionary Approach.* Oxford: Oxford University Press.

Rockwell, N. (2019) *My Adventures as an Illustrator.* New York/London: Abberville Press.

Rose, G. (1981) *Hegel Contra Sociology.* London: Athlone Press.

Rose, G. (1993). *Judaism and Modernity: Philosophical Essays.* Oxford: Blackwell.

Rousseau, J.-J. (1988) *The Social Contract and Discourses,* trans. G.D.H. Cole. London: J. M. Dent and Sons.

Ruddiman, W.F. (2007) 'The Early Anthropogenic Hypothesis: Challenges and Responses', *Geophysics,* 45: 27–31, RG400. doi.10.1029/2006RG000207

Said, E. (1995) *Orientalism: Western Conceptions of the East.* Harmondsworth: Penguin.

Sebald, W.G. (2003) *On the Natural History of Destruction.* London: Penguin.

Smith, A. (1961) *An Inquiry Into the Nature and Causes of the Wealth of Nations,* Edwin Cannan (ed.). London: Methuen.

Smith, A. (1976) *The Theory of Moral Sentiments.* Indianapolis, IN: Liberty Classics.

Stiegler, B. (1998) *Technics and Time, 1: The Fault of Epimetheus,* trans. Richard Beardsworth and George Collins. Stanford, CA: Stanford University Press.

Stiegler, B. (2009a) *Technics and Time, 2: Disorientation,* trans. Stephen Barker. Stanford, CA: Stanford University Press.

Stiegler, B. (2009b) 'The Theatre of Individuation: Phase-Shift and Resolution in Simondon and Heidegger', trans. K. Lebedeva. *Parrhesia,* 7: 46–56.

Stiegler, B. (2010) *For a New Critique of Political Economy*, trans. Daniel Ross. Cambridge: Polity Press.

Stiegler, B. (2011a) *Technics and Time, 3: Cinematic Time and the Question of Malaise*, trans. Stephen Barker. Stanford, CA: Stanford University Press.

Stiegler, B. (2011b) *The Decadence of Industrial Democracies: Disbelief and Discredit, Volume 1*, trans. Daniel Ross. Cambridge: Polity Press.

Stiegler, B. (2013) *Uncontrollable Societies of Disaffected Individuals: Disbelief and Discredit, Volume 2*, trans. Daniel Ross. Cambridge: Polity Press.

Stiegler, B. (2014) *Symbolic Misery, Volume 1: The Hyper-Industrial Epoch*, trans. Barnaby Norman. Cambridge: Polity Press.

Stiegler, B. (2015) *States of Shock: Stupidity and Knowledge in the 21st Century*, trans. Daniel Ross. Cambridge: Polity Press.

Stiegler, B. (2016) *Automatic Society, Volume One: The Future of Work*, trans. Daniel Ross. Cambridge: Polity Press.

Stiegler, B. (2018) *The Neganthropocene*, trans. Daniel Ross. London: Open Humanities Press.

Toscano, A. (2023) *Late Fascism: Race, Capitalism and the Politics of Crisis*. London: Verso.

Touraine, A. (1971) *The Post-Industrial Society: Tomorrow's Social History: Classes, Conflicts and Culture in the Programmed Society*, trans. Leonard F.X. Mayhew. New York: Random House.

Trotsky, L. (1934) 'Fascism and Bonapartism', in *The Struggle Against Fascism in Germany*. New York, London, Sidney: Pathfinder Press.

Von Mises, L. (1969) *Omnipotent Government: The Rise of Total States and Total War*. Grove City, PA: Libertarian Press.

Virilio, P. (2009) *The Aesthetics of Disappearance*, trans. Philip Beitchman. Los Angeles: Semiotext(e)

Weber, M. (1978) *The Protestant Ethic and the Spirit of Capitalism*, trans. Talcott Parsons. London: George, Allen and Unwin.

Wells, H.G. (2007) *The Country of the Blind and Other Stories*. London: Penguin.

Williams, A. and Srnicek, N. (2017). *Accelerate Manifesto: Accelarationist Politics*. Falmouth: Urbanomic.